COORDENAÇÃO EDITORIAL

Dr. Thiago Castro

SIMPLIFICANDO O AUTISMO

PARA PAIS, FAMILIARES E PROFISSIONAIS

Literare Books
INTERNATIONAL
BRASIL · EUROPA · USA · JAPÃO

PRESIDENTE DO CONSELHO
Mauricio Sita

PRESIDENTE
Alessandra Ksenhuck

VICE-PRESIDENTES
Claudia Pires
Julyana Rosa

DIRETORA DE PROJETOS
Gleide Santos

CONSULTORA DE PROJETOS
Amanda Dias

EDITOR
Enrico Giglio de Oliveira

EDITOR JÚNIOR
Luis Gustavo da Silva Barboza

REVISORES
Leo A. de Andrade e Débora Zacharias

CAPA E DESIGN EDITORIAL
Lucas Yamauchi e Ana Paula Nunes Medeiros

IMPRESSÃO
Printi

Dados Internacionais de Catalogação na Publicação (CIP)
(eDOC BRASIL, Belo Horizonte/MG)

S612 Simplificando o autismo para pais, familiares e profissionais / Coordenação Thiago Castro. 2 ed. – São Paulo, SP: Literatura Books International, 2024.
520 p. : 16 x 23 cm

Inclui bibliografia
ISBN 978-65-5922-823-2

1. Autismo. 2. Crianças autistas. I. Título.

CDD 618.92

Elaborado por Maurício Amormino Júnior – CRB6/2422

LITERARE BOOKS INTERNATIONAL LTDA.
Rua Alameda dos Guatás, 102
Vila da Saúde — São Paulo, SP. CEP 04053-040
+55 11 2659-0968 | www.literarebooks.com.br
contato@literarebooks.com.br

SUMÁRIO

Ao meu filho genuíno, Noah Castro.

"O menino que girava rodinhas não estava escondido no mundo dele, estava apenas esperando eu me sentar ao chão para brincar com ele"

"O autismo não é o problema, mas sim a desinformação"

Nota de reconhecimento e notoriedade

Reconheço a importância de cada um dos 60 atores deste livro que vocês leitores terão a agradável oportunidade de conhecer a partir de agora. São pessoas incríveis e agradeço por aceitarem esse desafio.

Este livro é um presente para a sociedade, legado por vocês, meus parceiros e estimados autores.

Agradecimentos

Para as pessoas que vivem a fé cristã, algumas respostas são cristalinas como a água de uma nascente. Por isso, agradeço a Deus por me permitir viver o autismo, e todas as suas faces como a rigidez comportamental, alterações sensoriais, dificuldade de dormir. Agradeço até mesmo a dúvida de saber se iria ouvir meu filho falar, brincar ou comer devido a uma severa seletividade alimentar. Viver tudo isso nos tornou mais fortes e preparados para avançarmos. O autismo dos nossos filhos é a resposta que damos a milhares de pessoas. Nada seria como é se não tivéssemos a oportunidade de viver as dificuldades do TEA – Transtorno do Espectro Autista.

Agradeço a Deus por ver, em minha miserável existência, um propósito que, por meio do autismo, me permitiu estar em conexão com tantas famílias, não apenas falando do TEA, mas cuidando delas, instituindo rotinas e falando do resgate da verdadeira infância.

Obrigado por me fazer um pai e um homem mais forte por meio dos meus filhos. Que toda honra e glória sejam sempre dadas a ti.

PREFÁCIO

Quando meu marido me pediu para fazer uma breve apresentação deste livro, me senti muito honrada. Que privilégio poder fazer parte de algo com o qual tanto sonhamos juntos! O que buscávamos para o nosso filho lá atrás, agora se tornando realidade por meio das mãos de muitos. Mas, em especial, por meio desse grande idealizador. Para muitos, o dr. Thiago, mas, para mim, meu amor, meu marido e pai dos meus filhos.

Eu me senti responsável por encorajá-lo a ler este livro. Este livro foi escrito para ter uma linguagem fácil e acessível para pais e profissionais da saúde e educação.

Creio que, com o passar do tempo, nós, mães, nos tornamos grandes especialistas em nossos filhos, sejam eles quem forem ou o que eles tenham. Nesses sete anos, aprendemos muito sobre autismo, de todas as formas, aprendemos sobre quais caminhos seguir ou quais jamais deveríamos trilhar.

Recordo-me que, após alguns anos de terapias, nossas vidas começaram a ter águas calmas novamente, então percebemos que daria tudo certo. Foi um longo caminho. Noah fez incansáveis horas de terapia, mas, pela misericórdia de Deus, após anos de tratamento intenso, vencemos. Não que a palavra "vencer" tenha significado de cura, mas sim de independência.

Com o tempo, tudo aquilo que fizemos, usando técnicas comportamentais baseadas na Análise do Comportamento Aplicada (ABA) e as terapias específicas, tornou-se motivo de interesse das pessoas. Todas queriam saber qual foi o nosso caminho até a alta.

Logo, vejo este livro como um pouco disso, contar sobre a nossa trajetória, acertos e erros até a conclusão das etapas necessárias de tratamento.

Durante, aproximadamente, um ano da construção deste livro, vi meu marido se importar com muitos detalhes, entre eles, o conteúdo rico baseado em dados científicos, as pessoas que fariam parte dele, a capa e a quantidade de capítulos disponíveis para vocês. Este livro poderia ser lançado com menos capítulos, mas não seria o livro do Thiago.

"Amor, as pessoas pagarão o mesmo valor se o livro tiver 35 capítulos ou 50. Faremos com 50!". Assim é o Thiago. Nunca satisfeito com o "mais do mesmo". Se for para fazer algo, que seja excepcional.

Ele não reuniu apenas bons profissionais, mas, muito mais que isso, reuniu pessoas boas. Pois fez questão de unir diferentes áreas de atuação para que cada um trouxesse seu conhecimento científico e seu olhar pessoal para auxiliar os leitores em sua jornada.

O livro *Simplificando o autismo* ensinará o que é o autismo, sua história, seus níveis e o tratamento adequado. Ele também irá mostrar como vencer dilemas do dia a dia, desde como realizar um tratamento domiciliar a baixo custo, os direitos e a inclusão escolar. Proporcionará clareza sobre a genética envolvida, exames, comorbidades, medicações e mitos. Por último, e não menos importante, dará orientações para pais e profissionais vencerem grandes desafios, como sexualidade e adolescência.

Tenho orgulho deste livro e do que será lido por vocês. Aproveitem a leitura, este é o livro que eu gostaria de ter lido quando nossa jornada começou, então que ele guie você na sua.

E ao meu marido, muito orgulho do que construiu até aqui. Tenho certeza de que nosso Deus se alegra pelo tamanho do seu coração, dedicado a servir. Continue sendo luz e fazendo a diferença. Eu te amarei até o céu!

Com amor,

Gabi

1

MINHA HISTÓRIA COM O AUTISMO

Quando comecei a escrever este livro pensei muito na história do meu filho e nas dores das muitas famílias que atendi. Mudam-se os nomes e as cidades, mas a história sempre se repete.

THIAGO CASTRO

Thiago Castro

Contatos
Instagram: @dr.thiagocastro
@bluapediatria

Médico pediatra, pós-graduado em Emergências e Urgências Pediátricas pelo Instituto de Ensino Albert Einstein. Pós-graduando em Transtorno do Espectro Autista pela CBI of Miami. Mestrando em Neurociência pela Universidade Christian Business School (EUA). Acima de todos os títulos e conquistas profissionais, sua maior certificação é ser casado com Gabriela Castro e ser pai do Noah e do Matteo, duas crianças autistas que muito lhe ensinam. É uma das maiores referências do país em transtorno do espectro do autismo. Realiza palestras pelo Brasil há anos, levando conhecimento de forma acessível. Já capacitou centenas de médicos, milhares de terapeutas e mais de 100 mil pais em seus cursos. É responsável pelo Congresso Espectro, CEO da IEPSIS e idealizador da BLUA Pediatria. É coordenador do best-seller *Simplificando o autismo* e do livro *Espectro autista feminino;* é coautor do livro *Autismo ao longo da vida.*

O Transtorno do Espectro Autista (TEA) não tem apenas uma apresentação clássica de sintomas e sinais, mas há variações devido a muitos fatores que serão discutidos ao longo deste livro. Temos uma grande parcela de pessoas com os sintomas popularmente difundidos, como a ausência do olhar, do falar e socializar, mas há também o autismo "leve", que frequentemente passa despercebido por muitos profissionais e familiares, sobretudo nas meninas que, comumente, apresentam comportamentos mais tímidos e introspectivos. Serão abordadas no livro as comorbidades que são confundidas com o TEA e até mesmo o que outrora conhecíamos como síndrome de Asperger.

O diagnóstico precoce do autismo é um desafio. Certamente há uma parcela de crianças que apresentam os sintomas sugestivos de TEA quando bebês, demonstrando menor contato visual, choro, irritabilidade, padrões ritualísticos, alterações sensoriais, alteração de sono, dificuldades motoras, menor interesse em pessoas, menor sonorização, entre outros. Entretanto, é fundamental ter em mente que há um outro grupo, no qual se enquadrava Noah, em que o bebê apresenta um desenvolvimento relativamente satisfatório. Os sinais de autismo estão presentes, mas são tão sutis que acabam sendo minimizados pelos pais, sobretudo os de primeira viagem como nós, diante do desconhecido ou da negação. A presença do autismo muitas vezes se torna inegável por volta dos 12 a 18 meses, devido à perda de habilidades já adquiridas, que escancaram os atrasos. Isso acontece com um terço dos pacientes TEA.

Assim foi conosco, por volta dos 14 a 15 meses, Noah deixou de comer, parou de fazer os poucos sons que fazia, parou de responder ao chamado, deixou de realizar contato visual, apontar ou executar o que pedíamos. A partir daí iniciamos a investigação e não foi simples.

Infelizmente, não era fácil encontrar pediatras capacitados e quando começamos sua investigação com especialistas, vinham respostas vazias: "Ele é sim autista – faça um pouco de fonoaudiologia, psicologia e matricule-o na escolinha".

De acordo com os médicos, a escola seria um ambiente terapêutico e as crianças "miniterapeutas". Essa fala não representa a maioria dos profissionais que conheço, mas afirmo, como quem já atendeu milhares de pacientes, que, infelizmente, ela ainda é comum. Essa frase "ceifa" parte do desenvolvimento da criança, pois tempo é fundamental: tempo é cérebro!

Noah não tinha repertório para escolinha. Nessa fase as questões sensoriais estavam em seu ápice. Logo, tocar texturas, comer e, principalmente, estar exposto a barulhos e pessoas gerava muita "dor" a ele. Durante seis meses o levamos à escolinha, sem questionar a conduta médica. No entanto, ele gritava e chorava apenas ao perceber que estávamos a caminho dela. Parecia alguém que estava a caminho do flagelo e, na chegada, o choro se intensificava e precisávamos, sem escolha, deixá-lo. Afinal, a escola tinha suas regras e havia sido uma "ordem" médica.

Sei que para algumas crianças o ingresso escolar de imediato será fundamental, pois indubitavelmente fazemos pares de cópia, mas precisamos analisar e sempre individualizar esse processo, pois há uma ideia errada de que apenas a presença dos coleguinhas será o suficiente para desenvolver essa criança com atraso. Isso está errado.

Deve haver critérios e habilidades mínimas, pois alguns se adaptam muito bem, outros nem tanto. Das tantas experiências que o autismo nos permitiu vivenciar, essa não foi boa.

Lá na escolinha ficava ele, pelos cantinhos, girando rodinhas, isolado e incapaz de falar suas vontades. É uma memória que nos traz um nó na garganta. Foram meses até o tirarmos da escola.

Definitivamente Noah não estava pronto para a escola, assim como tantos outros autistas. Ele não olhava nos olhos, não se interessava por crianças e, simplesmente, ficaria a manhã toda com o mesmo objeto na mão.

Então, como deveria ser? Entendemos que para ele começar sua vida escolar eram necessários alguns pré-requisitos.

Como um pai que passou por essa experiência, mas também como médico, antes da escola, devemos individualizar, avaliar suas habilidades ou a falta delas. Todo tratamento do TEA deve começar com uma boa avaliação, englobando suas dificuldades sociais, comunicativas, motoras e sensoriais, que devem ser quantificadas. Terapias, rotina e sono, igualmente, são pilares a serem estabelecidos. Além do mais, professores e escolas devem estar, minimamente, prontos para receber a criança com TEA.

A escola será essencial para o autista, mas antes disso é necessário que a criança tenha o mínimo de condições para ganho de habilidades. Do fundo do coração, gostaria que a solução fosse mais simples como "pôr na escolinha", mas não é! Escolinha não é sinônimo de terapia e coleguinhas não são terapeutas.

Após uma longa trajetória de consultas, condutas equivocadas e sem embasamento científico, prosseguimos em nossa jornada em busca de respostas. No entanto, as perguntas "O que fazer? Qual é o melhor tratamento? Isso é o suficiente?" nunca se calavam.

Tivemos um diagnóstico precoce, foram muitos terapeutas e médicos em um período de dois meses. Contudo, sei que nem todas as pessoas têm essa possibilidade e até me arrisco a dizer que nem sempre são os profissionais que fazem o diagnóstico da criança autista, mas sim os pais. Pais que já se cansaram de não serem ouvidos por familiares próximos, escolas e profissionais. Pais que se cansaram de ouvir que está tudo bem com seu filho e que "cada criança tem o seu tempo". São esses mesmos pais que se deparam diariamente com seu filho apresentando cada vez mais atrasos.

Então vem o tempo para mostrar que a intuição do coração deles estava correta e resta apenas, quem antes negou, dizer: "De fato, seu filho(a) é autista".

Nesse momento eles não procuram mais ajuda profissional para um diagnóstico. Agora, eles precisam saber o que fazer diante dos atrasos, quais caminhos seguir, quais terapias aplicar ou até mesmo quais são as perspectivas futuras. É realmente triste, pois, na maior parte dos casos, durante todo esse processo já se passaram vários meses e cada fração de tempo perdida representa uma janela importantíssima de aprendizado desperdiçada.

A dificuldade nesse processo se dá, principalmente, pela falta de domínio do assunto na atenção primária da criança. Precisamos cada vez mais afirmar e reconhecer que médicos da unidade básica de saúde e pediatras devem ter domínio sobre o TEA, pois legalmente devem fazer diagnóstico e saber conduzir esses casos.

Sempre que um profissional diz para um pai ou mãe que é normal seu filho com dois anos ainda não falar, o profissional falha com a criança. A esperança que invade os pais ao ouvir que tudo está bem com seus filhos faz que se apeguem a isso e confiem, mesmo sentindo que não está nada bem. Nisso, a criança perde tempo e oportunidades.

Estudos mostram que uma família busca consulta antes dos primeiros dois anos de idade, mas demoram, em média, dois a três anos para um diagnóstico e, nesse tempo, passam por cinco a seis profissionais. Há vários motivos para isso acontecer e não ocorre exclusivamente no Brasil. A imensa maioria dos profissionais não saem prontos para atender a condições adversas do neurodesenvolvimento.

Não devemos cultivar ódio quando falhamos ou falham conosco. Contudo, se você profissional é essa pessoa, mude: há tempo. Precisamos de você capacitado.

Assim também foi comigo, após terminar a residência de pediatria. Eu sabia pouco sobre atrasos de desenvolvimento, e esse é o retrato de boa parte dos pediatras que se formam. Não sabemos verdadeiramente sobre o autismo, não entendemos sobre ciência ABA (do inglês, *Applied Behavior Analysis* – Análise do Comportamento Aplicada), ainda que este seja o tratamento padrão-ouro. Além do mais, a maior parte dos profissionais desconhecem intervenções naturalistas, estimulação sensorial, comorbidades dentro do TEA e escalas de avaliação, como: VBMAPP, CARS, ADOS, ADIR, entre outras.

Foi assim a história do Noah – após pouco tempo não havia dúvidas em nosso coração de que nosso filho fosse autista – ele é. Queríamos agora as respostas que ainda custavam a vir ou, por vezes, vinham de maneira dura: "Nosso filho vai evoluir?" – perguntávamos. Na maior parte das vezes a resposta era: "Não podemos dizer nada" ou "Apenas 5% das crianças autistas evoluem". Essas duas frases doem, pois não dar esperança a um pai que acaba de se prostrar diante do desconhecido diagnóstico de TEA é cruel. O ideal nesses casos, hoje posso responder com segurança a todos vocês que se fazem essa pergunta, é que a imensa maioria das crianças autistas diagnosticadas de modo precoce, realizando o tratamento de maneira adequada, com a família se capacitando e realizando dentro de casa as mudanças necessárias; assim, evoluirão bem, progredindo para a independência.

Quanto mais estudamos e mais artigos são publicados, percebemos que o autismo é, sim, complexo e há muitas variáveis. Também vemos que o autismo não é o problema: a desinformação é, bem como o diagnóstico tardio e o tratamento inadequado que permanece sendo realizado.

Na época em que iniciamos a investigação do Noah e que nos falavam, de maneira equivocada, que apenas 5% das crianças autistas iriam evoluir bem. Minha esposa olhou para mim e disse: "Nosso filho estará nesses 5%". Percebo que os esforços de uma mãe, que estuda mesmo após um dia cheio; de um pai, que aumenta sua jornada de trabalho para proporcionar um bom tratamento; e de profissionais, que, mesmo em condições inóspitas, tiram "água de pedra", dão condições para essas crianças prosperarem. Por isso afirmo: amor, dedicação e ciência desenvolvem. Pessoas incríveis podem estar ao seu lado desde o início da sua peregrinação na busca pelo diagnóstico e tratamento, mas isso nem sempre acontece. Na maioria das vezes o caminho é solitário, por isso é fundamental estar preparado. Eu e minha esposa não ficamos naquilo que nos falaram (um pouquinho de terapia e escolinha), e esse é um importante recado para você. Busque se capacitar, se informar, se untar de conhecimento, pois terá que lidar com o transtorno, as crenças limitantes que o permeiam, além do despreparo de inúmeros profissionais e as condutas de pessoas com má índole.

Com o Noah foi assim, um dia estávamos à deriva sem saber o porquê dos atrasos, no outro estávamos em um navio a velas sem direção. Então nos preparamos, nos tornamos capitães desse navio, tomamos o leme, içamos as velas e utilizamos o vento a nosso favor, seguindo para o alvo. A neuroplasticidade é esse navio!

Começamos por onde nos mostraram e fomos corrigindo a rota ao longo da viagem. Tínhamos coisas a nosso favor:

a. um plano de saúde: a todos que se deparem com atrasos no desenvolvimento de seus filhos, recomendo fortemente a sua contratação, se possível sem participação. Sabemos que as operadoras criam embaraços em pleno desenvolvimento do tratamento, mas o canal de reclamações da Agência Nacional de Saúde (ANS) quase sempre dá um retorno positivo;
b. uma boa rotina de sono: o sono foi um pilar dos avanços que obtivemos, ainda que tenhamos passado por momentos difíceis e tenha sido necessária a administração de medicamentos. A Camila Kammers explicará com riqueza de detalhes a sua importância; e
c. um ao outro: Gabi e eu fazíamos o que era possível, com todas as nossas imperfeições. Não existem pais perfeitos, mas sim suficientes.

Por outro lado, havia elementos de nossa rotina que precisariam ser abandonados e o uso de telas era um deles. Usamos muito as telas sob o pretexto de que aquilo era a única forma de conseguirmos tal coisa, porém era apenas uma de nossas inúmeras falhas. A exposição a telas, principalmente de modo precoce e intenso, gera redução da atenção e da interação, estimula o sedentarismo, intensifica a agitação, acarreta a redução do QI, aumenta as estereotipias, crises e alterações de sono. Tudo o que não precisamos no TEA.

Vocês lutarão com quem não imaginam. Crescemos ouvindo dizer que escola é lugar de inclusão, porém ouvimos do diretor da escola que estávamos castigando nosso filho e que ele iria protegê-lo de nós. Ele nos disse que já tinha visto crianças falarem depois dos 4 anos e que ter uma assistente terapêutica era adestramento. Isso ecoou por muito tempo e decidimos que seria lá que ele estudaria! Iríamos mudar esse local. Noah foi o primeiro a ter AT nessa escola. Depois dele, muitos tiveram. Não aceitar aluno autista ou negar suas adaptações é uma conduta ilegal e passível de responsabilização criminal.

Vivemos dias difíceis, com o Noah apresentando crises importantes por coisas sem sentido. Houve comportamento hetero e autolesivo e sentimos, no início do diagnóstico, um vazio.

Por um período, tive a sensação de que não havia um filho ali. Sem expressões, empatia, olhar, sorrisos ou palavras, acreditávamos então que ele estava imerso em um buraco de prejuízos sociais, comunicativos, comportamentais, sensoriais e motores, impedindo-o de ser quem ele é. Hoje vejo que esta sensação era fruto da desinformação.

Aprendemos a ser coterapeutas de nosso filho, tivemos pessoas fundamentais em nossa vida e, aos poucos, durante mais de cinco anos de muita intensidade, qualidade e quantidade de terapias, vimos ele sair desse abismo. Noah emergiu de um nível 3 de suporte para o nível 1 – sabemos que ainda há muitas léguas a serem navegadas e que nem sempre os ventos são favoráveis, mas a nossa experiência em conduzir o barco, o conhecimento do seu funcionamento e a busca pelas melhores rotas têm nos conduzido ao nosso destino.

O tratamento jamais fará que ele deixe de ser quem é. O tratamento e o amor de seus pais permitem que ele seja o protagonista de sua história a partir de agora.

2

O QUE É O AUTISMO?

O Transtorno do Espectro Autista (TEA) é um transtorno do neurodesenvolvimento que afeta a comunicação, a interação social e os comportamentos repetitivos ou restritos. O TEA se manifesta de modo precoce, geralmente antes dos três anos de idade, e pode gerar prejuízos no desenvolvimento pessoal, social, pedagógico e profissional da pessoa. Por ser um transtorno complexo e variável, é importante entender seus sintomas e características para lidar com ele de modo mais consciente e empático. Neste guia simplificado sobre o TEA, apresentaremos informações importantes sobre o transtorno e como ele pode afetar a vida das pessoas.

THIAGO CASTRO

Do grego *autos*, que significa "de si mesmo – voltado para dentro de si", associado ao sufixo *ismo*, que significa "pertencente a algo". Esse foi o nome criado por Eugen Bleuler em 1908. Muita coisa mudou desde então, até chegarmos em 2013, quando o autismo passou a se chamar Transtorno do Espectro Autista (TEA).

O TEA é um transtorno do neurodesenvolvimento, que manifesta seus sintomas de modo precoce, geralmente antes do terceiro ano de vida. Esse transtorno é caracterizado por gerar prejuízos na comunicação, dificuldade na interação social e pela presença de comportamentos e/ou interesses repetitivos ou restritos para coisas e pessoas. Esses prejuízos, por sua vez, afetam o desenvolvimento pessoal, social, pedagógico e, posteriormente, profissional daquela pessoa.

Afirmo que o TEA é mais que isso – ele é complexo, amplo e variável. Até mesmo a palavra *espectro* torna-se insuficiente para descrever com clareza toda a sua singularidade.

Costumo dizer que o TEA retira uma série de habilidades que, em maior ou menor proporcionalidade, são inatas ao ser humano. Essas dificuldades fazem que a pessoa desenvolva um comportamento incomum aos olhos de pessoas típicas, ou seja, um comportamento atípico.

Esses comportamentos e inabilidades irão variar conforme nível de suporte, sexo, comorbidades e sua base genética. Devido a sua manifestação heterogênea, algumas crianças apresentarão os sintomas sugestivos desde os primeiros meses de vida, ao passo que outras irão se desenvolver relativamente bem por um período, mas perderão habilidades adquiridas, tornando os atrasos evidentes. Haverá casos mais funcionais, que desenvolverão estratégias e habilidades para mascarar seus prejuízos e acabarão passando despercebidos e sem diagnóstico na primeira infância.

O autismo não tem causa única, porém sabemos que há um forte sinergismo entre o componente genético e fatores ambientais, que influenciam como fator de associação ao diagnóstico (BOLTE; GIRDER; MARSCHIK, 2019).

Além disso, é indispensável que todos compreendam o TEA, pois é um dos transtornos mais prevalentes na infância. Dados publicados em março de 2023 pelo Centro de Controle de Prevenção e Doenças (CDC) estimam que, nos Estados Unidos, uma em cada 36 crianças, aos 8 anos, seja autista. Isso significa 2,8% desta população. Ainda não temos a prevalência real de TEA no Brasil, mas se considerarmos esses números, devemos ter em torno de 6 milhões de autistas no nosso país. Esse mesmo estudo ainda traz uma maior prevalência em meninos, na proporção de 3,8 para cada menina. Esse dado é questionado por muitos autores, pelo fato de o autismo em mulheres ser subdiagnosticado, como será abordado por Lygia Pereira no capítulo de autismo em meninas.

Mesmo sendo tão prevalente, o diagnóstico continua sendo um desafio. O Manual de Orientações no Diagnóstico do TEA, publicado pela Sociedade Brasileira de Pediatria em 05/04/2019, aponta que as primeiras preocupações observadas no desenvolvimento atípico de crianças foram: atraso na linguagem verbal, falha em responder seu nome, falta de contato visual e agitação. Essas preocupações iniciais surgiram, em média, aos 23,6 meses de idade e o diagnóstico formal só foi estabelecido próximo aos 6 anos (59,6 meses), o que corresponde a um atraso significativo médio de 36 meses.

A evolução do paciente depende do diagnóstico precoce e intervenção adequada. Segundo estudo publicado por Pierce (2019), o diagnóstico do TEA pode ser realizado com segurança a partir dos 14 meses de idade. No entanto, reforço que não existe idade mínima para realizar o diagnóstico e muito menos para iniciar as intervenções. Sabemos que a abordagem precoce interfere diretamente no bom prognóstico do autista.

Para que isso aconteça é necessário que o diagnóstico seja claro tanto para pais como para profissionais.

O diagnóstico de TEA é pautado no Manual Diagnóstico e Estatístico dos Transtornos Mentais da Associação Americana de Psiquiatria (DSM-5), que descreve que é necessário precocidade dos sintomas, e que causem prejuízos clínicos significativos no funcionamento social, profissional e pessoal ou em outras áreas importantes da pessoa. Além disso, esses prejuízos não são bem explicados por deficiência cognitiva e intelectual ou pelo atraso global do desenvolvimento.

São critérios para a caracterização do TEA:

1. Déficits persistentes na comunicação e interação social em vários contextos, como:
   - Limitação na reciprocidade emocional e social, com dificuldade para compartilhar interesses e estabelecer uma conversa.
   - Limitação nos comportamentos de comunicação não verbal usados para interação social, variando entre comunicação verbal e não verbal pouco integrada e com dificuldade no uso de gestos e expressões faciais.
   - Limitações em iniciar, manter e entender relacionamentos, com variações na dificuldade de adaptação do comportamento para se ajustar

às situações sociais, compartilhar brincadeiras imaginárias e ausência de interesse por pares.

2. Padrões repetitivos e restritos de comportamento, atividades ou interesses, conforme manifestado por pelo menos dois dos seguintes itens, ou por histórico prévio:
   - Movimentos motores, uso de objetos ou fala repetitiva e estereotipada (estereotipias, alinhar brinquedos, girar objetos, ecolalias).
   - Insistência nas mesmas coisas, adesão inflexível a padrões e rotinas ritualizadas de comportamentos verbais ou não verbais (sofrimento extremo a pequenas mudanças, dificuldade com transições, necessidade de fazer as mesmas coisas todos os dias).
   - Interesses altamente restritos ou fixos em intensidade ou foco muito maiores do que os esperados (forte apego ou preocupação a objetos, interesse preservativo ou excessivo em assuntos específicos).
   - Hiper ou hiporreatividade a estímulos sensoriais ou interesses incomuns por aspectos sensoriais do ambiente (indiferença aparente a dor/temperaturas, reação contrária a texturas e sons específicos, fascinação visual por movimentos ou luzes).

3. Níveis de gravidade ou necessidade de suporte do TEA, segundo os critérios diagnósticos do DSM-5:
   - Nível 1 – outrora conhecido como leve (necessita suporte), apresenta relativo bom funcionamento, com apoio. Apresenta prejuízo na ausência de apoio, déficits na comunicação e interação social, assim como padrões comportamentais que podem causar prejuízos notáveis. As pessoas que se encontram no espectro do autismo nível 1 não apresentam atrasos cognitivos/intelectuais e de aquisição de fala significativos. O coeficiente intelectual está preservado.
   - Nível 2 – outro conhecido como moderado (necessita de suporte substancial); significa que mesmo que tenha suporte poderá apresentar dificuldades na socialização, na comunicação e em seus comportamentos. Pode haver transtorno do desenvolvimento intelectual.
   - Nível 3 – outrora conhecido como severo (necessita de suporte muito substancial); prejuízos graves de funcionalidade, ainda que haja nível de suporte. Apresentam déficits graves nas habilidades de comunicação social verbal e não verbal. O comportamento interfere nas funções executivas; dificuldade extrema em lidar com mudanças; grande aflição em mudar de foco ou ação. As pessoas que se encontram no espectro do autismo nível 3 ou severo estão associadas, geralmente, a deficiência intelectual, comorbidades (outras condições ou transtornos associados) e incapacidades nas habilidades/atividades da vida diária.

Sobre os níveis, é importante dizer que o autista grave tem seus potenciais desacreditados e, em contrapartida, o autista leve tem seus prejuízos banalizados; por isso, peço, gentilmente, que acreditem no potencial e nas dores de seus filhos e pacientes.

A intervenção precoce é determinante para proporcionar melhores resultados no tratamento do paciente. Tratamento esse que deve ser intenso, com qualidade e quantidade, composto por técnicas comportamentais baseadas na ciência ABA e associado a especialidades, de acordo com as necessidades de cada paciente.

O autismo não se limita a uma ciência ou especialidade. Família, escola e terapeutas serão fundamentais para potencializar todo desenvolvimento dessa criança.

Referências

ASSOCIAÇÃO AMERICANA DE PSIQUIATRIA. Manual diagnóstico e estatístico de transtornos mentais – DSM. 5. ed. Porto Alegre: Artmed, 2023.

MAENNER, M. J.; WAREEN, Z.; WILLIAMS, A. R.; *et al.* Prevalence and Characteristics of Autism Spectrum Disorder Among Children Aged 8 Years – Autism and Developmental Disabilities Monitoring Network, 11 Sites, United States, 2020. *Surveillance Summaries*, March 24, 2023 / 72(2);1-14 – CDC.

PIERCE, K.; GAZESTANI, V. H.; BACON, E.; BARNES, C. C.; CHA, D.; NALABOLU, S.; LOPEZ, L.; MOORE, A.; PENCE-STOPHAEROS, S.; COURCHESNE, E. Evaluation of the Diagnostic Stability of the Early Autism Spectrum Disorder Phenotype in the General Population Starting at 12 Months. JAMA Pediatr. 2019 Jun 1;173(6):578-587. doi: 10.1001/jamapediatrics.2019.0624.

SOCIEDADE BRASILEIRA DE PEDIATRIA (SBP). Manual de Orientação Transtorno do Espectro do Autismo. Departamento Científico de Pediatria do Desenvolvimento e Comportamento. n. 5, 2019.

3

A CONSULTA COM O NEUROPEDIATRA

Eis que é chegado o dia tão aguardado da primeira consulta com o neuropediatra, depois de meses de espera para ser atendido e pensando "se é preciso mesmo ir ou não"; lá está você, de frente com o médico que vai lhe explicar o que está de fato acontecendo. Voz e mãos trêmulas, coração batendo forte, angústia. Medo. Será que ele vai perceber o que eu percebo? Será que é relevante o que eu tenho a dizer?

KAREN BALDIN

Karen Baldin

Contatos
clinicaneurodesenvolver.com.br
Instagram @drakarenbaldin
13 3345 5551 / 13 97408 1762

Neurologista infantil, especialista em Pediatria e em Neurofisiologia Clínica. Residência em Pediatria no Hospital Infantil Municipal Menino Jesus. Residência médica em Neurologia Infantil na Unicamp. Pós-graduada em Psiquiatria Infantil *lato sensu*. Médica colaboradora do serviço de Neurologia Infantil do Hospital Guilherme Álvaro e Santa Casa de Santos. Proprietária e responsável técnica da Clínica Neurodesenvolver – Santos/SP.

Nesse cenário de ansiedade, existem grandes chances de você esquecer tudo o que tem para dizer. Então, lá vai a primeira dica: antes de a consulta chegar, anote em um caderninho ou no bloco de notas do celular tudo o que você percebe da sua criança, filme o que ela faz de diferente, fotografe, reúna esses vídeos e fotos em uma pasta específica para facilitar o acesso na hora da consulta. Se existe a possibilidade de trazer relatório de observação e avaliação escolar, ou de outros profissionais que já avaliaram a criança, leve-os, pois serão de grande valia para o médico saber o que os outros profissionais percebem do comportamento e do desenvolvimento da sua criança.

Agora que você já está na sala da consulta diante do médico que vai lhe direcionar, então se acalme e diga para ele qual é o motivo que o/a trouxe ali.

No caso de investigação de criança com suspeita de autismo, os pais costumam trazer como motivo:

- Ele está com atraso de fala.
- Ele é muito nervoso e irritado, não aceita o não.
- Ele não come.
- Ele não dorme.
- Percebo algumas coisas diferentes nele que meu outro filho não fazia.
- Ele não olha quando eu chamo.

Provavelmente, você vai querer se sentar e contar tudo de uma vez. Assim que o motivo de ter trazido a criança na consulta foi dito, vamos entender quem é essa criança, como nasceu, quem cuida dela, quem mora com ela, qual a rotina dela, se vai à escolinha/creche, além das informações sobre a gestação, se existe grau de consanguinidade entre os pais, idade que os pais tinham quando engravidaram, quantos filhos têm, se já tiveram perdas gestacionais, intercorrências, dados do nascimento e parto. Quem mora com a criança, quem é o principal cuidador, como a família é composta, como é a rotina da criança, tempo de exposição a telas, tempo de qualidade brincando junto, como a estimulam a aprender.

Outras informações médicas são relevantes, como: se já esteve internada, se tem problemas de saúde, se tem alergias medicamentosas, alimentares ou respiratórias, se ronca, se já teve crise convulsiva, se tem infecções respiratórias de vias superiores com frequência.

O histórico familiar também será questionado: se tem adultos com transtornos emocionais, psíquicos, se a mãe tem doença inflamatória crônica, se tem crianças com atraso do desenvolvimento, se tem histórico de dificuldades escolares e atraso na fala quando os pais eram crianças.

O próximo passo é falar sobre o Desenvolvimento Neuropsicomotor (DNPM), vamos dividi-lo em quatro etapas:

- Pessoal-Social, que compreende aspectos da socialização da criança.
- Motor Fino-Adaptativo, que inclui coordenação olho/mão.
- Motor Grosso, que diz respeito ao controle motor corporal.
- Linguagem, que envolve a capacidade de reconhecer, entender e usar a linguagem verbal e não verbal.

Neste momento, é importante utilizar escalas de desenvolvimento como, por exemplo, a triagem de Denver II.

Até um ano de vida, a sua criança era um bebê muito calmo, dormia muito, não chorava (para pedir ou comunicar desconforto) ou era muito irritada mesmo no colo, com muitos despertares noturnos?

Entre o primeiro e o segundo ano de vida, você notou estagnação ou regressão do desenvolvimento?

A criança que está no espectro autista pode ter atraso global, isto é, atraso em todos os setores descritos antes, ou pode ter apenas atraso no desenvolvimento da linguagem e social-adaptativo. Por isso, é comum os pais dizerem "mas ele é tão esperto para fazer tanta coisa, não vejo atraso nele, exceto na fala", ou "ele tem um leve atraso em tudo". Muitos pais podem simplesmente não reconhecer os atrasos, principalmente se forem pais de primeira viagem, que acabam levando o filho à consulta apenas pelo atraso de linguagem, quando na verdade a criança tem outros atrasos que não foram percebidos. Por isso é tão importante ser avaliado pelo especialista e verificar, através de instrumentos de avaliação, em escalas que quantificam e qualificam o atraso da criança, em cada setor do desenvolvimento.

Podemos, então, falar da alimentação: amamentação, como foi a introdução alimentar. A criança pega comida com as mãos? Usa talher? O que gosta de comer? Come todos os grupos alimentares? Bebe água? Quais são as preferências? Onde come? Como come? Tem ritual para comer, objetos de apego? Mastiga bem? Baba muito? Fica com a boquinha entreaberta? Alguma questão sensorial com os alimentos? Nauseia-se? Guarda alimento na boca?

Compreendido como se dá alimentação, aproveite e diga também como são as fezes, se ressecadas, se pastosas, constipadas, se a criança sinaliza quando está suja, se aceita a passagem de fraldas para o vaso sanitário ou redutor, se está havendo dificuldades com o desfralde, caso já esteja nessa fase.

Agora vamos conversar sobre o sono: como dorme, onde dorme, a que horas dorme, tempo total de sono, acorda de madrugada, se mexe muito, ronca, tem ritual para ir dormir ou objetos de apego?

E, sensorialmente, ela se sente incomodada com ruídos, sujeira nas mãos, etiqueta, calçados, anda na pontas dos pés, tecido de roupas, água no rosto, lavar cabelos, cortar cabelos, ficar descalça, texturas de comida, gramas, areia, geleca?

Agora é um bom momento para dizer como é o humor, o comportamento e a socialização. Olha quando você a chama? Ignora com frequência se não for do interesse dela, parecendo ter uma atenção "seletiva" – apenas ao que lhe interessa? A criança pode ficar agressiva em algumas situações? Quais situações? Tem que ser atendida na hora que ela solicita, se não, chora? As coisas têm que ser do jeito dela? Gosta de beijo, abraço, procura os pais espontaneamente para dar carinho, gosta de receber carinho deles? E como se comporta com outras pessoas adultas? E com seus pares (outras crianças)? Quando fica brava, é difícil de se acalmar? Aceita variação das coisas? Ela se interessa para olhar para onde você olha, ou para onde você está mostrando a ela, ou só faz isso se for do interesse dela? Em casa e na escolinha, ela bate, morde, empurra? Faz isso quando?

Vamos entender como a criança brinca, como ela explora coisas, quais são suas preferências, se dá função aos objetos, se imita, como está a atenção compartilhada, como ela faz para se fazer entender. Ela aponta quando quer um brinquedo que está no alto? Ela aponta para lhe mostrar alguma coisa que ela achou interessante? Ela aceita que você manipule os brinquedos dela? Ela lhe entrega quando você pede? Ela fica brava se está arrumando os brinquedos de uma certa maneira e você tira daquela ordem? Ela arremessa os brinquedos? Ela fica gerando ruídos na brincadeira, mesmo quando o brinquedo não é de gerar sons? Ela não se interessa por brinquedos? Prefere brincadeiras de correr, subir, tirar, colocar, arremessar, abrir, fechar, apagar e acender a luz repetidamente?

Ela olha para onde você está olhando ou apontando? Bate palmas? Usa o dedo indicador apontando com função de mostrar ou pedir? Pega em sua mão para lhe levar aonde ela quer? Dá tchau? Manda beijo? Imita um som? Imita uma careta? Uma dança ou algo que ele te viu fazer?

Ela pode passar um tempo olhando ou girando coisas? Olhando para luzes, ventiladores ou máquina de lavar? Fica correndo ou rodando aleatoriamente?

E todos os relatos são construídos ao longo da consulta para entender quem é aquela criança, seu ambiente e como está o desenvolvimento dela. Além da riqueza de informações da anamnese (que é a entrevista estruturada), a criança provavelmente está livre no consultório para explorar os brinquedos expostos, e já dá para ver como ela brinca, como olha e observa o ambiente, brinquedos e o avaliador, o que prefere, quantos brinquedos explora, se dá função. O médico pode tentar interagir com a criança, podendo solicitar a ajuda dos pais, apresentando algum brinquedo, solicitando que lhe entregue algum objeto, direcionando a exploração da criança, e avalia como está a atenção compartilhada, mostrando algo que esteja do outro lado da sala para ver se a criança olha, verifica se ela identifica animais, letras, cores, números, formas, se faz pareamento, se entende e obedece comandos, como estão a linguagem receptiva (se ela entende o que falamos) e a linguagem expressiva (o que fala), se emite estereotipias ou ecolalias, se imita.

Para o diagnóstico de Transtorno do Espectro Autista (TEA), as características clínicas vão além de olhar nos olhos ou não, andar na ponta dos pés ou não, fazer estereotipias ou não. O que eu quero que você perceba é que as características do TEA giram em torno da qualidade das interações sociais, da reciprocidade social, da comunicação e de comportamentos específicos, mas que muitos pais sozinhos não percebem que determinado comportamento é uma estereotipia ou que determinada brincadeira é um padrão restrito específico e repetitivo.

Se for possível, o médico deve examinar fisicamente a criança: perímetro cefálico, formato do crânio, reflexos, marcha, tônus, equilíbrio, força muscular e simetria, se tem manchas na pele.

Escalas como a Escala de Comportamento Adaptativo de Vineland, ABC *checklist*, Protea-R ou CARS-2 podem ser preenchidas para dizer aos pais, com o máximo de *expertise* e certeza, que, de acordo com tudo o que foi dito e observado na exploração livre e direcionada da criança, bem como com as escalas específicas, e pela definição do DSM-5, a criança se encontra dentro do espectro autista. Na maioria das vezes, o diagnóstico não é difícil de ser feito, pois as características são bem evidentes e os pais chegam em consulta trazendo todas as informações relevantes bem pontuadas. Porém há casos que deixam dúvidas, considerados casos limítrofes, e nesses casos, outras etapas podem ser requeridas para a conclusão diagnóstica. Lembrando que o diagnóstico não tem idade para ser feito; desde bebês com 1 ano e 2 meses já é possível dar o diagnóstico com bastante precisão, e que a intervenção precoce é fundamental em todos os casos e qualquer perda de linguagem, capacidade de comunicação ou habilidade social já adquirida é um alerta para a possibilidade de TEA e a criança deve ser avaliada pelo especialista.

Se ainda não for possível afirmar o diagnóstico, outras passos podem ser necessários para a conclusão diagnóstica:

- Avaliação neuropsicológica (sugere-se a realização de testes psicométricos padrão-ouro como ADOS-2 e ADI-R).
- Avaliação de equipe multidisciplinar.
- Exames genéticos.
- Exame Bera (auditivo).

A avaliação deve ser individualizada para cada criança.

4

DIAGNÓSTICO PRECOCE DO AUTISMO

O PEDIATRA E A LUTA CONTRA O TEMPO

Neste capítulo, quero refletir, com você, sobre o tempo. Quando bem aproveitado, ele é nosso aliado. Quando perdido, torna-se um implacável inimigo. Na luta contra o tempo – tão importante para o diagnóstico precoce do autismo – identificar compassos e descompassos no desenvolvimento é uma das missões mais importantes do profissional que está em contato com a criança desde os primeiros segundos de vida: o pediatra.

LESLYE SARTORI IRIA

Leslye Sartori Iria

Contatos
www.draleslyesartori.com
contato@draleslyesartori.com
Redes sociais: @leslyesartoripediatra

Médica pediatra, especialista no diagnóstico de transtorno do espectro autista (TEA) e análise do comportamento aplicada. Desde o diagnóstico da filha, Isadora, alia o conhecimento científico e a vivência como mãe de uma criança autista.

Na faculdade de Medicina e na residência em Pediatria, aprendi muitas coisas. Lidar com o tempo, com certeza, não foi uma delas. Confesso que acreditava na maior falácia que temos sobre o desenvolvimento infantil: "Cada criança tem o seu tempo".

Na tentativa de confortar pais que desconfiavam que algo com aquela criança não estava certo, eu perdia tempo. Apenas quando o atraso e o tempo bateram à minha porta, eu entendi que não havia um minuto sequer a perder.

Eu já era pediatra quando meus filhos gêmeos nasceram: Théo e Isadora. Costumo dizer que a chegada deles derrubou todas as minhas certezas, e uma delas foi a de que cada criança tem seu tempo. Eu aprendi, ao observar o modo como se desenvolviam, que verdadeiramente há um tempo certo para que cada coisa aconteça. A isso chamamos de marcos do desenvolvimento.

Quando eles tinham apenas alguns meses de vida, eu fazia o que há de pior para uma mãe de gêmeos: eu os comparava. O Théo apresentava atrasos sutis, que poderiam ser justificados pelo nascimento um pouco prematuro, mas a Isadora ia ainda mais devagar.

Apesar de sentir que algo estava errado no desenvolvimento deles, quando eu demostrava preocupação em relação a isso, ouvia o que a maioria das mães ouvem: que estava sendo exagerada, afinal "cada criança tem seu tempo".

Quando alguém dizia que, no momento certo, a Isadora e o Théo caminhariam no mesmo compasso, eu me sentia confortada e seguia fechando os olhos para o óbvio.

Para a sorte dos meus filhos, mesmo ainda acreditando que isso era verdade, resolvi colocá-los em algumas intervenções – naquela época, considerei que era melhor pecar pelo excesso do que pela omissão. Com dez meses de idade, eles iam a sessões de fisioterapia e fonoaudiologia, com um ano iniciaram terapia ocupacional e psicologia. Uma rotina muito puxada para dois bebês.

Algumas pessoas criticavam, mas quando os avanços começaram a aparecer, eu percebi que estava no caminho certo. Obviamente, nesse momento comecei a questionar o tal "tempo da criança".

Mesmo desejando profundamente ser a mãe exagerada de que todos falavam, eu estava certa: o Théo apresentou um atraso no desenvolvimento motor e da fala e a Isadora foi diagnosticada com autismo moderado. E assim começou a minha luta contra o tempo perdido.

Neste texto, quero plantar no seu coração algumas sementes. A primeira delas é esta: não existe o tempo da criança. Existe o tempo certo para tudo.

No tempo certo

Mas... não é verdade que menino fala depois que menina? Se o pai demorou para falar ou para andar, o filho também pode atrasar? Algumas crianças começam a falar só após os três anos? A resposta para todas essas perguntas, tomadas como verdade por muitas pessoas, é bem simples: não! Isso não é verdade!

Entender as etapas do desenvolvimento infantil é fundamental. É isso que a literatura médica recomenda, é isso que os pais esperam e é isso que o profissional que acompanha a criança rotineiramente deve fazer. Infelizmente, na maioria das vezes, não é isso o que acontece.

Por uma falha na nossa formação enquanto pediatras, o desenvolvimento fica em segundo plano. Antes, é preciso tratar as viroses, gripes, resfriados, infecções. Mas tão importante quanto amenizar desconfortos e curar doenças, é ter um olhar diferenciado para as crianças. Será que elas estão se desenvolvendo no tempo certo?

De acordo com a pesquisa Demografia Médica no Brasil 2023 (SCHEFFER, 202,), realizada pelo Conselho Federal de Medicina (CFM) e pela Universidade de São Paulo (USP), há, no Brasil, 48.654 pediatras em atuação. Essa é a segunda especialidade com maior número de profissionais no país, correspondendo a 9,8%.

Por ser considerada uma especialidade médica básica, a Pediatria é uma grande porta de entrada para a promoção da saúde das crianças. Ela está nos grandes centros, mas também é difundida em cidades do interior. Seja nas consultas de rotina, urgência ou emergência, o pediatra é o profissional que está em contato próximo e frequente com a criança e sua família.

Em contrapartida, outras especialidades e áreas de atuação importantes para o diagnóstico precoce de transtorno do espectro autista (TEA), como a neurologia pediátrica e psiquiatria da infância e adolescência, estão mais concentradas em grandes cidades. Para se ter uma ideia, dados do Conselho Federal de Medicina apontam que tenhamos menos de dois mil especialistas em atuação nessas áreas no País.

Levando-se em consideração dados epidemiológicos mais recentes, referentes ao aumento de casos de TEA, seria inviável e preocupante esperarmos todas essas crianças passarem por essas especialidades para ser feito o diagnóstico. Muito tempo seria perdido.

Antes de chegar a qualquer outro especialista, a criança passou muitas vezes pelo consultório de Pediatria. Hoje tenho essa certeza: o pediatra é a pessoa certa, no tempo certo, para identificar os primeiros sinais de autismo e proporcionar a essa criança um mundo de possibilidades para seu desenvolvimento.

Ajustando os ponteiros

Mas, e se realmente o atraso for observado? O que fazer? Quando terminei a residência médica, o CDC (Centro de Controle de Prevenção e Doenças) dos Estados Unidos estimava que uma a cada 68 crianças de até 8 anos tinham autismo no país. Hoje, a estatística é muito mais impactante: o órgão calcula que uma a cada 36 crianças possua o transtorno.

Há quem diga que o autismo virou moda. Na verdade, o crescimento dos casos deve-se ao aumento das pesquisas científicas e das ferramentas de diagnóstico, como o teste M-CHAT – uma escala de rastreamento capaz de identificar traços de autismo. A Sociedade Brasileira de Pediatria recomenda que ele seja aplicado em todas as consultas pediátricas, a partir de 18 meses de vida, para auxiliar na identificação precoce de autismo. Infelizmente, essa não é uma realidade nem no SUS (Sistema Único de Saúde), nem nos consultórios particulares.

O teste não é suficiente para diagnosticar o Transtorno do Espectro Autista, mas pode acender um sinal de alerta importante e apontar a necessidade de uma investigação mais detalhada. Um diagnóstico assertivo de TEA é clínico, realizado por meio da observação do comportamento da criança, avaliação do histórico de vida e familiar, entrevista com os pais ou cuidadores e avaliações multidisciplinares.

Em um estudo realizado em 2013, Sampedro-Tobón *et al.* constataram que foram os pais que perceberam os primeiros sinais do TEA (59,5% dos casos), seguidos de profissionais da educação (21,4%) e médicos (apenas 2,4% dos casos).

Isso confirma uma certeza que tenho trabalhado no diagnóstico do autismo: quando uma família desconfia que há algo de errado no desenvolvimento de uma criança, essa queixa precisa ser avaliada com muito cuidado.

Estudos apontam que, em busca do diagnóstico correto, famílias chegam a procurar até cinco profissionais, até que suas queixas sejam validadas e que o diagnóstico de TEA seja fechado. Segundo RIBEIRO *et al.* (2017), a não valorização das percepções dos pais sobre o desenvolvimento do filho, por parte dos pediatras, pode contribuir para o atraso do diagnóstico de TEA. Nesse caminho de porta em porta, de consultório em consultório, muito tempo se perdeu. E, de novo: o tempo é um divisor de águas quando estamos falando de autismo.

Então, cabe ao pediatra acolher essa família, valorizar suas queixas e investigar. Quando me deparei com atrasos no desenvolvimento da minha filha, mesmo sendo chamada de exagerada, de estar procurando coisas onde não existiam e até de estar ficando louca, eu tinha certeza de que não estava: o autismo estava ali e eu não o via. Mas o fato de não ignorar os atrasos e de intervir foi o que fez minha filha caminhar de um diagnóstico de autismo moderado para leve.

De pediatra para pediatra

Eu não escolhi o autismo, mas ele escolheu a minha família com o diagnóstico da minha Isadora. Ele entrou destruindo minhas certezas e colocando à prova as minhas convicções como mãe e como médica. Nesse processo doloroso, mas também libertador, estudar esse estranho desconhecido fez a diferença, não só para o desenvolvimento da minha filha, mas para todos os meus pacientes.

Aos meus colegas pediatras, eu proponho uma reflexão: não é preciso esperar que o autismo bata à porta da sua casa, da sua família, do seu consultório, para entender que precisamos mudar a forma de olhar o TEA, principalmente dentro da Pediatria.

Seu consultório é porta de entrada para a saúde da criança, mas pode ser também um abrigo e canal de transformação na vida de muitas famílias que batem de porta em porta em busca de uma resposta. Na dúvida, sempre inicie uma intervenção precoce. Dessa forma, a chance de errar é minimizada e a oportunidade de fazer a diferença é maximizada.

Você suspeita? Investigue, oriente, encaminhe, mas nunca perca a oportunidade de mudar a trajetória de uma criança por omissão.

De mãe para mãe

Meu conselho para os pais – especialmente para as mães, que geralmente se colocam na linha de frente em busca de respostas – é bem simples: se algo parece estar errado aos seus olhos, possivelmente está! Não se apegue a subterfúgios, isso apenas deixa o caminho mais longo. Apegue-se ao conhecimento.

Como mãe, eu digo que a gente se prepara para tudo num pré-natal, mas nunca para ter um filho com uma deficiência, nunca para o atraso, nunca para um diagnóstico. Assim como buscamos informações sobre alimentação, sono, como aliviar as cólicas, é preciso entender o tempo certo de cada coisa.

Você pai, mãe ou tutor(a), não é o responsável por fazer o diagnóstico do seu filho(a). Mas você o(a) conhece melhor do que ninguém. Você suspeita que há algo errado? Investigue, informe-se e cobre de nós profissionais o básico: uma boa avaliação de acordo com o que é preconizado pela Sociedade Brasileira de Pediatria.

Se eu puder plantar outra sementinha no seu coração, gostaria de pedir para que você não espere:

- Não espere quando identificar atrasos no seu filho.
- Não espere quando identificar atrasos no seu paciente.
- Não normalize os atrasos dos seus alunos.
- Não os normalize, justifique ou subestime.

Não tenha medo: o diagnóstico não limita até onde nossos filhos e pacientes podem chegar, pelo contrário, ele é só o começo de uma jornada. Que possamos aprender com o tempo que, entre compassos e descompassos, há muito a ser feito pelo desenvolvimento das nossas crianças. Que ele sopre sempre a nosso favor.

Referências

CONSELHO FEDERAL DE MEDICINA. Busca médica. Disponível em <https://portal.cfm.org.br/busca-medicos/>. Acesso em: fev. de 2023.

MAENNER, M. J.; WARREN, Z.; WILLIAMS, A. R.; *et al. Prevalence and Characteristics of Autism Spectrum Disorder Among Children Aged 8 Years – Autism and Developmental Disabilities Monitoring Network*, 11 Sites, United States, 2020. MMWR Surveill Summ 2023;72(No. SS-2):1–14. DOI: http://dx.doi.org/10.15585/mmwr.ss7202a1.

RIBEIRO, S. H.; PAULA, C. S.; BORDINI, D.; MARI, J. J.; CAETANO, S. C. (2017). Barriers to early identification of autism in Brazil. *Revista Bra. sileira de Psiquiatria*, 39(4),352-354. doi: 10.1590/1516-4446-2016-2141;

SAMPEDRO-TOBÓN, M. E. *et al.* Detección temprana en trastornos del espectro autista: una decisión responsable para un mejor pronóstico. *Bol. Med. Hosp. Infant. Mex.*, México, 70 (6) p. 456-466, dic. 2013.

SCHEFFER, M. *et al. Demografia médica no Brasil* 2023. São Paulo: FMUSP, AMB, 2023.

SOCIEDADE BRASILEIRA DE PEDIATRIA. *Triagem precoce para autismo / transtorno do espectro autista.* Porto Alegre: SBP, 2017.

XAVIER, J. S.; MARCHIORI, T.; SCHWARTZMAN, J. S. Pais em busca de diagnóstico de transtorno do espectro do autismo para o filho. *Psicol. teor. prat.*, São Paulo, 21 (1), p. 170-185, abr. 2019.

5

O AUTISMO NOS PRIMEIROS 12 MESES DE VIDA

Os primeiros sinais do autismo já podem ser percebidos antes de um ano de idade e, considerando-se a importância da intervenção precoce, o treinamento para identificação desses sinais deve ser uma prioridade na formação profissional. Diversos estudos correlacionam os melhores resultados no tratamento de crianças com autismo à idade em que ele se inicia, com ganhos mais significativos em crianças que começaram as intervenções antes dos dois anos de idade. O objetivo deste capítulo é reunir achados sugestivos de *autismo nos primeiros 12 meses de desenvolvimento*, facilitando a detecção de desvios do desenvolvimento e a indicação de intervenção precoce.

MARIANA SOFFIENTINI

Mariana Soffientini

Contatos
mariana.neuroped@gmail.com
Instagram: @neurologiapediatrica
21 96769 1971

Sou neurologista infantil e pediatra pela UFRJ, com título de Especialista em Neurologia Infantil pela Academia Brasileira de Neurologia. Nos últimos anos, concentrei minha atuação profissional no meu consultório particular e nas redes sociais, com objetivo de conscientizar a população sobre questões referentes ao desenvolvimento infantil e neurodiversidades. O estudo dos sintomas do autismo nos primeiros anos de vida e a disseminação da intervenção precoce são minhas maiores motivações profissionais.

A importância do diagnóstico precoce

O Transtorno do Espectro Autista (TEA) é uma condição de desenvolvimento complexa e de início precoce, caracterizada por dificuldades persistentes na comunicação social, associadas a padrões restritos e repetitivos de comportamentos, interesses e atividades (AMERICAN, 2013).

Os primeiros sinais do TEA já podem ser percebidos antes de um ano de idade e, considerando-se que estudos relacionam os melhores desfechos de desenvolvimento ao início do tratamento antes dos dois anos (LANDA, 2018), é importante capacitarmos profissionais para identificação desses sinais.

Sendo assim, o objetivo deste capítulo é reunir achados sugestivos do TEA nos primeiros 12 meses de vida, facilitando a intervenção precoce.

Sinais e sintomas do autismo nos primeiros 12 meses

Estudos neuropatológicos evidenciam que o TEA tem origem num desenvolvimento anormal do cérebro desde o início da vida pré-natal (BAUMAN; KEMPER, 2003). As manifestações dessas alterações já são detectáveis ao nascimento.

Zwaigenbaum (2005) acompanhou a evolução de crianças com alto risco de TEA e traçou um perfil comportamental dos 6 aos 12 meses que poderia ser um preditor diagnóstico:

(1) alterações comportamentais: alterações no contato visual, da resposta ao nome, imitação, sorriso social, reatividade, interesse social e nos comportamentos de base sensorial;

(2) latência prolongada para "desengajar" a atenção visual;

(3) alterações temperamentais: passividade e hipoatividade; reações extremas de irritabilidade; fixação em objetos específicos; diminuição das manifestações de afeto positivo;

(4) atraso da linguagem expressiva e receptiva.

Saber identificar esse perfil pode ser útil, mas é importante estudarmos as diversas formas de manifestação do TEA entre 0 e 12 meses, já que reconhecer possibilidades enriquece a visão clínica e permite uma escuta assertiva.

Por questões didáticas, dividiremos as manifestações em 3 grupos:

Alterações motoras

As alterações motoras não fazem parte dos critérios diagnósticos, mas são observadas em mais de 80% dos pacientes (QUEDAS, 2020)

O atraso na aquisição de habilidades motoras costuma ser um dos primeiros sinais observáveis no TEA. O desenvolvimento motor se correlaciona com o desenvolvimento da linguagem, exercendo uma espécie de efeito "cascata" entre as áreas – é possível que crianças com atraso motor venham a ter atraso da linguagem (LEBARTON; LANDA, 2019).

São frequentes:

- Hipotonia, hipoatividade e posturas incomuns.
- Movimentos atípicos, como agitar as mãos e dedos, e balançar a cabeça.
- Atraso para sentar e andar independentes.
- Instabilidade postural.
- Atraso no controle e sustento da cabeça.
- Comprometimento da motricidade fina.

Alguns autores levantam a possibilidade de que a disfunção motora tenha um papel patogênico no TEA, mas não existe uma resposta clara para a etiologia desse sintoma.

É possível que ele tenha relação com um comprometimento da conectividade cerebral que causa falha na integração multissensorial, que, por sua vez, é implicada no desenvolvimento de outras características do TEA.

Durante o primeiro ano de vida, as habilidades motoras permitem que bebês interajam com pessoas e explorem o ambiente, fatores que possibilitam o desenvolvimento da atenção compartilhada. A partir desse raciocínio, entende-se que uma intervenção destinada a melhorar habilidades motoras pode interferir positivamente em outras habilidades.

Alterações sociocomunicativas

Os déficits na comunicação social são os principais critérios para o diagnóstico de TEA no DSM-5 (AMERICAN, 2013).

A comunicação social engloba habilidades pré-verbais, como o compartilhamento de afeto e emoções, a atenção compartilhada, contato visual e expressão facial. Quando existe atraso dessas habilidades, não há necessidade de esperarmos atrasos da linguagem expressiva para iniciar intervenções, o que ainda é frequente na prática clínica.

Sintomas como atraso da fala e comportamentos estereotipados só se tornam evidentes no segundo ano de vida e, certamente, não são as manifestações iniciais do TEA.

Os seguintes sinais já podem ser identificados antes de uma criança falar:

- Passividade nas interações sociais e na exploração do ambiente.
- Pouca reação e interesse à voz/rosto dos pais.
- Menos responsividade aos esforços de terceiros para atrair atenção (exemplo: durante brincadeiras).
- Pouca reação ao chamado pelo nome.
- Ausência do sorriso social e pobreza de expressões faciais.
- Alterações no contato visual.
- Pouca vocalização – bebês "menos sonoros", "mais quietos".
- Baixa atenção compartilhada.
- Ausência ou uso menos frequente de gestos comunicativos.
- Pouca imitação espontânea ou compreensão de comportamentos sociais.

Regressão do desenvolvimento

Esse termo se refere a uma perda de habilidades adquiridas, não explicada por traumatismo cranioencefálico ou por eventos emocionais traumáticos.

Até pouco tempo atrás, acreditava-se que o início regressivo do TEA era um evento raro. No entanto, pesquisas recentes mostram que ele possivelmente ocorre na maioria dos casos (OZONOFF; IOSIF, 2019), sendo subnotificado pela falta de documentação da sua ocorrência e pela pequena parcela dos cuidadores que é capaz de identificá-la.

Sendo assim, qualquer regressão das habilidades sociocomunicativas deve ser valorizada, já que, em termos de frequência, o autismo é a sua principal causa.

Alterações comportamentais

Os padrões restritos e repetitivos de comportamentos, interesses e atividades são o segundo grupo de critérios para o diagnóstico de TEA no DSM-5.

Pesquisadores sugerem que algumas alterações comportamentais são mais relevantes nos primeiros 6-12 meses, com destaque para as diferenças no comportamento social e na comunicação não verbal, comportamentos sensoriais e motores atípicos e alterações de temperamento. Exemplos:

- Irritabilidade e baixa tolerância à frustração.
- Desregulação emocional, com propensão à frustração, tristeza e medo.
- Pouca sensibilidade ou indiferença a pistas sociais.
- Uso e exploração atípica de objetos: girar, enfileirar, inspecionar ou se fixar a objetos por tempo prolongado.
- Movimentos repetitivos e estereotipados. Exemplos: *flapping*, entrelaçar dos dedos e posturas atípicas.
- Preocupação parental: sacrey *et al.* (2015) Mostraram que pais de crianças diagnosticadas com autismo apresentavam mais preocupações que os pais de crianças típicas.

Transtorno de processamento sensorial (TPS)

A disfunção sensorial é muitas vezes considerada um sintoma central do TEA e faz parte do grupo das manifestações comportamentais no DSM-5.

O TPS é uma condição na qual o cérebro não processa a informação multissensorial adequadamente. Isso pode culminar em uma hipersensibilidade (resposta exagerada) ou hipossensibilidade (resposta reduzida) aos estímulos sensoriais, gerando centenas de respostas comportamentais atípicas à estimulação sensorial.

O DSM-5 cita alguns exemplos desses comportamentos, como fascínio visual por luzes ou objetos giratórios, resposta adversa a sons ou texturas específicas, cheirar ou tocar objetos em excesso e aparente indiferença à dor, calor ou frio.

Embora TEA e TPS sejam condições separadas, de 60% a 90% das crianças com TEA apresentam o TPS (LEEKAM *et al.*, 2007). Por causa disso, é importante que esses sintomas sejam lembrados durante a investigação e abordados no tratamento, visto que eles podem prejudicar a integração dos pacientes com o meio e na comunidade.

São manifestações do TPS no primeiro ano de vida:

- Irritabilidade excessiva ou não explicada.
- Agitação e busca constante por estímulos no ambiente.
- Atração por fontes luminosas, reflexos, padrões geométricos e objetos giratórios.
- Pouca reação ou intolerância a sons.
- Emissão de sons repetitivos.
- Alteração na sensibilidade térmica e dolorosa.

- Autoagressividade.
- Aversão ou busca pelo contato físico ou texturas específicas.
- Incômodo com algumas vestimentas.
- Rigidez ou desconforto ao ser pegado no colo.
- Dificuldades para corte de cabelo e unhas.
- Dificuldades alimentares gerais e seletividade alimentar com base no aspecto visual, textura, aroma ou paladar dos alimentos.
- Exploração oral de objetos.
- Balançar o corpo repetitivamente.
- Instabilidade postural e equilíbrio inadequado.

Distúrbios do sono

Distúrbios do sono ocorrem em até 40% da população pediátrica geral e em cerca de 80% dos pacientes com TEA, merecendo um tópico à parte devido à sua relevância (KRAKOWIAK, 2008).

Os distúrbios do sono são classificados em três categorias (APA,1994):

1. dissonias, exemplos: atrasos no início do sono e despertares noturnos;
2. parassonias, exemplos: terrores noturnos e pesadelos;
3. distúrbios do sono secundários a doenças físicas ou distúrbios psicológicos.

No grupo das crianças autistas, predominam as dissonias. As queixas mais comuns das famílias são dificuldades com o início do sono e inúmeros despertares noturnos.

Padrões ruins de sono podem estar presentes desde as primeiras semanas de vida e são associados às alterações no processamento sensorial. Schoen *et al.* (2009) relatam que a sensibilidade tátil foi um preditor para dificuldades de sono em escolares. Eles pontuam que bons dormidores podem iniciar e manter o sono por bloquearem estímulos sensoriais do ambiente de maneira automática. Já no TPS, o sono pode ser um processo mais trabalhoso pela dificuldade de filtrar esses estímulos. Assim, a intervenção sensorial pode favorecer o sono e prevenir problemas comportamentais secundários.

Mensagem final

Em 2016, o *Australian & New Zealand Journal of Psychiatry* publicou uma reflexão da psiquiatra Eapen Valsamma com o título "Identificação precoce do TEA: precisamos de uma mudança de paradigma?", com ideias que embasam a relevância da intervenção precoce.

Valsamma é uma pesquisadora reconhecida do neurodesenvolvimento e levanta uma discussão importante: por que perdemos oportunidades de identificar e intervir em crianças com sinais de risco para TEA, mesmo sabendo que a intervenção precoce é vital para melhorar o prognóstico de desenvolvimento e maximizar a plasticidade cerebral?

Com o aumento expressivo dos casos de autismo nos últimos anos, não devemos poupar esforços na hora de indicarmos intervenção para qualquer criança com um perfil de desenvolvimento que possa sugerir o autismo, independente de qual vá ser o diagnóstico.

Valsamma aponta que um questionamento comum é sobre a ansiedade que uma possibilidade do TEA pode gerar nas famílias, situação que pode causar um sofrimento desnecessário caso o diagnóstico não seja fechado. É justamente nesse aspecto que ela sugere a necessidade de uma mudança de paradigma, comparando o rastreio do autismo ao rastreio do câncer de mama: rastrear um câncer de mama também causa estresse, mas aceitamos esse risco porque os benefícios definitivamente ultrapassam os prejuízos.

Toda a comunidade precisa se esforçar para lidar melhor com essa abordagem mais ativa, que tem benefícios inquestionáveis.

A desconstrução da mentalidade de que devemos "esperar e observar" atrasos é urgente, pois essa ideia vai contra todas as evidências científicas de tratamento e piora prognósticos, o que deveria gerar muito mais ansiedade que um alerta para atraso do desenvolvimento.

Identificar sinais de um desenvolvimento atípico é um exercício contínuo e que pode mudar destinos. A educação continuada dos profissionais deve ser um esforço diário.

Referências

AMERICAN Psychiatric Association. *Diagnostic and statistical manual of mental disorders (DSM-5).* 5. ed. Washington, DC: APA, 2013.

BAUMAN, M. L,.; KEMPER, T. L. The neuropathology of the autism spectrum disorders: what have we learned? *Novartis Foundation Symposium*, 251, 2003.

BHAT, A. N. *et al.* Relation between early motor delay and later communication delay in infants at risk for autism. *Infant behavior & development*, 35(4), 2012.

KRAKOWIAK, P. *et al.* Sleep problems in children with autism spectrum disorders, developmental delays, and typical development: a population-based study. *Journal of sleep research*,17(2), 2008.

LANDA, R. J. Efficacy of early interventions for infants and young children with, and at risk for, autism spectrum disorders. *International review of psychiatry (Abingdon, England)*, 30(1), 2018.

LeBARTON, E. S.; LANDA, R. J. Infant motor skill predicts later expressive language and autism spectrum disorder diagnosis. *Infant behavior & development*, 54, 2019.

LEEKAM, S. R. *et al.* Describing the sensory abnormalities of children and adults with autism. *Journal of autism and developmental disorders*, 37(5), 2007.

OZONOFF, S.; IOSIF, A. M.; BAGUIO, F. *et al.* A prospective study of the emergence of early behavioral signs of autism. *J Am Acad Child Adolesc Psychiatry*, 2010.

OZONOFF, S.; IOSIF, A. Changing conceptualizations of regression: what prospective studies reveal about the onset of autism spectrum disorder. *Neuroscience and biobehavioral reviews*, 100, 2019.

QUEDAS, C. L. R. *et al.* Avaliação motora de crianças com Transtorno do espectro autista entre 7 e 10 anos. *Brazilian Journal of Motor Behavior*, 14(4), out. 2020.

SACREY, L. R. *et al.* Can parents' concerns predict autism spectrum disorder? A prospective study of high-risk siblings from 6 to 36 months of age. *Journal of the American Academy of Child and Adolescent Psychiatry*, 54(6) (2015).

SCHOEN, S. A. *et al.* Physiological and behavioral differences in sensory processing: a comparison of children with autism spectrum disorder and sensory modulation disorder. *Frontiers in integrative neuroscience*, 2009.

ZWAIGENBAUM, L. *et al.* Behavioral manifestations of autism in the first year of life. *International journal of developmental neuroscience: the official journal of the International Society for Developmental Neuroscience*, 23, p. 143-152, 2005.

6

A CRIANÇA ALÉM DO DIAGNÓSTICO

UM OLHAR CLÍNICO MULTIDISCIPLINAR

Uma avaliação necessita sempre ir além da busca de um diagnóstico. O profissional não deve, em seu trabalho, focar no transtorno e esquecer da criança em si. Ou seja, além do transtorno, é essencial que os responsáveis vejam, com clareza, a dimensão de repertório do seu filho, tanto das habilidades adquiridas quanto das que necessitam de estimulação.

EVA MANSOUR

Eva Mansour

Contatos
neuropp.eva@gmail.com
Instagram: @eva_mansour

Pedagoga. Mestre em Ciências pela Universidade de São Paulo (USP). Psicopedagoga e neuropsicopedagoga, com ênfase em neurociências. Formação em Educação Especial voltada para Transtornos do neurodesenvolvimento. Certificada Internacional como aplicadora ADOS-2 e ADI-R. Atualmente, atua como neuropsicoepedagoga na Clínica Blua - Pediatria e Família Integradas, contribuindo com o processo de avaliação e transtornos do neurodesenvolvimento e o mapeamento do desenvolvimento infantil.

Importância da avaliação por equipe multidisciplinar

A avaliação de crianças com Transtorno do Espectro Autista (TEA) requer a experiência de várias áreas. Essas áreas podem incluir psiquiatria Infantil, Psicologia, Fonoaudiologia, Neuropediatria, Pediatria, Reabilitação Física, Serviço Social, Terapia Ocupacional e Psicopedagogia, entre outros.

O objetivo da avaliação pode variar significativamente; pode incluir avaliação diagnóstica após triagem ou suspeita de autismo, exclusão ou elegibilidade de terapias (quanto a quantidade/demanda/horas/nível de suporte), identificar habilidades adquiridas e habilidades que precisam ainda de estimulação para desenvolvimento, elaboração de plano de intervenção, entre outros objetivos.

O primeiro passo do processo de avaliação central é rever com os pais as preocupações iniciais de desenvolvimento e as preocupações atuais da criança (comportamentos disfuncionais). Os aspectos críticos dessa tomada de história são as questões de comunicação e de desenvolvimento social e comportamental; além disso, uma breve triagem de potenciais problemas deve acontecer nesta fase, a fim de determinar a necessidade de uma avaliação mais aprofundada (possivelmente, incluindo o encaminhamento para especialistas).

O profissional avaliador precisa ter acesso a registros disponíveis (por exemplo, registros médicos, escolares, testes anteriores, relatórios de intervenção). Desta forma, combinados com a avaliação (observação direta e interação com a criança), aplicação de escalas e testes de desenvolvimento, é possível ter um mapeamento do neurodesenvolvimento infantil. Sempre que possível, os professores devem ser consultados para fornecer suas observações sobre o funcionamento da criança no ambiente escolar (considerado menos estruturado e socialmente desafiador).

Todos os parâmetros da prática profissional afirmam a necessidade de entrevistar os pais sobre o desenvolvimento precoce e sintomas específicos do autismo, bem como observar a criança diretamente, utilizando os tipos de instrumentos padronizados, revistos mais adiante neste capítulo. Na observação relativamente curta da criança, feita na maioria dos ambientes clínicos, toda a gama de dificuldades experimentadas pela criança provavelmente não será evidente, de modo que o relato e a participação dos pais no processo avaliativo são vitais. No entanto, os pais não têm a experiência profissional e a experiência para reconhecer ou interpretar todas as dificuldades, pelo que é igualmente necessária a observação e a aplicação dos testes por parte de profissionais capacitados, em um ambiente controlado. As informações obtidas a partir dessas fontes podem, então, ser integradas em um diagnóstico junto aos critérios do DSM-5.

Existem várias considerações importantes que devem ser informadas no processo avaliativo. Sabe-se que o autismo é um transtorno do neurodesenvolvimento, o qual é diagnosticado na primeira infância (de preferência); compreende-se que, uma vez diagnosticado, o autismo acompanha a pessoa ao longo da vida. Ele é caracterizado por causar prejuízos ao desenvolvimento, ao longo da vida, e estes prejuízos podem estar no déficit de comunicação e social e também na área comportamental. Inserir no processo avaliativo o mapeamento do desenvolvimento infantil fornece a referência de compreensão quanto à profundidade dos atrasos e desvios nos marcos de desenvolvimento do indivíduo.

Os atrasos no desenvolvimento da criança podem impactar significativamente a aquisição dos marcos do desenvolvimento posteriores, desde habilidades básicas (atenção, imitação, segmentação de comandos) até a aquisição de habilidades mais complexas, como a linguagem e a teoria da mente.

Os sinais do autismo têm geralmente seu pior momento na pré-escola e podem substancialmente melhorar com o tempo. Crianças que têm muito baixo contato visual e fazem poucas iniciações sociais nessa idade podem ter sinais sociais bem diferentes quando são adolescentes. Elas podem estar relativamente interessadas em envolvimento nesta fase posterior e podem adquirir algumas habilidades sociais mais avançadas; seu prejuízo social pode-se manifestar como constrangimento ou inadequação, mais do que na falta de interesse em iniciar e manter interações sociais, como visto na primeira e segunda infâncias. Assim, a forma e a qualidade dos sinais mudam conforme a idade. Existem também características padrões de atrasos no TEA que diferem entre os domínios e nível de desenvolvimento. Por exemplo, uma criança autista pode ter linguagem expressiva significativa, um vocabulário amplo e habilidades sintáticas adequadas, mas pode ter dificuldade de participar de conversas, iniciá-las ou mesmo responder perguntas.

A primeira etapa do processo avaliativo é a entrevista com os pais. Nessa entrevista, o profissional levanta informações com o auxílio da anamnese ou até mesmo da escala mais estruturada como a *Autism Diagnostic Interview-Revised* (ADI-R).

Autism Diagnostic Interview-Revised (ADI-R)

O ADI-R (2012) é uma entrevista extensa, projetada a fim de se obter as informações completas necessárias para chegar a um diagnóstico do autismo e auxiliar a avaliação do Transtorno do Espectro Autista (TEA). O uso do ADI-R requer um entrevistador clínico experiente e um informante (pai ou cuidador familiarizado com a história de desenvolvimento do sujeito e com sua conduta diária). O sujeito avaliado – ausente durante a entrevista – pode ser de qualquer condição e idade, desde que seu nível de desenvolvimento mental seja de pelo menos dois anos (24 meses).

A entrevista se concentra, principalmente, nos dois domínios de funcionamento que foram indicados como de importância diagnóstica tanto no CID-10 (OMS, 1992) quanto no DSM-4 (AMERICAN PSYCHIATRIC ASSOCIATION, 1994): linguagem/comunicação, interações sociais recíprocas; comportamentos e interesses restritos/repetitivos e estereotipados

The Social Communication Questionnaire (SCQ)

O Questionário de Comunicação Social (SCQ) é um questionário para pais com base no ADI-R. Ele contém as mesmas perguntas incluídas no algoritmo ADI-R, apresentado de forma mais breve, formato sim/não, que os pais podem preencher sozinhos.

Autism Diagnostic Observation Schedule-2 (ADOS-2)

A Escala de Observação para o Diagnóstico de Autismo-2 (ADOS-2) é uma avaliação padronizada e de forma semiestruturada de comunicação, interação social, jogo ou uso imaginativo de materiais e comportamentos restritivos e repetitivos dirigidos a crianças, jovens e adultos com suspeita de se encontrarem no transtorno do espectro do autismo (TEA).

O ADOS-2 é uma revisão da Escala de Observação para o Diagnóstico de Autismo (LORD; RUTTER; DiLAVORE; RISI, 1999), considerado o instrumento de referência (padrão-ouro) para a avaliação observacional e diagnóstico de TEA (KRONCKE; WILLARD; HUCKABEE, 2016).

O ADOS-2 é composto por cinco módulos de avaliação. Cada módulo oferece diferentes atividades padronizadas que foram projetadas para evocar comportamentos diretamente relacionados com o diagnóstico do TEA. Os protocolos orientam o examinador na aplicação das atividades, codificando os comportamentos observados, e no cálculo do algoritmo.

Cada módulo ADOS-2 possui seu próprio protocolo, que fornece ordem e estrutura à aplicação, codificação e pontuação do módulo. Durante a sessão, o examinador utilizará a seção "Observação". A seção "Codificação" é concluída imediatamente após a sessão, no momento em que o examinador realiza uma avaliação global da pessoa avaliada, levando em consideração o comportamento observado durante essa sessão.

Os cinco protocolos que compõem o ADOS-2 são os seguintes:

Módulo T: para crianças pequenas entre 12 e 30 meses de idade e que não usam de forma consistente uma linguagem de frases.

Módulo 1: para crianças com 31 meses ou mais e que não usam consistentemente frases externas.

Módulo 2: para crianças de qualquer idade que usam frases compostas, mas que não são fluentes verbalmente.

Módulo 3: para crianças com linguagem fluente e jovens adolescentes (menores de 16 anos).

Módulo 4: para adultos e adolescentes a partir de 16 anos, com linguagem fluente.

Mapeamento do desenvolvimento infantil

Um passo importante a ser investigado são os marcos de desenvolvimento infantil, pois podem nos auxiliar quanto ao grau e atraso do desenvolvimento da criança autista.

Sabe-se que no TEA é frequente o atraso na linguagem, além de outras dificuldades motoras como a hipotonia, que influencia no atraso do desenvolvimento motor. O atraso no desenvolvimento infantil não é específico do TEA, até porque há casos em que a criança possui seu desenvolvimento adequado, mas mesmo assim está inserida no espectro autista. Por este motivo, quando a criança passa por avaliação, é importante que o avaliador, junto a sua bateria de escalas, aplique testes e escalas de desenvolvimento. A investigação dos marcos do desenvolvimento deve ser realizada para elaboração do Plano Terapêutico Individualizado (PEI/PDI/PTI).

Veja a seguir alguns rastreios do desenvolvimento infantil utilizados nas clínicas e em ambientes de avaliação.

Instrumento	Descrição	Faixa etária
Inventário Portage Operacionalizado	Instrumento de avaliação de cinco áreas do desenvolvimento: desenvolvimento motor, cognição, linguagem, socialização e autocuidados.	Faixa etária de 0 a 6 anos.
Denver II	Triagem infantil que avalia quatro áreas: linguagem, motor grosso/fino, pessoal/social.	De 0 a 6 anos.
Vineland-3	Escala que avalia comportamento adaptativo do nascimento à vida adulta.	De 0 a 90 anos.
VB-MAPP	Seu principal objetivo é medir os pontos fortes e fracos no que diz respeito a alguns marcos do desenvolvimento infantil.	De 0 a 4 anos.

É importante enfatizar que uma avaliação do Transtorno do Espectro Autista bem elaborada deve sempre ser feita por uma equipe multidisciplinar, com profissionais especializados e capacitados para a avaliação do espectro autista.

As escalas e testes propostos neste capítulo não substituem o olhar clínico do profissional que realizará a avaliação tanto quantitativamente quanto qualitativamente, uma vez que o olhar clínico deve ir muito além das escalas aplicadas em consultório. É importante unir o olhar clínico, relatos dos pais, escolas e terapeutas junto a um raciocínio clínico que favoreça a criança avaliada.

O avaliador precisa sempre ter um olhar humanizado, um olhar além do transtorno; precisa acalmar e orientar os pais no processo avaliativo, não deve receber a criança e logo pensar no diagnóstico sem ver a sua essência e o seu repertório, tanto verbal quanto comportamental.

Este processo vai além de testagens, envolve um processo mais naturalístico (lúdico), uma observação do brincar com a criança, da variação do brincar da criança, suas interações sociais e engajamento. É importante aqui que o profissional possa entrar no mundo da criança, se envolver, para que o processo avaliativo não seja um peso e sim uma diversão para quem está do outro lado.

Após esse processo finalizado, os pais precisam ser orientados e receber auxílio de profissionais adequados. A aceitação do diagnóstico é um luto (que muitas vezes é difícil) e todo amparo prestado aos pais será, com certeza, um acalento aos corações.

Lembre-se sempre de que o relatório da sua avaliação deve ser dirigido aos pais. Isso inclui uma linguagem clara, para que, sempre que possível, eles possam extrair o máximo de informações possível.

Referências

AMERICAN PSYCHIATRIC ASSOCIATION *et al. DSM-5: Manual diagnóstico e estatístico de transtornos mentais.* Porto Alegre: Artmed Editora, 2014

KRONCKE, A. P.; WILLARD, M.; HUCKABEE, H. Social and Sensory Assessment. In: Assessment of Autism Spectrum Disorder. Springer, *Cham*, p. 157-187, 2016.

LORD, C.; RUTTER, M.; DiLAVORE, P.; RISI, S. *Autism diagnostic observation schedule (ADOS).* Los Angeles: Western Psychological Services, 1999.

LUYSTER, R. *et al.* The Autism Diagnostic Observation Schedule – Toddler Module: A new module of a standardized diagnostic measure for autism spectrum disorders. *Journal of autism and developmental disorders*, 39 (9), p. 1.305-1.320, 2009.

LUYSTER, R.; LORD, C. Word learning in children with autism spectrum disorders. *Developmental psychology*, 45 (6), p. 1.774, 2009.

RUTTER, M.; BAILEY, A.; LORD, C. *The Social Communication Questionnaire: Manual.* Western Psychological Services, Los Angeles, 2003.

RUTTER, M.; Le COUTEUR, A.; LORD, C. *Autism Diagnostic Interview* – Revised. Los Angeles: Western Psychological Services, 2003, 2008.

7

ESPECTRO FEMININO

AS AUTISTAS ESTÃO VOANDO ABAIXO DO NOSSO RADAR

O objetivo deste capítulo é elevar o seu nível de consciência sobre o perfil feminino do autismo. Será excelente ter a sua companhia nesta nobre missão de: otimizar o processo diagnóstico das meninas e mulheres autistas; combater a frequente invalidação das demandas espectrais femininas; e, claro, ajudá-las a voar alto.

LYGIA PEREIRA

Lygia Pereira

Contatos
lygiapereira.com.br
espectrofeminino@gmail.com
Instagram: @lygiapereira.psi
YouTube: youtube.com/@lygia.pereira

Psicopedagoga na Clínica Bambirra. Pós-graduada em Psicopedagogia pela FUMEC. Graduada em Fisioterapia pela UFJF e UNI-BH. Certificada como aplicadora dos instrumentos internacionais ADOS-2 e ADI-R. Formação em Logoterapia, Psicopatologia, Terapia Comportamental Dialética e Terapia Cognitivo-Comportamental. Participação no Grupo de Estudos em Psicologia (GEPSI). Treinamento com a Dra. Carmem Beatriz Neufeld (LAPICC-USP) sobre Terapia Cognitivo-Comportamental em Grupo, no Espaço Integrar. Treinamento *Women and Girls on the Autism Spectrum* pela *National Autistic Society*. Participação em Seminários sobre autismo em meninas e mulheres com os professores Anthony Attwood e Michelle Garnett. Idealizadora da Comunidade Espectro Feminino.

Para mim, os aspectos positivos de obter o diagnóstico de autismo superaram em muito os negativos. Foi como tirar um espartilho que eu não sabia que estava usando. Finalmente pude respirar.
MAURA CAMPBELL

Sem GPS na vida

Ana não acreditou quando recebeu a carta-convite para estudar Medicina em uma das melhores universidades do mundo. Você pode imaginar o quanto a família e os professores da adolescente ficaram felizes pelo reconhecimento internacional da competência daquela estudante! Obviamente, Ana aceitou a vaga e, então, foi morar sozinha pela primeira vez. Quer dizer, ela não estava só. O quarto era dividido com mais uma excelente aluna, supergentil e entusiasmada. Tudo parecia perfeito para Ana, até que surgiu um pequeno, mas intransponível problema: a adorável colega de quarto arrastava os chinelos ao andar pela casa. O barulho não deixava Ana se concentrar em mais nada quando estava no dormitório. Apesar disso, o seu desempenho no curso de Medicina era elevado, já que ela memorizava com facilidade o conteúdo apresentado em classe e estudava um pouco na biblioteca. De qualquer forma, ela se viu obrigada a trancar a matrícula da faculdade e voltar para o Brasil porque não sabia lidar com o terrível ruído dos chinelos da amiga. Os professores não compreendiam a decisão da brilhante estudante, os pais, tampouco, e Ana, menos ainda. Somente depois de décadas, ela descobriu a real causa de tanta sensibilidade auditiva. Quando a sua filha recebeu o diagnóstico de autismo, Ana começou a observar sinais semelhantes também em si.

Embora Ana seja um nome fictício, esta história é real. E, lamentavelmente, a questão é que existem muitas "anas" pelo mundo, frustradas por não conseguirem concluir os estudos e por não compreenderem a fonte de suas dificuldades. As meninas autistas não nascem sabendo que estão no espectro. Segundo elas, a impressão é de que vieram ao mundo sem GPS ou que deixaram de receber o manual de sobrevivência na Terra.

Por isso, a ideia de simplificar a identificação das meninas autistas pode evitar muito sofrimento. Como diz o historiador Yuval Harari, "num mundo inundado de informações irrelevantes, clareza é poder" (HARARI, 2018, p. 6). Desse modo, o objetivo do presente capítulo é ampliar o seu conhecimento sobre o espectro autista feminino, para que você se junte a nós nesta nobre missão de ajudar a autista a se desenvolver.

Barreiras para o diagnóstico precoce das meninas autistas

De acordo com os professores da University College London (HULL *et al.*, 2020), existem duas teorias formuladas para explicar a diferença entre a apresentação do autismo em meninos e meninas:

1. **Teoria comportamental** – esta tese nos alerta para o impacto da cultura sobre a formação da menina, já que a educação tende a exigir dela bons modos, silêncio e mais reciprocidade social. Resultado: pelo receio de ser julgada como inadequada, a menina pode aprender a ser "boazinha" e camuflar os seus traços autísticos.
2. **Teoria genética** – os pesquisadores detectaram fatores biológicos de proteção capazes de evitar a expressão de genes relacionados ao fenótipo autístico em meninas. Em pesquisas genéticas com amostras de uma mesma família, os pesquisadores observaram que a menina podia ter mais genes associados ao autismo e, ainda assim, não apresentar tantos traços quanto o irmão.

Usando uma analogia bastante conhecida na comunidade autista, é como se as garotas tivessem um guarda-chuva bem maior que o dos garotos. Razão pela qual elas estariam mais protegidas do que eles nessa "tempestade" de fatores de risco. Com seu pequeno guarda-chuva, o menino tende a se "molhar" mais com as "gotinhas genéticas e ambientais" e, claro, pode manifestar com maior facilidade os traços característicos do autismo, como as estereotipias e o desinteresse social.

Além da proteção biológica e da camuflagem, a revisão sistemática conduzida por Georgia Lockwood (LOCKWOOD *et al.*, 2021) aponta outros quatro obstáculos à detecção precoce das autistas: a percepção de que o autismo é coisa de menino; a menor preocupação dos pais com os sinais de quietude da filha; a falta de recursos específicos para o rastreio de meninas autistas; e a dificuldade de encontrar um profissional disposto a acolher a demanda de investigação. Então, o que precisamos saber se quisermos superar tais barreiras?

Ela não é o Sheldon

Nos filmes e séries de TV predominam as representações masculinas do autismo, como o Sheldon, de *The Big Bang Theory*, e o Sam, da série *Atypical*. E, mesmo quando há uma personagem feminina, a exemplo de Woo Young-woo, de *Uma advogada extraordinária*, ela é retratada com sinais mais clássicos de autismo. Em resumo, na mídia existe uma maior representatividade de pessoas autistas com dificuldade de interação evidente, forte inflexibilidade e comportamentos repetitivos óbvios. Basicamente, esses foram os sinais descritos por Leo Kanner na década de 1940. Porém, como o senso comum ainda traz a imagem parcial do autismo, quem apresenta traços leves ou está fora do padrão pode acabar passando "abaixo do nosso radar", sobretudo quando se trata de uma menina.

Você deve ter notado agora que uma das grandes causas dos diversos obstáculos ao reconhecimento do autismo em meninas está na nossa própria concepção desatualizada do espectro. Visto que o nosso imaginário está povoado por modelos caricatos de autistas, os pais talvez nem sequer associem as características da filha a esta condição. As próprias autistas dizem não se reconhecer como um "gênio incompreendido" ou "uma moça falante apaixonada por baleias".

Na escola, a hipótese de autismo logo é aventada quando os profissionais percebem a oscilação do humor ou a hipersensibilidade de um garoto. No entanto, sinais semelhantes em uma menina não costumam ser levados em consideração. Conforme revela Dori Zener (2019), infelizmente, muitas garotas recebem diagnósticos equivocados ou são apenas rotuladas de "frescas", "preguiçosas", "teimosas" ou "dramáticas".

Não é que os homens sejam de Marte e as mulheres, de Vênus. Na verdade, os critérios diagnósticos requeridos pelo DSM-5 TR (2023) estão presentes em todos os perfis de autismo, mas a manifestação de tais critérios é variável. As meninas, por exemplo, tendem a ter maior motivação para socializar e mais comportamentos internalizantes. Já os seus hiperfocos podem ser menos chamativos - animais, bandas, livros, etc. Essas diferenças confundem bastante os profissionais durante o processo convencional de avaliação (REA, 2022).

Para a dra. Ruth Baker (2002), as meninas são "a extremidade invisível do espectro" e têm escapado aos nossos olhos há décadas. Mas ser invisível não significa estar em um espaço de conforto. Inclusive, uma significativa parcela de mulheres recebe o diagnóstico formal de autismo somente após algum evento desestabilizante, como o ingresso na faculdade, o nascimento de um filho ou mesmo a chegada da menopausa, ou seja, quando seus limites são superados pelas vicissitudes da vida.

Segundo Graziosi e Perry (2023), as autistas apresentam tendência significativamente maior do que os meninos a se queixarem de irritabilidade. E, pela pesquisa de Van Steensel (2017), quanto mais idade e inteligência a autista tem, maior é a sua propensão à ansiedade. A elevação progressiva da ansiedade acontece porque, com o passar dos anos, há o aumento das demandas acadêmicas, profissionais e sociais, além de uma significativa redução do suporte estruturado, o que deixa as jovens autistas aflitas e sobrecarregadas. A inteligência elevada, nesse caso, contribui para a tomada de consciência sobre as próprias limitações.

Após o diagnóstico, várias mulheres relatam conseguir compreender melhor a sua história. Jen Elcheson (2018) conta que sofreu *bullying* desde o jardim de infância. Como os colegas a julgavam como atípica e queriam evitar a sua companhia durante o recreio, eles faziam falsas denúncias sobre travessuras que Jen jamais cometera. Com o tempo, ela descobriu o motivo das constantes punições e deduziu que não podia confiar nas pessoas. Isso a tornou ressentida e hipervigilante.

Em um dado momento, contudo, Jen concluiu que tanto a ingenuidade quanto a desconfiança poderiam deixá-la sem amigos. A partir daí, decidida a mudar seu destino, ela criou o próprio currículo para ganhar proficiência social. Jen lia romances e assistia a filmes com o propósito exclusivo de analisar as interações. Depois, praticava gestos e falas das personagens mais populares. Deu certo?! Não exatamente. Por estar em constante atuação, seguindo seus *scripts* hollywoodianos em eventos reais, Jen ficava sempre exausta, sofrendo de "ressaca social". E, mesmo após assimilar muitos dos comportamentos neurotípicos, ainda se culpava bastante por cometer gafes.

Aliás, a gelotofobia (medo de ser ridicularizada) e a síndrome da impostora (medo de ser desmascarada) podem assombrar a mulher autista o tempo todo. Ainda que ela seja uma mestra na arte de se camuflar, de vez em quando, a autista perde a piada ou parece menos competente do que de fato é. Uma outra condição prevalente entre as meninas autistas é a alexitimia, descrita como uma menor interocepção e grande dificuldade para expressar os próprios sentimentos. A falta de palavras para dizer o que sente pode levar à supressão das emoções, que, embora não verbalizadas, podem acabar se manifestando como sintomas físicos e crises existenciais.

Logo, para que as autistas tenham maiores chances de prosperar, é importante que saibamos reconhecer as características do espectro de acordo com gênero, idade e cultura.

Cultivando a identidade espectral

Rainhas da resiliência que são, as autistas seguem em frente (ELCHESON *et al.*, 2018). A despeito do esgotamento gerado pela constante tentativa de se encaixar em um mundo que não foi feito para pessoas sensíveis, elas, em geral, resistem. Entretanto, sem dúvida, nós podemos facilitar o trabalho das meninas e mulheres autistas. Em especial, se compreendermos que nível 1 de suporte não significa suporte zero.

Levando-se em conta os prejuízos de um diagnóstico equivocado, a recomendação tem sido: faça uma investigação criteriosa de todos os quadros clínicos com prevalência tipicamente feminina, a fim de avaliar aspectos diferenciais, comparando-os às características do autismo (DELL'OSSO; CARPITA, 2022). Para se ter ideia, um estudo longitudinal sueco apontou que mais de 30% das mulheres com anorexia preenchiam também os critérios de autismo (ANCKARSÄTER, 2012). Sim, elas podem ter dois ou mais diagnósticos. E é frequente vê-las confusas e inseguras até que sejam atendidas de forma integral.

Portanto, concluímos que as jovens autistas precisam ser educadas sobre o funcionamento do seu cérebro e sobre as suas potencialidades singulares. Além disso, elas devem ser gentilmente motivadas a cultivar a sua identidade espectral. Não que devam ser mimadas e superprotegidas, mas é bom ter a clareza de que a contribuição delas para a sociedade tende a ser maior quando há respeito ao seu modo de operar.

Se Ana, a estudante apresentada no início do capítulo, tivesse recebido o diagnóstico precoce e a devida psicoeducação, ela teria sido poupada de grande tristeza e fadiga. De qualquer maneira, essa história tem final feliz! Ana voltou ao Brasil, investiu na carreira de educadora e aprendeu a cuidar de cada aluno como único. Ana se tornou uma professora sensível e elegante, capaz de encantar seus pupilos. Hoje, após o diagnóstico, ela voa alto e luta pelo direito à inclusão de outras pessoas.

Referências

AMERICAN PSYCHIATRIC ASSOCIATION *et al. DSM-5 TR: Manual Diagnóstico e Estatístico de Transtornos Mentais* – Texto Revisado. Artmed Editora, 2023.

ANCKARSÄTER, H. *et al.* The sociocommunicative deficit subgroup in anorexia nervosa: autism spectrum disorders and neurocognition in a community-based, longitudinal study. *Psychological Medicine,* v. 42, n.9, p.1957-1967.

BAKER, A. R. Invisible at the end of the spectrum: Shadows, residues, 'BAP', and the female Aspergers experience. In *World Autism Congress*, 2002.

DELL'OSSO, L.; CARPITA, B. What misdiagnoses do women with autism spectrum disorder receive in the DSM-5?. *CNS Spectrums*, p. 1-2, 2022.

ELCHESON, J. *et al. Spectrum women: Walking to the beat of autism.* Londres: Jessica Kingsley Publishers, 2018.

GRAZIOSI, G.; PERRY, A. Age and sex differences in problem behaviours in youth with autism spectrum disorder. R*esearch in Autism Spectrum Disorders,* v. 100, 2023.

HARARI, Y. N. *21 lições para o século 21*. São Paulo: Companhia das Letras, 2018.

HULL, L. *et al.* The female autism phenotype and camouflaging: A narrative review. *Review Journal of Autism and Developmental Disorders,* v. 7, p. 306-317, 2020.

LOCKWOOD, E. *et al.* Barriers to autism spectrum disorder diagnosis for young women and girls: A systematic review. *Review Journal of Autism and Developmental Disorders*, p. 454-470, 2021.

REA, H. M. *et al.* Sex Differences on the ADOS-2. *Journal of Autism and Developmental Disorders*, p.1-13, 2022.

VAN STEENSEL, F. *et al.* Anxiety levels in children with autism spectrum disorder: A meta-analysis. *Journal of Child and Family Studies,* v. 26, n. 7, p. 1753-1767, 2017.

ZENER, D. Journey to diagnosis for women with autism. *Advances in Autism,* v. 5, n. 1, p. 2-13, 2019.

8

AUTISMO E EPILEPSIA

Neste capítulo, iremos abordar a epilepsia no paciente com transtorno do espectro autista (TEA). Discutiremos, um pouco, as causas, a prevalência, os riscos de desenvolvimento das duas condições, as opções de tratamento, e também os exames complementares e o modo como devemos atuar em uma crise convulsiva. Buscaremos uma linguagem direta e simples, voltada para pais, educadores e profissionais da área da saúde.

RAPHAEL RANGEL ALMEIDA

Raphael Rangel Almeida

Contatos
raphaelrangel2r@hotmail.com
Instagram: @dr.raphaelrangel

Pediatra/Neuropediatra pela Irmandade da Santa Casa de Misericórdia de São Paulo, subespecializado em Epilepsia Infantil. *Fellowship* no programa de Eletroencefograma e Videoencefalograma da Unicamp. Mestre em Neurociência pela Unicamp.

O autismo, como sabemos, é um transtorno do neurodesenvolvimento de base neurobiológica, caracterizado por um distúrbio qualitativo na interação social e na comunicação, associado a interesses restritos e comportamentos estereotipados. A gênese do autismo não pode ser interpretada através de uma única teoria, e não podemos compartimentar áreas do cérebro como as únicas responsáveis por isso.

A epilepsia é uma doença do cérebro, mais especificamente dos neurônios (células do cérebro), caracterizada por crises que se repetem ao longo do tempo, sem um fator desencadeante diretamente relacionado, como febre, hipoglicemia (queda da glicose no sangue) ou alterações eletrolíticas (exemplo: alteração do sódio no sangue).

A Classificação de Epilepsias da ILAE (Liga Internacional contra Epilepsia), de 2017, definiu três níveis diagnósticos, incluindo tipo de crise, tipo de epilepsia e síndrome epiléptica.

Notavelmente, a presença de qualquer transtorno aumenta muito a probabilidade de desenvolver a epilepsia. A coexistência entre esses transtornos tem sido reportada há mais de 50 anos; no entanto, muitas perguntas sobre sua relação permanecem sem resposta.

Por exemplo, qual a exata prevalência do TEA na epilepsia? Que fatores aumentam o risco de co-ocorrência? Existe uma relação causal entre epilepsia e TEA, ou ambos os distúrbios resultam dos mesmos fatores de risco?

A primeira questão que surge diz respeito à exata prevalência e fatores de risco para a comorbidade TEA-epilepsia.

Para indivíduos com TEA, as estimativas da prevalência de desenvolver epilepsia ao longo da vida varia de 6% a 27%, muito acima da população geral, estimada entre 0,5% e 1%. Estudos recentes estimam até sete vezes o risco aumentado de epilepsia em indivíduos com TEA em relação à população em geral. Um fator de risco já bastante conhecido, e que aumenta substancialmente este risco, é a presença de deficiência intelectual associada ao TEA.

Outros fatores relatados são: sexo feminino, história familiar positiva, *status* socioeconômico mais baixo.

Quanto à compreensão dos mecanismos subjacentes à alta comorbidade entre esses transtornos, uma teoria é que a epilepsia pode contribuir para – ou mesmo causar – certas deficiências de desenvolvimento, predispondo, assim, um indivíduo ao TEA.

As convulsões podem trazer numerosos efeitos disruptivos no desenvolvimento neural, incluindo déficits fisiológicos e funcionais duradouros no hipocampo, reorganização sináptica anormal, e disfunção dos interneurônios corticais. Essas convulsões podem causar plasticidade sináptica mal-adaptativa, levando a desequilíbrios dos sistemas neurotransmissores de excitação/inibição do cérebro infantil, o que prejudica a aprendizagem e o desenvolvimento comportamental como um todo. Isso, por sua vez, interfere de forma negativa na construção de redes corticais necessárias para adquirir certas habilidades durante o desenvolvimento, e pode predispor o indivíduo a desenvolver TEA.

Alternativamente, epilepsia e TEA podem ter efeitos de uma patologia neurológica subjacente comum.

Isso é apoiado pelos achados de que o TEA e a epilepsia têm algumas vias biológicas comuns, como anormalidades comuns em alguns genes e no crescimento celular, e desregulação de funções sinápticas excitatórias e inibitórias no cérebro. Além disso, o risco de epilepsia e TEA é elevado em vários distúrbios genéticos, como síndrome de Rett, síndrome do X frágil e esclerose tuberosa.

No entanto, até o momento, não há uma maneira conclusiva de prever se uma criança desenvolverá uma ou ambas as síndromes e em que grau os fenótipos associados serão afetados.

Exames complementares

Exames genéticos

Distúrbios do Neurodesenvolvimento (DNDs) – incluindo epilepsia, TEA e Deficiência Intelectual (DI) – representam clinicamente e geneticamente grupos heterogêneos de distúrbios que afetam cerca de 3% das crianças em todo o mundo.

Os avanços nas tecnologias de exames genéticos facilitaram a identificação de um número exponencialmente crescente de genes associados aos DNDs. A identificação de genes associados à doenças pode melhorar a compreensão da patogênese da doença, e, desta forma, melhorar o tratamento. Estudos recentes mostraram que 33% das crianças com uma epilepsia genética confirmada molecularmente se beneficiariam da medicina de precisão.

Mas o que seria a medicina de precisão? A medicina de precisão alia os dados já convencionalmente utilizados para diagnóstico e tratamento – sinais, sintomas, história pessoal/familiar e exames complementares amplamente utilizados – ao perfil genético do indivíduo.

Do ponto de vista do tratamento, permite a escolha de drogas que minimizem efeitos colaterais e que produzam os melhores resultados. Sob a óptica da prevenção, permite a detecção da susceptibilidade a certas patologias, mesmo antes que elas se manifestem clinicamente, possibilitando seu monitoramento e até mesmo prevenção. Do ponto de vista da indústria, permite o desenvolvimento de soluções para indivíduos ou grupos de pacientes que não responderiam a tratamentos convencionais. Traz, desta forma, uma melhora no diagnóstico e na conduta médica de doenças já bem estudadas, bem como de um número maior de doenças.

Os exames genéticos como o cariótipo, o CGH-array e SNP-array (técnicas para análise cromossômica por microarray) e o Exoma (sequenciamento de nova geração) são algumas das indicações na investigação de paciente com epilepsia e/ou autismo. Esses exames devem ser indicados e avaliados de forma individualizada e sempre associados a uma boa história clínica, exame físico e neurológico. As indicações desses exames serão apresentadas em um capítulo específico neste livro.

Eletroencefalograma e videoeletroencefalograma

O eletroencefalograma poderá ajudar no diagnóstico do TEA? A resposta é simples: não. O eletroencefalograma ajudará para caracterizar melhor o tipo de crise, em crises focais ou crises generalizadas, e, desta forma, ajudará a direcionar a escolha do melhor fármaco anticrise para a epilepsia.

Um dado de extrema importância, e que muitas vezes acaba trazendo mais angústia para os pais, familiares e para o médico que acompanha essas crianças, é que 30% dos pacientes com TEA poderão apresentar alterações epileptiformes no eletroencefalograma sem nunca terem apresentado nenhuma crise epiléptica. Essas alterações em pacientes com TEA têm causas desconhecidas, e os impactos dessas anormalidades no comportamento e na cognição desses pacientes têm sido motivo de controvérsia entre diversos autores.

Para entendermos melhor os motivos desta controvérsia entre os autores, temos que analisar duas formas clássicas de encefalopatias epilépticas na infância: A Síndrome de Landau-Kleffner (SLK) e o Estado de Mal Elétrico do Sono (EMES)/Ponta-Onda Aguda Contínua do Sono (POCS). Essas duas encefalopatias epiléticas possuem alterações epileptiforme muito intensas no traçado eletrográfico e causam impactos negativos devastadores nos aspectos cognitivos e comportamentais nessas crianças. Essas duas doenças são exemplos em que um tratamento adequado com fármacos anticrise pode apresentar melhora no traçado do eletroencefalograma, e isso irá contribuir para a melhora cognitiva e comportamental dessas crianças.

Aproximadamente 30% dos pacientes com TEA irão apresentar um quadro de regressão do desenvolvimento, semelhante nas crianças com SLK e EMES/POCS; entretanto, nos pacientes com TEA, essa regressão não está associada com as alterações epileptiformes.

Clinicamente, podemos diferenciar os pacientes com a SLK e o EMES/POCS sem a necessidade do videoeletroencefalograma. A regressão nos pacientes com TEA ocorre de forma mais precoce, por volta dos 18-24 meses, enquanto na SLK a dificuldade na linguagem aparece mais tardiamente, por volta dos 4-5 anos de idade. A criança com SLK normalmente tem um desenvolvimento normal da linguagem até por volta dos 4-5 anos de idade e passa a ter dificuldades na linguagem oral, perdendo aquisições verbais, parando de falar ou passando a falar muito pouco. Diferentemente, no TEA essa criança quer se comunicar, utiliza uma linguagem gestual, tendo uma intenção comunicativa. Desta forma, com dados clínicos, de idade, da fala e da linguagem, conseguimos realizar o diagnóstico diferencial.

Quando devemos indicar o videoeletroencefalograma aos pacientes com TEA?

O paciente com TEA podem apresentar algumas estereotipias, alguns eventos de "olhar parado", sendo esses eventos paroxísticos difíceis de serem caracterizados clinicamente como um evento epiléptico ou não, podendo gerar dúvidas. Neste caso, o videoeletroencefalograma é útil para caracterizar se esses eventos são ou não de natureza epiléptica.

Desta forma, não existe nenhuma evidência científica que indique o uso de fármacos anticrise em pacientes com TEA para obtermos uma melhora cognitiva. Não podemos desconsiderar o risco de esses fármacos serem utilizados sem uma adequada indicação clínica e sem base científica nesses pacientes.

Os fármacos anticrise devem ser utilizados, e com muita segurança, para o tratamento da epilepsia.

Não podemos nos esquecer de alertar principalmente os médicos para as grandes dificuldades técnicas para a realização desses exames em pacientes com TEA, e isso muitas vezes acarreta, além de gastos financeiros desnecessários para as famílias, um enorme desgaste físico e mental dos pais e da criança.

Tratamento da epilepsia

O TEA é um transtorno muito heterogêneo. Uma boa notícia sobre os pacientes que apresentam essas duas condições associadas é que a maioria dos pacientes com autismo terá as suas crises epiléticas facilmente controladas com os fármacos anticrise e a evolução da epilepsia costuma ser satisfatória na maioria dos casos.

A escolha do fármaco anticrise deve ser indicada respeitando as mesmas diretrizes clínicas dos pacientes neurotípicos (não portadores do TEA). Serão classificadas clinicamente o tipo de crise em crises focais, crises generalizadas, avaliando idade do paciente, o sexo, uso de outros fármacos, condições clínicas eventualmente associadas e, desta forma, iremos fazer a escolha do melhor fármaco anticrise.

Referências

CAPAL, J. K. *et al.* EEG endophenotypes in autism spectrum disorder. *Epilepsy & Behavior*, v. 88, p. 341-348, 2018.

ILAE. Operational Classification of Seizure Types (2017). Disponível em: <https://www.ilae.org/guidelines/definition-and-classification/operational-classification-2017>. Acesso em: 02 jun. de 2023.

FERNÁNDEZ, I. S. *et al.* The tower of Babel: survey on concepts and terminology in electrical status epilepticus in sleep and continuous spikes and waves during sleep in North America. *Epilepsia*, v. 54, n. 4, p. 741-750, 2013.

RUGGIERI, V. Autismo. Aspectos neurobiológicos. *Medicina* (Buenos Aires), v. 82, 2022.

STEFANSKI, A. *et al.* Clinical sequencing yield in epilepsy, autism spectrum disorder, and intellectual disability: A systematic review and meta-analysis. *Epilepsia*, v. 62, n. 1, p. 143-151, 2021.

STRASSER, L. *et al.* Prevalence and risk factors for autism spectrum disorder in epilepsy: a systematic review and meta-analysis. *Developmental Medicine & Child Neurology*, v. 60, n. 1, p. 19-29, 2018.

TASSINARI, C. A. *et al.* Encephalopathy related to status epilepticus during slow sleep (ESES) including Landau-Kleffner syndrome. In: BUREAU, M. *et al. Epileptic syndromes in infancy, childhood and adolescence*, p. 255-275, 2012.

9

TDAH E AUTISMO

Este capítulo tem como propósito discutir a interface entre o transtorno de déficit de atenção/hiperatividade (TDAH) e o transtorno do espectro autista (TEA), conhecer seus pormenores e, com isso, otimizar os processos diagnóstico, terapêutico e de evolução das intervenções voltadas ao TEA. Embarque conosco neste importante capítulo da jornada no autismo!

BRUNO DUARTE

Bruno Duarte

Contatos
atendimento@institutoblumen.com.br
Instagram: @drbruno.psiquiatrainfantil
16 99421 1965

O professor Bruno Duarte é médico psiquiatra, com formação em Psiquiatria da Infância e Adolescência pelo Hospital das Clínicas da Faculdade de Medicina de Ribeirão Preto, da Universidade de São Paulo (HCFMRP-USP). É mestre em Medicina pela USP, com enfoque em estudos no impacto das tecnologias sobre o desenvolvimento infantil. É membro internacional da American Academy of Child and Adolescent Psychiatry, e também é membro efetivo da International Association for Child and Adolescent Psychiatry and Allied Professions. É pesquisador e palestrante convidado nas áreas de neurodesenvolvimento infantil, bem como coautor de livros infantis nessa mesma temática. Atua voluntariamente como supervisor adido dos serviços de residência médica em Neuropediatria e Psiquiatria da Infância e Adolescência do HCFMRP-USP. Diretor geral do Instituto Blumen.

O transtorno de déficit de atenção/hiperatividade

O transtorno de déficit de atenção/hiperatividade (TDAH) é um transtorno do neurodesenvolvimento, cuja descrição remonta primariamente ao livro de ficção O Pedro Malvado, escrito pelo pediatra Heinrich Hoffmann, em 1845. Naquela época, o quadro ainda não era reconhecido como um transtorno, e o propósito do livro era "educar as crianças sobre as consequências de se comportarem mal". Em 1902, o pediatra George F. Stihl publicou na prestigiosa revista *The Lancet* um artigo intitulado "Uma condição física anormal em crianças", artigo este considerado a pedra fundamental da oficialização do TDAH como um transtorno propriamente dito. Depois da descrição de Stihl, o transtorno passou a ser cada vez mais estudado, posteriormente sendo atribuído a lesões cerebrais mínimas e chamado de disfunção cerebral mínima, visto que nem todas as crianças afetadas apresentavam lesões cerebrais macroscópicas propriamente ditas.

O Manual Diagnóstico e Estatístico de Transtornos Mentais, na sua quinta versão (DSM-V), descreve os critérios centrais que embasam o diagnóstico clínico do TDAH. São eles:

Desatenção:

- Dificuldade de prestar atenção aos detalhes, e comete erros por descuido.
- Dificuldade de manter a atenção em tarefas ou atividades.
- Esforço para ouvir quando alguém fala.
- Esforço para executar e completar tarefas ou atividades.
- Dificuldade de organizar tarefas e atividades.
- Evitar tarefas que exigem mais esforço mental.
- Perder objetos necessários para realizar tarefas ou atividades.
- Distratibilidade a partir de estímulos externos.
- Esquecimento das atividades diárias.

Hiperatividade ou Impulsividade:

- Mexer-se ou bater as mãos ou pés, ou se contorcer no assento.
- Levantar-se quando se espera que permaneça sentado(a).
- Ficar correndo ou escalando (principalmente as crianças) ou sentimentos subjetivos de inquietação (principalmente os adolescentes e adultos).
- Incapacidade de ter algum lazer silencioso.
- Frequentemente, está "em movimento", "como se tivesse um motor".
- Logorreia inadequada.
- Deixa escapar as respostas antes que uma pergunta seja concluída.
- Dificuldade de esperar sua vez em jogos ou atividades.
- Interromper outras pessoas ou intrometer-se.

Estudos genômicos demonstraram alterações de pelo menos 12 loci genéticos diferentes, com muitas variantes de risco, que representam ao menos 22% do substrato genético do TDAH, apesar de que pessoas com um parente de primeiro grau com o transtorno apresentam de cinco a dez vezes mais risco de desenvolver o quadro. Em estudos com gêmeos, demonstrou-se de 70% a 80% de herdabilidade do quadro, apontando fortemente para o seu caráter genético.

O desafio da comorbidade entre o TEA e o TDAH

Quando nos referimos à associação entre o TEA e o TDAH, há estudos que evidenciam uma taxa de comorbidade de 28,2% a 87% entre os dois constructos. Déficits sociais são bem documentados em indivíduos diagnosticados apenas com o TDAH, mas observa-se que entre 5 e 25% das crianças com TDAH têm dificuldades sociais similares às presentes no TEA.

A comorbidade entre o TEA e o TDAH pode ainda contribuir para a exacerbação das dificuldades sociais já presentes no TEA, produzindo manifestações diferentes dessas dificuldades. A associação entre estes dois quadros predispõe a maior expressão na sintomatologia do autismo, bem como a maior predisposição a comportamentos inadequados.

Já é robustamente demonstrado que crises de birras são mais severas quando há a associação entre os transtornos do que quando o indivíduo apresenta apenas um dos dois quadros de forma isolada. Não apenas em birras, mas também é possível observar que a associação entre os dois quadros predispõe a maiores atrasos no funcionamento adaptativo e menor qualidade de vida em pessoas que apresentam os transtornos de forma combinada, quando comparados com pessoas diagnosticadas com o TEA isoladamente.

O TDAH isoladamente predispõe a dificuldades que podem interferir em dificuldades centrais do TEA, o que torna essa combinação de transtornos extremamente importante e digna de uma avaliação pormenorizada e bem conduzida. Por exemplo, em 52% a 82% das crianças com TDAH, observam-se dificuldades sociais. Superpondo-se essas dificuldades às dificuldades nos processos da comunicação social que estão prejudicadas no autismo, à compreensão de contextos e pistas sociais, e ao estabelecimento e manutenção de relacionamentos, torna-se evidente que a combinação dos transtornos representa um desafio ainda maior ao manejo do TEA.

Crianças com TDAH frequentemente sofrem rejeição dos seus pares, o que representa um problema significativo quando consideramos que as intervenções sobre as habilidades sociais e melhor interação e relacionamento sociais são objetivos essenciais na abordagem do TEA. Características do brincar em crianças com TDAH, como serem "mais controladoras", frustrarem-se facilmente e apresentarem maior predisposição a explosões emocionais são fatores que se interligam à rigidez comportamental evidenciada no TEA, e também representam um obstáculo ainda maior quando consideramos o planejamento de intervenções planejadas para a pessoa autista, uma vez que essas características podem limitar ainda mais a formação de relacionamentos com pares e limitar oportunidades sociais.

A superposição etiológica entre o TEA e o TDAH

Quando falamos no Transtorno do Espectro Autista, observamos que, após o diagnóstico do quadro em um indivíduo, seus irmãos têm de 50 a 200 vezes maior probabilidade de ter o mesmo diagnóstico quando comparados com a população geral. A taxa de concordância no TEA varia de 36% a 96% em gêmeos monozigóticos, apontando para a altíssima influência da genética na etiologia do transtorno.

Os estudos genéticos demonstram que há aumento do risco de autismo associado a variantes em genes únicos nos cromossomos 2, 3, 4, 6, 7, 10, 15, 17 e 22, bem como anormalidades no locus 15q11-q13, efeitos leves no risco de autismo com variantes genéticas nos loci 5p14.1 e 5p15, e por fim, variações no número de cópias replicadas localizadas nas regiões cromossômicas 1q21, 2p16.3, 3p25-26, 7q36.2, 15q11-13, 16p11.2 e 22q11.2.

Achados de alterações na neuroanatomia do cérebro autista em muitos aspectos se assemelham aos encontrados no TDAH. Alterações da organização da substância cinzenta, e especialmente da branca, são encontrados nos dois transtornos. Alterações na conectividade entre o córtex pré-frontal e o córtex parietal também são evidenciados em estudos de neuroimagem nos dois transtornos. A hipoatividade da circuitaria neuronal frontoparietal, frontoamigdalianos, região do córtex pré-frontal ventromedial e do sistema límbico também remetem a alterações da neuroanatomia do cérebro autista, no qual já foram evidenciadas alterações do funcionamento e estrutura da amígdala, córtex pré-frontal ventromedial.

Há um corpus crescente na literatura que evidencia cada vez mais a concordância entre diversos genes candidatos entre os dois transtornos, o que corrobora não apenas os achados de maior grau de comorbidade entre o TEA e o TDAH, mas também sugerem, em hipóteses mais recentes, a própria existência de um continuum entre os dois transtornos.

A importância da abordagem conjunta do TEA e do TDAH

Como observamos ao longo deste capítulo, há um corpus robusto e cada vez mais crescente que aponta claramente para uma maior taxa de comorbidade entre dois dos principais transtornos do neurodesenvolvimento, o TEA e o TDAH. O crescente nível de evidência e o corpus da literatura evidenciando fatores etiológico comuns, bem como alterações na neurobiologia dos transtornos, isoladamente – que parecem se superpor e até mesmo apontar para um possível continuum –, tornam o conhecimento do TDAH associado ao TEA um domínio do conhecimento indispensável para a adequada abordagem conjunta dos quadros e melhora no prognóstico não apenas dos transtornos propriamente ditos, mas na qualidade e desenvolvimento da vida da pessoa que apresenta os transtornos em conjunto.

Sabe-se que a inquietação psicomotora e a dificuldade atencional, secundárias ao hiperfoco do TEA, tornam o diagnóstico do TDAH um desafio, uma vez que essas características podem representar sintomas do autismo – o que modifica a abordagem e inclusive a resposta à terapêutica medicamentosa. O inverso também é verdadeiro, porque as dificuldades sociais e comportamentais do TDAH, quanto mais graves, mais podem mimetizar sintomas centrais do TEA sem que, necessariamente, esse seja um diagnóstico do ponto de vista neurobiológico.

A avaliação clínica pormenorizada, multidisciplinar e detalhada ainda é o recurso mais bem fundamentado na literatura para distinguir os diagnósticos ou definir a comorbidade entre eles. Exames complementares podem ser benéficos em situações específicas nos dois quadros, mas a avaliação e o diagnóstico clínico permanecem soberanos.

Considerando-se que nem todos os processos neurobiológicos do TEA estejam presentes no TDAH e vice-versa, claramente a resposta entre as intervenções farmacológicas e não farmacológicas são distintas entre os quadros, o que requer um rigor significativo no processo avaliativo e terapêutico. Entretanto, os protocolos atuais de abordagem do TEA, na vigência do diagnóstico comórbido de TDAH, não deixam dúvidas de que planejar intervenções medicamentosas e não medicamentosas que abordem os dois quadros trazem desfechos definitivamente superiores quando comparados ao tratamento de um dos quadros sem o devido diagnóstico do outro.

Assim, concluímos este capítulo reforçando a importância do conhecimento do Transtorno do Déficit de Atenção/Hiperatividade como uma possível comorbidade e quiçá um continuum do Transtorno do Espectro Autista, para que as nossas crianças, nossos adolescentes e adultos com o diagnóstico desses transtornos possam ser adequadamente cuidados, trazendo desfechos definitivamente mais favoráveis ao longo da vida e, assim, atingindo nosso propósito como promotores da saúde do ser humano, levando em conta o conceito de saúde definido pela Organização Mundial da Saúde, segundo a qual saúde não é apenas a ausência de uma doença ou transtorno, mas um estado de bem-estar físico, mental e social que devemos colocar como objetivo final de toda e qualquer intervenção voltada ao autista.

Referências

AMERICAN PSYCHIATRIC ASSOCIATION *et al. DSM-5: Manual diagnóstico e estatístico de transtornos mentais*. Porto Alegre: Artmed Editora, 2014.

AMES, C. S.; WHITE, S. J. Brief report: Are ADHD traits dissociable from the autistic profile? Links between cognition and behaviour. *Journal of autism and developmental disorders,* v. 41, p. 357-363, 2011.

AMR, M. *et al.* Comorbid psychiatric disorders in Arab children with autism spectrum disorders. *Research in Autism Spectrum Disorders,* v. 6, n. 1, p. 240-248, 2012.

De SOUSA, A. de F. *et al.* Externalizing Disorders. *Chapter D*, v. 1, p. 1-28, 2020.

CORBETT, B. A.; CONSTANTINE, L. J. Autism and attention deficit hyperactivity disorder: Assessing attention and response control with the integrated visual and auditory continuous performance test. *Child Neuropsychology*, v. 12, n. 4-5, p. 335-348, 2006.

DEMOPOULOS, C.; HOPKINS, J.; DAVIS, A. A comparison of social cognitive profiles in children with autism spectrum disorders and attention-deficit/hyperactivity disorder: a matter of quantitative but not qualitative difference? *Journal of autism and developmental disorders,* v. 43, p. 1.157-1.170, 2013.

FUENTES, J. *et al.* Autism spectrum disorders. *IACAPAP e-textbook of child and adolescent mental health.* Geneva: International Association for Child and Adolescent Psychiatry and Allied Professions, v. 1, p. 27, 2012.

GOLDSTEIN, S.; SCHWEBACH, A. J. The comorbidity of pervasive developmental disorder and attention deficit hyperactivity disorder: Results of a retrospective chart review. *Journal of autism and developmental disorders,* v. 34, n. 3, p. 329, 2004.

GRZADZINSKI, R. *et al.* Examining autistic traits in children with ADHD: does the autism spectrum extend to ADHD?. *Journal of autism and developmental disorders,* v. 41, p. 1.178-1.191, 2011.

GRZADZINSKI, R. *et al.* Parent-reported and clinician-observed autism spectrum disorder (ASD) symptoms in children with attention deficit/hyperactivity disorder (ADHD): implications for practice under DSM-5. *Molecular autism,* v. 7, n. 1, p. 1-12, 2016.

HARKINS, C. M.; HANDEN, B. L.; MAZUREK, M. O. The impact of the comorbidity of ASD and ADHD on social impairment. *Journal of Autism and Developmental Disorders,* p. 1-11, 2021.

KLASSEN, A. F.; MILLER, A.; FINE, S. Health-related quality of life in children and adolescents who have a diagnosis of attention-deficit/hyperactivity disorder. *Pediatrics,* v. 114, n. 5, p. e541-e547, 2004.

MIGUEL FILHO, E. C. *et al. Clínica psiquiátrica: os fundamentos da psiquiatria.* Barueri: Manole, 2021.

SIKORA, D. M. *et al.* Attention-deficit/hyperactivity disorder symptoms, adaptive functioning, and quality of life in children with autism spectrum disorder. *Pediatrics,* v. 130, n. Supplement_2, p. S91-S97, 2012.

STEVENS, T.; PENG, L.; BARNARD-BRAK, L. The comorbidity of ADHD in children diagnosed with autism spectrum disorder. *Research in Autism Spectrum Disorders,* v. 31, p. 11-18, 2016.

10

TDAH
TRANSTORNO DO DÉFICIT DE ATENÇÃO/ HIPERATIVIDADE

No vasto universo da saúde mental infantil, o transtorno do déficit de atenção/ hiperatividade (TDAH) emerge como uma condição complexa que demanda compreensão cuidadosa e suporte adequado. Este capítulo oferece uma introdução ao TDAH, explorando as características fundamentais e o impacto que pode exercer no cotidiano de crianças e adolescentes. Essa complexidade aumenta consideravelmente quando se lida com crianças dentro do espectro do autismo.

RAPHAEL RANGEL ALMEIDA

Raphael Rangel Almeida

Contatos
www.familyonboard.com.br
familyonboard.contato@gmail.com
Redes sociais: @familyonboard

Pediatra/neuropediatra pela Irmandade da Santa Casa de Misericórdia de São Paulo, subespecializado em Epilepsia Infantil. *Fellowship* no programa de Eletroencefograma e Videoencefalograma da Unicamp. Mestre em Neurociência pela Unicamp.

O TDAH talvez seja a comorbidade mais frequente associada ao autismo, por isso, reconhecê-la e tratá-la é fundamental para o sucesso no tratamento, já que é mais do que uma simples dificuldade de concentração. É uma condição neurobiológica que afeta a capacidade de uma pessoa regular a atenção, a impulsividade e a atividade motora. As manifestações podem variar significativamente, mas os dois principais componentes, desatenção e hiperatividade-impulsividade, delineiam o quadro clínico.

Crianças e adolescentes com TDAH enfrentam desafios na manutenção da atenção, seja em sala de aula, durante tarefas cotidianas ou em atividades recreativas. Esse aspecto não é simplesmente uma "falta de foco", mas uma luta constante para direcionar e sustentar a atenção em tarefas específicas.

A impulsividade característica do TDAH se manifesta em decisões precipitadas, dificuldade em aguardar a vez e interrupções frequentes. A hiperatividade, por sua vez, se traduz em inquietação motora, dificuldade em permanecer sentado e um constante desejo por atividades físicas.

O TDAH não é uma condição que se limita à sala de aula, permeia todos os aspectos da vida cotidiana de um indivíduo. Desde as interações sociais até as responsabilidades familiares, as nuances do TDAH influenciam a dinâmica diária, muitas vezes exigindo adaptações e compreensão por parte dos envolvidos.

O número de casos de TDAH tem variado ao longo do tempo. Vários estudos nos Estados Unidos mostraram um aumento na prevalência de TDAH nos últimos anos.

Segundo o Manual Diagnóstico e Estatístico de Transtornos Mentais, 5ª edição (DSM-5), a prevalência mundial do TDAH é estimada entre 5 a 13% das crianças em idade escolar. No Brasil, estima-se que entre 5,8% a 7% dos escolares possam ser afetados pelo TDAH, conforme o estudo de Rohde *et al.*, 1999.

De acordo com o censo brasileiro do ano de 2023, estima-se que a população no Brasil seja de aproximadamente 203 milhões de pessoas, com cerca de 57 milhões na faixa etária entre 5 e 20 anos, o que sugere que aproximadamente 4 a 5 milhões de brasileiros possam ser afetados pelo TDAH.

Alguns dos fatores que podem explicar parcialmente o aparente aumento na prevalência de TDAH são: educação médica contínua sobre o TDAH, maior sensibilização do público, melhor acesso aos serviços de saúde e melhor difusão de informações pelas redes sociais. Resta compreender quanto do aparente aumento observado no TDAH diagnosticado foi atribuído a fatores etiológicos; o TDAH tem um componente genético com herdabilidade estimada entre 70% a 80%.

O acúmulo de evidências de estudos de família, gêmeos e genética molecular sugere que o transtorno que conhecemos como TDAH é o extremo de uma característica dimensional na população. A natureza dimensional do TDAH tem implicações amplas. Se considerarmos o TDAH como análogo aos níveis de colesterol, as abordagens diagnósticas devem se concentrar na definição de todo o *continuum* ou espectro de "traços de TDAH", com limites clinicamente significativos para definir quem precisa e quem não precisa de tratamento, quem tem traços clinicamente subliminares que exigem cuidado e monitoramento.

Embora o TDAH traga desafios, é importante reconhecer os talentos e as habilidades únicas que muitas vezes coexistem. Crianças e adolescentes com TDAH podem exibir criatividade, energia e entusiasmo notáveis quando direcionados para atividades que despertam interesse.

> "O TDAH é o distúrbio neurocomportamental mais comum na infância" (ROHDE *et al.*, 2004).

"O TDAH é um transtorno extremamente bem pesquisado e com validade superior à da maioria dos transtornos mentais e superior, inclusive, a de muitas condições médicas" (*American Medical Association – Council for Scientific Affairs*, 1998).

O TDAH seria uma demanda da sociedade moderna?

Vamos passear pela história para responder à pergunta. A história do TDAH é uma jornada fascinante que nos leva a explorar marcos significativos e desafios ao longo do tempo, contribuindo para uma compreensão mais ampla dessa condição complexa.

O primeiro relato começa em 1775, com o curto capítulo escrito por Melchior Adam Weikard, que descreveu sintomas semelhantes ao que conhecemos hoje como TDAH. Em 1798, o médico escocês Alexander Crichton também descreveu sintomas semelhantes em seu livro, enfatizando a importância da atenção e do controle emocional.

Heinrich Hoffmann, em 1845, escreveu *Felipe, o Inquieto*, uma história infantil que retratava comportamentos semelhantes aos do TDAH. Outra história relevante, *Johnny Look-in-the-air*, também abordava sintomas de desatenção.

No início do século XX, o termo "hiperatividade" foi cunhado para descrever crianças excessivamente ativas, enquanto Sir George F. Still, considerado o pai da pediatria britânica, em 1902, descreveu um grupo de crianças com sintomas semelhantes ao TDAH.

Na década de 1930, surgiram estudos sobre os efeitos de estimulantes como a anfetamina no tratamento do TDAH. Em 1944, o metilfenidato foi sintetizado e, posteriormente, comercializado como Ritalina. Tendo, após os anos de 1960, a sua indicação para o tratamento do TDAH.

A década de 1980 marcou a inclusão oficial do TDAH no Manual Diagnóstico e Estatístico de Transtornos Mentais (DSM), e foi reconhecido que o TDAH não era exclusivamente infantil, persistindo muitas vezes também na vida adulta.

Avançando para o século XXI, os estudos de neuroimagem proporcionaram *insights* valiosos sobre as bases neurobiológicas do TDAH, revelando diferenças em áreas cerebrais associadas à atenção e ao controle impulsivo.

Apesar dos avanços, a história do TDAH também é marcada por estigmas e mal-entendidos, mas a desmistificação gradual da condição e o reconhecimento de suas nuances únicas têm sido fundamentais para transformar a narrativa em torno do TDAH.

Ao explorar a história do TDAH, buscamos não apenas compreender o passado, mas também iluminar o caminho à frente, em uma jornada de evolução constante que molda o futuro do entendimento e suporte ao TDAH.

O processo de aprendizado e a relação com o TDAH

O processo de aprendizado normal do cérebro é fundamental para assimilar, processar e armazenar informações. Envolve a plasticidade neural, na qual as conexões sinápticas são modificadas em resposta à experiência, permitindo a integração e o processamento de informações. Durante a aprendizagem, estímulos do ambiente são processados por regiões cerebrais específicas, como o córtex cerebral, o hipocampo e o cerebelo. Neurotransmissores como dopamina, serotonina e noradrenalina desempenham papéis cruciais na regulação do humor, da atenção e do aprendizado.

No entanto, no TDAH, disfunções neurobiológicas interferem no processo de aprendizagem. A desregulação da dopamina pode prejudicar a atenção e o foco, levando a comportamentos impulsivos e busca por estímulos constantes. Estudos de neuroimagem revelaram diferenças estruturais e funcionais em áreas cerebrais associadas ao controle cognitivo em indivíduos com TDAH.

Para crianças com TDAH, estando ou não associados ao TEA, essas disfunções podem resultar em dificuldades de concentração, comportamentos disruptivos e problemas de interação social. A hiperatividade pode dificultar a participação em atividades que exigem períodos prolongados de concentração, dificuldade na aplicação dos processos terapêuticos, levando a problemas acadêmicos e emocionais.

O estudo do TDAH é crucial devido a seus impactos significativos na vida das pessoas afetadas e na sociedade. O TDAH está associado a uma série de problemas que podem afetar diversas áreas da vida, desde a infância até a vida adulta, incluindo acidentes, problemas de aprendizado escolar, abuso de álcool e drogas, depressão, ansiedade, desemprego, divórcio e até mesmo suicídio. Portanto, compreender o TDAH é essencial para fornecer apoio e intervenções adequadas para aqueles que vivem com essa condição.

Quais os tipos do TDAH?

Os diferentes subtipos do TDAH, destacando o predominante desatento, o predominante hiperativo-impulsivo e o combinado.

No subtipo predominantemente *desatento*, a atenção sustentada é o principal desafio. Crianças nesse perfil podem parecer distraídas e esquecidas de detalhes importantes, mesmo sendo inteligentes e criativas. Um exemplo é Lucas, que frequentemente deixa suas tarefas pela metade devido a sua mente estar constantemente envolvida em outros pensamentos.

Já no subtipo predominantemente *hiperativo-impulsivo*, a energia e a impulsividade se destacam. Crianças nesse perfil estão sempre em movimento, tomam decisões impulsivas sem considerar as consequências e apresentam dificuldade em permanecer quietas. Um exemplo é Sophia, que é uma fonte inesgotável de energia, mas muitas vezes age sem considerar as regras do jogo.

O subtipo *combinado* engloba uma mistura de características desatentas, hiperativas e impulsivas. Crianças nesse perfil alternam entre momentos de distração, agitação e impulsividade, tornando o quadro ainda mais complexo. Um exemplo é Miguel, que vive uma montanha-russa constante de comportamentos.

Compreender esses subtipos é fundamental, pois influencia diretamente nas estratégias de intervenção e no desenvolvimento de habilidades específicas para cada criança. A identificação correta do subtipo é o primeiro passo para um suporte eficaz e personalizado.

Estudos indicam que a desatenção está fortemente associada ao prejuízo acadêmico, à baixa autoestima e aos resultados profissionais negativos, enquanto os sintomas hiperativo-impulsivos estão relacionados à rejeição pelos pares, agressão e comportamentos de risco. Os padrões de transtornos associados também diferem entre as dimensões do TDAH.

Diagnóstico do TDAH

O diagnóstico do TDAH é essencialmente clínico e baseia-se em critérios específicos delineados no Manual Diagnóstico e Estatístico de Transtornos Mentais (DSM-5). Os profissionais realizam entrevistas detalhadas com pais, cuidadores e/ou pacientes para documentar os sintomas do transtorno. Identificar sinais de alerta também é crucial para encaminhar a pessoa para avaliação.

Os critérios diagnósticos principais incluem a presença persistente de sintomas desatentos e/ou hiperativos-impulsivos por pelo menos seis meses, manifestando-se em diferentes contextos e interferindo no funcionamento social e acadêmico. O DSM-5 estabelece critérios específicos para crianças e adultos, diferenciando a quantidade de sintomas necessários para o diagnóstico.

A avaliação clínica é conduzida por uma equipe multidisciplinar, incluindo neurologistas infantis, psiquiatras, psicólogos e psicopedagogos. Ela envolve entrevistas, observações e históricos detalhados para capturar o comportamento da pessoa em diferentes situações, incluindo o ambiente escolar.

Além da avaliação clínica, os testes psicométricos são ferramentas complementares que aumentam a precisão do diagnóstico. Dentre os testes comumente utilizados estão a Escala de TDAH de Conners, Escala K-SADS, Questionário de Capacidades e Dificuldades (SDQ), Escala SNAP-IV, Escala de Impulsividade, Hiperatividade e Desatenção (IOWA) e outros. Esses testes oferecem uma visão objetiva e quantitativa dos sintomas, fornecendo uma compreensão mais completa do quadro clínico.

Questionários de avaliação preenchidos por pais, professores e/ou pacientes também são úteis para fornecer informações sobre o comportamento em diferentes contextos. Além disso, testes neuropsicológicos detalhados exploram habilidades cognitivas específicas, auxiliando na compreensão do funcionamento cerebral.

A abordagem integrada da avaliação clínica e dos testes psicométricos permite uma análise completa dos comportamentos e dos prejuízos associados ao TDAH. É importante ressaltar que o diagnóstico é mais do que uma simples classificação, é uma ferramenta para compreensão e ação, facilitando a criação de um caminho de apoio e oportunidades para aqueles que enfrentam o transtorno.

Tratamento do TDAH: integrando abordagens não medicamentosas e medicamentosas

O tratamento do TDAH abrange diversas estratégias, desde intervenções não medicamentosas baseadas em psicoeducação e terapias comportamentais até opções medicamentosas, que visam estabilizar os sintomas e melhorar a qualidade de vida dos pacientes.

Tratamento não medicamentoso do TDAH

A manifestação dos sintomas do TDAH é influenciada por diversos fatores, incluindo a estruturação do ambiente, o nível de motivação do indivíduo e o estágio do desenvolvimento cerebral. Reconhecendo a complexidade do quadro, o tratamento do TDAH vai além do uso de medicações comumente prescritas. Estratégias não medicamentosas, embasadas na neurociência, oferecem uma abordagem integrativa e eficaz.

- Treinamento cognitivo-comportamental (TCC): é uma ferramenta poderosa baseada na neuroplasticidade, a capacidade do cérebro de se adaptar ao longo do tempo. Por meio de técnicas como reestruturação cognitiva e treinamento de habilidades sociais, a TCC busca moldar padrões de pensamento e comportamentos, fortalecendo áreas do cérebro associadas ao controle da atenção e impulsividade. Estudos científicos respaldam a eficácia no tratamento do TDAH, especialmente quando combinada com terapia medicamentosa.
- Exercício físico e neurogênese: a prática regular de exercícios físicos não apenas fortalece o corpo, mas também desencadeia processos neurobiológicos benéficos, incluindo a formação de novas conexões cerebrais. O equilíbrio é fundamental, pois excessos podem ser prejudiciais.
- Estratégias de *mindfulness* e meditação: a prática dessas técnicas mostra-se eficaz na melhora da atenção e regulação emocional, remodelando circuitos cerebrais relacionados à autorregulação e atenção plena.

- Modificação da dieta e suplementação nutricional: estratégias nutricionais, como a redução de açúcares refinados e a inclusão de ácidos graxos ômega-3, podem influenciar positivamente a função cognitiva e o controle comportamental. A abordagem nutricional deve ser equilibrada e baseada no bom senso. Não existe uma dieta específica para o TDAH, a chave será sempre o equilíbrio.

Tratamento medicamentoso do TDAH: navegando pelas opções medicamentosas com sabedoria

O tratamento medicamentoso do TDAH representa uma ferramenta valiosa no arsenal terapêutico, proporcionando estabilização dos sintomas e melhoria da qualidade de vida. A história desses tratamentos remonta a descobertas pioneiras que lançaram as bases para o uso de estimulantes e não estimulantes no controle dos sintomas do TDAH.

- Estimulantes: considerados tratamento de primeira escolha, os estimulantes aumentam a disponibilidade de neurotransmissores como dopamina e norepinefrina, influenciando áreas do cérebro relacionadas ao controle de impulsos e atenção. No Brasil, temos o Metilfenidato e a Lisdexanfetamina.
- Não estimulantes: essas opções atuam mais focadamente na modulação da noradrenalina, contribuindo para a regulação dos sintomas do TDAH. Embora sejam consideradas uma escolha de segunda linha, podem ser eficazes em determinados casos. No Brasil, temos como principal representante do grupo a atomoxetina. A presença de tiques, uma comorbidade relativamente frequente associada ao TEA e ao TDAH, pode torná-la como uma primeira opção ao tratamento.

A compreensão dos mecanismos de ação e dos efeitos colaterais é crucial para uma tomada de decisão informada. O acompanhamento médico regular é essencial para ajustes na dosagem e escolha do medicamento mais adequado, garantindo a eficácia e minimizando os efeitos colaterais.

Em suma, o tratamento do TDAH é uma jornada que demanda uma abordagem integrativa, combinando estratégias não medicamentosas e medicamentosas de maneira personalizada. Cada indivíduo é único, e um acompanhamento médico contínuo é essencial para guiar essa jornada.

Referências

ACADEMIA AMERICANA DE PEDIATRIA. Subcomitê de Transtorno de Déficit de Atenção/Hiperatividade, Comitê Diretor de Melhoria e Gestão da

Qualidade. TDAH: diretriz clínica para diagnóstico, avaliação e tratamento do transtorno de déficit de atenção/hiperatividade em crianças e adolescentes. *Pediatria.* 2011; 128 (5): pp. 1007-1022.

ASSOCIAÇÃO PSIQUIÁTRICA AMERICANA. Washington, DC: Publicação Psiquiátrica Americana, 2013. Manual diagnóstico e estatístico de transtornos mentais, quinta edição DSM-5TM.CID-11 da Organização Mundial da Saúde para estatísticas de mortalidade e morbidade. Disponível em: <https://icd.who.int/browse11/lm/en>. Acesso em: 24 abr. de 2024.

ARNOLD, L. E.; HODGKINS, P.; KAHLE, J.; MADHOO, M.; KEWLEY, G. Resultados de longo prazo do TDAH: desempenho e desempenho acadêmico. *Jornal de Transtornos de Atenção*, 2020, pp. 73-85.

CAYE, A.; ROCHA, T. B. M.; ANSELMI, L.; MURRAY, J.; MENEZES, A. M. B.; BARROS, F. C. *et al.* Trajetórias do transtorno de déficit de atenção/hiperatividade desde a infância até a idade adulta jovem: evidências de uma coorte de nascimentos que apoiam uma síndrome de início tardio. *Psiquiatria JAMA.* 2016; 73: pp. 705-12.

DALEY, D.; BIRCHWOOD, J. TDAH e desempenho acadêmico: por que o TDAH impacta no desempenho acadêmico e o que pode ser feito para apoiar crianças com TDAH na sala de aula? *Criança: Cuidado, Saúde e Desenvolvimento*, 2010; 36 (4), pp. 455-464.

HOLBROOK, J. R.; BITSKO, R. H.; DANIELSON, M. L.; VISSER, S. N. Interpretando a prevalência de transtornos mentais em crianças: tribulação e triangulação, 2017.

USTUN, B.; ADLER, L. A.; RUDIN, C.; FARAONE, S. V.; SPENCER, T. J.; BERGLUND, P. *et al.* A escala de triagem de autorrelato de transtorno de déficit de atenção/hiperatividade em adultos da Organização Mundial da Saúde para o DSM-5. *Psiquiatria JAMA.* 2017; 74: pp. 520-7.

11

O SISTEMA AUDITIVO E SUAS REPERCUSSÕES NO TRANSTORNO DO ESPECTRO AUTISTA (TEA)

A perda auditiva é um diagnóstico diferencial que demanda exames de acordo com o quadro e a idade da criança. A associação entre TEA e perda auditiva desafia a reabilitação: oralização, se possível, ou comunicação aumentativa alternativa. As otites afetam o processamento sensorial piorando os sintomas de hiperacusia, vestibulares, além de afetar o comportamento da criança comprometendo o processo terapêutico.

JULIANA CARDOSO BERTONCELLO

Juliana Cardoso Bertoncello

Contatos
jubertoncello@hotmail.com
bertoncello.ju@gmail.com

Médica especialista em Otorrinolaringologia e Foniatria pela ABORL-CCF. Foniatra responsável pelo ambulatório de Distúrbios da Comunicação do serviço de ORL da PUC-Campinas.

Como avaliar a audição de uma criança com suspeita de TEA?

Uma criança com TEA deve iniciar uma avaliação audiológica da mesma forma que uma criança neurotípica, levando-se em consideração sua idade, e para isso é muito importante que os profissionais que trabalham com a criança conheçam os exames, suas indicações e interpretações.

Em nossa consulta otorrinolaringológica e na avaliação foniátrica, é comum perguntarmos aos pais se acham que a criança escuta, e é também comum ouvirmos a seguinte frase : "Ele ouve, sim, ele passou no teste da orelhinha". Esse é o primeiro mito que devemos desvendar, como veremos a seguir.

Um outro grande mito é a frase dita por muitos profissionais da área médica e da saúde de forma geral: "Se ele ouve, uma hora irá falar".

A triagem auditiva neonatal (teste da orelhinha) e seu significado

A perda auditiva ocorre entre um a seis nascidos vivos saudáveis e sem Indicadores de Risco para a Deficiência Auditiva (IRDA), assim, os programas de Triagem Auditiva Neonatal Universal (TANU) são fundamentais para a identificação precoce da surdez e início do tratamento, a tempo de reduzir o impacto negativo no desenvolvimento da linguagem (PEREIRA, 2021).

Ao redor do mundo, diversos protocolos sugerem diferentes exames ou a associação destes para realização da TANU. No Brasil, desde 2010, a TANU é obrigatória, e há uma lei federal que determina o uso de emissões otoacústicas como exame de triagem.

Emissões otoacústicas na TANU

A emissão otoacústica é o exame mais usado na TANU por ser rápido e de alta sensibilidade, porém, sua especificidade é moderada, pois pode ser facilmente alterado na presença de ruídos externos ou de anteparos mecânicos no conduto auditivo externo (vérnix ao nascimento, cera ou secreção na orelha média).

Neste exame, avaliamos o som gerado pelas células ciliadas externas, que são captados no canal auditivo externo, portanto avalia-se a integridade das células ciliadas externas de cada ouvido, naquele momento. Ou seja, é uma foto da integridade das células ciliadas do bebê naquelas 48 horas de vida.

Isto posto, não podemos dizer que a audição de uma criança de dois anos que não fale seja normal por ela ter "passado" no teste da orelhinha presente no nascimento, pois não sabemos o estado das células ciliadas dessa criança naquele momento.

Este exame é importante como fonte de triagem, mas deverá ser realizado, de forma isolada, somente se a criança não apresentar fatores de risco para deficiência auditiva.

Assim, devemos estar atentos aos fatores de risco para perda auditiva em neonatos (IRDA), pois, na presença de algum destes fatores, faz-se necessária a realização de um outro exame (potencial evocado auditivo de tronco encefálico automático/BERA automático) associado ou não às emissões otoacústicas, para que seja avaliada a integridade do nervo auditivo da criança.

Segundo a *Joint Committee on Infant Hearing* (YEAR, 2019), estes são os indicadores de risco para perda auditiva (IRDA):

- UTI neonatal superior a cinco dias.
- História familiar de surdez.
- Infecções gestacionais (toxoplasmose, citomegalovírus, rubéola, herpes).
- Malformações craniofaciais.
- Hiperbilirrubinemia com exsanguineotransfusão.
- Medicações ototóxicas (aminoglicosídeos).
- Meningite bacteriana.
- Apgar (0-4 no primeiro minuto; 0-6 no quinto minuto).
- Sinais ou síndromes associados a perda auditiva.

Potencial evocado auditivo de tronco encefálico automático (PEATE ou BERA) na TANU

Se a criança que você estiver avaliando tiver algum fator de risco dos citados anteriormente, é necessário que você se certifique de que ela realizou o PEATE automático como método de TANU, pois esse exame também avaliará a integridade do nervo auditivo até sua entrada no tronco encefálico, essencial para descartarmos quadros de surdez relacionada a alterações do nervo auditivo.

Assim, na carteirinha do bebê, deverá estar especificado o teste da orelhinha realizado (emissões otoacústicas ou PEATE automático) e se o neonato passou ou não no teste.

Então, supondo que essa criança que não atende a chamados esteja com um ano e seis meses, e tenha passado no teste da orelhinha quando nasceu, isso não significa que esteja escutando bem hoje, logo, deverá ter sua audição avaliada. E quais demais exames deverão ser solicitados ?

Avaliação audiométrica de acordo com a faixa etária

O próximo passo será a solicitação de uma avaliação audiométrica, e sua forma de realização irá depender da faixa etária da criança em questão. Um exame audiométrico feito por profissionais capacitados, além de determinar os limiares auditivos, fornece informações sobre o comportamento dessa criança, essencial ao diagnóstico diferencial.

Audiometria comportamental (3-12 meses)

Avalia o comportamento auditivo da criança quando exposta a instrumentos musicais (tambor, guizo, agogô), cujas frequências e intensidades de sons são conhecidas. Portanto, mede a quantidade de audição, ou seja, os limiares auditivos. Além disso, observa a interação da criança com o som, avaliando assim também o desempenho neurocognitivo pela qualidade da resposta.

Audiometria infantil condicionada e impedanciometria (1-5 anos)

É realizada de forma lúdica, condicionando o tom puro (apito) ao aparecimento de uma luz na orelha estimulada (audiometria com reforço visual/ VRA) ou com brincadeiras de encaixe a cada vez que o estímulo é escutado. Se a criança permitir o uso de fones, podem-se avaliar as orelhas separadamente, caso contrário estas serão avaliadas em conjunto, chamadas em campo livre. Nesse teste, também é possível avaliar o limiar de inteligibilidade das palavras, ou seja, qual a menor intensidade de som que a criança é capaz de compreender.

Audiometria tonal limiar (a partir de 4 anos)

Avalia-se, em cada orelha, qual a menor intensidade com que se percebe o som, em cada frequência testada. O sujeito pode levantar a mão ou, no caso da criança, bater palmas a cada vez que escuta o som.

Impedanciometria

É uma medida objetiva que identifica se há alteração na pressão da orelha média e a capacidade de complacência da membrana timpânica frente à variação de pressão.

Esse exame deve ser solicitado junto com todas as audiometrias e mesmo com exames eletrofisiológicos como o PEATE, pois é através dele que podemos identificar se há presença de secreção na orelha média, fato que pode alterar os limiares auditivos, levando à perdas auditivas temporárias. É muito importante para o diagnóstico diferencial das perdas auditivas.

Frente a uma criança que responda bem a qualquer audiometria acima anteriormente, de acordo com sua faixa etária, e que esteja em acompanhamento e não possua nenhum fator de risco para perda auditiva, a avaliação auditiva aí se encerra. Porém, se o exame estiver alterado ou a criança apresentar IRDA, é necessária a complementação da avaliação com avaliação eletrofisiológica (Emissões + PEATE diagnóstico ou Emissões + Estado Estável).

PEATE diagnóstico

É um exame considerado objetivo, mas há necessidade que a criança fique imóvel. Logo, é mais tranquilo de ser realizado para bebês pequenos, em sono natural, já nas crianças maiores, é necessário que se faça sob sedação, em ambiente seguro.

Através desse exame, pode-se avaliar a integridade do nervo auditivo, além de se pesquisar e prever os limiares auditivos eletrofisiológicos, ou seja, conseguimos saber se a criança escuta e o quanto escuta. Contudo, o BERA/PEATE só avalia as frequências entre 2 kHz e 4 kHz, ou seja, não é possível saber se há perda auditiva nas frequências mais graves (sons mais grossos). Para tanto, faz-se necessária a realização de PEATE com pesquisa de frequência específica (*Tone Burst* ou *NB CE-chirp*) ou exame de Estado Estável, para que se saiba a exata configuração da perda auditiva e se faça a amplificação adequada.

Resumindo, se a criança não respondeu bem à audiometria, conforme sua faixa etária, apresentou alteração nesses exames ou possui fator de risco para perda auditiva, ela deverá submeter-se ao PEATE como complementação diagnóstica. Mas, é necessário que seja realizado o PEATE com frequência específica ou o Estado Estável para que se saiba a configuração exata da perda auditiva e se possa fazer uma reabilitação adequada.

PEATE/BERA para diagnóstico de autismo

A busca de marcadores biológicos para diagnóstico do autismo é um "sonho de consumo" e vem sendo demandada por diversas áreas, mas sabemos que esse diagnóstico é clínico.

Várias pesquisas já foram feitas com o fim de estabelecerem um padrão específico que caracterize o Transtorno do Espectro Autista (TEA) através do PEATE/BERA. Na literatura, a análise dos PEATE em indivíduos com TEA demonstra que esta população apresenta alterações, entre elas, o aumento da latência das ondas III e V, e dos intervalos interpicos para I-III e I-V, que sugerem dano no tronco encefálico. Porém, até o momento, podemos afirmar que nenhuma delas são alterações específicas, pois tratam-se de alterações que são encontradas em vários outros transtornos e distúrbios neurológicos. Além disso, em várias outras pesquisas, bem como na rotina clínica de vários profissionais que realizam esse exame, respostas dentro da normalidade são muito frequentes.

Assim, o PEATE, associado a outros exames como audiometria e emissões otoacústicas, tem grande contribuição para o diagnóstico das perdas auditivas que também podem estar presentes em crianças com TEA, mas não deve ser usado como um método diagnóstico exclusivo para o autismo, pois esse diagnóstico permanece clínico.

Avaliação do processamento auditivo central (PAC)

O processamento auditivo central (PAC) é um conjunto de habilidades específicas das quais o indivíduo depende para compreender o que ouve. Pressupõe-se que essas habilidades estejam aptas no indivíduo a partir dos sete anos de idade, porém alguns testes já estão padronizados para crianças menores, mas devem ser realizados com parcimônia.

Esse exame é composto de testes que requerem carga linguística suficiente para compreensão das tarefas, bem como habilidades cognitivas e intelectuais suficientes para tal. Indivíduos com Transtorno do Déficit de Atenção/Hiperatividade (TDAH), caso sejam medicados, deverão fazer a avaliação sob uso de medicação, pois o exame também requer grande habilidade atencional.

As alterações no processamento central acontecem em grande parte dos transtornos de linguagem e podem estar presentes nos quadros de TEA. Contudo, a realização do exame nesses pacientes deve ser discutida caso a caso, respeitando as limitações do exame.

Além do treinamento auditivo formal, em cabine e fora dela, o treinamento musical é uma forma prazerosa de treino do processamento auditivo, pois melhora a capacidade de detalhamento acústico e favorece a compreensão de fala no ruído, além de treinar habilidades atencionais e de memória.

Perda auditiva associada ao transtorno do espectro autista (TEA)

Em pesquisa realizada na Universidade Federal de São Paulo, em 2009, observou-se que 62,96% dos pais de crianças com TEA (verbais ou não) tiveram como suspeita inicial a perda auditiva devido aos comportamentos anteriormente relatados e, ao apurar os resultados obtidos nas avaliações audiológicas dessas crianças, concluiu-se que houve frequência significativamente alta de diagnóstico audiológico normal (88,89%). A deficiência auditiva constitui um dos principais diagnósticos diferenciais do TEA e é muito comum ser a primeira suspeita dos pais.

Em minha prática clínica no consultório de foniatria, costumo atender, ao menos, um caso por ano de crianças, acima dos quatro anos, com perda auditiva sem diagnóstico sendo tratada como autista. A similaridade do comportamento de pouca resposta ao chamado, atraso de fala, isolamento social e inflexibilidade comportamental leva a essa confusão quanto ao diagnóstico, por isso, uma avaliação audiológica adequada é tão importante.

A perda auditiva leva ao atraso de linguagem. Pesquisas mostram que perdas auditivas, mesmo que unilaterais, podem atrasar o aparecimento da linguagem, além de interferir no vocabulário. A reabilitação precoce, quer seja por meio de próteses auditivas ou cirurgias como implantes cocleares, conforme indicado, interfere no prognóstico da linguagem da criança. Sujeitos com perdas auditivas profundas, nunca reabilitados, nunca expostos a nenhum tipo de linguagem, podem evoluir para o que conhecemos como Síndrome da Privação Linguística e terão comportamento muito semelhante a um deficiente intelectual.

Isto posto, podemos imaginar o impacto ainda maior que as perdas auditivas podem levar em crianças com TEA através dessa sobreposição diagnóstica. O atraso de fala, presente no TEA, pode ser justificado de várias formas, desde a falta de intenção comunicativa até as associações com transtornos motores de fala, como a apraxia. Contudo, a perda auditiva como fonte do atraso de linguagem pode acontecer também no TEA, e seu papel não deve ser negligenciado.

E o que fazer diante de uma criança com perda auditiva e TEA? Bem, de maneira geral, a reabilitação auditiva, quer seja por próteses auditivas ou próteses cirurgicamente implantáveis (quando indicadas), associada à fonoterapia com finalidade oralização, deverá ser tentada sempre. A fala será sempre o grande objetivo a ser atingido.

Contudo, sabemos que cada caso é um caso, cada criança é uma criança e nem todas aceitarão a reabilitação com prótese auditiva, quer seja pela intensidade de suas alterações de caráter sensorial, quer seja por seu nível de necessidade de assistência, quer seja por serem genuinamente, não verbais. E aí? Desistimos? É claro que não! Devemos lembrar que a fala é só um detalhe da linguagem e que há outras formas de linguagem a serem utilizadas. Assim, diante da impossibilidade ou dificuldade na oralização, a Comunicação Alternativa Aumentativa (CAA) deve ser inserida e o mais precocemente possível, e na forma que seja mais aceita e viável para a criança, pais e terapeutas (Libras, Pecs…). Além disso, trabalhos mostram que o uso da CAA não impede a fala, mas sim, pode funcionar como um meio a mais de suporte para sua aquisição.

Otites e TEA: pequenos grandes vilões

As crianças de menos de dois anos de idade podem apresentar uma tendência maior para apresentar infecções de ouvido, tanto pela configuração anatômica como pela exposição a patógenos por elas desconhecidos. Configura-se como otite média aguda de repetição a ocorrência de mais de 4 quadros em 12 meses. Além disso, algumas crianças podem não apresentar dor nem febre, mas persistem com secreção na orelha média por um período superior a 3 meses, o que configura o quadro de otite média secretora.

Ambos os quadros descritos podem levar à alteração auditiva temporária, além de zumbido e alterações vestibulares. Nas crianças com TEA, em que os transtornos do processamento sensorial são comuns, esses sintomas podem ficar ainda mais exacerbados, atrapalhando não só a linguagem, mas acentuando as alterações sensoriais, piorando, assim, os sintomas de hiperacusia, bem como os sintomas vestibulares, podendo levar a um quadro de desmodulação sensorial desse paciente. Esse desequilíbrio do processamento sensorial pode afetar o comportamento, deixando a criança mais irritada, além de atrapalhar seu sono e torná-la menos responsiva às terapias.

Em minha prática clínica, no consultório de otorrino/foniatria, recebo *feedbacks* muito positivos dos terapeutas quando submetemos essas crianças a tratamento cirúrgico, com colocação de drenos de ventilação. O guia norte-americano de otites (AMERICAN, 2016) preconiza a colocação precoce do dreno de ventilação, diante de quadros de crianças com otites associadas ao atraso de linguagem. Eu diria que a sobreposição diagnóstica otite/TEA requer uma precocidade ainda maior na resolução do quadro.

Considerações finais

O cérebro humano é cheio de mistérios, e seria muita ingenuidade de nossa parte pensar que, para sermos aptos a falar, basta termos uma audição social adequada. Há muito mais entre o ouvir e o falar... Além de um sistema auditivo periférico (orelhas externa, média e interna) íntegro, é necessário que tenhamos um sistema auditivo central também íntegro (nervo auditivo até sua chegada no tronco cerebral). Porém, se o nosso sistema nervoso central, se nosso córtex não é capaz de associar a mensagem auditiva recebida às demais partes do nosso cérebro, essa mensagem pode não fazer sentido. E mais, se nosso córtex motor não tiver estímulo suficiente e não estiver apto a realizar os movimentos necessários para a fala, esta não acontecerá. E antes disso tudo, deve haver o interesse pelo outro, fonte de nossa admiração que nos leva à intenção de comunicação.

Referências

AMERICAN Academy of Otolaryngology-Head and Neck surgery Foundation. *Guidelines for the diagnosis and management of otitis media with effusion (OME)*. AAO-HNSF, 2016.

BRASIL. Ministério da saúde – Secretaria de Atenção à saúde. Departamento de ações programáticas e estratégicas. *Diretrizes de ação da triagem auditiva neonatal.*

PEREIRA, Rodrigo Guimarães (Org.) *Manual prático de avaliação auditiva na infância*. Academia Brasileira de Otorrinolaringologia Pediátrica – ABOPe. Curitiba: Editora CRV, 2021.

RAMOS, B. D. *et al.* Processamento auditivo e linguagem. *In*: SIH, T. (Org.) *XVII Manual de otorrinolaringologia pediátrica da IAPO*. São Paulo: Lis Gráfica e Editora Ltda., 2020.

YEAR 2019 Position statement: Principles and guidelines for early Hearing detection and intervention programs. *The Joint Committee on Infant Hearing*, 4 (2), p. 1-44, 2019.

12

PARECE MAS NÃO É

DIFERENÇAS E SEMELHANÇAS ENTRE TEA E MUTISMO SELETIVO

O mutismo seletivo (MS) é uma entidade pouco explorada na literatura médica, mas impacta negativamente o desenvolvimento infantil. Por sua sintomatologia peculiar e repercussão nas habilidades sociais, muito se assemelha ao TEA. Entender a diferença entre ambos e fazer o correto diagnóstico garante os esforços corretos para o tratamento das duas condições e melhor desfecho para nossas crianças. Neste capítulo, será descrito o mutismo seletivo, com enfoque nas características confundidoras com o autismo.

NATASHA GANEM

Natasha Ganem

CRM 52-877000 - RQE 41418

Contatos

www.abramute.org

abramute.org@gmail.com

ganemnatasha@gmail.com

Instagram: @dra.psiquiatra

@abramute_org

Carioca, médica psiquiatra adulto e infantojuvenil pela Universidade Estadual do Rio de Janeiro (UERJ), com título de especialista pela Universidade Federal do Rio de Janeiro (UFRJ) e membro da Associação Brasileira de Psiquiatria (ABP) e Associação Brasileira de Neurologia e Psiquiatria Infantil (ABENEPI). É diretora-fundadora da Associação Brasileira de Mutismo Seletivo e Ansiedade Infantil (ABRAMUTE) e facilitadora do Projeto Grupo de Orientação a Pais Com Filhos com Mutismo Seletivo. É coordenadora brasileira da Selective Mutism Association (SMA), nos EUA. Também é professora universitária, palestrante e autora das obras *A menina que não falava: uma história de superação do mutismo seletivo* e *Mutismo Seletivo: orientação para pais, educadores, terapeutas e curiosos.* Possui curso de capacitação denominado "Superando o Mutismo Seletivo" e diversos artigos publicados. Atende adultos, crianças e adolescentes na cidade do Rio de Janeiro.

O diagnóstico diferencial do Transtorno do Espectro Autista exige dos profissionais que integram a equipe interdisciplinar um olhar atento aos diferentes níveis e aspectos do desenvolvimento infantil. É necessário profundo conhecimento acerca do desenvolvimento típico, dos marcos do desenvolvimento de cada idade e das alterações que o afetam. Conhecer o que é esperado em cada faixa etária permite observar quando algo está atrasado ou deficitário. Só se enxerga o patológico se souber o que é neurobiologicamente esperado.

O presente capítulo desvenda o Mutismo Seletivo (MS), um transtorno pouco conhecido que acomete o desenvolvimento infantil e que leva a um funcionamento próximo, e por vezes semelhante, àquele observado nos Transtornos do Espectro Autista (TEA), gerando confusões, falsos diagnósticos e condutas terapêuticas equivocadas. Cabe ressaltar que o TEA e o MS, além de serem diagnósticos diferenciais, podem ser comórbidos, ou seja, acontecer conjuntamente, caso preencham critérios diagnósticos para ambas as condições para tal, o TEA precisa necessariamente não ter prejuízos de linguagem para não se tornar um diagnóstico excludente.

O Mutismo Seletivo é um transtorno de ansiedade do rol dos transtornos que acometem crianças e adolescentes. Geralmente, as primeiras manifestações são evidenciadas entre dois e cinco anos de idade, no período pré-escolar. Junto com o Transtorno de Ansiedade de Separação, o MS é o transtorno de ansiedade que acomete crianças em mais tênue idade. É um transtorno pouco falado, com prevalência de 1 para cada 140 crianças, com incidência maior no sexo feminino. Provavelmente, os números são subnotificados, pois é uma condição pouco conhecida pelos profissionais que trabalham com crianças e, portanto, seu diagnóstico acaba sendo negligenciado. Cabe ressaltar que os transtornos de ansiedade são o adoecimento mais frequente nas crianças e adultos, dentro da psiquiatria.

O MS foi primeiramente descrito na literatura em 1877, por um médico alemão chamado Kussmaul, que o designou a pacientes que não falavam em algumas situações, embora o pudessem fazer, denominando o achado de "afasia voluntária". Treuper, em 1897, relatou a condição como "inibição da fala". Em 1934, o psiquiatra Morris Tramer utilizou pela primeira vez o termo "mutismo eletivo". O termo "eletivo", para o médico, esclarecia que essas crianças selecionavam lugares e pessoas para não verbalizar. Este termo foi utilizado até a publicação do DSM-III (1987), sendo substituído por Mutismo Seletivo no DSM-IV, em 1994.

Até o DSM-IV-TR, o Mutismo Seletivo fazia parte do capítulo dos Transtornos Globais do Desenvolvimento, assim como o Autismo. Isso acontecia devido à tênue idade de início dos sintomas e à similaridade com o TEA. Apenas em 2014, no DSM-5, essa entidade foi categorizada como um Transtorno de Ansiedade de forma muito assertiva, levando em consideração sua gênese, fisiopatologia e resposta ao tratamento.

O mutismo seletivo se caracteriza por uma incapacidade constante da criança de falar, ou seja, de se comunicar verbalmente em locais ou em situações nas quais ela se sente exposta. Cabe pontuar que essa é uma criança que tem domínio da linguagem, fluência verbal e domínio do idioma falado no país em que reside. Em locais onde o infante se sente tranquilo, calmo, com pessoas do seu convívio, ele consegue verbalizar de forma absolutamente normal. Porém, quando a expectativa da fala acontece – por exemplo, no ambiente escolar, que geralmente é o primeiro local de exposição social das crianças –, a ansiedade toma uma proporção tão grande que a criança emudece. Ou seja, o emudecimento é selecionado pela ansiedade desproporcional e desregulada, à qual a criança está exposta.

O DSM-5 possui os seguintes critérios para diagnosticar o mutismo seletivo:

1. Fracasso persistente para falar em situações sociais específicas nas quais existe a expectativa para tal (por exemplo, na escola), apesar de falar em outras situações.
2. A perturbação interfere na realização educacional ou profissional, ou na comunicação social.
3. A duração mínima da perturbação é um mês (não limitada ao primeiro mês de escola).
4. O fracasso para falar não se deve a um desconhecimento ou desconforto com o idioma exigido pela situação social.
5. A perturbação não é mais bem explicada por um transtorno da comunicação (por exemplo, transtorno da fluência com início na infância) nem

ocorre exclusivamente durante o curso de Transtorno do Espectro Autista, esquizofrenia ou outro transtorno psicótico.

O espectro da fala e as variações de apresentação do quadro no Mutismo Seletivo é bastante amplo e sempre modulado pela Ansiedade. Observamos desde uma criança absolutamente congelada com comunicação não verbal pouco elaborada e verbal apenas com pessoas do círculo parenteral, e temos crianças com padrões de linguagem verbal menos rígidos: falam com crianças, mas não falam com adultos; falam com adultos, mas não com crianças; mantêm comunicação com todos, têm preferência por figuras masculinas ou femininas etc.

Características adicionais incluem temperamento tímido, retraído e inibido, dificuldade de comunicação não verbal (muitas vezes, sequer brincam), isolamento social, irritabilidade e desregulação emocional frequente, medo e vergonha como emoções proeminentes, pouco contato visual, aquecimento lento (tempo prolongado para se sentir segura nos ambientes e situações), inabilidade social, alteração sensorial, seletividade alimentar e/ou recusa a comer na frente de pessoas ou determinados lugares, desfralde tardio, enurese noturna, motricidade prejudicada por falta de treino (não explora adequadamente os ambientes e, como resultado, não desenvolvem uma boa coordenação motora no tempo esperado). Infecções urinárias recorrentes também são frequentes por não conseguir pedir para ir ao banheiro ou referir sede na escola, por exemplo.

De 70 a 90% das crianças e adolescentes com MS têm Transtorno de Ansiedade Social comórbido, o que torna o quadro mais grave e o prognóstico, pior. Essa estatística varia com a idade dos pacientes das amostragens estudadas, sendo mais prevalente em crianças a partir de oito anos.

Como consequência, em curto prazo, temos uma criança com prejuízo da comunicação funcional, isolamento social e dificuldades acadêmicas (ou dificuldade de ser avaliada, do ponto de vista pedagógico, pela professora). Em médio e longo prazo, se essa criança não é adequadamente tratada, ocorre a perpetuação do mutismo e o retorno da voz fica cada vez mais distante. Tem uma infância roubada, muito provavelmente será um adolescente (e, posteriormente, um adulto) disfuncional. Na vida adulta, o MS está associado à dificuldade de estar empregado, cargos aquém da capacidade profissional, prejuízo na obtenção de parceiros afetivos e constituição de família, poucos ou nenhum amigo, solidão, sofrimento. Adicionalmente, é associado ao aumento do risco de outros transtornos de ansiedade, depressão e suicídio, e ao uso e abuso de substâncias com intuito de desinibição comportamental.

Características confundidoras com o TEA

1. Idade de aparecimento de sinais e sintomas

Crianças que apresentam MS desde bebês têm características peculiares. Geralmente, são bebês com altas demandas, desconfiados e que rejeitam figuras fora de sua zona de segurança, não sorriem para estranhos e não aceitam colo alheio. Já podem demonstrar temperamento retraído e inibido.

2. Traços do temperamento

Crianças com Mutismo Seletivo ou outros transtornos de ansiedade são controladoras, pouco flexíveis, perfeccionistas, inibidas e retraídas. O controle ambiental e a rigidez trazem segurança para perfis ansiosos. Muitas vezes, encontramos comportamentos obsessivos adicionais ao quadro e é necessário o diagnóstico diferencial com TOC (Transtorno Obsessivo-Compulsivo).

3. Ausência da comunicação verbal

No MS, a comunicação verbal é definida pela ansiedade, ou seja, em locais de segurança, a criança fala normalmente, com adequado domínio da linguagem. Essa é uma diferença fundamental em relação ao autismo. O padrão de comunicação verbal no TEA não é mediado pela ansiedade e não flutua conforme o ambiente ou tipo de exposição.

4. Prejuízo da comunicação não verbal

Além do verbal, são crianças com inibição comportamental. Acabam evitando brincadeiras e contato com outras pessoas. Em graus mais severos, temos a "criança congelada". A ansiedade é tão intensa que paralisa sua motricidade. Perde as expressões faciais, não consegue transparecer emoções e não faz sequer contato visual. A comunicação funcional fica integralmente prejudicada.

5. Inabilidades sociais

Com o tempo de mutismo, essas crianças perdem a chance de treinamento de habilidades sociais em uma fase importante para tal. Tornam-se inadequadas socialmente, com pouco repertório social; dificuldade de reciprocidade, manutenção e compreensão de relacionamentos; dificuldades de exploração dos ambientes e comportamentos bizarros quando tentam se relacionar.

6. Alteração do processamento sensorial

O Processamento Sensorial é a capacidade que o cérebro possui de processar estímulos do ambiente e dos sentidos. Sua alteração (Transtorno do Processamento Sensorial) corresponde a uma condição neurofisiológica, na qual a entrada sensorial (do ambiente ou do próprio corpo) é mal detectada ou mal interpretada.

Por muito tempo, o processamento sensorial deficitário foi associado ao autismo, mas é uma condição distinta, que pode ocorrer em vigência de outras patologias.

Muitas crianças portadoras do MS possuem dificuldade na modulação sensorial, o que torna atividades simples do cotidiano, por vezes, desafiadoras para os infantes e seus cuidadores.

Assim, podem ser mais seletivas com a alimentação, se incomodarem com som alto ou locais ruidosos, não gostarem do toque, optarem por não se sujar. Possuem também intolerância a roupas ou texturas. Em alguns casos, é preciso escolher vestes sem costuras, evitar tecidos que causem desconfortos e retirar as etiquetas. Adicionalmente, apresentam resistência a mudanças e podem ter dificuldade para passar de uma atividade ou de um ambiente para o outro.

7. *Seletividade alimentar*

Os pacientes podem ser seletivos pela alteração do processamento sensorial ou pela dificuldade de experimentar e experienciar novos alimentos. Muitas vezes, comem de tudo, mas não o fazem fora do contexto de casa. O som da própria mastigação é insustentável e pode ser escutado pelas pessoas em torno dele. Podem então passar horas a fio sem se alimentar ou ingerir líquidos no contexto escolar, por exemplo.

8. *Comportamentos de desregulação emocional/comportamental*

Podem ter comportamento irritadiço e verdadeiras explosões comportamentais. Imagine passar o dia inteiro calado! A frustração e a retenção de emoções tendem a se transformar em comportamentos inadequados, quando em situações de segurança, por exemplo, em casa ao chegar da escola, e assustam muito os pais. Também não é incomum a criança ter rompantes comportamentais ou sintomas físicos de desconforto na iminência de ir para a escola, por vezes ocorrendo recusa escolar.

9. *Outros*

Desfralde tardio, enurese noturna, encoprese, bruxismo, sono intranquilo e terror noturno, superproteção parental, o que promove perda progressiva de autonomia pela criança, reforçando e perpetuando a sintomatologia.

O Transtorno do Espectro Autista e o Mutismo Seletivo, apesar de dividirem semelhanças, são transtornos diferentes, com manejos e condutas diferenciadas.

O diagnóstico correto é fundamental para a implementação da estratégia terapêutica adequada, visto que o tratamento de ambas é bastante diferente, vislumbrando um desfecho positivo para as crianças e suas famílias.

Referências

AMERICAN Psychiatric Association (APA). *Manual diagnóstico e estatístico de transtornos mentais: DSM-5*. 5. ed. Porto Alegre: Artmed, 2014.

ASSUMPÇÃO Jr., F. B.; ASSUMPÇÃO, T. M.; KUCZYNSKI, E. Tratado de Psiquiatria da Infância e da Adolescência. 4. ed. São Paulo: Editora Atheneu, 2017.

DRIESSEN, J. *et al.* Anxiety in Children with Selective Mutism: A Meta-analysis. *Child Psychiatry & Human Development*, 51:330-341,2020.

GANEM, N. *et al. Mutismo seletivo: orientação para pais, educadores, terapeutas e curiosos*. São Paulo: Literando Editora, 2021.

MURIS, P.; OLLENDICK, T. Children who are anxious in silence: A review on selective mutism, the new anxiety disorder in DSM-5. *Clinical Child and Family Psychology Review,* 18(2), 151-169, 2015.

MURIS, P.; HENDRIKS, E.; BOT, S. Children of few words: relations among selective mutism, behavioral inhibition, and (social) anxiety symptoms in 3- to 6-year-olds. *Child Psychiatry & Human Develop- ment,* 47(1), 94-101, 2016.

GANEM, N. S.; TORRACA, F. R.; PEIXOTO, A. C. Relato de intervenção para eliciação da fala no tratamento de mutismo seletivo em um paciente portador de transtorno de espectro autista, no período de pandemia de Covid-19. *Revista Brasileira de Terapias Cognitivas.*

MURIS, P.; OLLENDICK, T. H. Selective Mutism and Its Relations to Social Anxiety Disorder and Autism Spectrum Disorder. *Clin Child Fam Psychol Rev.* 2021 Jun;24(2):294-325. doi: 10.1007/s10567-020-00342-0. Epub 2021 Jan 19.PMID: 33462750.

STEAINS, S. Y.; MALOUFF, J. M.; SCHUTTE, N. S. Efficacy of psychological interventions for selective mutism in children: A meta-analysis of randomized controlled trials. *Child Care Health Dev.* 2021 Nov;47(6):771-781. doi: 10.1111/cch.12895. Epub 2021 Jul 29. PMID: 34265102.

13

10 PASSOS ESSENCIAIS DA TERAPIA EM CASA

Os 10 passos para que você possa viabilizar as terapias em seu lar começam com um olhar para si, para a estrutura familiar e terminam com técnicas para desenvolver permanência em diversas atividades. Recomendo, antes de iniciar esta leitura, que passe os olhos pelas páginas, lendo brevemente cada passo. Converse com os passos, marque-os, escreva no livro, transcreva-os. Este texto exigirá ação imediata em sua vida e de sua família.

DANIELA FREITAS

Daniela Freitas

Contatos
daniacf.com
suporte@daniacf.com
Instagram: @dani.acf
YouTube: Daniela ACF
61 99640 6971

Engenheira de Redes de Comunicação - UnB e pós-graduada em Análise do Comportamento - IEPSIS.

Nós vivemos em um dos maiores países do mundo. Um país imenso, muito populoso e pouco povoado. Isso quer dizer que, em diversas regiões do Brasil, profissionais capacitados em autismo simplesmente não existirão em um grande raio de distância.

Temos que lembrar que o Brasil é um país em que grande parte da população não tem acesso a planos de saúde ou condições de desembolsar os valores mensais de uma terapia. E, infelizmente, nem o SUS, nem os sistemas públicos educacionais estão equipados para isso.

Temos mais um agravante: não temos profissionais capacitados em número suficiente para atender à imensa demanda de crianças que precisam de intervenção. Simplesmente eles não existem.

Um profissional capacitado precisa ter uma formação superior, ter uma pós-graduação em ABA e um supervisor. E este supervisor precisa ter muitos anos de experiência clínica e estar atualizado. A questão é o custo destes profissionais, e encontrá-los é inviável à realidade brasileira.

Meu caro leitor, se você chegou até aqui, possivelmente concluiu que a terapia em casa, através do empoderamento parental, é o melhor caminho que temos.

O **primeiro passo** para que se empodere de conhecimento é entender que, apesar de sua criança ter um transtorno do neurodesenvolvimento, você não está numa corrida contra o tempo e nem sequer numa batalha.

Não existe corrida contra o tempo. Ele passa na velocidade dele. Brigar com o tempo é igual a dar murros no ar. Não podemos brigar com ele, não podemos lutar contra ele.

Sobre brigas e lutas, lembre-se: você não deveria estar vivendo numa guerra. Desenvolver sua criança não deve ser colocado como uma batalha. Ninguém ama viver na guerra. Quando uma pessoa é alistada para a guerra, ela vai sabendo que as chances de morrer são muito altas.

Nós, mães e pais neuroatípicos, não queremos morrer numa batalha. Ou melhor, não podemos. Por isso, não devemos levar as intervenções como uma corrida ou como uma batalha.

O **segundo passo** é compreender que somos seres humanos e temos limitações. Precisamos cuidar de nossas necessidades para que possamos viver a vida e não simplesmente passar por ela.

Defina previamente quantas horas por dia e em quais dias da semana poderá se dedicar às terapias. Seja realista! Lembre-se de que, para cada uma hora de intervenção focada, você precisará de pelo menos dez minutos de estudos em sua semana. Por exemplo, se você definiu três horas diárias de intervenção, você deverá separar 30 minutos para estudar (cursos, livros, artigos etc.), revisar a programação feita com a sua criança durante o dia, analisar o desempenho e se preparar para a próxima etapa.

Se possível, procure um especialista em autismo e em Análise do Comportamento Aplicada a pais, e solicite um serviço de treino parental. O profissional passará os programas terapêuticos, ensinará os cuidadores como aplicá-los, irá revisar e analisar os resultados. É importante também que este orientador conheça a rotina da casa e saiba das limitações da família.

O **terceiro passo** é firmar um "contrato" (acordo) com nossa rede de apoio (mulher, marido, avó, avô, tia, tio, amiga, amigo etc.). Para que tenha uma noção, em uma pesquisa, 45 mães foram recrutadas a partir de encaminhamentos consecutivos para um programa estadual para indivíduos com autismo na Carolina do Norte, Estados Unidos, e constatou-se que as mães do grupo de baixo estresse relataram maior apoio percebido. Também concluiu-se que, para todas as mães, a fonte de apoio mais importante que levou a menores níveis de estresse eram cônjuges, parentes das mães e outros pais e crianças com deficiência.

Mães que receberam maior apoio também relataram significativamente menos depressão e sintomas, e casamentos mais felizes. Porém, entre os familiares e amigos, poucos de fato compõem uma real rede de apoio. Muitos são apenas alheios às necessidades dos pais com filhos autistas ou causam danos.

Para auxiliar os pais a filtrar uma verdadeira rede de apoio, seguem perguntas que compõem a escala de Whalen e Lachman para análise de rede de apoio.

1. Quantos deles (família, amigos, parceiros) realmente se importam com você?

Para as próximas perguntas, avalie as pessoas elencadas na pergunta 1 com uma nota de 1 a 4 (1 = muito, 4 = pouco):

2. Quantos deles entendem o que você sente sobre as coisas? Quanto você pode confiar neles para obter ajuda se você tiver um problema sério? Medida de 1 a 4 (1 = muito a 4 = pouco).

3. O quanto você pode se abrir para eles, se precisar conversar sobre suas preocupações?

A escala possui perguntas relacionadas ao(à) parceiro(a):

4. Quanto ele(ela) gosta de você?

5. Quanto você pode relaxar e estar ao lado dele(a)?

E perguntas de análise pessoal:

6. Quanto você se sente preocupado(a)?

7. Quanto você se sente infeliz?

Pare a leitura agora, pegue um papel, responda às perguntas acima e reflita sobre suas respostas. Veja se não deverá dedicar parte de seu tempo para consolidar essa rede de apoio. Você precisará dela para que possa desenvolver sua criança e viver a vida como deve ser vivida... cada dia de uma vez.

O **quarto passo** é entender que o autismo é um dos transtornos mais comórbidos de neurodesenvolvimento. Ou seja, além do autismo, é comum o indivíduo ter um outro transtorno ou condição que agrave as características do autismo. Lembre-se de que a intervenção irá exigir muito da sua criança, por isso, você precisará entender sobre técnicas de conexão para poder ensiná-las de forma harmônica.

O **quinto passo** consiste num exercício diário de valorizar os comportamentos relevantes de sua criança. Descreva suas ações, elogie, imite movimentos e sons, não dê demandas. Quando a criança percebe o quanto ela é importante para você, ela se sente valorizada. Este é o caminho de uma aprendizagem sadia.

O **sexto passo** é ensinar a criança que você é necessário(a) no ambiente. Você é o meio para ela obter as coisas. Neste momento, continue sem dar demandas. Seu(sua) pequeno(a) precisa entender que você é necessário(a) e confiável.

Na ABA, existe uma lei com um apelido bem curioso, Lei da Vovó. Leia essa conversa entre uma avó e a neta, e compreenderá:

— Vovó, posso ir ao parque?

— Pode, minha querida. Antes de ir ao parque, você precisa terminar seu dever de casa.

— Combinado, vovó. Já vou terminar.

Possivelmente, a neta fará o dever de casa em outros momentos para pedir à avó para ir ao parque. Compreender do que sua criança gosta é extremamente importante para ensiná-la outras habilidades. E este é o **sétimo passo**, encontrar tudo de que sua criança gosta, para que possa ensinar outros comportamentos. O objetivo é criar uma relação de algo preferido e desejado, uma conexão com a demanda.

O **oitavo passo** é compreender o que interfere na aprendizagem desse aprendiz. Segue uma lista para que você possa refletir sobre isso: atenção, concentração, memória de trabalho, controle inibitório, ideação, planificação, antecipação, flexibilização, tomada de decisão, execução, percepção, dor, incômodo, comportamentos autolesivos, comportamentos agressivos, destruição de propriedade.

Resiliência é o caminho para que sua criança saia de um momento de conforto puro (sem demandas e com o que gosta – preferências) e vá para um momento que exigirá dela várias demandas cognitivas, ou seja, os momentos de aprendizagem. E este é o nosso **nono passo**, exigir do aluno resiliência ao abdicar de seus momentos puramente reforçadores.

Tolerância é a base do **décimo passo**. A tolerância caminha junto com a resiliência. Ou seja, para aprender cada vez mais, precisamos exigir cognitivamente mais e por mais tempo. Como também precisamos ficar mais tempo longe do que é "puramente reforçador".

Quando nossa criança chega a este último passo, ela deverá subir alguns degraus que, se bem estruturados, poderão ser uma subida tranquila dentro de suas possibilidades:

Degrau 1: a criança fará uma tentativa de uma atividade de que já tenha domínio, e depois voltará ao seu momento de "reforço puro".

Degrau 2: a criança fará várias tentativas de uma atividade de que já tenha domínio, e depois voltará ao seu momento de "reforço puro".

Degrau 3: a criança fará uma tentativa de algumas atividades de que já tenha domínio em sequência, e depois voltará ao seu momento de "reforço puro".

Degrau 4: a criança fará uma tentativa de uma atividade de que não tenha domínio, e depois voltará ao seu momento de "reforço puro".

Degrau 5: a criança fará várias tentativas de uma atividade de que não tenha domínio, e depois voltará ao seu momento de "reforço puro".

Degrau 6: a criança fará uma tentativa de algumas atividades de que não tenha domínio, em sequência, e depois voltará ao seu momento de "reforço puro".

Degrau 7: a criança fará várias tentativas de algumas atividades de que não tenha domínio, em sequência, e depois voltará ao seu momento de "reforço puro".

Entenda que esses dez passos são reflexivos e não taxativos. Espero que possa usufruir dessas informações e que compreenda que cada passo trilhado é uma vitória para todos os envolvidos. Desejo que possa viver a felicidade de cada dia de sua vida. E lembre-se de que sua existência e a de sua criança são um milagre.

Referências

BAGNER, D. M.; EYBERG, S. M. Parent-Child Interaction Therapy for Disruptive Behavior in Children with Mental Retardation: A Randomized Controlled Trial. *Journal of Clinical Child & Adolescent Psychology*, 36 (3), p. 418-429, 2007. Disponível em: <doi:10.1080/15374410701448448>. Acesso em: fev. de 2023.

BRISTOL, M. M. Family resources and successful adaptation to autistic children. In: SCHOPLER, E.; MESIBOV, G. B. (Eds.) *The effects of autism on the family*. New York: Plenum Press, 1984, p. 290-308.

HANLEY, G. P. (2012). Functional assessment of problem behavior: dispelling myths, overcoming implementation obstacles, and developing new lore. *Behavior Analysis in Practice,* 5 (1), p. 54-72. Disponível em: <https://doi.org/10.1007/BF03391818>. Acesso em: fev. de 2023.

Practical Functional Assessment and Skill Based Treatment. FTF Behavioral Consulting. Disponível em: <https://ftfbc.com/ courses/dr-gregory-hanley-presents-pracatical-functional-assessment-and-skill-based-treatment-10-ceus/>. Acesso em: fev. de 2023.

LECAVALIER, L. *et al.* An exploration of concomitant psychiatric disorders in children with autism spectrum disorder. *Comprehensive Psychiatry*, 88, p. 57-64, 2019.

WHALEN, H. R.; LACHMAN, M. E. Social support and strain from partner, family and friends: Costs and benefits for men and women in adulthood. *Journal of Social and Personal Relationships*, 17, p. 5-30, 2000.

14

PAIS COMO PROTAGONISTAS NA ESTIMULAÇÃO NO AMBIENTE DOMICILIAR

ENSINO ESTRUTURADO

Quando uma família recebe o diagnóstico de autismo, muitas vezes é tomada por dúvidas, anseios e angústias, principalmente no que se refere aos tratamentos e à maneira como podem ajudar seus filhos; além disso, muitas vezes não encontram profissionais qualificados ou não possuem condições financeiras para realizar as terapias. Neste capítulo, irei abordar a participação dos pais como protagonistas na estimulação de seus filhos no ambiente domiciliar, e o modo como organizar de forma estruturada o início da intervenção, construindo a base para o ensino de habilidades mais complexas.

VALÉRIA RODRIGUES

Valeria Rodrigues

Contatos
www.valeriarodrigues.com
psico.valeriarodrigues@gmail.com

Graduada em Psicologia, neuropsicóloga, com formação em Terapia Cognitivo-comportamental da Criança. Pós-graduada em Autismo, especialista em Análise do Comportamento Aplicada - ABA. Coordenou curso de especialização em Neuropsicologia Clínica e é docente dos cursos de pós-graduação em Autismo, Neuropsicopedagogia e Neuropsicologia.

A intervenção precoce e intensiva realizada por profissionais qualificados é altamente eficaz no tratamento de crianças com Transtorno do Espectro Autista – TEA, porém as pesquisas mostram também que os pais, assim como demais cuidadores, podem ser a peça fundamental no tratamento de suas crianças, contribuindo fortemente para o desenvolvimento de suas habilidades e promovendo sua maior autonomia e independência.

Muitas famílias escutam falar sobre a terapia ABA como uma abordagem promissora para promover o desenvolvimento das crianças com autismo, porém não sabem por onde começar quando se trata desta ciência e modelo de intervenção. A família, compreendida como os pais, avós, irmãos, cuidadores, entre outros, pode fazer a diferença no desenvolvimento da criança e possui um papel fundamental nesta trajetória.

O primeiro passo é conhecer o autismo, pois a criança, você já conhece; saber sobre desenvolvimento típico e atípico é necessário, depois disso, é importante conhecer a Análise do Comportamento Aplicada – ABA, que, conforme Duarte, Silva e Velloso (2018), tem como seus principais objetivos a ampliação do repertório comportamental do indivíduo e, paralelamente, a diminuição da frequência e/ou intensidade de comportamentos indesejáveis ou pouco adaptativos. E quando falamos em terapia ABA, precisamos falar sobre a carga horária de intervenção.

A terapia ABA é intensiva, e para ter resultados promissores, a estimulação deve ser diária, isso mesmo, todo dia é necessário estimular a criança. Existem pesquisas com resultados promissores com duas horas diárias de intervenção, ou seja, dez horas semanais. Lembre-se: este cérebro precisa de repetição para criar novas sinapses e, com isso, codificar novas aprendizagens. Vale ressaltar que o nível de suporte da criança – ou seja, o nível de comprometimento ou grau de autismo – pode requerer uma carga horária maior ou menor, que pode chegar de 20 a 40 horas semanais.

Neste capítulo, irei abordar a essência da participação dos pais e/ou familiares no desenvolvimento de suas crianças, cujo papel é fundamental na manutenção e generalização de habilidades, bem como a atuação direta na sua aquisição.

Mas lembre-se: se você vai iniciar esta jornada, o estudo da ciência ABA deve ser constante. Além disso, se você possui acesso a uma equipe multidisciplinar e a um bom terapeuta ABA, esta equipe poderá constantemente conduzir e orientá-lo, para associar técnica, ciência e rotina domiciliar.

Eu mesma recebo constantemente relatos das famílias com quem trabalho trazendo a angústia de não saber o que fazer com os seus filhos em casa, até mesmo devido aos padrões restritos e repetitivos, características pertencentes ao autismo. Portanto, estruturar uma rotina funcional no contexto familiar pode fazer a diferença no dia a dia da família e da criança, e a rotina familiar também deve (e pode) contribuir para estimular habilidades e para intensificar e dar consistência às estratégias de ensino e aprendizagem da criança – e isso pode ocorrer nos momentos de interação com a criança, como nos momentos de banho, troca de roupas, refeições, brincadeiras e até mesmo com tarefas domésticas. Porém, aqui irei abordar a estimulação de forma estruturada e não no contexto da rotina diária, tema este abordado em outro capítulo.

Por onde começar

O passo inicial para a evolução é acreditar, pois quando realmente acreditamos, nós estimulamos mais, toleramos mais, investimos mais tempo. A estimulação da criança é um tratamento, e para ser feito, é necessário acreditar nas potencialidades da criança e no impacto do trabalho realizado.

Para promover aprendizagem e desenvolvimento, inicialmente, é necessário estruturar o ambiente, principalmente para promover previsibilidade para a criança e controlar os possíveis estímulos que possam ter neste ambiente, pois mesmo que a estimulação seja realizada em ambiente domiciliar, é importante que não tenha um grande fluxo de pessoas e estímulos variados, que podem disputar o foco de atenção da criança. Conforme ela adquire novos comportamentos e habilidades, as intervenções podem ocorrer em locais diferenciados, sem que a mudança ou os estímulos externos possam interferir. Além disso, é necessário um programa de intervenção estruturado, com metas e habilidades a serem trabalhadas de forma clara, estabelecidas previamente.

Avaliação de preferência

As técnicas de ensino da ciência ABA partem do conceito de que todo comportamento é aprendido mediante as suas consequências, ou seja, conforme é reforçado. Sendo assim, o reforço é capaz de fortalecer um comportamento, podendo aumentar a probabilidade de sua ocorrência, pois quando um comportamento é fortalecido, é mais provável que ele ocorra novamente (MILTENBERGER, 2021). Dessa forma, é necessário saber o que motiva a criança, pois as consequências produzidas pelo comportamento controlam a probabilidade de emissão futura deste comportamento (SELLA, RIBEIRO, 2018).

Para fazer o que chamamos de avaliação de preferência, você deve iniciar observando, no dia a dia da criança, o que chama atenção dela, quais objetos, brinquedos ou qualquer outra coisa que realmente promova motivação. Eu me lembro bem, por exemplo, do caso de um paciente que tinha grande interesse nas chaves da porta e em utensílios da cozinha. Em suma, é necessário encontrar algo em que a criança realmente tenha interesse, por mais estranho que possa parecer o item escolhido. Vale ressaltar que algo que é reforçador hoje pode não ser mais reforçador amanhã, pois quando temos acesso contínuo a algo, temos a tendência de nos saciarmos, por isso a importância de realizar avaliação de preferência constantemente.

Após observar quais itens que chamam atenção e motivam a criança, você poderá dispor os itens a sua frente de cinco em cinco e registrar a ordem de preferência, ou seja, qual item a criança escolhe primeiro e assim por diante.

Uso de reforço

Quando falamos de técnica de ensino estruturada, estamos falando de uma ordem sistemática de: estímulo + resposta + consequência. Sendo assim, você deverá dar a demanda que deseja que a criança realize e, após a resposta da criança, deve reforçá-la imediatamente. Vale ressaltar que a criança recebe o reforço quando a resposta emitida por ela for correta.

Nível de suporte/ajuda

Na técnica de ensino estruturado, quando a criança apresenta linha de base de 0%, partimos da ideia de mais para menos, ou seja, iniciamos oferecendo o maior nível de ajuda que for necessário para que a criança realize a tarefa e vamos reduzindo esse suporte até que a criança consiga realizá-la de forma independente. Portanto, iniciar com suporte de ajuda total não é uma regra.

Habilidades básicas ou pré-requisitos

Todo cérebro possui três vias de aprendizagem, ou seja, todos nós precisamos de pelo menos três vias para adquirirmos habilidades: através da experiência, do processamento da informação, e através da imitação, sendo estas as habilidades pré-requisitos, isto é, as habilidades iniciais, são portanto as primeiras habilidades que a criança deve adquirir.

Imitação

Via de regra, muitas crianças com autismo não repetem o que fazemos, ou seja, apresentam dificuldade na habilidade de imitar; conforme já mencionado, aprendemos também através da imitação. Por exemplo, ao chegarmos a um restaurante, observamos as outras pessoas para sabermos onde pegamos a comida, onde é feito o pagamento etc. Sendo assim, caso a criança não apresente esta habilidade de forma generalizada, o ensino precisa ser realizado.

De forma prática, o exercício pode ser realizado da seguinte forma: Você apresenta um modelo motor e pede que a criança o reproduza, e assim que ela emitir a resposta correta, recebe o item reforçador. Não se esqueça de oferecer suporte e ajuda, se necessário.

Contato visual sob controle instrucional

Aqui vamos abordar o famoso, "olhar quando chamado". Vamos partir do princípio de que, se a criança não me olha, ela terá dificuldade para aprender a imitar, entre outras habilidades. O contato visual é considerado um pré-requisito para aquisição de muitos outros comportamentos fundamentais para o desenvolvimento da criança. Segundo Goyos (2018), é necessário um mínimo de contato visual para que qualquer criança tenha alguma interação funcional com o ambiente.

Na prática, ao identificar um possível item reforçador para a criança, antes de oferecê-lo a ela, deve-se chamá-la pelo nome e, imediatamente após a resposta, oferecer o item reforçador. No caso de respostas incorretas, ou seja, quando a criança não responde com o olhar, esta tentativa deve ser seguida apenas por um intervalo até uma nova tentativa, o qual deve durar apenas alguns poucos segundos. Caso a criança apresente dificuldade em responder com o olhar após ouvir o seu nome, é necessário oferecer suporte de ajuda. O procedimento é realizado por meio de dicas, que podem ser físicas ou verbais, e que, após introduzidas, devem ser retiradas gradativamente ao longo de sucessivas apresentações das tentativas (GOYOS, 2018).

Comportamento de ouvinte

O comportamento de ouvinte está relacionado à habilidade de processamento da informação, e aqui não estamos falando da capacidade auditiva da criança, mas sim de dar significado àquilo que se escuta, ou seja, de receber um estímulo auditivo e emitir uma resposta. Existem várias formas de se desenvolver a habilidade de ouvinte, e uma delas é com o treino de seguimento de comandos. Trata-se de emitir um comando para a criança, ajudá-la a executar, se for necessário, e reforçá-la imediatamente.

Linha de base

Para todas as habilidades aqui propostas, é necessário saber qual a linha de base da criança. Muitas vezes a criança apresenta determinada habilidade em uma baixa frequência, e não de forma generalizada, porém ela tem uma linha de base, e uma forma de descobrir essa linha de base da criança é submetê-la a dez tentativas de resposta, quais sejam:

Imitação: ofereça dez modelos de imitação sem nenhum nível de ajuda para que a criança os reproduza. Se, hipoteticamente, de dez tentativas ela acertou quatro, nesta habilidade a linha de base é de 40%.

Ouvinte: ofereça dez comandos sem nenhum nível de ajuda para que a criança os reproduza. Se, hipoteticamente, de dez tentativas ela acertou cinco, nesta habilidade a linha de base é de 50%.

Contato visual sob controle instrucional: ofereça dez oportunidades, ou seja, chame a criança pelo nome dez vezes. Se, hipoteticamente, de dez tentativas ela olhou duas vezes, nesta habilidade a linha de base é de 20%.

Após trabalhar estas habilidades diversas vezes, reaplique o teste de linha de base, a fim de verificar se o percentual de resposta da criança aumenta e, assim, mensurar sua evolução. O ideal é que os estímulos oferecidos no teste de linha de base sejam diferentes dos estímulos oferecidos durante a estimulação.

É importante salientar que abordei neste capítulo as habilidades básicas ou pré-requisitos para aprendizagem, que podemos considerar o ponto de partida para a estimulação. Após a criança adquirir estas habilidades iniciais, ou caso ela já as tenha, faz-se necessário avaliar seu repertório comportamental, ou seja, identificar quais habilidades a criança já deveria estar apresentando e que estão em defasagem. A técnica de ensino estruturado descrita aqui pode ser utilizada para o ensino de qualquer outra habilidade.

Lembre-se: para ter um programa de intervenção eficaz, é necessário que as metas – ou seja, as habilidades que serão ensinadas – sejam definidas claramente e, através de muita repetição, favorecer o processo de aquisição. Não faz sentido realizar atividades diferentes, focando várias habilidades aleatoriamente a cada dia, pois a repetição é necessária para codificação e generalização de habilidades.

Registro

Para realizar uma intervenção ABA, é necessário que todas as tentativas de ensino e as devidas respostas sejam registradas. A seguir, uma sugestão de como realizar os registros de cada processo de ensino:

Tentativas	Estímulo	Resposta	Consequência
1			
2			
3			
4			
5			
6			
7			
8			
9			
10			

Deverão ser realizadas pelo menos dez tentativas, ou seja, deverá ser oferecido pelo menos dez vezes o mesmo estímulo, no mesmo dia, para a criança, registrando, assim, o percentual de acerto naquele dia/bloco. O bloco, então, possui dez tentativas, e pode ser repetido várias vezes em um mesmo dia. Lembrando que o estímulo será a demanda, ou seja, o que a criança deve realizar, e a resposta deverá ser se ela realizou a demanda da forma esperada, e a consequência, se ela recebeu ou não o reforço logo após o comportamento emitido.

Referências

DUARTE, C. P.; SILVA, L. C.; VELLOSO, R. L. *Estratégias da Análise do Comportamento Aplicada para pessoas com Transtorno do Espectro do Autismo.* São Paulo: Mennon Edições Científicas, 2018.

GOYOS, C. *ABA: Ensino da fala para pessoas com autismo*. São Paulo: Edicon, 2018.

MILTENBERGER, R. G. *Modificação de comportamento: teoria e prática.* São Paulo: Cengage, 2021.

SELLA, A. C.; RIBEIRO, D. M. *Análise do Comportamento Aplicada ao Transtorno do Espectro Autista.* Curitiba: Appris, 2018.

15

QUEBRANDO UM TABU
O AUTOCUIDADO COMO PRIORIDADE

Ainda que, nas últimas décadas, os estudos sobre autismo tenham ganhado reconhecimento significativo em todo o mundo, as estratégias de enfrentamento entre pais de crianças com TEA têm sido subexploradas e seguimos vendo muitas pessoas ainda se posicionando negativamente quando o tema é o autocuidado. A falta de apoio social tem um impacto familiar negativo e favorece que os pais enfrentem maiores desafios que, em conjunto com as demandas específicas da criança, exacerba o estresse e os sintomas depressivos.

ANGÉLICA ÁVILA MIRANDA

Angélica Ávila Miranda

Contatos
draangelicaavila.com.br
draangelicaavila@gmail.com
61 3263 2790 / 61 99315 5620

Médica neurologista infantil pelo Hospital de Base do Distrito Federal e Hospital da Criança de Brasília José Alencar. Especialista em Transtorno do Espectro Autista, Intervenção Aba Para Autismo e Deficiência Intelectual. Pós-graduada em Psiquiatria da Infância e Adolescência. Neuropediatra responsável pelos atendimentos da diretriz do transtorno do espectro autista do Hospital da Criança de Brasília José Alencar, professora universitária. Membro conselheira profissional da organização Neurodiversa pelos Direitos dos Autistas.

"Doutora, eu caminhei pelos estágios do luto de maneira mais leve quando meu filho foi diagnosticado com leucemia há dois anos, em comparação com meu momento atual, com o diagnóstico de autismo. Meu sofrimento é maior, mais intenso e eu não vejo luz e esperança no TEA" – me relatou uma mãe de uma criança de seis anos de idade. Essa fala impactante me fez refletir sobre a realidade do cuidado de uma criança autista, os malabarismos necessários para administrar a variabilidade de sinais, os desafios da vida social, adequação escolar, cuidados médicos, tratamento ideal *versus* tratamento possível e todas as outras incontáveis peças necessárias para montar o "quebra-cabeça da paz".

Um dos grandes esforços em nosso meio científico é a informação para a identificação precoce de crianças de risco para o Transtorno do Espectro Autista (TEA), porque está claro que, quanto mais cedo se inicia uma intervenção adequada, maiores serão os ganhos no desenvolvimento dessa criança e menor será a carga familiar e social. Mas, ainda que nas últimas décadas os estudos sobre autismo tenham recentemente ganhado reconhecimento significativo em todo o mundo, a experiência de fomentar uma criança diagnosticada é sub-representada e subexplorada e, apesar da importância teórico-prática do tema, pesquisas sobre estratégias de enfrentamento entre pais de crianças com TEA têm sido relativamente escassas, o que, invariavelmente, resulta em permanecer em um ciclo de embotamento social e afetivo em consequência também de preconceitos e julgamentos, tempo em que muitas pessoas ainda se posicionam negativamente quando o tema é o autocuidado. Essa pressão cultural generalizada, fazendo inferências de que "não é importante", "você tem que se esforçar", levando à culpa de quem pratica o autocuidado e autoconhecimento tem severas repercussões, como o estresse crônico, ansiedade, Transtorno do Estresse Pós-Traumático (TEPT) e depressão. Particularmente, as mulheres, e sobretudo as mães, empenham-se em cuidar dos filhos, do cônjuge e esquecem-se de si mesmas ou, até mesmo as que lembram, se colocam em segundo plano, corroborando a procrastinação.

Estudos evidenciam que ser pai e mãe de uma criança com TEA é uma experiência estressante e desafiadora, e apontam que os pais incessantemente apresentam ansiedade, depressão, TEPT, fadiga e alterações metabólicas, levando à pior qualidade de vida, de bem-estar e a níveis mais altos de estresse em comparação com cuidadores de crianças neurotípicas e crianças com outros diagnósticos como a trissomia do cromossomo 21, deficiência intelectual, TDAH, fibrose cística ou paralisia cerebral. Em 2018, um estudo qualitativo no Egito com mães de crianças autistas evidenciou que o diagnóstico de autismo trouxe um efeito negativo à vida social e ao bem-estar mental das mães. Além disso, a pesquisa sugere que as preocupações financeiras, como a carga econômica e a necessidade de renda extra para cobrir o alto custo permanente para educação e tratamento singular relacionado ao diagnóstico, são fatores relevantes que contribuem para o aumento da fadiga dos pais, especificamente para famílias de baixa renda. Constatação esta que, sem dúvida, pode se estender ao cenário brasileiro.

A falta de apoio social tem um impacto negativo também na socialização familiar, fazendo com que os pais enfrentem maiores desafios que, em conjunto com as demandas específicas da criança, exacerbam o estresse e os sintomas depressivos. Neste sentido, fortalecer a rede de apoio formal e informal – como orientação profissional, frequência à igreja, grupo de amigos, vizinhos, membros da família extensa, grupo de pais que têm uma vivência semelhante e também comunidades on-line (as quais vem crescendo na última década) – ajuda os pais a lidar com os comportamentos da sua criança e reduzir o estigma social enfrentado por ela. Qualquer rede de apoio fortalecida colabora positivamente com a qualidade de vida dos pais, ajudando-os a manter o humor positivo, o pensamento organizado e o bem-estar físico e emocional.

Em vista disso, os efeitos de se ter um filho com TEA nos pais e nas famílias são, como o próprio transtorno também é, multifacetados e generalizados. Atender às altas demandas de cuidados das crianças exige tempo, esforço, paciência e resiliência. É desafiador devido à gravidade e cronicidade do transtorno, suas extensas comorbidades físicas e de desenvolvimento e as dificuldades dos serviços de saúde em disponibilizar amplamente as intervenções integradas e intensivas necessárias para o autista, além da luta pela garantia dos direitos.

O maior reflexo positivo do autocuidado está no potencial de desenvolvimento da sua criança! O autoconhecimento é uma forma de descobrir mais sobre a pessoa mais importante da sua vida: você. É um exercício de prestar mais atenção em você mesmo(a), refletir sobre seus traumas, seus medos, seus desejos e sobre tudo aquilo que o(a) faz feliz. Não é um processo fácil, mas os resultados serão duradouros e muito vantajosos para você. Objetiva ressignificar e relembrar quem você era antes do seu bem mais precioso nascer, a sua criança.

O autocuidado surge como uma vertente do autoconhecimento. Uma vez que você se conhece, sabe quem você é e o que você busca, deve aprender a cuidar do seu corpo e da sua mente, para garantir que os seus objetivos sejam alcançados com mais facilidade, de maneira mais leve. Esse processo não se resume a uma rotina de cuidados com a pele. Na verdade, é um esforço de realizar até as atividades que não são prazerosas, mas que são essenciais para o seu bem-estar – exemplificando de modo simples: realizar exames laboratoriais de rotina. Respondam-me: quem está em dia com sua rotina de exames preventivos anuais?

De modo comum, prestamos mais atenção às pessoas que estão ao nosso redor ou a quem amamos profundamente. Raramente, reservamos um tempo para olhar para quem somos, para pensar sobre nossos defeitos e sobre nossas qualidades. Com frequência, até nos esquecemos de cuidar do nosso corpo e da nossa mente e, para exercitar e alimentar o autocuidado, é necessário primeiramente ser honesto acerca dos seus próprios sentimentos.

Portanto, em particular, vários pesquisadores afirmam (e estão corretos na afirmativa) que os pais de crianças com TEA necessitam de melhores opções de descanso e flexibilidade de seus empregadores e que os programas para ajudar o gerenciamento comportamental da criança têm grande potencial de colaborar para a melhora da qualidade de vida das famílias. Por isso, afirmo convictamente que a chave de ouro para o início de qualquer planejamento de intervenção de uma criança diagnosticada com TEA é o autocuidado e o autoconhecimento, sendo o primeiro tópico a ser feito, explicado, orientado e estimulado quando se elabora o plano de intervenção individualizado da criança que está sob minha responsabilidade. Outros tópicos são importantes e essenciais, como definição de terapias necessárias por prioridade, carga horária recomendada, avaliação, investigação e tratamento de comorbidades, avaliação de tratamento medicamentoso, avaliação e planejamento para adequações escolares, atividades extras, orientação acerca dos direitos previstos em lei e avaliação social, e devem ser seguidos como segundo tópico em diante.

Diferentes estudos revelam que algumas áreas cerebrais se modificam quando o autocuidado é realizado. Os pais, quando conseguem sair do estado de angústia e frustração, passam a se interessar mais pelo diagnóstico, buscam mais informação, esclarecem dúvidas com seu médico, lutam com mais energia para garantir os direitos da criança, melhorando significativamente a adesão ao tratamento com maior segurança. É por isso que o sucesso na evolução de seu(sua) filho(a) com TEA será colossal quando você entender, compreender e aprender a intervir nos comportamentos da criança.

O processo de luto ainda é um tabu, mas precisa ser elucidado, é um processo que se inicia a partir da perda de uma pessoa querida e que tem dinamismo semelhante quando se tem um diagnóstico (principalmente de condições crônicas), perda afetiva, saída do emprego ou outras mudanças.

O primeiro estágio é a negação e isolamento, que tem como objetivo proteger a pessoa de uma verdade "inconveniente", que pode arruiná-la psicologicamente. A aceitação parcial é a fase logo após a negação, quando não se utiliza da negação por muito tempo. É um estado temporário, em que a pessoa vai gradativamente se acostumando com a realidade, até começar a reagir.

No segundo estágio, tem-se como principal emoção a raiva. Surge quando não é mais possível negar o fato e há o sentimento de revolta e de ressentimento. É aquela fase em que você se pergunta: "Por que eu?". A raiva é expressa por emoções projetadas no ambiente externo e pelo sentimento de inconformismo. Para a família e os amigos, é uma fase difícil de se lidar, em razão de reações agressivas e condutas ríspidas quando alguém tenta trazer a pessoa para a realidade. Nessa fase, são comuns reações autodestrutivas como consumir bebida alcoólica de maneira exagerada e uso de drogas ilícitas, sem compreensão da gravidade de suas ações.

No terceiro estágio, surge a barganha. A pessoa começa a ter esperança de uma cura em troca de méritos que acredita ter ou ações que promete empreender, com promessas de grande feito. É um estágio perigoso, em que temos gente "vendendo" a cura milagrosa para várias doenças e condições, incluindo para o autismo, sem evidência científica de melhora e até com sérios riscos para a saúde física e mental por algumas recomendações. Um grave exemplo é a venda do protocolo MMS – *Mineral Miracle Solution* (Solução Mineral Milagrosa), que promete a "cura do autismo". Nada mais é do que uma mistura de dióxido de cloro, altamente corrosivo, que provoca lesões intestinais expelidas nas fezes e que são atribuídas à eliminação dos supostos vermes causadores do autismo. Em uma palestra, uma mãe me perguntou: "Mas alguém cai nessa promessa em pleno 2022?". Sim. Infelizmente, ainda temos famílias com pouco acesso à informação de qualidade e que estão sensíveis às armadilhas, principalmente nesse terceiro estágio do luto.

O quarto estágio é o mais intenso, podendo ser também o mais duradouro: a depressão. É o estágio de sentimentos de debilitação e tristeza, acompanhados de solidão. Apenas os que conseguem superar as angústias e as ansiedades são capazes de alcançar o próximo estágio, que é a aceitação. A pessoa enlutada pode permanecer continuamente nesse estágio, desenvolvendo o transtorno de depressão profunda, com riscos de suicídio. É uma fase que requer muita atenção dos familiares e profissionais envolvidos, principalmente porque muitas pessoas se posicionam como se estivessem no quinto estágio, mas verdadeiramente ainda não estão.

No quinto estágio, os sentimentos e angústias já foram externalizados, resultando em uma sensação de paz interior. Aceitar os fatos significa conviver pacificamente com a situação, e assim começa-se a ter condições reais de organizar o pensamento e fazer o que tem que ser feito.

A experiência do luto, embora dolorosa, é necessária para a pessoa retomar o contato com o mundo exterior – trabalho, vida social, relacionamento e projetos pessoais. Cada pessoa passa por essa trajetória de forma única, não sendo um caminho linear. Dependendo da sua personalidade, experiências de vida e capacidade de gerir emoções, a pessoa em luto pode se entregar aos sentimentos ruins no meio do caminho ou chegar ao estágio de aceitação com naturalidade.

O perfeito equilíbrio entre corpo e mente envolve muitos princípios. Na procura pela qualidade de vida, vale a pena se concentrar no autoconhecimento e explorar as mais diversas áreas da existência. Para alcançar o estado completo de plenitude, é ilusório achar que exista uma receita ou fórmula matemática, sendo essencial uma dose diária de autocuidado. Essa "palavra mágica", que parece subjetiva e, muitas vezes, difícil de ser colocada em prática – acredite – não é um "bicho de sete cabeças". Mas você precisa começar!

Sua criança é a sua missão de vida e, se a opinião dos outros é o que te move, essa opinião também é o que te para. Você não precisa da aprovação de ninguém para viver aquilo que você tem que viver. Organize o pensamento e faça o melhor dentro do seu contexto.

Referências

COHRS, A. C.; LESLIE, D. L. Depression in Parents of Children Diagnosed with Autism Spectrum Disorder: A Claims-Based Analysis. *Journal of Autism and Developmental Disorders*. 2017, 47, p. 1.416-1.422.

EAPEN, V.; ISLAM, R.; AZIM, S.I. *et al.* Factors Impacting Parental Quality of Life in Preschool Children on the Autism Spectrum. *Journal of Autism and Developmental Disorders* (2022). Disponível em: <https://doi.org/10.1007/s10803-022-05848-w>. Acesso em: fev. de 2023.

FAIRTHORNE, J.; KLERK, N.; LEONARD, H. Health of mothers of children with intellectual disability or autism spectrum disorder: A review of the literature. *Medical research archives.* 2015, 3.

GIALLO, R.; WOOD, C. E.; JELLETT, R.; PORTER, R. *Fadiga, bem-estar e autoeficácia parental em mães de crianças com Transtorno do Espectro Autista.* Autismo, 17(4), p. 465-480. Disponível em: <https://doi.org/10.1177/1362361311416830>. Acesso em: fev. 2023.

GOBRIAL, E. The Lived Experiences of Mothers of Children with the Autism Spectrum Disorders in Egypt. *Social Sciences.* 2018.

HAYES, S. A.; WATSON, S.L. The Impact of Parenting Stress: A Meta-analysis of Studies Comparing the Experience of Parenting Stress in Parents of Children With and Without Autism Spectrum Disorder. *Journal of Autism and Developmental Disorders.* 2013, 43, p. 629-642.

HELLAND, W. A.; HELLAND, T. Emotional and behavioural needs in children with specific language impairment and in children with autism spectrum disorder: The importance of pragmatic language impairment. *Research in Developmental Disabilities.* 2017, 70, p. 33-39.

ILIAS, K. *et al.* Risk and Resilience Among Mothers and Fathers of Primary School Age Children With ASD in Malaysia: A Qualitative Constructive Grounded Theory Approach. *Frontiers in Psychology* 2019, 9, p. 2.275.

LAI, W. W.; GOH, T. J.; OEI, T. P. S.; SUNG, M. Coping and Well-Being in Parents of Children with Autism Spectrum Disorders (ASD). *Journal of Autism and Developmental Disorders* 2015, 45, p. 2.582-2593.

PAPADOPOULOS, D. Experiências e desafios das mães ao criar uma criança com transtorno do espectro autista: um estudo qualitativo. *Ciência do cérebro,*

2021, 11, 309. Disponível em: <https://doi.org/10.3390/brainsci11030309>. Acesso em: fev. 2023.

RIAHI, F.; IZADI-MAZIDI, S. Comparison between the mental health of mothers of children with autism and control group. *Iranian Journal of Psychiatry and Behavioral Sciences*. 2012, Fall; 6(2):91-5. PMID: 24644488; PMCID: PMC3940011.

SELTZER, M. M. *et al.* Maternal cortisol levels and behavior problems in adolescents and adults with ASD. *Journal of Autism and Developmental Disorders*. 2010 Apr.; 40(4): 457-69. doi: 10.1007/s10803-009-0887-0. PMID: 19890706; PMCID: PMC2837763.

VOLKMAR, F. R.; KLIN, A; SCHULTZ, R. T.; STATE, M. W. Transtorno invasivo do desenvolvimento. In: SADOCK, B. G., SADOCK, V. A. MD, (Eds). *Kaplan and Sadock's Comprehensive Text Book of Psychiatry*. 9. ed. Vol 2. Filadélfia: Lippincott Williams & Wilkins; 2009. p. 3.540-3.559.

16

BRINCANDO PARA DESENVOLVER E DESENVOLVENDO PARA BRINCAR

A brincadeira é a forma mais comum de interação entre pares na infância. O brincar é o elo comum que une crianças. Essa é uma habilidade crítica para o desenvolvimento, pois a criança se desenvolve pelo brincar e se relaciona pelo brincar. Uma criança que não sabe brincar é uma criança que tem menor interação e menos oportunidade de aprendizado.

NATHALIA HERINGER

Nathalia Heringer

Contatos
nathaliaheringer.com.br
pequeninhos.com.br
contato@nathaliaheringer.com.br
Instagram: @nathalia.heringer
33 98888 3303

Psicóloga e neuropsicóloga. Mestre em Cognição e Comportamento (UFMG). Pós-graduada em Neuropsicologia e em Terapia Cognitivo-comportamental. Trabalha com avaliação psicológica e neuropsicológica e atendimento clínico infantil, e atua com intervenção precoce (atraso no desenvolvimento e autismo) há mais de 11 anos. É professora de cursos de formação continuada e pós-graduação em Neuropsicologia, Avaliação Psicológica e Desenvolvimento Infantil. Coordenadora do Instituto de Neuropsicologia e Psicologia Infantil (INP) e diretora clínica da Clínica Pequeninhos. Também cumpre um grande papel como divulgadora científica nas redes sociais, em que contribui publicamente para o debate sobre intervenção precoce, desenvolvimento infantil e neurociências.

O brincar é um componente constituinte do desenvolvimento durante a primeira infância. Nos primeiros anos de vida, o brincar é um marco a ser observado em detalhes, pois ele é: a) veículo para aquisição de novas habilidades, b) instrumento para avaliação e observação do desenvolvimento das crianças, c) sinalizador de prognóstico e d) ferramenta para intervenção.

As crianças brincam, e com isso exploram, descobrem e desenvolvem conhecimento sobre o mundo que as cerca. As habilidades básicas iniciais são desenvolvidas por meio do brincar e as bases da linguagem e cognição social são construídas nos primeiros anos através da brincadeira (NABER *et al.*, 2008; LIFTER *et al.*, 2011). Muitas pesquisas documentaram déficits na aquisição de habilidades iniciais e alto risco para Transtorno do Espectro Autista (TEA) e Atraso Global do Desenvolvimento. O atraso motor (IVERSON; BRADDOCK, 2011; LEONARD; HILL, 2014), a baixa responsividade social (BORNSTEIN *et al.*, 2008) e os consequentes impactos ao desenvolvimento do brincar são todos apontados como fatores de risco para transtornos do neurodesenvolvimento (SACREY; BRYSON; ZWAIGENBAUM, 2013) relacionados a atrasos cognitivos e de linguagem.

Pierucci *et al.* (2015) documentaram que crianças no espectro autista que apresentam mais habilidades em brincar demonstram menos atrasos no desenvolvimento. Isso se deve ao fato de que o brincar é, de certa forma, um produto ou expressão de um bom desenvolvimento cognitivo e pode ser um importante marcador prognóstico.

O brincar da criança sinaliza a aquisição de habilidades globais. Ao explorar um objeto com a boca, ela precisa ter percebido e se atentado a esse objeto, mas também necessita de habilidades motoras para buscá-lo, levá-lo à boca e sustentá-lo para brincar. Para a criança imitar uma ação feita pelos pais, ela precisa, primeiramente, observar a ação, ter orientação social e contato ocular, por exemplo (ROGERS *et al.*, 2012). Há uma cascata de variáveis envolvida em uma simples imitação. É exatamente pelo brincar ser "simples" e natural que se torna uma fonte de sinais, um refletor das várias áreas do desenvolvimento humano. Tendo isso em vista, o desenvolvimento de um olhar atento ao brincar e à qualidade da atuação da criança na brincadeira, desde o primeiro ano de vida, nos torna mais sensíveis a perceber os precursores de atrasos cognitivos, linguagem e de outros atrasos no neurodesenvolvimento (POON *et al.*, 2012; VIG, 2007), ampliando e otimizando a avaliação clínica.

Observe o brincar

Um aspecto importante para observarmos no brincar é a frequência e qualidade da habilidade de brincar (WILSON *et al.*, 2017). A frequência com que a criança expressa a habilidade de uso de objetos, imitação e reciprocidade social é tão importante quanto a qualidade da sua execução. Qual o nível de suporte que os pais ou terapeuta precisam fornecer para que aquela habilidade seja expressada? A criança olha e sorri, mas, para isso, precisamos de grande esforço como aumento da teatralidade para obtermos essa resposta, por exemplo? A criança faz o uso de um objeto após os pais darem o modelo da ação, e ela não faz variações? Ou ainda, a criança expressa habilidades apenas com os pais e não em diversos contextos? Esses são alguns sinais de alerta que os profissionais e pais precisam estar atentos ao observar o brincar.

Para quem atua no desenvolvimento infantil, é fundamental não negligenciar a importância de observar crianças com desenvolvimento típico. Ter contato com crianças pequenas nos auxilia a não perder o parâmetro de observação do curso do desenvolvimento e é uma estratégia rica quando associada ao estudo constante do desenvolvimento infantil e dos fatores de risco. Conhecer os marcos do desenvolvimento é a base para podermos identificar atrasos. Embora tenhamos variações no padrão do desenvolvimento, temos limiares que nos norteiam e sinalizam atrasos. Observar o brincar é base para uma boa avaliação do desenvolvimento, e nos auxilia a identificar e monitorar crianças que apresentam desafios no seu desenvolvimento ou comportamento (WILSON *et al.*, 2017).

Escalas que podem auxiliar o profissional a avaliar o Brincar:

Checklist Denver	**Social Skills**
PPLAC	**Portage**
Socially Savvy	**Escala Lúdica Pré-Escolar de Knox**

Não espere, aja!

A literatura acerca da plasticidade cerebral confirma o consenso de que a intervenção deve ser indicada no mesmo momento em que o atraso é detectado, independentemente de um diagnóstico (MARKS; LaROSA, 2012; ROGERS *et al.*, 2012). Se atrasos no desenvolvimento são detectados tardiamente, oportunidades de intervenção precoce serão perdidas, levando a um pior prognóstico, como dificuldades de aprendizagem, problemas de comportamento e impactos funcionais posteriores na vida. Há pesquisas com evidências robustas sugerindo que a identificação e intervenção precoce em atrasos do desenvolvimento alteram positivamente a sua trajetória e os desfechos/prognósticos das crianças (ZWAIGENBAUM; BRYSON; GARON, 2013). A observação cuidadosa do brincar por parte dos profissionais e da família é uma potente e indispensável ferramenta para a identificação de atrasos ainda nos primeiros anos de vida.

A avaliação do desenvolvimento se torna mais rica quando uma variedade de fontes de informação é incluída no processo avaliativo. Deve-se incluir instrumentos formais que avaliem o comportamento da criança por vias diferentes de observação. Instrumentos que avaliam o desenvolvimento pelo autorrelato dos cuidadores e instrumentos que o avaliam pela observação direta do comportamento, que são importantes para observarmos se há discrepância da percepção dos pais e as habilidades já consolidadas da criança. Além de instrumentos formais incluírem a observação incidental, a partir da sua interação com a criança, fornecem informações sobre a qualidade e frequência do brincar e o nível de suporte necessário para que a criança expresse a habilidade. Na interação guiada pelo interesse da criança, conseguimos reproduzir um ambiente semelhante ao contexto natural da criança e coletar mais dados sobre a orientação social e autorregulação, bem como o manejo e sensibilidade dos pais frente às contingências. Uma prática importante para auxiliar a avaliação do desenvolvimento é solicitar aos pais que enviem vídeos da criança brincando em casa em contextos diferentes, como: brincando sozinha, com os pais, com os irmãos e com outras crianças. Ampliando-se as fontes de informações, a avaliação do brincar em diversos contextos é contemplada, favorecendo a observação de habilidades consolidadas e em desenvolvimento, além de uma compreensão maior das práticas parentais que podem impactar o ganho de habilidades.

Atenção:

A criança se desenvolve pelo brincar. Esse comportamento é uma forma de expressão do desenvolvimento da criança e também é fonte de aprendizado e de autorregulação. Negligenciar esse componente principal do desenvolvimento deve ser evitado a fim de auxiliar na identificação precoce de atrasos do desenvolvimento.

Como o brincar se desenvolve

As habilidades de brincar se desenvolvem a partir da interação da criança com seu ambiente e da exploração do mundo ao seu redor. A capacidade de brincar de forma funcional necessita de habilidades básicas, ou seja, das capacidades necessárias para começar a agir sobre seu ambiente e para utilizar os objetos. Todo o desenvolvimento global (motor, sensorial, cognitivo e social) impacta as habilidades de brincar, e há pré-requisitos que precisam ser adquiridos antes de construirmos o brincar funcional. O pré-requisito para o brincar é a criança adquirir orientação social, ou seja: ter interesse social pelo outro e pelo mundo.

É importante identificar em qual fase do brincar a criança se encontra – etapas do brincar

- Brincar exploratório:

A criança explora objetos e espaço, leva-os à boca. Percebe e tem interesse no ambiente sensorial.

- Brincadeiras sensoriossociais:

São atividades diádicas, brincadeiras em que o foco está na INTERAÇÃO. A interação é a própria brincadeira, não há mediação de um jogo. Posso usar um objeto, mas ele é totalmente secundário e não essencial.

Brincadeiras como fazer cócegas, jogar pra cima, correr, pular, balançar, dançar, bolha de sabão, canções simples com gestos, são alguns exemplos.

- Brincadeiras de causa e efeito:

Ação e reação; abre e fecha; bola (pega e joga); encaixe simples, torre.

- Brincar funcional:

Exploração ativa do brinquedo na sua função.

- Jogos:

Compartilha a brincadeira, coopera, troca de turno com par e divide um brinquedo.

- Brincar simbólico:

Usa um objeto para outro fim que não o usual (um galho se torna uma espada, por exemplo), faz de conta.

Construindo o brincar

Crianças com desenvolvimento atípico tendem a manter um padrão repetitivo ou disfuncional do uso de objetos. Emitem poucas variações na brincadeira, apresentando um brincar mais restrito e, com isso, não ampliam o brincar e limitam as oportunidades de aprendizado social (KOEGEL; KOEGEL, 2006; ROGERS *et al.*, 2012).

É comum uma criança com TEA estar diante de um brinquedo, como carros, e apenas enfileirá-los, ou, ao brincar com frutas, ela repete a ação de abrir e fechar, ou ainda empilha blocos de uma maneira específica, em vez de se envolver em brincadeiras sociais, mostrando o objeto aos pais e intercalando o turno da brincadeira com eles. Esse brincar empobrecido pode limitar sua capacidade de aprender com os outros e impacta as relações sociais. Por outro lado, as dificuldades de comunicação social e o atraso nas habilidades funcionais de brincar evidentes no TEA podem contribuir ainda mais para limitar os comportamentos com os quais a criança se envolve, fazendo com que o brincar restrito e repetitivo se torne cada vez mais frequente no repertório da criança.

ampliar e variar

Construímos habilidades através do interesse da criança, incluindo variações, para assim expandir o comportamento e o repertório de brincadeiras dela. Desta forma, mantemos a motivação da criança e criamos oportunidades para ensinar habilidades de brincadeira e novas habilidades.

O adulto pode imitar o brincar repetitivo da criança de dirigir um carro para frente e para trás, ou enfileirar carros, e gradualmente expandir o repertório da criança para incluir elementos mais simbólicos e sociais – como dois carros se colidindo, carros com motorista e passageiros, carros fazendo fila para entrar em um posto de gasolina para abastecer etc.

Quando indivíduos com TEA se engajam em atividades sociais, essas atividades provavelmente são relacionadas aos seus interesses restritos (ORSMND *et al.*, 2004) (BAKER; KOEGEL; KOEGEL, 1998). Iniciar a interação usando desses interesses favorece a motivação da criança e possibilita a ampliação do repertório (*pairing*).

Ampliar e expandir o repertório de brincadeiras auxilia a flexibilidade do brincar, permitindo a generalização para vários ambientes, ao mesmo tempo que aumenta a probabilidade de aprendizagem efetiva em ambientes naturais e inclusivos. Além disso, o brincar cria a ocasião para ter interações sociais e comunicativas com os pares (McCONNELL, 2002; BARTON; WOLERY, 2008).

Os prejuízos a longo prazo de um repertório de brincar empobrecido são observados no curso do desenvolvimento e nas competências sociais atuais e futuras. A brincadeira é a forma mais comum de interação entre pares na infância. O brincar é o elo comum que une crianças. Essa é uma habilidade crítica para o desenvolvimento, pois a criança se desenvolve pelo brincar e também se relaciona pelo brincar. Uma criança que não sabe brincar é uma criança que tem menor interação e menos oportunidade de aprendizado.

Crianças com transtornos do neurodesenvolvimento que apresentam pouca competência em brincadeiras passam mais tempo em atividades isoladas, fazem menos iniciativas sociais e respondem menos à iniciativa dos pares. Já crianças com mais habilidade de brincar têm maior probabilidade de vivenciar relações sociais mais positivas (McCONNELL, 2002).

Se brincar é uma expressão do desenvolvimento infantil, as intervenções precoces na brincadeira podem ser usadas para ajudar as crianças a aprenderem habilidades. Ensinar as crianças a brincar é imperativo para seu desenvolvimento global e social.

Referências

BORNSTEIN, M. H. *et al.* Maternal responsiveness to young children at three ages: longitudinal analysis of a multidimensional, modular, and specific parenting construct. *Dev Psychol.* 2008 May;44(3): 867-74. doi: <10.1037/0012-1649.44.3.867>. PMID: 18473650.

IVERSON, J.; BRADDOCK, B. Gesture and Motor Skill in Relation to Language in Children with Language Impairment. *Journal of Speech, Language, and Hearing Research* – JSLHR. 54. 72-86, 2011. 10.1044/1092-4388(2010/08-0197).

LEONARD, H. C. *et al.* Motor development in children at risk of autism: a follow-up study of infant siblings. *Autism.* 2014 Apr; 18(3):281-91. doi: <10.1177/1362361312470037>. Epub 2013 Oct 7. PMID: 24101718.

LIFTER, K. *et al.* Overview of play: Its uses and importance in early intervention/early childhood special education. *Infants & Young Children*, 24(3), 225-245, 2011. Disponível em: <https://doi.org/10.1097/IYC.0b013e31821e995c>. Acesso em: 01 jun. de 2023.

LORY, C.; RISPOLI, M.; GREGORI, E. Play Interventions Involving Children with Autism Spectrum Disorder and Typically Developing Peers: a Review of Research Quality. *Rev J Autism Dev Disord* 5, 78-89 (2018). Disponível em: <https://doi.org/10.1007/s40489-017-0124-2>. Acesso em: 01 jun. de 2023.

MARKS, K.; LaROSA, A. (2012). Understanding Developmental-Behavioral Screening Measures. *Pediatrics in review/American Academy of Pediatrics.* 33. <448-58. 10.1542/pir.33-10-448>.

NABER, F. *et al.* Joint attention development in toddlers with autism. *Eur Child Adolesc Psychiatry.* 2008 Apr;17(3):143-52. doi: <10.1007/s00787-007-0648-6. PMID: 17849078>.

ORR, E.; GEVA, R. Symbolic play and language development. *Infant Behav Dev.* 2015 Feb; 38: 147-61. doi: <10.1016/j.infbeh.2015.01.002>. Epub 2015 Feb 4. PMID: 25658200.

PIERUCCI, J. *et al.* Play Assessments and Developmental Skills in Young Children With Autism Spectrum Disorders. *Focus on Autism and Other Developmental Disabilities*. 30. 35-43, 2014. <10.1177/1088357614539837>.

ROGERS, S. J. *et al.* Effects of a brief Early Start Denver model (ESDM)-based parent intervention on toddlers at risk for autism spectrum disorders: a randomized controlled trial. *J Am Acad Child Adolesc Psychiatry*. 2012 Oct;51(10):1052-65. doi: <10.1016/j.jaac.2012.08.003>. Epub 2012 Aug 28. PMID: 23021480; PMCID: PMC3487718.

WILSON, K. P. *et al.* Object play in infants with autism spectrum disorder: A longitudinal retrospective video analysis. *Autism Dev Lang Impair*. 2017 Jan--Dec.; 2:10.1177/2396941517713186. doi: <10.1177/2396941517713186>. Epub 2017 Jun 15. PMID: 28890936; PMCID: PMC5584880.

ZWAIGENBAUM, L.; BRYSON, S.; GARON, N. Early identification of autism spectrum disorders. *Behav Brain Res*. 2013 Aug 15; 251: 133-46. doi: <10.1016/j.bbr.2013.04.004>. Epub 2013 Apr 12. PMID: 23588272.

17

O SONO DA CRIANÇA AUTISTA

O sono desempenha um papel importante no desenvolvimento infantil. Além de estar associado ao crescimento corporal, comportamento e emoção, o sono também está intimamente relacionado à função cognitiva. O número de crianças autistas com dificuldades no sono é alto. Mas grande parte dessas dificuldades pode ser resolvida ou amenizada por uma boa avaliação, um bom entendimento e intervenções adequadas.

CAMILA KAMMERS

Camila Kammers

Contatos
www.camilakammers.com.br
camila@camilakammersconsultoria.com
Instagram: @camilakammers

Fisioterapeuta graduada pela Universidade Estadual do Norte do Paraná, especialista em Sono Infantil e Sono do Autista, consultora em aleitamento materno e desmame. Faz parte do corpo clínico da Blua Pediatria, realizando atendimentos presenciais e on-line, assim como palestras. Com a sua experiência e resultados positivos em acompanhamento do sono das crianças autistas, participa de importantes cursos sobre o autismo e terapias, nos quais compartilha a ciência do sono e a educação do sono.

O sono

Várias funções são atribuídas ao sono. A hipótese mais simples é a de que o sono se destina à recuperação pelo organismo de um possível débito energético estabelecido durante o período de vigília. Se levarmos em consideração a neurofisiologia, podemos dizer que dormimos (e acordamos) por causa de mudanças no ambiente químico cerebral e em sua atividade celular e elétrica.

Se pensarmos no nível de função e comportamento, podemos dizer que dormimos porque o nosso sono serve como uma função restauradora para o nosso corpo e nossa mente. Dormir é necessário para nos comportarmos adequadamente durante o dia: se não dormimos bem ou o suficiente, nos sentimos cansados, irritados, sonolentos, e isso só pode ser aliviado por meio do sono.

E agora, com uma visão evolucionária e mais recente, vários pesquisadores dizem que o propósito do sono é descansar o corpo, para maximizar a nossa vigília durante o dia e também para nos permitir consolidar a memória e o aprendizado.

Então, de uma maneira geral, a principal importância do sono está no sistema nervoso central, no qual exerce funções restauradoras, conservadoras, adaptativas termorreguladoras e de consolidação da memória.

O sono dos autistas

Estudos estimam que até 80% das crianças com Transtorno do Espectro Autista (TEA) tenham problemas com o sono. As queixas mais comuns são: dificuldade para pegar no sono e para permanecer dormindo, ter muitos despertares noturnos ou acordar muito cedo pela manhã.

A fisiopatologia dos problemas de sono em crianças com TEA ainda não foi totalmente compreendida, mas temos algumas explicações.

Alguns estudos implicaram anormalidades na fisiologia da melatonina e no ritmo circadiano em indivíduos com Transtornos do Espectro Autista (TEA). Essas anormalidades fisiológicas incluem concentrações noturnas mais baixas de melatonina ou metabólito da melatonina no TEA, em comparação com os grupos controle.

Outros estudos trazem a falta de leitura de sinais sociais em crianças autistas. Movimentos de socialização do ritmo diurno-noturno, como rotinas para dormir, rituais noturnos e regularidade familiar podem ser facilmente reconhecidas por crianças neurotípicas, mas podem estar comprometidas em crianças autistas.

Já outras pesquisas apontam o transtorno do processamento sensorial. A incidência de diferenças de reatividade sensorial no autismo excede a da população neurotípica. Um barulho mínimo, como o abrir de uma porta, pode acordar abruptamente uma criança autista, enquanto a maioria das crianças continua dormindo profundamente. A textura de um pijama ou de um lençol pode ser também algo que gere desconforto na criança, afetando o seu sono.

Quais são os impactos da falta de sono?

Dormir bem é essencial para o funcionamento normal nos aspectos físico, emocional, cognitivo e desenvolvimento social.

Vários estudos apontaram a correlação potencial entre distúrbios do sono e a gravidade dos sintomas autistas, sobretudo comportamentos repetitivos e déficits na comunicação verbal e/ou na reciprocidade social.

Também temos pesquisas que demonstraram que, em crianças com TEA, há uma ligação entre a falta de sono e as seguintes características:

- Agressividade.
- Depressão.
- Hiperatividade.
- Aumento dos problemas de comportamento.
- Irritabilidade.
- Má aprendizagem e desempenho cognitivo comprometido.

Além de os problemas de sono afetarem as crianças com TEA, também afetam a qualidade e a quantidade de sono dos pais. Pesquisas descobriram que o sono desses pais pode ser afetado pelo estresse e por ansiedade. Eles têm impacto nos níveis de sintomas depressivos e problemas nos relacionamentos conjugais; as mães têm um índice maior de fadiga e sonolência diurna, e se sentem sobrecarregadas.

De quanto sono precisamos?

É preciso entender que o padrão de sono muda conforme a idade e o desenvolvimento do ser humano. Os horários do dia em que dormimos e a quantidade de sono de que necessitamos se modificam durante o crescimento.

Pensarmos que uma criança, na sua primeira infância, precise da mesma quantidade de sono e que pode dormir nos mesmo horários que um adulto é extremamente equivocado.

Sobre a quantidade de sono normal para cada faixa etária, a Academia Americana de Medicina do Sono (AASM) faz a seguinte recomendação:

- 4 a 12 meses de idade: 12 a 16 horas de sono, incluindo sonecas;
- 1 a 2 anos: 11 a 14 horas de sono, incluindo sonecas;
- 3 a 5 anos: 10 a 13 horas de sono, incluindo sonecas;
- 6 a 12 anos: 9 a 12 horas de sono;
- 13 a 18 anos: 8 a 10 horas de sono.

Essas recomendações servirão como um guia, pois existem variações individuais que precisam ser levadas em consideração. Ao mesmo tempo, devemos ficar em alerta se a quantidade de sono é muito inferior à recomendada, pois, mais cedo ou mais tarde, as consequências da privação de sono poderão aparecer.

Como ajudar a criança autista com problemas de sono?

Em um primeiro momento, precisamos eliminar ou propor um tratamento adequado às comorbidades associadas ao TEA que podem gerar perturbações específicas ao sono (como problemas gastrointestinais, por exemplo).

Após essas intervenções, o tratamento das dificuldades do sono deverá ser não farmacológico.

Existem várias estratégias, que se demonstraram ser eficientes, de tratamento não farmacológico para distúrbios do sono em crianças e adolescentes com desenvolvimento neurotípico, bem como naqueles com TEA.

Nossa abordagem com relação ao sono será de:

- Passar conhecimento e educação aos pais para que possam promover o desenvolvimento de um sono de boa qualidade.
- Estabelecer rotinas favoráveis ao relógio biológico da criança, respeitando suas necessidades.
- Criar rituais que deem previsibilidade e que preparem a criança para o momento do sono. Essas movimentações consistentes podem atuar como fatores exógenos para regulação do sono e, assim, contribuir para o desen-

volvimento de um padrão de sono saudável e a prevenção da ocorrência de problemas de sono.

- Praticar uma boa higiene de sono para propiciar um sono melhor.
- Levar em consideração os fatores ambientais externos envolvidos na regulação do relógio biológico: exposição regular à luz natural, horários regulares das refeições e despertar, e horários das atividades sociais.

Cada criança tem a sua individualidade. É preciso uma avaliação detalhada, um plano terapêutico personalizado e o acompanhamento das intervenções e análise das evoluções.

Se, após toda a abordagem não farmacológica, ela não surtir o efeito desejado, a discussão do caso com o médico responsável é de extrema importância para possíveis intervenções farmacológicas.

Referências

BARBISAN, B. N.; SANTOS, C. F.; MOTTA, E. H. G. *Medicina do sono.* São Paulo: Editora Atheneu, 2019.

HEIJDEN, K B. *et al.* Sleep, chronotype, and sleep hygiene in children with attention-deficit/hyperactivity disorder, autism spectrum disorder, and controls. *Eur Child Adolesc Psychiatry*, January 2018.

JOVEVSKA, S. *et al.* Sleep Quality in Autism from Adolescence to Old Age. *Autism Adulthood*, June 2020.

KRAKOWIAK, P. *et al.* Sleep problems in children with autism spectrum disorders, developmental delays, and typical development: a population-based study. *PubMed*, June 2008.

LANE, S. J. *et al.* Sleep, Sensory Integration/Processing, and Autism: A Scoping Review. *Front Psychol*, May 2022.

LEADER, G. *et al.* Familial sleep and autism spectrum disorder: a pilot actigraphy study of sleep quality, quality of life and psychological distress. *PubMed*, May 2021.

SCHRECK, K. A. *et al.* Sleep problems as possible predictors of intensified symptoms of autism. *PubMed*, January 2004.

SCHRÖDER, C.M. *et al.* Therapeutic approaches for sleep and rhythms disorders in children with ASD. *Encephale*, June 2022.

VERHOEFF, M. E. *et al.* The bidirectional association between sleep problems and autism spectrum disorder: a population-based cohort study. *Mol Autism*, January 2018.

WALKER, M. *Por que nós dormimos?* Rio de Janeiro: Editora Intrínseca, 2017.

WATSON, S. Helping your child with autism get a good night`s sleep. *WebMD*, June 2022.

WILLIAMS, P. G. *et at.* Sleep problems in children with autism. *PubMed*, September 2004.

18

TRANSTORNO DO DESENVOLVIMENTO DA LINGUAGEM

UM IMPORTANTE DIAGNÓSTICO DIFERENCIAL

A fala é um dos marcos de desenvolvimento mais esperados na infância. As crianças diagnosticadas com transtorno do espectro autista, em sua maioria, apresentam alterações de linguagem, assim como as crianças com transtorno do desenvolvimento da linguagem. Neste capítulo, vamos discutir as semelhanças e diferenças entre ambos os transtornos, dando subsídios para um diagnóstico assertivo.

CAROLINA SCHÄFFER KALAF

Carolina Schaffer Kalaf

Contatos
Instagram @dracarolinaschaffer
19 3927 7800 / 19 3422 2555 (Consultório)
19 98331 6242 (WhatsApp)

Graduada em Medicina pela PUC-Campinas, em 2005. Residência médica em Otorrinolaringologia na PUC-Campinas (2006-2009). Especialista em Otorrinolaringologia pela Associação Médica Brasileira (AMB). Pós-graduada em Foniatria pela PUC-SP (2019). Especialista pela Associação Médica Brasileira (AMB), com área de atuação em Foniatria. Médica voluntária no Ambulatório de Distúrbios de Comunicação da PUC-Campinas.

A fala é o marco de desenvolvimento mais esperado e comemorado pelos pais. Sabemos que, próximo aos doze meses de idade, a criança deve estar falando suas primeiras palavras. Além de dizer algumas palavrinhas, emitindo sons com finalidade de se comunicar, de forma regular e repetitiva, dentro de um contexto, nessa idade já é esperado que a criança responda quando chamada pelo nome e entenda comandos simples.

E quando isso não acontece?

Quando a tão esperada fala não acontece, os pais, quando bem informados e munidos de conhecimento, vão procurar ajuda e, assim, essas crianças chegam a nossos consultórios.

É importante ressaltar que linguagem abrange muito mais do que somente a fala, que é a expressão motora da linguagem. Os gestos, o apontar, o olhar, a atenção compartilhada, a postura corporal, ou seja, a linguagem não verbal também faz parte do que se entende por linguagem.

Podemos ainda subdividir a linguagem em receptiva e expressiva. A linguagem receptiva diz respeito ao entendimento do que é dito, da compreensão do que é ouvido. Já a linguagem expressiva compreende aquilo que é dito ao outro como forma de fala ou linguagem não verbal, com intenção de comunicação.

Sabemos que, para se obter o diagnóstico de Transtorno do Espectro Autista (TEA), alguns critérios devem estar presentes, segundo o DSM-5, Manual Diagnóstico e Estatístico de Transtornos Mentais, e entre eles não se encontra um critério específico para atraso de fala ou não desenvolvimento de fala. Portanto, somente o atraso de fala, isoladamente, não configura o diagnóstico de Transtorno do Espectro Autista. Porém, sabemos que cerca de 63% das crianças diagnosticadas com TEA têm comprometimento da linguagem.

Levando-se em conta a prevalência de TEA e Transtorno de Desenvolvimento de Linguagem (TDL), sabe-se que este último é mais prevalente, atingindo cerca de 8,5%, ou seja, uma criança para cada 12. Já o TEA tem, segundo o último levantamento do Centro de Controle de Doenças e Prevenção (CDC), nos Estados Unidos, em março de 2023, uma criança para cada 36.

Tendo em vista sua alta prevalência, é importante que todos que trabalham com crianças saibam sobre o TDL. Além disso, existem algumas características que podem ser comuns em ambos os transtornos, trazendo, por vezes, confusão na hora do diagnóstico.

Ambos os transtornos são persistentes, o que significa que acompanharão esses indivíduos por toda a sua vida, mudando suas características de acordo com a fase da vida em que se encontram, a demanda social e acadêmica do momento, os estímulos e intervenções a que esses indivíduos são submetidos e as características genéticas individuais.

O Transtorno do Desenvolvimento da Linguagem é um transtorno do neurodesenvolvimento com características bastante heterogêneas e, por definição, atinge diferentes subsistemas da linguagem como: semântica (que diz respeito ao significado das palavras), sintaxe (relacionada à gramática e à função das palavras numa frase), pragmática (relacionada ao emprego das palavras na prática), fonologia (relacionada ao som e à produção dos fonemas) e morfologia (relacionada à estrutura das palavras). Essas alterações podem mudar ao longo da vida do indivíduo.

A pragmática, em especial, é uma alteração bastante presente nos indivíduos com TEA, caracterizada como a capacidade de usar a língua dentro de um contexto, na prática. Segundo estudos recentes, a pragmática, embora alterada em ambos os transtornos (TDL e TEA), é mais prejudicada nos indivíduos com TEA, que apresentam pior desempenho social. Porém, quando em comparação com as crianças com desenvolvimento típico, tanto crianças com TDL, quanto crianças com TEA têm pior desempenho em pragmática, apresentando, assim, menor iniciativa na comunicação e dificuldades em manter uma conversa.

Existe uma corrente de pesquisa que defende que TEA e TDL consistiriam em diferentes manifestações da mesma patologia, embora outras pesquisas digam que as semelhanças são superficiais e os transtornos são distintos.

Para o diagnóstico de TDL, é necessário que se excluam condições biomédicas associadas que possam justificar por si sós o quadro de linguagem. Fazem parte dessas condições: síndromes genéticas, deficiência intelectual e Transtorno do Espectro Autista. Ou seja, por definição, não é possível a coexistência dos dois transtornos: TEA e TDL.

Os indivíduos com TEA que apresentam alterações persistentes de linguagem apresentam, então, TEA com um transtorno de linguagem. Assim, por exemplo, uma criança com Trissomia do 21 que tem dificuldades persistentes de linguagem também tem Trissomia do 21 associada a um quadro de Transtorno da Linguagem.

Outras condições do neurodesenvolvimento podem ser co-ocorrentes com o TDL como, por exemplo, o Transtorno de Déficit de Atenção/Hiperatividade (TDAH), transtornos motores de fala como a Apraxia de Fala na Infância e Transtornos de Aprendizagem, além de Transtorno do Processamento Sensorial.

Como diagnosticar o TDL?

O diagnóstico de TDL é clínico e é realizado através de uma história clínica e uma avaliação de linguagem realizada por fonoaudiólogo experiente em TDL. A avaliação médica se faz necessária para exclusão das condições biomédicas associadas como deficiência auditiva, síndromes genéticas ou deficiência intelectual, por exemplo.

Normalmente, não é um diagnóstico realizado numa única avaliação e, por vezes, faz-se necessário um tempo de terapia fonoaudiológica para que se chegue a esse diagnóstico.

Quais os sinais da criança com TDL?

Como já dito, o TDL é uma condição do neurodesenvolvimento, ou seja, está presente desde o nascimento e é persistente, seguindo o indivíduo por toda a vida.

A criança pode apresentar alguns desses sinais:

- Atraso na aquisição da linguagem, início tardio das primeiras palavras.
- Dificuldade de compreensão do que é dito a ela.
- Dificuldades persistentes na aquisição e no uso da linguagem em suas diversas modalidades.
- Ausência de expansão lexical, aumento ou explosão de vocabulário aos 24-36 meses de idade.
- Dificuldade com narrativas, contação de histórias.
- Dificuldade em utilizar palavras de classe abstrata em frases: faz frases curtas, com vocabulário pobre.
- Vocabulário reduzido, tempos verbais e concordância verbal alterados.
- Dificuldade de acesso lexical, de encontrar a palavra que quer dizer e de entender o significado das palavras, de categorizá-las.

Essas crianças podem, ainda, apresentar dificuldades motoras globais e de motricidade fina; podem ter dificuldades nas praxias globais, orais e verbais, e podem ter também alterações sensoriais como dificuldades com texturas, sons e alterações vestibulares, relacionadas ao equilíbrio. Vale lembrar que essas inabilidades também são muito comuns em crianças com Transtorno do Espectro Autista, o que também pode confundir o diagnóstico.

Trata-se de um quadro bastante heterogêneo, tanto em sintomas, quanto em gravidade. O diagnóstico e terapias adequadas precoces fazem toda a diferença para um melhor prognóstico e evolução.

Crianças muito pequenas, quando não possuem o recurso da fala, comunicam-se muito mais através de seu corpo, com recursos sensoriomotores, recurso esse que seu cérebro, ainda imaturo, tem para traduzir ao seu interlocutor aquilo que ele quer. Portanto, bebês comunicam-se muito através do choro, através de movimentos mais corporais como jogar objetos, empurrar, se jogar ao chão.

Crianças mais velhas que não possuem o recurso tão rico da fala para se comunicar também se utilizam de recursos mais primitivos, corporais, do choro, do grito, de movimentos corporais mais brutos ou mais dóceis, para comunicar ao seu interlocutor o que ela precisa.

Sendo assim, é muito comum que crianças que não falam, ou que têm recursos de comunicação mais primitivos, com dificuldades na linguagem expressiva, sejam vistas como crianças mais agressivas e brutas, pois se utilizam ainda de recursos primitivos para comunicar o que precisam.

As crianças que estão dentro do Transtorno do Espectro Autista, assim como as crianças diagnosticadas com Transtorno do Desenvolvimento da Linguagem, podem apresentar comportamentos como os descritos acima, e isso também pode ser um fator de confusão entre os dois transtornos.

O isolamento, afastamento de seus pares na escola, pode acontecer em ambos os casos, por motivos diferentes. Crianças com TDL podem preferir brincar sozinhas, porque essa atitude demanda menor esforço por parte delas. Estar perto de grupos dos quais ela não compreende muitas vezes a brincadeira, as instruções e regras, sem que ainda não consiga se expressar, acaba sendo mais trabalhoso e, portanto, ficar sozinha acaba muitas vezes sendo a alternativa dessas crianças.

Já as crianças com TEA não têm interesse em estar com outras crianças por dificuldades na interação social, de reciprocidade social, o que acaba fazendo com que elas permaneçam brincando sozinhas, isoladas das demais.

Em relação à brincadeira, observa-se que tanto crianças com TDL, quanto crianças com TEA apresentam alterações no simbolismo quando comparadas às com desenvolvimento típico. Brincar de faz de conta faz parte do universo infantil e é muito importante. Muitos trabalhos correlacionam a maturidade simbólica com a maturidade da linguagem. O brincar é a capacidade de representar o mundo experienciado e vivido. Uma brincadeira estruturada, com bonecos que ganham vida, com histórias que têm começo, meio e fim está relacionada intimamente às áreas cognitivas, sociais e afetivas e envolve capacidades como imitação, flexibilidade cognitiva, resolução de problemas.

Conclusão

Nem sempre é tarefa fácil o diagnóstico das alterações do desenvolvimento infantil. A criança que apresenta alterações na comunicação, alterações comportamentais, dificuldades em iniciar e manter uma conversa, alterações na pragmática, imaturidade no simbolismo pode trazer dúvidas em relação ao diagnóstico. Estabelecer critérios objetivos, o olhar cuidadoso e atento àquela criança em sua individualidade é fundamental para a elaboração de um diagnóstico correto. Muito importante também é, independente de se ter a conclusão definitiva do diagnóstico, iniciar as intervenções necessárias o mais precocemente possível.

Referências

AMERICAN PSYCHIATRIC ASSOCIATION (APA). *Manual diagnóstico e estatístico de transtornos mentais.* Porto Alegre: Artmed, 2014.

BISHOP, D. V. M. *et al.* Phase 2 of CATALISE: a multinational and multidisciplinary Delphi Consensus study of problems with language development: terminology. *J. Child Psychol Psychiatry*, 58 (10), p. 1.068-80, 2017.

DURRLEMAN S., DELAGE H. Transtorno do Espectro do Autismo e Comprometimento Específico da Linguagem: Sobreposições em Perfis Sintáticos. *Lang. Acervo*, 23, p. 361-386, 2016.

FÁVERO, M. L.; PIRANA, S. *Tratado de foniatria.* São Paulo/Rio de Janeiro: Thieme Revinter, 2020.

FERNANDES, F. D. M; *et al.* Comunicação social e habilidades pragmáticas em crianças com transtornos do espectro do autismo e distúrbio do desenvolvimento da linguagem. Disponível em: <https://www.scielo.br/j/codas/a/rWq3gnJhL8nZtZt6w9S48Gm/abstract/?lang=pt>. Acesso em: fev. de 2023.

KJELGAARD, M. M.; TAGER-FLUSBERG, H. Uma investigação do comprometimento da linguagem no autismo: Implicações para subgrupos genéticos. *Processo de Lang. Cogn.*, 16, p. 287-308, 2001.

LEVY, S. E. *et al.* Transtorno do espectro do autismo e condições de desenvolvimento, psiquiátricas e médicas concomitantes entre crianças em várias populações dos Estados Unidos. *J. Dev. Comportar-se. Pediatra,* 31, p. 267-275, 2010.

MENDES, J. B. A. *et al. Maturidade simbólica, vocabulário e desempenho intelectual de crianças com Transtorno do Desenvolvimento de Linguagem.* Disponível em: <https://pesquisa.bvsalud.org/portal/resource/pt/biblio-1249615>. Acesso em: fev. de 2023.

NORBURY C. F. *et al.* O impacto da habilidade não verbal na prevalência e apresentação clínica do distúrbio de linguagem: evidências de um estudo populacional. *J. Psicose Infantil.*, 11, 1.247-1.257, 2016.

WU, S.; ZHAO, J.; DE VILLERS, J.; LIU, X. L.; ROLFHUS, E.; SUN, X.; LI, X.; PAN, H.; WANG, H.; ZHU, Q.; DONG, Y.; ZHANG, Y.; JIANG, F.; Prevalence, co-ocurring difficulties, and risk factors of developmental language disorder: first evidence for Mandarin-speaking children in a population based study. *The Lancet RegionalHealth.* Western Pacific, 2023.

YA-CHEN LEE *et al.* Correlation patterns between pretend play and a playfulness in children with autism spectrum disorder, developmental delay, and a typical development. *Research in Autism Spectrum Disorders*, 24, p. 29-38, 2016.

19

ALÉM DOS DÉFICITS SOCIOCOGNITIVOS

ALGO MAIS PODE ESTAR LIMITANDO O DESENVOLVIMENTO DA FALA DA CRIANÇA COM TEA?

No transtorno do espectro autista (TEA), é comum haver atraso ou prejuízo na compreensão e expressão da linguagem. Transtornos Motores da Fala (TMF) podem ser uma comorbidade no TEA e, quando as duas condições estão associadas, o tratamento deve contemplar técnicas fonoaudiológicas diferenciadas. Já que compreender e ser compreendido é um reforçador natural, o uso da comunicação alternativa/aumentativa pode aumentar a motivação da criança para o treino motor de fala – diferencial do tratamento dos TMF.

CÍNTIA BONFANTE

Cíntia Bonfante

Contatos
www.fonocintiabonfante.com.br
fonocintiabonfantepereira@gmail.com
Instagram: @fonocintiabonfante
54 99100 4925

Graduada em Fonoaudiologia; fonoaudióloga clínica com experiência, desde 2009, em intervenção precoce no atendimento de crianças com atraso do neurodesenvolvimento e em Transtornos Motores da Fala. Especialista em Neuropsicologia pela Universidade Federal do Rio Grande do Sul; especialista em Fonoaudiologia Neurofuncional. Certificada no Modelo Denver de Intervenção Precoce (ESDM) pelo Instituto MIND, na Califórnia; capacitada no Conceito Neuroevolutivo Bobath pela Abradimene; capacitada em integração sensorial voltada para pessoas com deficiência pelo Núcleo Terapêutico e de Estudos do Desenvolvimento Humano; certificada no método de organização oromotora Prompt, nível avançado para desordens articulatórias, pelo *Prompt Institute* nos Estados Unidos. Ministrante de palestras, cursos e capacitações. Idealizadora de materiais terapêuticos e livros infantis voltados para transtornos motores de fala. Supervisora de assistentes terapêuticas, baseada no ESDM, e de fonoaudiólogos. Tem portfólio com inúmeros cursos realizados anualmente.

O comprometimento precoce da Linguagem Oral (LO), ou seja, da fala, é geralmente uma das primeiras preocupações relatadas pelos pais de crianças com Transtorno do Espectro Autista (TEA). A gravidade e as características do comprometimento deste transtorno variam muito.

Os déficits de comunicação em indivíduos com TEA não se limitam à LO, mas envolvem também dificuldades na linguagem receptiva (compreensão), déficits na imitação, atenção compartilhada, uso de gestos comunicativos e habilidades sociais.

Embora uma grande maioria das crianças com TEA que tiveram intervenção precoce, intensiva e personalizada às suas necessidades acabem desenvolvendo a LO até o período pré-escolar, esta linguagem geralmente apresenta uma série de particularidades e prejuízos. Por exemplo, a prosódia (ritmo e entonação da fala), a pragmática (uso da linguagem) e a semântica (conhecimento do significado das palavras) ainda podem ter um desenvolvimento muito peculiar, mas não serão o foco principal deste capítulo.

Contudo, de 25 a 30% permanecerão Minimamente Verbais (MV) até a idade escolar. Assim, além de déficits persistentes na comunicação e na interação social com padrões restritos e repetitivos de comportamento, interesses ou atividades, essas crianças podem também ter capacidade extremamente limitada de se comunicar usando a LO, ou seja, a articulação das palavras.

Crianças MV com TEA normalmente usam um pequeno número de palavras únicas ou frases fixas para solicitar itens em contextos familiares. A comunicação é uma necessidade básica e um direito de todos os seres humanos, e uma melhor comunicação também está associada a menos comportamentos disruptivos.

Além disso, a aquisição da LO influencia diretamente o desenvolvimento cognitivo das crianças, mas não significa que as MV sempre tenham um déficit relevante do funcionamento intelectual não verbal. Ou seja, enquanto algumas crianças MV com TEA têm habilidades de linguagem expressiva e receptiva baixas, outras têm boas (ou relativamente boas) habilidades receptivas, o que, de alguma forma, parece estar relacionado com suas habilidades não verbais, embora seja difícil avaliá-las.

Essa heterogeneidade no funcionamento e habilidades linguísticas entre crianças MV com TEA sugere que não haja um único mecanismo subjacente à suas dificuldades em aprender a falar.

Assim, existem evidências crescentes de que a ausência de fala ou gestos, em um subgrupo de crianças com TEA, pode estar relacionada a transtornos motores de fala, por exemplo, e não exclusivamente ao déficit sociocognitivo inerente ao TEA.

Por isso, baseado na função central da linguagem no progresso cognitivo, emocional e social do indivíduo, este capítulo é um convite à reflexão sobre a relevância do olhar investigativo e crítico para os aspectos do controle e planejamento motor da fala da criança com TEA, visto que isso mudará o enfoque da intervenção e do planejamento terapêutico. Pois, se este for o principal fator limitante para o desenvolvimento da linguagem oral, é possível identificar precocemente as crianças que necessitem de comunicação aumentativa e alternativa, além de outras linhas de terapia fonoaudiológica.

Produção da fala

Falar é um ato que envolve, de maneira geral, dois processos – mental (neurológico) e físico/motor (musculatura orofacial). Parte do processo mental da fala envolve saber o que se quer dizer, ter intenção de comunicar algo a alguém e, assim, selecionar as palavras funcionais do léxico (dicionário mental) do falante e a organização dessas palavras na sintaxe (organização gramatical) apropriada. Em seguida, as palavras, com suas propriedades fonéticas, são articuladas.

Para tanto, é necessário executar o fluxo de ar e coordenar fisicamente a colocação oral de lábios, língua e mandíbula de maneira precisa, de acordo com a vogal, consoante e organização silábica que o falante quer produzir.

Mas o desenvolvimento da fala da criança ocorre de forma gradual, respeitando as etapas de maturação e, por isso, ocupando grande parte da infância. Sabe-se que as crianças não nascem com os movimentos de fala já desenvolvidos e, portanto, não apresentam a praxia desenvolvida. Os movimentos de lábios, língua e mandíbula sofrem modificações, e os movimentos indiferenciados no início da infância passam a ser refinados e diferenciados conforme o desenvolvimento.

Essas transformações também são fundamentais para alcançar níveis mais elevados de precisão e coordenação articulatória, importantes para a efetividade da comunicação oral. Os gestos articulatórios de lábios superior, inferior e mandíbula apresentam mudanças significativas durante os primeiros anos de vida e continuam o seu refinamento até depois dos seis anos.

O desenvolvimento do controle motor desses articuladores segue um curso não uniforme, com mandíbula precedendo o lábio e a língua. Este processo de desenvolvimento e refinamento do controle motor oral influencia significativamente a aquisição de sons da fala.

Quando este refinamento não ocorre, a produção da fala torna-se comprometida, podendo surgir a suspeita de um Transtorno Motor da Fala (TMF) na infância.

Erros e trocas de sons na fala são comuns em crianças pequenas, inclusive nas crianças com TEA que ainda estão adquirindo o domínio da fala e da linguagem. Porém, os erros e trocas de sons na fala que acontecem nos TMF diferem-se daqueles típicos do desenvolvimento e se assemelham mais aos erros de adultos com apraxia adquirida, por exemplo.

Os pacientes com apraxia da fala adquirida demonstram, geralmente, comprometimento primariamente na articulação, com alterações na sequência dos movimentos musculares para a produção voluntária dos fonemas e, secundariamente, por alterações prosódicas, caracterizadas por uma fala mais lenta que o normal e com escassez de padrões de entonação, ritmo e melodia.

As anormalidades prosódicas são usualmente percebidas como secundárias às dificuldades articulatórias. A falta da fluência na fala é causada por pausas e hesitações, que ocorrem na tentativa de produzir corretamente as palavras, surgindo como uma forma de compensação da contínua dificuldade na articulação.

Transtornos motores da fala (TMF) no TEA

O sistema de classificação de transtornos dos sons da fala dispõe de TMF em quatro categorias: Apraxia da Fala na Infância (AFI), disartria, AFI e disartria associados, além do atraso motor da fala.

A disartria é um distúrbio da execução neuromuscular que afeta a precisão, alcance, velocidade, força ou estabilidade do movimento da fala.

A disartria ocorre devido a lesões no trato corticobulbar e, portanto, está associada a fraqueza, espasticidade, incoordenação, movimento involuntário ou tônus muscular alterado.

Por outro lado, AFI é um transtorno no qual a precisão e a consistência dos movimentos articulatórios da fala estão prejudicadas, mas não em função de déficits neuromusculares. Ou seja, a criança sabe o que quer dizer, mas o cérebro não consegue planejar e/ou programar os parâmetros espaço-temporais das sequências de movimentos e sons necessários para produzir a palavra, afetando também a prosódia.

Estudos recentes indicam que a AFI tem natureza genética e, com isso, há maior possibilidade de ser uma comorbidade com outras condições neuropsiquiátricas, como no TEA.

Isso não significa que todas as crianças a terão, mas é muito importante o olhar diferenciado e especializado, pois a intervenção fonoaudiológica no TEA normalmente é direcionada para os aspectos da comunicação social/funcional e para as habilidades de linguagem. No entanto, se houver a associação de diagnósticos (TEA e AFI), a intervenção também deverá contemplar os aspectos do controle motor de fala, necessitando-se de fonoaudiólogo especializado e diferenciado.

Desafios para avaliação de transtornos motores da fala (TMF) no TEA

A avaliação exige algumas sessões, que envolvem tarefas de imitação de movimentos orofaciais, repetição de palavras e frases, nomeação de imagens, discurso espontâneo, seguimento de instrução, capacidade de manter atenção às pistas multissensoriais ofertadas pelo adulto, entre outros.

Por isso, é preciso que as crianças falem ao menos um pouco ou que tenham interesse em se comunicar, demonstrando tentativas de articulação das palavras, para que o fonoaudiólogo possa avaliar todos os pré-requisitos necessários para um diagnóstico de TMF.

Além disso, pode haver a necessidade de que a criança passe por terapia diagnóstica, ou seja, o fonoaudiólogo realiza o tratamento por no mínimo seis meses e observa como a criança evolui e responde à linha terapêutica utilizada.

É muito desafiador avaliar o controle e planejamento motor da fala de crianças com TEA em função das suas dificuldades de base. Por exemplo, será que a criança não está imitando os sons da fala quando solicitada porque não consegue realizar o movimento ou não tem motivação, compreensão, atenção para imitar?

Nos casos de AFI é possível que a criança pronuncie todas as sílabas de uma palavra ou frase com igual ênfase, alterando a prosódia, não realizando a entonação da fala de acordo com o discurso. Assim, pode ser particularmente difícil distinguir esse sintoma da Apraxia da Fala na Infância (AFI), já que é uma dificuldade muito comum também entre as crianças com TEA.

Além disso, é importante a análise de como as crianças respondem a diferentes tipos de estratégias de intervenção. Por exemplo, quais estratégias multissensoriais a criança consegue utilizar para realizar a imitação do movimento na boca com sucesso? A criança consegue ouvir atentamente enquanto observa o terapeuta modelar os movimentos da boca? Essas questões são particularmente importantes para o planejamento de um programa de terapia para uma criança com TEA e AFI.

Qualquer análise mais aprofundada e cuidadosa que o fonoaudiólogo possa lançar sobre essas questões servirá para organização dos objetivos clínicos, garantindo tratamento personalizado e utilizando os pontos fortes da criança para que ela possa superar os seus desafios.

De um modo geral, a terapia fonoaudiológica, nestes casos, se diferencia do tradicional, pois o enfoque é nos princípios do planejamento e programação motora da fala.

Assim, o tratamento precisa ser intensivo, com alta taxa de repetição em curto espaço de tempo (treino motor de fala com função comunicativa, não é apenas ecoico), progressão sistemática através da hierarquia de dificuldade da tarefa, ênfase no automonitoramento, pistas multissensoriais, prosódia, ensino de estratégias compensatórias/comunicação alternativa e fornecimento de experiências bem-sucedidas, com palavras-alvo que a criança consiga produzir e ter sucesso.

Toda criança com TEA está apta a fazer um treino motor de fala?

Os aspectos de intenção/iniciativa de comunicação, atenção compartilhada, compreensão, imitação, segmento de instrução, Comunicação Alternativa/ Aumentativa (CAA) muitas vezes terão que anteceder o trabalho voltado para a articulação da fala.

Porém, em alguns casos, é possível realizar a estimulação concomitantemente, pois, à medida que a criança melhora o desempenho nas habilidades pré-linguísticas citadas, o treino motor de fala é introduzido nas sessões terapêuticas.

Importante ressaltar que questões comportamentais ou sensoriais que não permitam um tempo mínimo de atenção/foco da criança às demandas de fala acabam sendo barreiras importantes de aprendizagem que também deverão ser superadas, para que o fonoaudiólogo consiga realizar o tratamento adequado para TMF.

Treinar a fala como algo repetitivo, sem funcionalidade, apenas como demanda verbal, sem o mínimo de participação e engajamento da criança não impactará a sua comunicação global.

Por isso, o uso da CAA é importante para que a criança aumente a intenção comunicativa e a compreensão, e possa transmitir suas ideias e vontades, diminuindo a frustração. É comprovado cientificamente que a utilização de CAA desenvolve, portanto, o vocabulário, funções comunicativas e cognição, e auxilia o desenvolvimento da fala.

Contudo, é imprescindível que os tratamentos sejam personalizados e contem com a participação dos pais, da escola e dos demais profissionais integrantes da equipe para o sucesso terapêutico.

"A comunicação humana é a ferramenta que possuímos para construirmos relacionamentos, gerar conhecimento, descobrir caminhos e oportunidades de troca e crescimento/evolução".

Referências

ADAMS, L. Oral-Motor and Motor-Speech Characteristics of Children with Autism. *Focus on Autism and Other Developmental Disabilities*, 13 (2), p. 108-112, 1998. Disponível em: <10.1177/108835769801300207>. Acesso em: fev. de 2023.

CLELAND, J. *et al.* Phonetic and phonological errors in children with high functioning autism and Asperger syndrome. *International Journal of Speech-Language Pathology*, 12 (1), p. 69-76, 2010. Disponível em: <10.3109/17549500903469980>. Acesso em: fev. de 2023.

HALL, P.; JORDAN, L.; ROBIN, D. *Developmental apraxia of speech: Theory and clinical practice*. Austin, TX: Pro-Ed, 1993.

HILDEBRAND, M. S. *et al.* Severe childhood speech disorder: gene discovery highlights transcriptional dysregulation. *Neurology*, 94 (20), 2020.

ODELL, K. H.; SHRIBERG, L. D. Prosody-voice characteristics of children and adults with apraxia of speech. *Clin Linguist Phon*,15 (4): p. 275-307, 2001.

SHARDA, M. *et al.* Sounds of melody – Pitch patterns of speech in autism. *Neuroscience Letters*, 478(1), p. 42-45, 2010. Disponível em: <10.1016/j.neulet.2010.04.066>. Acesso em: fev. de 2023.

VON TETZCHNER, S. *Augmentative and alternative communication: assessment and intervention – a functional approach* [mimeo]. Norway: University of Oslo, 1997.

20

INTERVENÇÕES BASEADAS EM EVIDÊNCIAS PARA O TRANSTORNO DO ESPECTRO AUTISTA

Este capítulo discute o conceito de "baseado em evidências" e sua importância para o desenvolvimento das melhores práticas de tratamento, garantindo sempre o direito individual à escolha, mas também o reconhecimento do direito ao máximo desenvolvimento possível.

LUCELMO LACERDA

Lucelmo Lacerda

Contatos
lunaeducação.com.br
secretaria@lunaeducacao.com.br
19 98319 4355

Professor de História, com atuação no ensino fundamental por mais de uma década. Psicopedagogo. Mestre em História e doutor em Educação pela Pontifícia Universidade Católica de São Paulo (PUC-SP). Pós-doutorado no Departamento de Psicologia da Universidade Federal de São Carlos (UFSCar). É autor de diversos estudos, em periódicos nacionais e estrangeiros, acerca do transtorno do espectro autista e práticas baseadas em evidências, especialmente em contexto da educação especial inclusiva. Sócio do Grupo Luna ABA. Leciona em cursos de especialização do CBI of Miami (Intervenção ABA Aplicada ao Autismo e DI/Práticas Baseadas em Evidências na Educação Especial em Autismo e DI) e na UFSCar (Psicopedagogia Inclusiva). Autor de diversos livros, entre eles *Transtorno do espectro autista: uma brevíssima introdução* e *Crítica à pseudociência em educação especial: trilhas de uma educação inclusiva baseada em evidências*.

O conceito de "baseado em evidências"

O movimento iluminista propôs, no século XVIII, que o conhecimento fosse buscado pela razão, um paradigma que se tornou dominante no ocidente desde então, e foi nessa esteira que se desenvolveu um tipo específico de produção de conhecimento que chamamos de ciência. O conhecimento científico passou por diversas elaborações sobre como utilizar a razão da maneira a explorar maximamente a realidade, passando por movimentos como o positivismo, empirismo, indutivismo, entre outros, até a elaboração contemporânea, o falseacionismo.

Apesar de ser objeto de crítica e reflexão continuadas, a perspectiva dominante na ciência é a de que uma afirmação com pretensões científicas precisa ser passível de ser submetida a teste, em que todas as possibilidades de que ela seja falsa devem ser implementadas para que a afirmação seja corroborada ou falseada.

Se uma pessoa, não importa seu título acadêmico, diz que algo é um tratamento para autismo quando há indícios de que isso possa ser verdade, então esta é uma afirmação dentro do escopo da ciência, pois ela pode ser testada por meio de ensaios clínicos, que têm por função revelar que o tratamento na verdade é ineficaz (a hipótese é falseada) ou ele é de fato efetivo (a hipótese é corroborada).

Contudo esse é só o começo do problema, posto que o tratamento pode ter sido eficaz no contexto da pesquisa, mas não para outrem, que não participou desse experimento. Suponhamos que somente uma pessoa tenha passado pelo tratamento e tenha se desenvolvido de modo significativo, ainda teríamos ao menos dois grandes problemas: a) foi o tratamento ou algum outro fator desconhecido o responsável pela melhora (Validade Interna)? e b) ainda que tenha sido, o tratamento também seria eficaz para outras pessoas (Validade Externa)?

Foi na década de 1970 que começou o movimento denominado de Medicina Baseada em Evidências, que depois se expandiu para diversas outras áreas da aplicação humana, como o Serviço Social Baseado em Evidências, Fisioterapia Baseada em Evidências, Psicologia Baseada em Evidências, Educação Baseada em Evidências, entre outros. Todos esses movimentos têm a pretensão de que o fundamento em evidências científicas seja a base comum dessas áreas de aplicação e não um ramo de sua atuação. Assim, se uma medicina ou uma educação não é baseada em evidências, qual seria seu fundamento? Opiniões? A posição das autoridades? A popularidade de uma prática? Tudo isso fará pouco sentido caso estejamos na esteira iluminista da racionalidade.

Uma perspectiva laica e racionalista dessas aplicações como sendo baseadas em evidências mantém o problema da validade interna e validade externa, daí que esses movimentos tenham constituído um campo de pesquisa específico para a constituição de delineamentos experimentais e estudo estatístico das diversas variáveis implicadas.

Há uma série de tipos de estudo, cada qual com seu valor específico, mas para que uma prática possa ser considerada uma Prática Baseada em Evidências, seja em que área for, é preciso que haja pesquisas que atendam a três critérios fundamentais: a) Veracidade – isto é, que não incorram em conflitos de interesses e que sigam parâmetros éticos e de transparência; b) Relevância – que sejam de fato avaliativos da efetividade ou não dessas práticas; e c) Suficiência – que sejam em nível suficiente para que se possa afirmar que outras pessoas têm alta probabilidade de também se beneficiarem.

Em suma, é considerada uma Prática Baseada em Evidências algo, tal como remédio, terapia ou estratégia pedagógica, que foi experimentado em condições rigorosas e com tratamento estatístico sólido de modo a demonstrar inequivocamente sua segurança e efetividade e que, nas mesmas condições de avaliação, têm alta probabilidade de contribuírem para a resolução de um problema em outras pessoas.

Como avaliar se uma intervenção alegada é uma intervenção de verdade?

Há uma hierarquia do nível de evidência, em que são consideradas Práticas Baseadas em Evidências aquelas cuja suficiência se apresente em:

Nível 1 - Revisão sistemática com ou sem metanálise

Revisões Sistemáticas são estudos que realizam um balanço de pesquisas já publicadas. Isto é feito de modo sistemático, ou seja, com critérios definidos antecipadamente para evitar vieses na seleção da literatura analisada e com rígidos critérios de inclusão, para a seleção de estudos também sem vieses. Algumas revisões sistemáticas também fazem o trabalho de integração estatística dos dados dos diversos estudos nela inseridos, esta é a metanálise.

Nível 2 - Ensaios randomizados

São estudos compostos por ao menos dois grupos em que um deles é o grupo experimental, isto é, a que será oferecida a intervenção que se pretende avaliar e o outro é o grupo-controle, que não terá acesso à mesma intervenção, mas que receberá um placebo (em caso de remédio), outra intervenção ou grupo de espera (em caso de práticas), divididos de maneira aleatória. Quando são estratégias de saúde são chamados de ensaios clínicos randomizados (RCT) e estudos pedagógicos são chamados de ensaios educacionais randomizados.

Mas se é verdade que qualquer prática que não disponha de pesquisas dessa natureza não possa ser considerada como prática baseada em evidências, também é verdade que sua existência não o garante e é aí que entram as dificuldades técnicas relacionadas a cada área de pesquisa.

Remédios

No que tange à pesquisa acerca de remédios, não há diferenças metodológicas ou de análise quando tratamos do transtorno do espectro autista ou qualquer outra condição e os parâmetros mais aceitos são aqueles enunciados pela *Cochrane Collaboration*, praticamente universais, em que os ensaios clínicos randomizados são considerados o padrão ouro, com as revisões sistemáticas e metanálises que incluam somente estudos randomizados.

Nessa seara, os critérios fundamentais dos ensaios são: a) distribuição aleatória dos grupos; b) avaliação cega dos grupos (isto é, os avaliadores não sabem quem é do grupo experimental e grupo-controle); c) participação cega (participantes não sabem se estão tomando remédio ou placebo); d) controle de variáveis estranhas (participantes não podem tomar outros remédios ou fazer outros tratamentos para a mesma condição, por exemplo); e) controle de outras variáveis preditoras (na seleção dos participantes, evita-se a presença de outras condições de saúde que podem alterar os resultados de pesquisa);

f) tamanho amostral condizente com a população (para a garantia de que este remédio é efetivo para pessoas fora da pesquisa, é preciso que a quantidade de participantes seja uma amostra significativa da população-alvo da medicação, o que é calculado por métricas estatísticas).

No caso de revisão sistemática e metanálise de estudos randomizados, a regra é a mesma, devem utilizar estudos randomizados que tenham o mesmo rigor, com a diferença de que a amostragem pode ser cumulativa, produzindo evidência científica sólida com a soma de diversos RCTs de alta qualidade, mas pequena amostragem.

No caso do autismo, os únicos remédios com evidências não se endereçam ao autismo em si, mas a dois sintomas secundários, a agressividade e a irritabilidade, trata-se do **aripiprazol e a risperidona**.

Práticas interventivas terapêuticas ou educacionais

Nesse campo, são também os ensaios randomizados uma das principais estratégias de pesquisa para a produção de evidências, no entanto há ao menos duas grandes dificuldades: a) não há "placebo" de intervenção; b) não é possível "cegar" a pessoa que realiza a intervenção ou a que a recebe; e c) a população com autismo é altamente heterogênea e as práticas não são fixas, mas respondem às particularidades de cada indivíduo, perdendo parte do rigor desse delineamento pela variação do procedimento, maior risco de enviesamento e prejuízo de controle.

Daí que os critérios usualmente aceitos para medicamentos não são os mais adequados para o reconhecimento das práticas baseadas em evidências em autismo e as diretrizes específicas enunciadas pelas instituições de referência na área devem ser conhecidas para que possamos perseguir as melhores práticas, tais como as descritas pelo Council for Exceptional Children[1] e a Academia Americana de Pediatria[2], também universalmente aceitas, cuja diferença fundamental é o reconhecimento de outro delineamento de pesquisa, denominado de *Delineamento de sujeito-único,* em que o desempenho de um indivíduo é comparado com o desempenho dele mesmo antes do procedimento. No campo do estudo das práticas baseadas em evidências para autismo, portanto, as revisões sistemáticas e metanálises analisam os estudos

1 Disponível em: https://search.proquest.com/openview/250442af3fa81073cfae9fe5f223e33d/1?pq=-origsite-gscholar&cbl=7737

2 Disponível em: https://pediatrics.aappublications.org/content/145/1e20193447?fbclid=IwAR0JLPDxu-2ti-NVaQnI_zyFwhkrVLdZQrsuFOBP1DTCbdRNlIlW1XWeBEro

randomizados e os estudos de delineamento de sujeito-único que seguem os padrões mais rigorosos[3].

Como melhor argumentado no artigo sobre práticas de inclusão escolar baseadas em evidências, as intervenções em autismo são constituídas de estratégias para se ensinar habilidades em déficit e ensinar a redução de comportamentos em excesso (que trazem prejuízo ao próprio sujeito), de modo que se trata de processos pertinentes tanto à escola quanto a ambientes clínicos.

Há duas grandes instituições nos EUA que se dedicam de modo especial à produção de estudos de revisão sistemática e metanálise de práticas baseadas em evidências em autismo e que recebem financiamento governamental para fazê-lo, proporcionando um referencial para os serviços de educação especial e os planos de saúde. Trata-se do *National Autism Center*, que mantém a iniciativa chamada de *National Standard Project (*NSP), uma metanálise atualizada com a análise de novas pesquisas em fases, já publicada em uma primeira fase (2009), segunda fase (2015) e atualmente com a terceira fase em curso, e o *National Clearinghouse on Autism Evidence and Practice* (NCAEP), que publicou a mais recente revisão sistemática global sobre autismo em 2020.

Enquanto o NCAEP dedicou-se às práticas focais, isto é, à avaliação de estratégias específicas que se limitam a um alvo comportamental específico, o NSP dedicou-se às práticas focais e, também, ao tratamento global, isto é, que não enfoca somente um comportamento, mas a avaliação e intervenção integral da pessoa com autismo em todas as suas dificuldades. Apresentarei, contudo, na ordem inversa por propósitos didáticos.

Intervenções focais no autismo

Apesar de ambas as instituições sob escrutínio terem avaliado as práticas focais em autismo, e sendo ambas igualmente cientificamente rigorosas, a regra é clara, ficamos com a evidência mais atual porque melhor representa o estado contemporâneo de coisas, de modo que as práticas com evidência abaixo descritas se fundamentam no relatório de 2020 do *Clearinghouse*. Neste trabalho, são documentadas 28 práticas baseadas em evidências para comportamentos específicos de pessoas com o transtorno do espectro autista, são elas:

3 No Brasil, houve uma série de Revisões Sistemáticas com metodologia Cochrane, totalmente em desconformidade com os padrões internacionais de avaliação de práticas com evidências para autismo, que trouxeram confusão científica, prática e jurídica ao país.

1. Intervenções baseadas no antecedente.
2. Comunicação alternativa e aumentativa.
3. Intervenção *momentum* comportamental,
4. Reforçamento diferencial de alternativo, incompatível ou outros comportamentos.
5. Instrução direta.
6. Ensino por tentativas discretas.
7. Extinção.
8. Avaliação funcional do comportamento.
9. Treino de comunicação funcional.
10. Modelação.
11. Intervenção naturalística.
12. Intervenção implementada por pais.
13. Instrução e intervenção mediadas por pares.
14. Dicas (*prompting*).
15. Reforçamento.
16. Interrupção e redirecionamento da resposta.
17. Autogerenciamento.
18. Narrativas sociais.
19. Treino de habilidades sociais.
20. Análise de tarefas.
21. Atraso de tempo.
22. Videomodelação.
23. Suportes visuais.
24. Exercício e movimento.
25. Intervenção mediada por música.
26. Instrução e intervenção assistida por tecnologia.
27. Cognitivo comportamental/ estratégias de instrução.
28. Integração sensorial.

As práticas que vão do número 1 a 23 são todas baseadas em uma ciência chamada **análise do comportamento aplicada (ABA)**; as práticas apresentadas entre os números 24 e 26 são fundamentadas em pesquisas que possuem fundamentação em ABA, também em outros referenciais, mas estão, portanto, no escopo da Análise do Comportamento Aplicada e são implementadas por profissionais da educação ou saúde com formação suplementar e experiência em intervenção comportamental.

A estratégia 27 é fundamentada na perspectiva da **ciência cognitiva** e de domínio e implementação por psicólogos dessa abordagem; a prática 28, a integração sensorial, é aquela fundamentada nos trabalhos e metodologia de Ayres e é implementada por terapeutas ocupacionais com formação específica em **integração sensorial de ayres**.

Tratamento do autismo (intervenção global)

A metanálise do NSP é constituída de um amplo conjunto de documentos, em que são enunciados os tratamentos sabidamente ineficazes em autismo (contendo inclusive alguns bastante populares), tratamentos que possuem dados, mas não o suficiente para que se possa garantir que sejam efetivos e aqueles que podem ser considerados como práticas baseadas em evidências. Essa avaliação ocorreu tanto nas práticas focais, cuja versão mais atualizada é a do NCAEP, quanto na intervenção global em autismo, isto é, que não focaliza somente um comportamento, mas o essencial do próprio transtorno do espectro autista, que são os prejuízos na comunicação social e nos comportamentos repetitivos e estereotipados; trata-se, pois, da avaliação do que é, ou não, o tratamento para o autismo.

O tratamento para o TEA é aqui denominado de **intervenção intensiva e precoce** e aparece também na literatura científica como **intervenção baseada em ABA**, ou **estimulação baseada em ABA**[4], entre outras variantes. Na ausência de um órgão regulamentador da intervenção baseada em ABA, é comum que metodologias que em nada se relacionam com a prática que atingiu os melhores resultados nas pesquisas científicas sejam oferecidas à população como se fossem ABA, daí que faça sentido breve apresentação das principais características desta intervenção:

- O plano de intervenção tem em si objetivos e programas de ensino em todas as áreas do desenvolvimento, buscando um equilíbrio comportamental entre os diversos domínios como linguagem, habilidades sociais, cognição, entre outros.
- O tempo de intervenção é de dois anos ou mais.
- As cargas horárias são intensivas (30 a 40 horas semanais, para melhor resultado).
- Baseia-se nos princípios comportamentais da aprendizagem e da motivação;
- Os procedimentos básicos de ensino são: ajuda, esvanecimento, modelagem e encadeamento.
- Os arranjos fundamentais são o ensino por tentativas discretas e as estratégias naturalísticas.
- Os comportamentos desafiadores são tratados por meio de intervenção baseada em análise funcional.

4 Apesar de inusual na literatura, é o termo adotado no manual de orientação para o autismo da Sociedade Brasileira de Pediatria. Disponível em: https://www.sbp.com.br/imprensa/detalhe/nid/transtorno-do-espectro-do-autismo/

- Dados quantitativos são sistematicamente coletados e analisados para a tomada de decisões na intervenção. É importante salientar que não há intervenção baseada em ABA sem dados de registro com gráficos diários.
- Normalmente, é implementado por um aplicador em ABA ou acompanhante terapêutico (AT), que pode ser uma pessoa com uma formação limitada, mas que tenha o mínimo de 40h de formação na área e que seja treinado para a implementação dos programas específicos do atendido.
- O aplicador é supervisionado em torno de 10% da carga horária total de intervenção, semanalmente, por um profissional com ampla formação e experiência em análise do comportamento aplicada.
- É este profissional, o analista do comportamento, que toma todas as decisões clínicas da intervenção, e não o aplicador.
- A formação mínima do analista do comportamento nos EUA é um mestrado na área. No entanto, comparativamente, essa formação lá equivale a nossa Especialização (embora no Brasil haja especializações boas e ruins), isto é, de caráter profissionalizante e com o tempo mais curto, normalmente entre um ano e 1 ano e meio.
- O analista do comportamento, por sua vez, também tem o próprio supervisor, que não é responsável por seus casos, mas contribui com um segundo olhar sobre os desafios mais complexos. É preciso lembrar que o supervisor é normalmente alguém com mais formação, mas analistas do comportamento com doutorado também precisam de supervisão; nesse caso, ela ocorre com pessoas no mesmo nível de formação.

Conclusão

As evidências científicas são obrigatórias para um remédio ser colocado na farmácia como tratamento para qualquer condição, no entanto, no âmbito das intervenções terapêuticas e educacionais, o direito da pessoa com autismo de ter acesso às práticas com a melhor evidência disponível é sistematicamente violado, seja pelo Estado, no SUS e na inclusão escolar, seja pelos planos de saúde e escolas particulares.

O reconhecimento do processo de construção de um campo de aplicação humana baseada em ciência e não em opiniões ou suscetibilidades pessoais e de um robusto corpo de pesquisa que nos permite afirmar com certeza um conjunto de práticas baseadas em evidências é a base sobre a qual repousa contemporaneamente o espírito iluminista que se pretende universal, como o fora no princípio, garantindo sempre o direito individual à escolha, mas também o reconhecimento do direito ao máximo desenvolvimento possível.

Referências

COOK, B.; BUYSSE, V.; KLINGNER, J.; LANDRUM, T.; MCWILLIAM, R.; TANKERSLEY, M. & TEST, D. (2014). Council for Exceptional Children: Standards for evidence-based practices in special education. *Teaching Exceptional Children*, *46*(6), p. 206.

ESCOSTEGUY, C C. (1999) Tópicos metodológicos e estatísticos em ensaios clínicos controlados randomizados. *Arq Bras Cardiol*, v. 72, n. 2, pp. 139-43.

GRANPEESHEH, D.; TARBOX, J. & DIXON, D. R. (2009). Applied behavior analytic interventions for children with autism: A description and review of treatment research. *Annals of clinical psychiatry*, *21*(3), pp. 162-173.

HARBOUR, R; MILLER, J. (2001) A new system for grading recommendations in evidence-based guidelines. BMJ: *British Medical Journal*, v. 323, n. 7308, p. 334.

HULLEY, S. B.; CUMMINGS, S. R.; BROWNER, W. S.; GRADY, D. G. & NEWMAN, T. B. *Delineando a pesquisa clínica-4*. São Paulo: Artmed, 2015.

HYMAN, S. L.; LEVY, S. E. & MYERS, S. M. (2020). Identification, evaluation, and management of children with autism spectrum disorder. *Pediatrics*, *145*(1).

J. AUSTIN & CARR, J.E. (Eds.),Handbook of applied behavior analysis (pp. 61-90). Reno, NV: Context Press.

NATIONAL AUTISM CENTER. (2015) *Findings and Conclusions: National Standards Project, Phase 2.* Free report. Disponível em: <http://www.nationalautismcenter.org/national-standards-project/phase-2/>. Acesso em: 02 jul. de 2024.

SAMPAIO, R. F.; MANCINI, M. C. (2007) Estudos de revisão sistemática: um guia para síntese criteriosa da evidência científica. *Brazilian Journal of Physical Therapy*, v. 11, n. 1, pp. 83-89.

21

ESTIMULAÇÃO DA FALA NA ROTINA DIÁRIA

PASSO A PASSO PARA A INTERAÇÃO

Neste capítulo, trago uma proposta de estimulação diária da comunicação. Interpretar e estar atento à comunicação da criança traz benefícios para toda a vida. A comunicação no dia a dia é a base para seu filho generalizar essa habilidade tão grandiosa.

CAMILA FERREIRA KOSZKA

Camila Ferreira Koszka

Contatos
camilakoszka@gmail.com
Instagram: @camilakoszka.fono
11 97543 3779

Fonoaudióloga formada pela PUC-CAMPINAS (2005) com especialização em Denver e ABA Naturalista e mais de 17 anos de experiência clínica, guiando pais e pacientes neurotípicos e neuroatípicos nos transtornos fonológicos e desenvolvimento da fala e linguagem. Pós-graduada em Gestão de Negócios em Saúde (FGV, 2016) e Voz (PUC-SP, 2012). Mãe, sócia-proprietária da clínica pediátrica CRIAR, mentora de fonos que encantam e idealizadora de programas online como o Falar Brincando e a Mentoria Filho que Fala, que ensinam papais e mamães a se tornarem embaixadores da comunicação de suas crianças, estimulando diariamente a fala dos pequenos com método, gentileza e diversão. Uma jornada de desenvolvimento tão encantadora e envolvente quanto o ato de se comunicar pode e deve ser, mesmo com desafios.

Toda criança tem potencial, nós precisamos acreditar e dar todo o suporte e estratégia necessária para que a criança possa aprender.
CAMILA KOSZKA

Minha prática fonoaudiológica mudou muito após o nascimento do meu filho, João Lucca. Passei a enxergar tudo de uma forma diferente. Ter o conhecimento de como estimular a fala da criança na prática me despertou o interesse em ajudar muitas mães. Foi em 2020, durante a pandemia de covid-19, que decidi compartilhar os meus conhecimentos de estimulação da fala na rotina da casa. Estávamos todos muito restritos e as crianças precisavam receber cuidado e, principalmente, não podiam ter prejudicada a aprendizagem.

Nessa época, muitas crianças tiveram suas dificuldades intensificadas. A impossibilidade de vivências com o meio e com outras crianças, bem como o pouco estímulo oferecido pelo ambiente domiciliar, potencializaram as limitações de comunicação. Passamos a perceber crianças com dificuldades para falar, sem saber gesticular ou emitir sons.

O ambiente influencia diretamente o desenvolvimento ou o atraso da fala e da linguagem. Pode tanto favorecer o desenvolvimento da fala e linguagem quanto prejudica-las, de acordo com o estímulo recebido ou a falta dele.

Quando identifico crianças com atraso de fala e linguagem na minha prática clínica, entendo que é de vital importância iniciar ajustes no ambiente que cerca a criança, aplicados à rotina diária, hábitos e interações.

Rotina

Muitas famílias têm dificuldade de estabelecer uma rotina que possa favorecer o desenvolvimento da criança. A partir do momento em se estabelece uma organização sequencial das atividades da criança, ela passa a ter maior facilidade de aprender. E isso é verdadeiro tanto para as crianças neurotípicas quanto para as neuroatípicas. Ter a previsibilidade da rotina diária traz uma tranquilidade para a criança. E a repetição dos acontecimentos, diariamente, faz com que ela perceba os mais diversos e diferentes estímulos que são necessários para o desenvolvimento da fala e da linguagem. Gosto de dar como exemplo palavras usadas no dia a dia da família: "bom dia, oi, mamãe, papai, papá, mamá". A previsibilidade pode ser mostrada diariamente para a criança de forma verbal e com o apoio de gestos e até figuras para a criança maior de 12 meses. O quadro de rotinas é uma ferramenta que pode ser usada para que a criança sinta que é parte da rotina. Associado a figuras de apoio, o quadro de rotinas possibilita uma maior facilidade de entendimento das tarefas e brincadeiras. Com uma rotina estabelecida, a família tem a possibilidade de usar esses momentos para estimular a fala da criança. Por vezes, as mães ficam tão envolvidas em executar as tarefas da casa que passam pela rotina da criança de forma mecânica e automática, perdendo a oportunidade de interagir com a criança. São diversas as oportunidades de interação desperdiçadas. Por exemplo: troca-se a fralda sem fazer contato visual, sem conversar, sem cantar música. Todos os momentos devem ser aproveitados para interação, conversa, ensinar por modelo de gestos e até mesmo de música.

A criança que tem uma rotina fica menos irritada, mais compreensiva e cooperativa. Uma rotina favorável é aquela em que a criança tem horário para acordar, dormir, comer, brincar, explorar e tomar banho. A rotina pode ser individualizada e adaptada a cada família.

A fala pode ser estimulada, durante a rotina diária, nas seguintes situações

Troca de fralda: conte para a criança que irá trocar a fralda, faça contato visual, narre o que está sendo feito. Exemplo: "Tirou a blusa", "trocou a blusa" etc. Cantar música, pode ser a mesma música sempre que for trocar a criança. A repetição da mesma música faz com que a criança se familiarize com o momento e o memorize.

Amamentação: faça contato visual, conte como está sendo bom esse momento juntos, o quanto vocês estão aprendendo juntos. O que irão fazer após a mamada. Exemplo: "Depois de mamar, você vai dormir".

Brincadeiras: na rotina da criança, é necessário ter momentos de brincadeiras na companhia de um adulto. A criança aprende vendo e imitando o que o adulto está fazendo. Por esse motivo, a criança precisa dos momentos de brincadeiras direcionadas (com um adulto como mediador e proporcionando o modelo) e momentos de brincadeiras livres (brincar sozinha).

Refeição: faça onomatopeias – "nhac-nhac", por exemplo. Nomeie os alimentos. Traga o contato visual da criança para o alimento. Use alimentos coloridos nos pratos.

Contato visual: traga para o campo visual da criança o brinquedo de interesse dela, faça onomatopeias para que ela se interesse em olhar para você. Evite ficar chamando o nome da criança. Respeite o espaço dela, porém esteja junto, brincando.

Imitação: imite a forma que sua criança estiver brincando. Faça onomatopeias dentro do contexto específico. Narre as ações da criança.

Conversa: a conversa com a criança deve acontecer desde a vida intrauterina. A audição já está desenvolvida a partir da 16ª semana de gestação. Por vezes, achamos que não é necessário conversar, posto que a criança ainda não entende o que é dito e não responde de forma verbal no primeiro ano de vida. Mas não se deve esquecer de interpretar e considerar a linguagem não verbal. A comunicação com o olhar e o sorriso tem que ser validada, interpretada e contextualizada sempre que possível. Os marcos do desenvolvimento da fala dão clareza do que esperar do seu filho a cada mês de vida. Quando esses marcos não são atingidos, isso serve de alerta para quando procurar ajuda de um especialista. Além disso, você saberá também o que é importante ensinar para o seu filho, para que ele possa se comunicar. Muitas vezes, ficamos ansiosos e tentamos ensinar números, letras, cores para uma criança que ainda não diz palavras do dia a dia. Mas do que a criança precisa mesmo é aprender palavras que deem para ela a possibilidade de ser compreendida, fazer escolhas e se comunicar. As palavras mais indicadas para você ensinar para o seu filho no primeiro ano de vida são: dá, mais, esse, mamãe, papai, mamá, papá. A partir de 12 meses de idade, as palavras sugeridas são: vem, abre, fecha e senta.

Passo a passo para uma brincadeira com muita parceria: veja o brinquedo de interesse do seu filho e junte-se a ele para brincar. Nesse momento, você acaba de iniciar uma linda parceria. Imite o seu filho do jeitinho que ele estiver fazendo, exemplo: ele pega o carrinho e sai correndo. Você também pega o carrinho e faz onomatopeia BRUM-BRUM e narra falando "CORRE, CORRE!". Seu filho vai perceber que você sabe brincar do jeito dele. Nessa brincadeira, você interagiu com o seu filho, ensinou onomatopeia e narrou o que ele está fazendo. Quando a criança brincar sozinha, sem estímulos, ela não terá repertório para saber como fazer sozinha e por isso a brincadeira será em silêncio, sem som e sem tentativa de dizer palavras.

Cada som que o seu filho emitir precisa de interpretação e significado dentro de um contexto. O contexto é o momento que a criança está vivenciando, por exemplo: "O papai saiu para trabalhar, tchau" e você faz gesto junto com a palavra tchau. Dê o modelo para o seu filho. Evite ficar pedindo para ele fazer tchau, simplesmente faça, dê o modelo, e dessa forma o seu filho aprende a imitar o seu gesto junto com a sua fala e ainda dentro daquele contexto.

Faça parcerias com o seu filho, brincando do que ele quiser brincar. Dica de ouro! EVITE fazer perguntas durante as brincadeiras. Aqui tem uma lista de brincadeiras para você desenvolver estratégias para interagir com o seu filho. A brincadeira que trouxer o sorriso dele é indicada para se repetir várias vezes!

Regras para o brincar:

- fique na altura da criança;
- esteja disponível para a criança;
- evite as distrações como o celular;
- dedique pelo menos 30 minutos do seu dia para o seu filho;
- organize a rotina e inclua momentos de brincadeira.

	O que usar	**Como fazer**	**Intensifique a interação**	**Objetivo**
Livro	Um livro	Permita que seu filho explore o livro, do jeitinho dele. Evite fazer perguntas como: "Como faz a vaca?", "de que cor é a vaca?".	Narre o que seu filho está fazendo, exemplo: "Abriu", "fechou", "virou". Faça onomatopeia: "muuu" (vaca).	Direcionar a comunicação. Aumento do vocabulário.
Esconde-esconde	Tempo e muita disposição	Comece escondendo brinquedos de que seu filho gosta e que estejam dentro do campo de visão dele. Dessa forma, rapidamente, ele vai achá-los e vai gostar de ter acertado a brincadeira.	Use entonação e gesto das mãos: "Cadê?" e, quando achar, fale de uma forma bem divertida: "Achou!".	Estimular atenção compartilhada. Interação.
Corre-corre	Tempo e energia	Corra junto com o seu filho. Traga momentos de revezamento como: "Primeiro eu, depois você".	Nomeie os gestos, como: "Corre, corre, corre!". Use sequência numérica com comando como: "1, 2, 3 e já!".	Estimular interação. Vocabulário. Troca de turno.
Pula-pula	Tempo e energia	Pegue seu filho de frente para você. Jogue-o para cima sem soltar debaixo dos braços. Quando voltar a criança ao chão, dê uma paradinha de segundos e espere um olhar, um sorriso.	Aproveite para narrar: "Pula, pula!". Imediatamente, fale "mais!" e repita a brincadeira.	Manter contato visual. Interagir. Brincar. Compartilhar.

Blocos	Potes de plástico, blocos de madeira, blocos de plástico.	Fique com a maioria dos potes em seu domínio. Coloque-os um em cima do outro para montar uma torre. Passe um pote pelo campo visual da criança e aproxime-o rapidamente à altura da sua boca e fale "mais" associado ao gesto de aproximar. Dê o pote para a criança mesmo se ela não demonstrou nenhuma forma de comunicação.	Ao terminar de empilhar os potes, podem derrubá-los juntos, associando a onomatopeia ploft!	Estimular a imitação. Fala espontânea.
Balão	Bexiga	Encha um pouco da bexiga. Gire o bico da bexiga sem dar nó. Entregue para a criança.	Quando a bexiga se esvaziar, faça gesto associado à fala: "Ah, não!". Dê o modelo com gesto e fale: "Dá".	Conseguir a atenção da criança. Estimular o contato visual. Brincar de forma compartilhada.
Bolha de sabão	Água com detergente; objeto plástico para assoprar as bolhas.	Faça bolhas de sabão no campo visual (à distância segura) da criança. Faça gesto de apontar para as bolhas, para estourá-las junto com a criança.	Utilize as onomatopeias ploft!, póim! quando estourar as bolhas	Estimular contato visual. Brincar de forma compartilhada. Interação. Estimular a imitação.
Balanço com música	Somente um adulto e a criança	Sente a criança de frente para o adulto, segure as mãos da criança e estimule movimentos pendulares, deitando a criança e trazendo-a de volta para a posição sentada enquanto canta.	Cante a música: "Serra, serra, serrador! Serra o papo do vovô! Quantas tábuas já serrou? Uma pra mamãe, duas para o papai e três para o vovô!".	Estimular o contato visual. Ritmo musical. Gestos.

Referências

KERCHES, D. *Autismo ao longo da vida.* 1. ed. São Paulo: Literare Books International, 2022.

LAMÔNICA, D. A. C.; OLIVEIRA e BRITTO, D. B. *Tratado de linguagem: perspectivas contemporâneas.* Ribeirão Preto: Book Toy, 2017.

SILBERG, J. *125 brincadeiras para estimular o cérebro da criança de 1 a 3 anos*. 3. ed. São Paulo: Aquariana, 2014.

22

APRENDIZAGEM MOTORA DE FALA NA ROTINA FAMILIAR DE CRIANÇAS COM AUTISMO E APRAXIA DE FALA NA INFÂNCIA

Crianças com autismo possuem maior risco de alterações no controle motor neural, necessário para produzir corretamente os movimentos da fala. É importante que os pais e familiares conheçam mais os transtornos motores de fala, e como implementar, no dia a dia, os Princípios da Aprendizagem Motora de Fala (PAMF). Torne-se uma verdadeira e motivadora "academia da fala" para seu filho.

TAMIRIS AKBART

Tamiris Akbart

Contatos
www.brincarterapias.com
tamirisakbart@gmail.com
Instagram: @fonotamirisakbart
27 99247 3219

Fonoaudióloga. Mestre em Linguística. Especialista em Linguagem. Pós-graduada em Desenvolvimento Infantil e TEA. Aprimoramento em Apraxia de Fala na Infância - ABRAPRAXIA. Certificações internacionais: Método Prompt nível II, DTTC, ResT, Lamp, Scerts, Jasper Model, ESDM Denver, ImpACT, Teacch, DIR Floortime, PODD, Core Words, PECS. Diretora da Clínica Brincar - Desenvolvimento Infantil Interdisciplinar (Vitória-ES).

Pessoas com diagnóstico de Transtorno do Espectro Autista (TEA) apresentam dificuldades relacionadas a falhas na atenção compartilhada e na reciprocidade social, comportamentos repetitivos e interesses restritos, e junto a essas características centrais também podem apresentar maiores dificuldades no processamento da imitação de movimentos globais, impactando diretamente o desenvolvimento dos gestos comunicativos que antecedem a fala, antes de um ano de vida e que são imprescindíveis para o avanço da comunicação funcional da criança – dar "tchau" quando solicitado, mandar beijo, fazer gesto de 1 com o dedinho perto do primeiro aniversário, apontar para objetos do seu interesse – e no desenvolvimento dos movimentos orais de língua/lábios/mandíbula necessários para aprender a mandar beijo, fazer bico, abrir/fechar a boca e movimentar a boca para fazer caretas de forma voluntária. Consequentemente, possuem maior riscos de dificuldades no refinamento motor necessário para planejar, programar e executar os movimentos sequenciados dos sons da fala.

Quando as vias neurais envolvidas no processamento motor oral e verbal são mais deficitárias em um indivíduo, pode se tratar de uma sobreposição diagnóstica de transtorno motor oral e/ou de fala associado ao diagnóstico primário de TEA.

Shriberg (2010), nas suas pesquisas, classificou os transtornos motores de fala em:

- Atraso Motor de Fala (AMF): imaturidade neurológica do desenvolvimento das vias neurais envolvidas na estabilidade e precisão do controle motor da fala; não preenche os critérios para apraxia e/ou disartria, e pode ser encontrada no TEA. Na prática, o diagnóstico diferencial em relação à apraxia de fala é difícil, pois são quadros com muitas semelhanças, e ambos se beneficiam de terapias baseadas em aprendizagem motora, mas com curvas de evolução e características diferentes.
- Disartria na infância: transtorno neurológico de fala caracterizado por lentidão, fraqueza, imprecisão e/ou incoordenação dos músculos da fala

devido a alterações funcionais e/ou lesões nas áreas cerebrais relacionadas à regulação do tônus muscular e execução dos movimentos, impactando não só a articulação, mas também a coordenação da respiração, sucção, deglutição, mastigação, ressonância e prosódia.

- Apraxia de Fala na Infância (AFI): transtorno neurológico dos sons da fala na infância com alterações nas vias de planejamento e programação motora da fala, impactando diretamente a prosódia e coarticulação da fala, a ausência de déficits neuromusculares mais significativos como reflexos anormais e tônus alterado (mas pode coocorrer com disartria).

Ainda não temos consenso na literatura em relação à prevalência entre apraxia de fala em autistas, devido à complexidade do espectro de manifestações e variabilidades individuais em ambos os quadros, mas devemos ficar atentos e sensíveis: tanto para diferenciar casos de crianças com AFI, que podem ser confundidas com TEA por terem dificuldades para se comunicar, mas com comunicação gestual preservada, boa intenção comunicativa e reciprocidade social sem interesses restritos e comportamentos repetitivos, quanto para identificar quando uma criança possui os dois diagnósticos concomitantes.

É importante que os familiares, fonoaudiólogos, médicos e demais terapeutas envolvidos no tratamento da criança autista observem atentamente todos os aspectos envolvidos em sua comunicação, e se perceberem alguma das características de alerta a seguir, devem encaminhá-la para fonoaudiólogos com experiência em transtornos motores de fala e aprendizagem motora para avaliação e direcionamento terapêutico adequado. Características de alerta: autistas que estão evoluindo em todas as áreas, mas a fala segue como maior desafio; melhoras na imitação, contato visual e intenção comunicativa, mas com esforço para falar, como se estivessem ensaiando/tateando o movimento, ou que fala tudo picotado como se estivessem "silabando"; crianças que conseguem aprender sílabas isoladas, mas não conseguem juntá-las para formar estruturas silábicas maiores (exemplo: diz "bo" e "la", mas não consegue falar com fluidez "bola"), ou que conseguem falar palavras menores como "pé", mas não conseguem avançar para palavras mais extensas e com variações de vogais e consoantes como "pepa", "pena" ou "peteca" ou, ainda, que falam tão embolado, com poucas pausas e muitos erros na melodia da fala que fica difícil de compreender, ou que apresentem muitas variações nos erros (exemplo: na palavra "banana", às vezes diz "bánaa", outras "nanaa", outras vezes "bananana", ou só "bá" – a mesma palavra pode ser dita com diversos jeitos diferentes e com erros na sílaba tônica); que perdem palavras já aprendidas; crianças com histórico de que erram; bebês muito quietinhos, com poucos balbucios, que tiveram dificuldades para sugar no peito materno; bebês com dificuldades para mastigar comidas sólidas como carne; seletividade alimentar; entre outros sinais de que podemos estar diante de uma criança autista com AFI como comorbidade.

Nesses casos, é necessário realizar terapia fonoaudiológica intensiva, com foco nos princípios motores de fala, junto à intensificação e generalização das aprendizagens por meio da participação da família no processo terapêutico, estimulando os componentes motores junto às habilidades de compreensão de linguagem e comunicação social, orientadas pelo especialista. A família ativa, bem orientada e engajada 100% no processo de ensino é o fator mais importante para a evolução plena da criança. A intenção não é que os pais substituam os terapeutas, mas que se tornem grandes parceiros e aliados do fonoaudiólogo e de toda equipe multiprofissional.

Independentemente de ter diagnóstico fechado ou não de transtornos motores de fala associados, se houver qualquer um dos sinais de alerta citados anteriormente, já é possível iniciar a implementação de PAMF no plano terapêutico da criança e nos estímulos familiares, pois, se o indivíduo está com maior intenção comunicativa, fazendo mais trocas sociais e compreendendo que pode expressar seus desejos através de gestos, sons, figuras e até palavras, a incorporação de estratégias motoras será importante para maiores avanços da comunicação funcional.

Dentre as práticas com eficácia científica comprovada no tratamento de transtornos motores de fala, a participação da família no processo terapêutico é sempre destacada, mas, para isso, os pais devem conhecer os princípios da aprendizagem motora e os componentes primordiais para o desenvolvimento das habilidades sensoriomotoras de fala, e devem reconhecer em que nível do desenvolvimento comunicativo seus filhos estão:

1. **Nível minimamente verbal:** crianças menores de um ano, ou maiores, que ainda precisam desenvolver e aperfeiçoar habilidades que antecedem a fala funcional como: atenção compartilhada, contato visual, imitação, compreensão auditiva e de ordens simples, trocas de turnos durante brincadeiras e intenção comunicativa através de gestos, do apontar, sorrisos, sonorizações e primeiras palavras.
2. **Nível verbal, mas com fala ininteligível ou palavras soltas:** crianças que já conseguem falar, mas possuem muitos erros de prosódia, como fala lentificada ou picotada, erros na sílaba tônica (exemplo: na palavra "bola" em vez de falar o som mais forte da palavra no início, fala "bolá"), muitas trocas e omissões de sons, erros não esperados como erro de vogais (exemplo: quer falar "eu", mas diz "iu") ou erros de sonoridade (exemplo:

bolo vira "polo"), ou falas soltas, sem conectivos, artigos, verbos, pronomes bem organizados nas frases.

3. **Nível verbal com construção frasal adequada, mas com dificuldades de prosódia:** tem bom vocabulário, mas fala de forma muito rápida ou lenta demais, fala com melodia mais robótica ou excessivamente embolada, como se não controlasse a respiração por erros na sílaba tônica ou falhas nas pausas em frases e enunciados maiores (como se não houvesse "vírgulas" mentais em sua fala e aglutinasse tudo).

É essencial que os pais estimulem no dia a dia os componentes primordiais para o desenvolvimento das habilidades sensoriomotoras de fala:

1. **Desenvolva a atenção à sua boca, contato visual e o brincar:** sempre que interagir com a criança, chame a atenção dela para seu rosto/boca; uso de óculos divertidos, batom, lanternas para atrair seu olhar para boca; segure objetos perto da boca e nomeie-os, exagerando a articulação; fique sempre na altura da criança quando for falar e brincar; faça vozes engraçadas e expressões faciais para atrair sua atenção e dê boas risadas; segure algumas peças e sabote alguns brinquedos para que seu filho lhe peça ajuda e aprenda o momento do "minha vez", "sua vez", nunca o force para falar quando estiver cansado ou desmotivado.
2. **Motive seu filho ao máximo:** conheça seus interesses e crie conexões positivas: anote do que seu filho mais gosta de brincar, e use isso como um recurso para aumentar seu engajamento nas tentativas de fala, se interesse de verdade pelo que ele gosta, não crie um sistema de "barganha" (exemplo: se você falar, eu te dou...), desenvolva combinados na hora do brincar e treine as palavras-alvo dentro da brincadeira (exemplo: para treinar a repetição da palavra "maçã", numa brincadeira de comidinha, você pode incentivar a criança que "corte a maçã", "dê a maçã para os animais", crie diversas situações que a criança se sinta motivada a falar "maçã" na brincadeira sem nem perceber que está "treinando".
3. **Modele e favoreça o sucesso imediato:** antes de cobrar que ela "fale" algo, seja o modelo, comente de forma simples os objetos para que possa expandir seu vocabulário, evite fazer muitas perguntas, dê tempo e espaço para ela processar e tentar falar antes de você fazer ou falar por ela, crie sempre situações em que ela possa falar palavras-alvo próximas ao seu nível atual de hierarquia silábica e gramatical, para evitar que se sinta desmotivada por não alcançar uma maior exigência (exemplo: se a criança está na fase de monossílabas e dissílabas como "pé" e "papá", não tente cobrar que fale com precisão palavras mais extensas como "pirulito", assim ela não terá sucesso imediato, e pode acabar fugindo da atividade por se sentir frustrada em não conseguir).
4. **Conheça a hierarquia de estruturas silábicas do seu filho:** faça uma lista de todas as palavras que já produz, isso irá ajudar a identificar em

que nível seu filho está, quais sons/movimentos produz melhor e quais consoantes e/ou vogais estão com maior dificuldade para facilitar na seleção dos alvos motores (sons, palavras e/ou frases que mais irão estimular em casa em consenso com o fonoaudiólogo).

Do mais simples ao mais complexo (respeitando a funcionalidade e a familiaridade de vocabulário natural da criança).

Nível de sons/palavras	**Nível de frases**
Onomatopeias (aumentar produção sonora).	Frases funcionais encadeadas: 1, 2, 3 e já 1, 2, 3 e vai E lá vamos nós...
VV (iniciar com o que a criança já possui).	Frases funcionais com 2 elementos (com base no que a criança já possui de sons/palavras).
CV (dá).	Aumentar gradativamente os elementos e complexidade frasal: preposições, verbos, conectivos etc.
CVV (boi); CVC (gás); VCV (alô).	Treinar pausas, entonação e voz: frases exclamativas, interrogativas, afirmativas, pausas dramáticas em leituras, vozes de personagens (mais grave/mais aguda); Treinar entonação com músicas e parlendas.
C1V1C1V1 (xixi); C1V1C1V2 (pepa); C1V1C2V2 (pato).	
Trissílabas, das mais simples às mais complexas: CVCVCV (banana; árvore).	
Polissílabas das mais simples às mais complexas: borboleta; paralelepípedo.	

Fonte: materiais do curso de atualização em apraxia de fala na infância da Fonoaudióloga Tamiris Akbart (2020). Legenda: C (consoante); V (vogal).

5. Use sistemas de Comunicação Aumentativa e Alternativa (CAA): não tenha medo da CAA, ela não inibe a fala, muito pelo contrário, facilita o desenvolvimento da compreensão, intenção e funções comunicativas.

Aprenda sobre CAA, modele e incentive seu filho a usá-la todos os dias e em todos os ambientes. Seja um bom parceiro de comunicação e treine todos que convivem com a criança. Não existe pré-requisito para uso de CAA, todo individuo tem direito de se comunicar. Dê preferência a sistemas robustos de comunicação para facilitar a generalização da aprendizagem motora global, cognição e socialização.

Aprenda e use os princípios da aprendizagem motora de fala na rotina diária, para ajudar seu filho a entender o passo a passo de cada movimento e suas transições coarticulatórias. Principais tipos de pistas multissensoriais: visuoespaciais (a criança ver o movimento da sua boca), rítmica (alongar a palavras na sílaba mais forte como se estivesse "chamando a palavra"), táteis e proprioceptivas (método PROMPT e pequenos toques para ela sentir a boca como "fechar seus lábios e segurar um pouco para falar 'B'"), cinestésicas (levantar os braços igual a língua sobe para fazer o L), cognitivas (descrever o movimento com analogias – exemplo: explode a boca no B, faz o som da cobra no S).

Princípios da aprendizagem	**Etapa de aquisição inicial de planos motores**	**Etapa de retenção e generalização**
Tipo e organização de prática.	Massivo e menos alvos (estruturas silábicas mais simples e menor quantidade de palavras).	Distribuído e mais alvos (mais palavras, e com estruturas silábicas mais complexas).
Tipo de *feedback*.	Explicar de forma específica o movimento que deve fazer (exemplo: exploda os lábios e depois levante a língua atrás dos dentes em "Bola".	Fazer comentários sobre os acertos com menos informações (exemplo: elogios como "muito bom", "continue assim", "correto" etc.).
Frequência de *feedback*.	Frequente e imediato.	Menos frequente e atrasado.
Velocidade de fala.	Lentificada (alongando, não pode silabar).	Normal.
Uso de pistas multissensoriais (suportes para que compreenda como fazer os movimentos da fala).	Mais pistas – dosar a quantidade e tipo de acordo com a necessidade e fase de evolução (evite uso exagerado para não sobrecarregar e confundir a criança).	Vai diminuindo as pistas até não necessitar mais de pistas externas, para que ela crie memórias internas de como produzir adequadamente.

Fonte: materiais do curso de atualização em apraxia de fala na infância de Tamiris Akbart (2020).

A repetição com motivação é o coração da aprendizagem de novos planos motores de fala para crianças com AFI. Foque poucas palavras, inicialmente, e mais repetições, selecione palavras funcionais que tenham maior poder comunicativo (exemplos: eu, meu, quero, dá, abre, fecha, mais, nomes dos familiares e comidas/brinquedos favoritos – evite focar apenas substantivos ou palavras sem contexto funcional), e com o evoluir, vá aumentando a complexidade silábica e extensão das palavras e frases, variando mais a prosódia, usando-a em mais contextos, incorporando essas palavras a situações diárias que promovam diversas funções comunicativas como: incentivar que a criança faça pedidos, proteste, cumprimente, responda perguntas, faça perguntas e narre acontecimentos.

Referências

HAMMER, D.; EBERT, C. The SLP's Guide to Treating Childhood Apraxia of Speech. *Speech Corner*, 2018.

SHRIBERG, L. D. *et al.* Extensions to the speech disorders classification system (SDCS), *Clin Linguist Phon.*, 2010.

23

TERAPIA FONOAUDIOLÓGICA NO MODELO DENVER DE INTERVENÇÃO PRECOCE

O Modelo Denver foi desenvolvido por meio de um currículo de ensino intensivo, visando ampliar: orientação social, linguagem social, jogos sociais, brincar simbólico, redução de atrasos motores e independência pessoal. A intervenção fonoaudiológica dentro do Modelo Denver visa ampliar a competência social, atenção conjunta e a imitação, para o desenvolvimento da comunicação receptiva e expressiva.

FERNANDA REIS MERLI E MARIELAINE MARTINS GIMENES

Fernanda Reis Merli

Contatos
clinicacomunicare.com.br
comunicareclin@outlook.com
11 2849 4843

Fonoaudióloga formada pela PUC de São Paulo há 15 anos. Desde sua graduação, se especializou em Distúrbios do Desenvolvimento. É mestre, também pela PUC de São Paulo, em Apraxia de Fala da Infância no Transtorno do Espectro Autista, especialista em Linguagem pelo Conselho Federal de Fonoaudiologia, analista do comportamento pelo CBI of Miami, e tem certificação internacional do Modelo Denver de Intervenção Precoce (*Early Start Denver Model*) pelo Mind Institute. Nível Introdutório Prompt. É diretora clínica da Comunicare e supervisora de setor.

Marielaine Martins Gimenes

Contatos
clinicacomunicare.com.br
comunicareclin@outlook.com
11 2849 4843

Fonoaudióloga formada pela PUC de São Paulo há 21 anos. É mestre também pela PUC de São Paulo, especialista em Linguagem pelo Conselho Federal de Fonoaudiologia, analista do comportamento pelo CBI of Miami, e tem certificação internacional do Modelo Denver de Intervenção Precoce (*Early Start Denver Model*) pelo Mind Institute. Nível *Bridging Prompt*. É diretora Clínica da Comunicare e supervisora de setor.

O Modelo Denver de Intervenção Precoce foi desenvolvido em meados dos anos 1980 com o enfoque de intervenção em crianças pequenas com transtorno do espectro autista, estimuladas a partir de interações dinâmicas que englobam o afeto positivo, sendo esta a base para a procura de outros parceiros sociais para participar das atividades favoritas.

Através de um currículo de ensino intensivo, este modelo visa ampliar:

1. Orientação social – com ampliação de identificação de rostos, partes do corpo, expressões faciais e propriocepção de seu próprio corpo, afetando diretamente o interesse pelos demais rostos e principalmente ampliando o olhar para outros rostos, e não apenas objetos.
2. Linguagem social –ampliação do interesse em "dizer algo a alguém" e compreender os meios comunicativos do outro, seja de maneira verbal ou não verbal.
3. Jogos sociais – as brincadeiras sociais têm por objetivo promover a interação social, aumentando a motivação da criança para criar novos contatos sociais e melhorar a capacidade de aprendizagem.
4. Brincar simbólico – através deste brincar, a criança aprende e compreende conteúdos abstratos do dia a dia.
5. Redução de atrasos motores e independência pessoal – treino de autonomia e independência nos diversos contextos que cercam esta criança.

Além dos eixos de ensino acima mencionados, se fazem preponderantes a compreensão e o engajamento da família e dos cuidadores no desenvolvimento e no tratamento da criança.

O ensino das habilidades que não estão adequadas à idade cronológica da criança é realizado em paralelo ao fortalecimento das habilidades que são pontos fortes; sempre em um ambiente naturalístico (ou natural), baseado nos princípios da Análise do Comportamento Aplicada (*Applied Behavior Analysis* – ABA) e do conhecimento proveniente da Psicologia do Desenvolvimento.

Faz-se necessário considerar o contexto que cerca o falante, influenciando diretamente o uso da linguagem, o repertório de vocabulário e a sintaxe de pessoas com TEA.

Baron *et al.*, em sua pesquisa de 2009, sugerem que pessoas com este diagnóstico (TEA) apresentam dificuldade de compreensão de situações sociais complexas, associadas ao fato de que frequentemente apresentam maior atenção ao detalhe específico, e falham na interpretação do contexto geral.

Desta forma, considerando-se esta questão para uma troca comunicativa mais eficiente, se faz necessária a construção da importância do ambiente e de seu contexto, interferindo no significado pretendido pelo falante, em uma troca de comunicação.

Ainda diante desta dificuldade, se torna preponderante a criação, em ambiente terapêutico, de um contexto de atenção compartilhada e de jogo partilhado, amplificando as experiências de eficácia comunicativa, enquanto os contextos físicos com mobiliários muito enrijecidos (de mesas e cadeiras) tendem a proporcionar menos possibilidades de expressão gestual do que ambientes amplos.

Sob o enfoque da intervenção fonoaudiológica segundo o Modelo Denver de intervenção precoce (ESDM), não se faz possível desmembrar as demais habilidades (tais como o competência social, a imitação, cognição, jogo, motricidades fina e grossa, dentre outras), a fim de que se promova um bom desenvolvimento da linguagem.

Iniciaremos pela habilidade nomeada como **competência social** no *checklist* e que avalia e procura monitorar a aceitação de rotinas de afeto, tais como o toque, uso da ajuda motora, contato visual e partilha de sorrisos, dentre outros. Sabendo-se que esta habilidade é comumente prejudicada na criança com TEA, trabalhá-la ao longo da intervenção fonoaudiológica se faz necessário.

A partir da perspectiva da interação social, Garton (1992) sinaliza a importância e necessidade do ambiente de relacionamento interpessoal para se adquirir as habilidades comunicativas, destacando o suporte do adulto, uma vez que este é sensível às necessidades de comunicação da criança, se adaptando a seu comportamento comunicativo para obter melhores respostas.

Este modelo (ESDM) prioriza, ao longo de seu ensino, o afeto positivo, disponível e focado no compromisso diático de estar atento e participativo na aquisição das novas habilidades.

Além das competências sociais, a habilidade de **atenção conjunta** (ou compartilhada) precisa estar presente na comunicação não verbal e se mostra uma habilidade-base para o desenvolvimento da comunicação. O Modelo Denver desenvolve esta habilidade ao investir no desenvolvimento de gestos naturais que são usados para as funções do comportamento comunicativo e no aprendizado de gestos convencionais

A atenção conjunta é uma habilidade em que tanto o adulto quanto a criança têm de partilhar sua atenção com um objeto e/ou situação, construindo uma relação de tríade (BRUNER, 1975; TOMASSELLO, 2003; SCARPA, 2004).

Para além do modelo, a intervenção fonoaudiológica se apresenta nas bases de sustentação dos pré-requisitos de desenvolvimento de linguagem, dentre eles, a atenção conjunta como um fator que promove o desenvolvimento de linguagem, neste processo de interação satisfatório (BRUNER, 1983).

Em 2005, Heal aponta a importância de um contexto favorável nesta relação entre adulto e criança em situação de interação. Em resumo, quando o adulto conta, nas trocas de olhares e na atenção, com a oportunidade de destacar objetos para a criança, aponta para as primeiras produções vocais (verbais), demonstrando "acordo" no processo interativo de comunicação e/ou construção de linguagem.

Uma outra habilidade que entendemos como pré-requisito de um bom desenvolvimento é a habilidade de **imitação**, visto que desempenha um papel central no desenvolvimento motor, linguístico e social da criança. Essa habilidade está intimamente relacionada ao desenvolvimento da linguagem e das habilidades sociocomunicativas. Dessa forma, a habilidade de imitar é a grande responsável pela variabilidade do vocabulário expressivo e receptivo nos primeiros anos de vida.

Alguns estudos (TAMANAHA *et al.*, 2014; DOWEL, MAHONE, MOSTOFSKY, 2009; VANVUCHELEN, ROEYERS, De WEERDT, 2011; De GIACOMO, 2009) apontam que a dificuldade de planejamento e execução motora pode estar intrinsecamente relacionada à dificuldade de imitação no TEA, e não relacionada a uma inabilidade motora, mas reflexo de uma dificuldade primária em formular e executar um plano motor intencional.

Desta forma, o Modelo Denver visa rastrear desde movimentos simples com objetos, passando por imitação de rotinas motoras visíveis, imitação de ações motoras invisíveis e de movimentos orofaciais, todos estes esperados para a idade de 12 a 18 meses. Para os próximos níveis, contamos com imitação de sons de vogais, consoantes, sons de animais, palavras, e movimentos simples e complexos em uma canção.

Este escalonamento diz respeito ao nível de dificuldade das categorias, partindo da categoria menos complexa para a mais complexa, do objeto no campo visível, para o orofacial e imitação vocal.

Veja-se que, quando falamos a respeito de intervenção, habitualmente o raciocínio clínico parte do micro para o macro (também chamado de *Least to Most*), ou seja, das habilidades mais básicas e primordiais para as mais complexas. Leva-se em consideração que, para que se imite, é preciso uma boa atenção, uma percepção de ambiente integrando as habilidades básicas para que, então, possamos iniciar o ensino das habilidades complexas.

Pensadas sobre estas habilidades de base e de suma importância para o bom desenvolvimento da linguagem, passamos então a conversar a respeito da **comunicação receptiva** e da **comunicação expressiva** que são comumente as habilidades requisitadas e amplamente observadas ao longo do processo de intervenção; poderíamos inclusive dizer que costumam ser o item que impulsiona os pais a buscarem ajuda quanto ao desenvolvimento de seus filhos.

Faz-se necessário esclarecer que os aspectos receptivos e expressivos são habilidades diferentes de linguagem, entre ouvir e compreender, ou seja, fazer sentido (comunicação receptiva); enquanto a capacidade de se expressar ao longo da comunicação com o(s) outro(s) é a habilidade expressiva da linguagem.

Ao longo do processo de desenvolvimento da linguagem, encontramos algumas etapas no desenvolvimento, a saber:

- A fase pré-linguística, na qual o bebê pequeno (lactente) apresenta interações face a face que são ricas, interpessoais, intencionais, significativas e essencialmente não linguísticas (RAMRUTTUM e JENKINS, 1998).
- Explosão de vocabulário, que em crianças típicas ocorre próximo aos 18 meses, modificando o padrão de linguagem, experimentando um período rápido de desenvolvimento. Nesta etapa, a criança tende a adquirir em torno de 20 palavras ao seu vocabulário (MILLER, 1988).
- Estágio de duas palavras (primeiras sentenças); ainda segundo Miller (1988), quando uma criança começa a utilizar duas palavras juntas, ela compreende a dimensão da informação, de poder se comunicar, e normalmente o faz com 50 a 60 palavras.
- O estágio de três palavras combinadas é o momento em que as preposições são compreendidas (em cima, embaixo, dentro e fora, entre outras) e os infantes começam a utilizar as mudanças nos morfemas gramaticais. Esta etapa enriquece a comunicação expressiva, propiciando significados mais sutis, e as frases se mostram mais complexas (BUCKLEY, 1993).

O Modelo Denver de Intervenção Precoce foca este aspecto ao longo dos quatro níveis avaliativos, acompanhando o passo a passo da aquisição da linguagem e permeado pelas outras habilidades que sustentam e acompanham o processo de desenvolvimento.

Desta forma, diante deste rastreio, é possível iniciar a intervenção fonoaudiológica, sempre respaldada pelos preceitos do ABA e do modelo (que é baseado e sustentado pela análise do comportamento). Conta-se com o afeto positivo e de um ensino escalonado do micro ao macro (habilidades básicas para as habilidades complexas), organizando o aprendizado desta habilidade tão única. Para isto, é necessário caminhar junto à família e ao entorno (ambiente natural), em uma intensidade de horas capaz de "compensar" os déficits na aprendizagem.

Segundo o modelo, existem oito elementos importantes nas atividades de ensino:

1. O interesse da criança (para onde ela olha, o que chama sua atenção) inicia a atividade.
2. O adulto faz seu papel de marcar aspectos preponderantes da linguagem e do afeto positivo, seguindo a liderança da criança.
3. O adulto tem a responsabilidade de tornar a situação interessante para a criança, mantendo sua atenção e motivação para objetos e ações.
4. A atividade é desenvolvida em parceria, cada um apresentando um papel (imitativo simultâneo ou imitativo alternado).
5. O adulto elabora a atividade, sempre atento a ter um tema e variação, permitindo modular a atenção da criança e adquirir novos aprendizados, além de ampliar o engajamento nas atividades apresentadas.
6. O adulto aplica o ensino de um vocabulário, estimula a imitação, desenvolve o simbolismo (faz de conta) da brincadeira e mantém a atividade de maneira social, diática e recíproca.
7. O afeto positivo engloba a experiência do adulto e da criança.
8. A comunicação da criança, de forma verbal e não verbal, é atentamente observada, sendo respondida de forma sensível em trocas equilibradas com o adulto.

Por fim, a intervenção fonoaudiológica baseada no Modelo Denver requer atenção e cuidado às minúcias de um ensino estruturado, escalonado em ambiente natural, partindo do interesse da criança, com amplas oportunidades de ensino e atenção sensível às diversas pistas comunicativas que a criança nos traz ao longo da intervenção. Também é necessário estar atento às etapas do desenvolvimento, não exigindo do menor mais do que é possível para aquele momento (como, por exemplo, pedir uma produção frasal de três palavras antes do uso intencional de uma palavra com função comunicativa).

Não se poderia deixar de mencionar a importância de bases de desenvolvimento bem sedimentadas, a fim de que a criança tenha sustentação de seu processo de aprendizado e o interesse fiel e atento do adulto em partilhar deste momento tão único e importante dela, agindo precocemente.

Para as demais habilidades, não mencionadas neste capítulo, não podemos deixar de referir sua importância no processo de ensino tanto da comunicação receptiva, quanto expressiva.

Referencias

AMERICAN PSYCHIATRIC ASSOCIATION. *DSM–V: Diagnostic and statistical manual of mental disorders.* 5. ed. EUA, 2013.

BARON-COHEN, S. *et al.* Talent in autism: hyper-systemizing, hyper-attention to detail and sensory hypersensitivity. *Philos Trans R Soc Lond B Biol Sci.* 2009;364(1522):1377-83.

BUCKLEY, S. Language development in children with Down Syndrome: reasons for optimism. *Down Syndrome Research and Practice.* 1993; 1(1), 3-9.

BRUNER, J. From Communication to language: a psychological perspective. *Cognition*, v. 3, n. 3, p. 255-287, 1975.

CAPOVILLA, F.C, CAPOVILLA A.G.S. Desenvolvimento lingüístico na criança dos dois aos seis anos: tradução e estandardização do Peabody Picture Vocabulary Test de Dunn & Dunn, e da Language Development Survey de Rescorla. *Ciência Cognitiva: teoria, pesquisa e aplicação.* 1997; 1(1):35380.

COSSU, G, *et al.* Motor representation of actions in children with Autism. *PLOS One*. 2009; 7(9):18.

DAWSON, G. *et al.* (2010). Randomized, controlled trial of an intervention for toddlers with autism: The Early Start Denver Model. *Pediatrics*, 125(1), e17-e23.

De GIACOMO, A. *et al.* Imitation and communication skills development in children with pervasive developmental disorders. *Neuropsych Dis Treat.* 2009; 5:35562.

DOWELL, L.R.; MAHONE, E.M.; MOSTOFSKY, S.H. Associations of postural knowledge and basic motor skill with dyspraxia in Autism: implication for abnormalities in distributed connectivity and motor learning. *Neuropsychology*, 2009; 23(5):56370.

FERNANDES, F.D.M. Sugestões de procedimentos terapêuticos de linguagem em distúrbios do espectro autístico. *In*: LIMONGI, S.C.O. *Procedimentos terapêuticos em Linguagem*. Rio de Janeiro: Guanabara Koogan; c2003. p. 54-65. (Série Fonoaudiologia: informação para a formação.)

FERNANDES, F.D. *et al.* Fonoaudiologia e autismo: resultado de três diferentes modelos de terapia de linguagem. *Pró-Fono Revista de Atualização Científica*. 2008 out-dez;20(4):267-72.

GARTON, A. F. *Social Interaction and the development of language and cognition*. Hillsdale, USA: Lawrence Erlbaum Associates, 1992.

GONÇALVES, C.A.B.; CASTRO, M.S.J. Propostas de intervenção fonoaudiológica no autismo infantil: revisão sistemática de literatura. *Distúrbios da Comunicação*, São Paulo, 25(1): 15-25, abr. 2013.

INGERSOLL B. Brief report: effect of a focused imitation intervention on social functioning in children with Autism. *J Autism Dev Disord.* 2012; 42(8):176873.

KASARI C, FREEMAN S, PAPARELLA T. Joint attention and symbolic play in young children with autism: a randomized controlled intervention study. J Child Psychol Psychiatry. 2006;47(6):611-20. Erratum in: *J Child Psychol Psychiatry.* 2007; 48(5):523.

McEWEN, F. *et al.* Origins of individual differences in imitation: links with language, pretend play, and socially insightful behavior in two-year-old twins. *Child Develop*. 2007; b78(2):47492.

MIILHER, L.P.; FERNANDES, F.D.M. Habilidades pragmáticas, vocabulares e gramaticais em crianças com transtornos do espectro autístico. *Pró-Fono Revista de Atualização Científica*. out-dez 2009; 21(4):309-14.

MILLER, J. *et al. Vocabulary acquisition in young children with Down Syndrome: Speech and sign.* Abstract presented at 9th World Congress of the International Association for the Scientific Study of Mental Deficiency. Queensland, Australia, Aug. 1992.

MISQUIATTI, A.R.N; FERNANDES, F.D.M. Terapia de linguagem no espectro autístico: a interferência do ambiente terapêutico. *Rev Soc Bras Fonoaudiol.* 2011; 16(2):204-9

MUNDY, P. *et al.* Individual differences and the development of joint attention in infancy. *Child Dev.* 2007; 78(3):93854.

NEUBAUER, M.A.; FERNANDES, F.D.M. Perfil funcional da comunicação e diagnóstico fonoaudiológico de crianças do espectro autístico: uso de um *checklist. CoDAS.* 2013; 25(6):605-9

RAMRUTTUN B., JENKINS C. Prelinguistic communication and Down Syndrome. *Down Syndrome Research and Practice.* 1998; 5(2), 53-62.

ROGERS, S. J.; DAWSON, G. *Early Start Denver Model for young children with autism: Promoting language, learning, and engagement.* Nova York: Guilford Press, 2010.

ROGERS, S. J., *et al.* Effects of a brief Early Start Denver Model (ESDM)-based parent intervention on toddlers at risk for autism spectrum disorders: A randomized controlled trial. *Journal of the American Academy of Child & Adolescent Psychiatry.* 2012; 51(10), 1052-1065.

ROGERS, S. J.; DAWSON, G. *Intervenção precoce em crianças com autismo: modelo Denver para a promoção da linguagem, da aprendizagem e da socialização.* Lisboa: Lidel – Edições Técnicas, Ltda., 2014.

SCARPA, E.M. Aquisição de linguagem. *In*: MUSSALIM, F.; BENTES, A.C. (Org.). *Introdução à linguística: domínios e fronteiras*, v.2, São Paulo: Cortez, 2004.

SMITH, V.; MIRENDA, P.; ZAIDMAN-ZAIT, A. Predictors of expressive vocabulary growth in children with autism. *J Speech Lang Hear Res.* 2007; 50(1):14960.

TAMANAHA A.C. *et al.* Process of speech acquisition and development of autistic children with or without autistic regression. *CoDAS.* 2014;26(4):2659.

TOMASELLO, M. *Origens culturais da aquisição do conhecimento humano.* Tradução de Claudia Berliner. Martins Fontes: São Paulo, 2003.

VANVUCHELEN, M.; ROEYERS, H.; De WEERDT, W. Do imitation problems reflect a core characteristic in autism? Evidence from a literature review. *Res Autism Spectr Disord.* 2011;5(1):8995.

VIVANTI, G.; ROGERS, S. J. *Autism and the mirror neuron system: insights from learning and teaching.* 369. Ed. EUA: Philosophical Transactions of the Royal Society B: Biological Sciences, 2014.

24

FISIOTERAPIA BUCOMAXILOFACIAL NO TEA

A fisioterapia bucomaxilofacial aborda alterações relacionadas às estruturas da cabeça e do pescoço, incluindo o sistema estomatognático. O paciente TEA que apresenta estereotipias orais ou comportamentos repetitivos pode sofrer micro e macrolesões das estruturas articulares e musculares, além da mucosa oral e dentes, comprometendo o funcionamento biomecânico adequado do sistema.

NAYARA OZÓRIO GRACZYK E
ANA CAROLINA B. VALENTE

Nayara Ozório Graczyk

Contatos
nayaraog@gmail.com
Instagram: @fisionayara.graczyk
45 99951 5871

Fisioterapeuta - Uniamerica-PR (2008); pós-graduada em Fisioterapia Bucomaxilofacial e Reabilitação Vestibular na PhysioCursos-SP.

Ana Carolina B. Valente

Contatos
anacarolina-valente@alumni.usp.br
instagram: fisio_anacarolina.valente
16 99397 2022

Fisioterapeuta - UNESP; mestre e doutora em Ciências da Reabilitação - HRAC/USP; pós-graduada em Fisioterapia em Terapia Intensiva Adulto - HIAE; aprimoramento em Malformações Congênitas - HRACU/SP.

O Transtorno do Espectro Autista (TEA) é um transtorno do desenvolvimento caracterizado por dificuldades de comunicação e interação social e comportamentos e/ou interesses repetitivos ou restritos. Esses sintomas representam o núcleo do transtorno, mas sua gravidade é variável.

A abordagem terapêutica das crianças com TEA conta com pilares fundamentais: família, equipe de educação e profissionais de saúde, e tem o objetivo principal de adequação e modificações comportamentais para melhora do desenvolvimento neuropsicomotor. Assim, uma equipe interdisciplinar integrada é fundamental para o bom direcionamento do tratamento, a fim de se trabalhar em conjunto e com a participação da família para promover e favorecer o desenvolvimento da criança com TEA na tríade clínica de dificuldades – interação, comunicação e comportamentos repetitivos, e interesses restritos.

Controle e função motora pelo córtex cerebral

Os movimentos voluntários são iniciados pelo córtex motor cerebral quando este ativa padrões de função armazenados nas áreas cerebrais inferiores – medula espinhal, tronco encefálico, núcleos da base e cerebelo. Esses centros inferiores, por sua vez, enviam sinais de controle específicos aos músculos para uma determinada ação. O surgimento das estereotipias está vinculado ao mau funcionamento do sistema de controle, impulsos e motivação na atividade de algum movimento ou vocalização e, dependendo da incidência e características dos episódios causam comprometimento no desenvolvimento motor, linguístico e atividades físicas, sociais e educativas.

Dessa forma, eventos antecedentes e consequentes do comportamento são identificados na análise funcional de repertório apresentado pela criança. Os indivíduos com TEA agem de várias maneiras no ambiente e seus comportamentos são modelados pelas consequências destas ações. Problemas comportamentais e movimentos estereotipados incluem movimentos repetitivos, como maneirismos com as mãos, estalos dos dedos, dedilhamentos, sacudir das mãos ou movimentos de todo o corpo, como balanceio de tronco ou membros. Em algumas situações, podem incluir comportamentos inadequados e/ou agressivos, como birra, teimosia e autoagressão, como bater a cabeça e morder partes do próprio corpo. Mais recentemente, comportamentos orais repetitivos passaram a ser descritos também em pessoas com TEA, sendo os mais frequentes o ranger de dentes (bruxismo) e o movimento lateral com a mandíbula.

As estereotipias e os comportamentos repetitivos apresentam piora no caso de pessoas com alterações de sono. O sono é importante para modular e processar emoções e sua privação é um fator de risco para problemas comportamentais e motores. Dessa forma, sabe-se que crianças que apresentam padrões de sono com alteração têm maior risco de alterações no desenvolvimento da coordenação e na aquisição das habilidades motoras, além de maior chance de desenvolvimento de movimentos estereotipados e repetitivos, incluindo vocalizações.

Os distúrbios do sono são caracterizados pela alteração dos neurotransmissores e hormônios reguladores do sono, sendo estes últimos os responsáveis pelo reestabelecimento do equilíbrio de várias partes e funções cerebrais. Assim, a falta de sono pode resultar em irritabilidade, lentidão de pensamento e alterações comportamentais, além de possíveis alterações fisiológicas das funções vegetativas e metabólicas.

Alterações orofaciais e TEA

Os achados bucais em pacientes TEA abrangem acometimentos por cáries dentárias, doenças periodontais, maloclusão, estiramento de língua, hábitos parafuncionais, trauma na região dos lábios e gengiva, e bruxismo. As possíveis causas dos hábitos parafuncionais podem ser fisiológicas, emocionais ou de aprendizado condicionado. Pacientes com TEA podem ter ansiedade, depressão, insuficiência de atenção e deficiência intelectual, aumentando o risco para desenvolvimento desses hábitos de forma repetitiva, as estereotipias orais.

Segundo a Classificação Internacional de Distúrbios do Sono, publicada pela Academia Americana de Medicina do Sono, o bruxismo é caracterizado pelo hábito de ranger os dentes associado a pelo menos um dos seguintes sinais e sintomas: desgaste dentário, dor na musculatura mastigatória, dor nas têmporas e/ou dificuldade de abrir a boca ao acordar. O bruxismo noturno diferencia-se do bruxismo de vigília por envolver diferentes estados de consciência. Sendo assim, o bruxismo de vigília é uma atividade semivoluntária, enquanto o bruxismo noturno é inconsciente, dado o fato de que o indivíduo está dormindo.

O bruxismo é um distúrbio complexo e multifatorial, cuja etiologia ainda não é completamente compreendida. Os possíveis fatores etiológicos podem ser divididos em: periféricos (morfológicos) e centrais (patológicos e psicológicos). Atualmente, se concebe que os fatores morfológicos, relacionados à anatomia óssea da região orofacial e às discrepâncias oclusais, têm papel menor na etiologia do bruxismo do que os patológicos e psicológicos. Assim, consideram-se associados à patogênese do bruxismo noturno: fatores genéticos, estresse, ansiedade e doenças neurológicas.

Devido à rotina estressante e distúrbios de saúde mental, estima-se que boa parte da população mundial sofra de algum grau de bruxismo e/ou apertamento noturno, cuja ocorrência em vigília é mais rara, pois é de mais fácil controle. Entretanto, como está relacionado a momentos de hipervigilância, hiperatenção e crises emocionais, pessoas com TEA tendem a ter maior prevalência de bruxismo em vigília que pessoas com desenvolvimento típico.

Os hábitos parafuncionais podem levar a consequências como dor orofacial e até mesmo lesões intraorais importantes, prejudicando a qualidade de vida. Além disso, pessoas com TEA apresentam importantes lesões em lábios e mucosa das bochechas em decorrência de mordedura recorrente. A fisioterapia bucomaxilofacial é fundamental no controle da atividade muscular do bruxismo e também nos tratamentos das desordens do sistema estomatognático.

As estereotipias orais são fatores envolvidos na etiologia de disfunções orofaciais, como as Disfunções Temporomandibulares (DTMs), conjunto variável de sinais e sintomas que envolvem a Articulação Temporomandibular (ATM) e as estruturas relacionadas a ela, como os músculos mastigatórios e adjacentes. Dentre os sintomas das DTMs, estão: dor articular e/ou muscular, dificuldade em movimentar a mandíbula, diminuição da amplitude de movimento mandibular, travamentos, otalgia, cefaleia e zumbido. Além disso, esses sintomas podem evoluir para complicações, como uso incorreto e abuso de antibióticos, falha terapêutica, dificuldade de se alimentar devido à dor, perda de peso e alteração do sono e do comportamento.

Infelizmente, o diagnóstico de disfunções orofaciais – incluindo as DTMs – em pessoas com TEA é difícil e demorado, em especial em casos mais severos. Isto porque pessoas com TEA têm maior inabilidade de expressar dor, bem como mostrar sua intensidade e localização, além de dificuldades de comunicação. É possível afirmar que, quanto maior a severidade do TEA, mais difícil o diagnóstico destas disfunções. Outro fator determinante no diagnóstico dessas alterações é a idade, visto que crianças mais novas tendem a ter mais dificuldade para expressar sensações.

Fisioterapia bucomaxilofacial e TEA

A Fisioterapia bucomaxilofacial aborda alterações relacionadas às estruturas da cabeça e pescoço, incluindo o sistema estomatognático.

É importante salientar que nem todas as pessoas com TEA têm alterações bucomaxilofaciais, mas o TEA é um fator de risco para tal. Isto justamente devido às estereotipias orais, comportamentos repetitivos que podem levar à micro e macrolesões das estruturas articulares e musculares, além da mucosa oral e dentes, comprometendo o funcionamento biomecânico adequado do sistema.

A abordagem fisioterapêutica bucomaxilofacial deverá ser adequada à idade e particularidades de cada paciente, considerando sintomatologia, limitações e potencialidades. É preciso considerar também que, em muitos casos, a pessoa com TEA tem hipersensibilidade a toques e outros estímulos, pontos estes que deverão constar na avaliação. Para a abordagem destes pacientes, ainda outras questões deverão ser consideradas:

- O atendimento deverá ser realizado sempre pelo mesmo profissional.
- As consultas deverão ser feitas, preferencialmente, sempre no mesmo dia da semana e horário.
- As consultas deverão ser objetivas e organizadas, não tendo longa duração.
- Deve-se evitar salas compartilhadas e estímulos incômodos (excesso de informação visual e ruídos).
- A comunicação deve ser clara e objetiva.

Em avaliação, é necessário avaliar, por meio de anamnese com o próprio paciente, responsável e/ou cuidador, a tolerabilidade do paciente ao contato físico. Dessa forma, a avaliação deve ser sucinta e objetiva e deve conter: queixas, informações sobre tipo e local da dor, observação de ruídos articulares, informações sobre limitação articular, notas sobre comportamentos orais de repetição (estereotipias) e, quando possível, avaliação muscular e articular por meio de palpação das ATMs, músculos mastigatórios, faciais e da região cervical, além de observação sobre mobilidade dessas regiões.

O atendimento fisioterapêutico bucomaxilofacial tem como base terapia manual, exercícios terapêuticos e o uso – quando necessário – de recursos de eletro, termo e/ou fototerapia. A escolha dos recursos e formas de aplicações mais adequados dependerá do objetivo do tratamento.

A terapia manual, quando bem tolerada, deve ser aplicada de forma a proporcionar melhora da queixa álgica, relaxamento muscular, ganho de amplitude de movimento, alívio da pressão intra-articular das ATMs e alongamento. Os exercícios terapêuticos são prescritos individualmente, de forma a atender particularidades de cada caso e podem ajudar no ganho de equilíbrio muscular orofacial, com melhora do tônus e correção de movimentos inadequados. Já os recursos terapêuticos são utilizados com as principais finalidades de analgesia e relaxamento muscular. Dentre eles, os mais utilizados na fisioterapia bucomaxilofacial são a termoterapia (com aplicação de compressas mornas em musculatura tensa, proporcionando relaxamento das fibras musculares e analgesia), e o *laser* de baixa intensidade.

Apesar de não ser considerada um recurso terapêutico, a educação em dor é uma estratégia terapêutica multidisciplinar. Essa estratégia consiste em construir, junto ao paciente, pais e/ou cuidadores, ferramentas de enfrentamento com o objetivo de mudar crenças e mitos, mas também alterar hábitos que podem contribuir com o aparecimento e manutenção dos sintomas. No campo da educação em dor, podem-se listar diversas ferramentas: educação sobre a patologia, práticas integrativas, estímulo à prática de exercícios físicos, exercícios e automassagem visando a autoeficácia, correção de hábitos parafuncionais (melhora das estereotipias orais), tratamento de questões emocionais e higiene do sono – práticas regulares para melhora da qualidade do sono.

Considerações finais

Este capítulo evidenciou a importância do fisioterapeuta bucomaxilofacial na equipe multiprofissional para o tratamento da pessoa com Transtorno do Espectro Autista, colaborando para o adequado manejo de alterações de cabeça e pescoço e melhorando a qualidade de vida.

Referências

AMERICAN Psychiatric Association. *Manual de diagnóstico e estatístico de transtornos mentais: DSM-V.* 5. ed. Porto Alegre: Artmed; 2014. 848 p.

BARROS, I.; FONTE, R. F. Estereotipias motoras e linguagem: aspectos multimodais da negação no autismo Motor. *Rev bras. linguist. aplic.*, Belo Horizonte, 16(4), p. 745-763, 2016. Disponível em: <http://dx.doi.org/10.1590/1984-639820169895>. Acesso em: mar. de 2023.

BOARATTI, M. A. *et al. Psiquiatria da infância e adolescência: cuidado multidisciplinar*. Barueri: Manole, 2016.

GRANJA, G. L. *et al.* Occurrence of bruxism in individuals with autism spectrum disorder: A systematic review and meta-analysis. *Spec Care Dentist.*, 42(5), 476-85, set. 2022.

HALL, J. E.; GUYTON, A. C. *Guyton & Hall – Fundamentos de fisiologia.* 13 ed. Barueri: Grupo GEN Guanabara Koogan, 2017.

HOFFMANN, S. B. *Estereotipias na infância*. Porto Alegre-RS, 1996. Disponível em: <http://www.diversidadeemcena.net/artigo21.htm>. Acesso em: mar. de 2023.

ROUCHES, A. *et al.* Tools and techniques to improve the oral health of children with autism. *Arch Pediatr.*, 25(2):145-9, fev. 2018.

SPEZZIA, S. Implicações odontológicas oriundas do acometimento pelo Transtorno do Espectro Autista. *Odonto* 2022; 30(58): 19-23, 2022.

VOLKMAR, F. R.; WIESNER, L. A. *Autismo: guia essencial para compreensão e tratamento*. Porto Alegre: Artmed, 2019.

ZEIDÁN-CHULIÁ, F. *et al.* A dental look at the autistic patient through orofacial pain. *Acta Odontol Scand.*, 69(4), 193-200, jul. 2011.

25

AS FORMAÇÕES INICIAL E CONTINUADA DE PROFESSORES PARA ATENDIMENTO DE CRIANÇAS COM TEA

A temática do espectro autista ainda é, de certa forma, um obstáculo nas escolas, especialmente pelo despreparo dos profissionais, que, em suas formações inicial e continuada, não tiveram acesso a tais conhecimentos, muito menos orientações práticas de abordagem. Investir na formação de professores para que consigam atender, de forma adequada, os estudantes com dificuldades de aprendizagem, tendo como causa associada algum distúrbio, é o desafio do momento das redes de educação.

FÁTIMA REGINA BERGONSI DEBALD

Fátima Regina Bergonsi Debald

Contatos
www.ietalenttos.com.br/
fatima@ietalenttos.com.br
Instagram: @fatimabergonsi
45 99117 9668
45 99148 9212

Possui licenciatura em Química pela Universidade de Santa Cruz do Sul (Unisc, 1997), em Pedagogia pela Faculdade União das Américas (2011), graduação em Ciências do 1º Grau pela Universidade de Santa Cruz do Sul (1995) e mestrado em Educação pela Universidade Internacional Três Fronteiras (Uninter, 2006). Especialização em TICs em Educação. MBA em Educação Híbrida, especializações em Metodologia Ativa e Gestão da Aprendizagem, em Psicopedagogia Clínica e Institucional e em Neuropsicopedagogia. Foi coordenadora do Curso de Pedagogia do Centro Universitário União das Américas (UniAmérica, 2005-2013), professora de graduação e pós-graduação da UniAmérica (desde 2003) e de outras instituições de ensino e palestrante. É diretora, neuropsicopedagoga e psicopedagoga do Instituto de Educação Talentto's, com atendimento psicopedagógico clínico. Tem experiência de 30 anos nas áreas de educação básica, superior e pós-graduação, com ênfase em Educação, atuando principalmente nos seguintes temas: transtornos globais do desenvolvimento na área da aprendizagem de crianças e adolescentes, protagonismo estudantil, metodologias ativas e gestão da aprendizagem. Curso em andamento de Ciência ABA.

A Legislação brasileira contempla normativas e estratégias de inclusão escolar para PENs (Pessoas com Necessidades Especiais), mas muitos profissionais da educação não foram preparados para atender a demanda que requer estratégias personalizadas de aplicação, com carinho e afeto (LDB, 1996).

De modo especial, estudantes no espectro autista, mesmo no nível 1, são muito diferentes uns dos outros, por isso é preciso estudos, por parte dos profissionais da educação, para entender e agir, com a finalidade de orientar e ajudar esses estudantes.

Na terceira década do século XXI, a Ciência ABA propõe várias atividades, ações, formas e maneiras de interagir com as crianças, mas é uma ciência nova, assim como os estudos do autismo. Nesse sentido, criar um plano personalizado de intervenção no ambiente escolar é fundamental, mas antes, é preciso observar com olhos críticos e analíticos a comunicação, os padrões restritos e repetitivos de comportamento, as ações motoras educacionais, interesses, o desenvolvimento cognitivo e as interações sociais para orientar os pais a buscarem ajuda e auxílio – no primeiro momento, com seu pediatra, ou na Unidade Básica da Saúde mais próxima de sua residência. Destaca-se que ter o contato direto com a equipe multidisciplinar é fundamental para o sucesso no processo de aprendizagem.

O professor e a equipe pedagógica da escola precisam dialogar com a família, bem como com a equipe multidisciplinar que atende a criança, para colocar-se a par do que está ocorrendo. Para o sucesso e o desenvolvimento do processo de aprendizagem e protagonismo estudantil, o professor, junto com o assistente da sala, identifica do que o estudante mais gosta. Isso requer a elaboração de um plano de aprendizagem voltado para as competências e habilidades do conhecimento, de forma personalizada, tanto para crianças verbais quanto para as não verbais.

Na Educação Infantil, o professor é peça fundamental para analisar o estudante com todo o cuidado, para orientar os pais e dialogar com o pediatra para fazer as intervenções o mais cedo possível. Na alfabetização, recomenda-se explorar as letras, sílabas e fonemas com objetivos segundo o que os estudantes gostam, associados com imagens, explorando frases, pequenos textos e, posteriormente, as sílabas complexas.

O exemplo de um estudante em fase de alfabetização, nos níveis pré-silábico, silábico e alfabético, passa por um processo de aprendizagem com a utilização de imagens e fonemas, no caso, os dinossauros, hábitat, alimentação e forma de vida.

Exemplo, Tiranossauro Rex

- Quantas letras tem?
- Quantas vezes abre a boca para pronunciar?
- Que letras tem no nome dele?
- Circule ou pinte a primeira e última letra.
- Desenho seu dinossauro.
- Imite-o.
- Vamos escrever sobre sua alimentação?
- Onde ele vivia?
- Com massa de modelar ou argila, crie o seu Tiranossauro Rex.

Assim, podemos envolver a interdisciplinaridade ou transversalidade com a aprendizagem ativa, na qual o estudante participa, interage, questiona, desenvolvendo o espírito criativo, investigativo e problematizador. Em meus atendimentos e formações, a maior dificuldade dos estudos e dos professores é realizar o alfaletramento (escrever, ler e entender o contexto social), bem como a Matemática e as demais áreas do conhecimento.

Quando se trabalha a alfabetização, exploramos os números e numerais. Exemplo: apresento a imagem para a aprendizagem visual e significativa (DINOSSAURO / DI – NOS – SAU- RO / 10 LETRAS / 4 SÍLABAS. Quem tem mais letra, o dinossauro ou o seu nome? Vamos juntar? Quantas letras tem? Quantas vezes abrimos a boca? Vamos registrar? Vamos investigar?

Com o estudante que tem hiperfoco, sempre se parte do que ele gosta e, através de seu comportamento, o professor apresentará outras situações para envolvê-lo.

Farei uma analogia com os cursos de especialização, mestrado ou doutorado: na pesquisa acadêmica, nos debruçamos sobre um hiperfoco. Desta forma, o autista, desde muito cedo, possui hiperfoco, e devemos aproveitá-lo para desenvolver as suas habilidades e competências, ampliando seus conhecimentos. Portanto, cabe ao professor mediar, estimular e conhecer esse estudante, orientando a família – pois o ensino naturalista prioriza os conhecimentos sociointeracionistas – para desenvolvê-lo integralmente, buscando a parceria com os profissionais pelos quais é atendido.

Outro ponto fundamental que o professor deve considerar, diariamente, é o planejamento personificado para oportunizar aos seus estudantes o desenvolvimento de suas aprendizagens. Ouvimos sempre que o diagnóstico é o primeiro passo para a intervenção no espectro autista. Na aprendizagem não é diferente, é importante identificar os reforçadores preferenciais, os desejos, os gostos, as manias, para realmente atender a criança conforme suas necessidades, ampliando seu horizonte de conhecimentos. Outro fator determinante é identificar do que o estudante mais gosta. Isso faz todo o sentido quando iniciamos as intervenções pedagógicas ou educacionais a partir de suas preferências em todas as áreas do conhecimento, com motivação, estímulo, amor, e responsabilidade, percebendo sua evolução quando a criança gosta e está predisposta ao desafio.

Outro exemplo é quando a criança gosta de selecionar um determinado produto ou objeto e você inicia a sessão perguntando se ela sabe o que ele faz e qual sua origem. No primeiro ano do Ensino Fundamental, exploramos os conhecimentos do alfaletramento; no segundo ano, iniciamos a produção textual, escrita, interpretação e compreensão de situações cotidianas, o letramento alfamatemático, com resolução de situações problemas, questões de números e numerais; no terceiro ano, iniciamos a questão da compreensão global da aprendizagem com significado, sempre partindo do que o estudante gosta para apresentar-lhe outras situações e, através do comportamento, alterar sua visão de mundo e vida.

Destaca-se que a melhor forma para obter sucesso na aprendizagem é trabalhar o ensino naturalístico e a aprendizagem com significado. Atualmente, com as Tecnologias Digitais da Informação e Comunicação (TDICs), é possível criar situações em que a criança faça sua imersão por completo na aprendizagem, com muitos aplicativos e criatividade por parte do professor.

Sempre é importante registrar e passar para a equipe multidisciplinar acompanhar ou reforçar o que for trabalhado na escola, bem como a questão da aprendizagem parental, para continuar o processo no espaço de sua vivência cotidiana. Lembrando que a criança, no espectro autista, precisa ser informada antes do que fará e como fará. Importante o professor conhecer as metodologias ativas: sala de aula invertida, ensino híbrido para os modelos de ensino flex, à la carte e virtual enriquecido para desenvolver suas estratégias de ensinagem no momento das intervenções e da aula.

Tenho hábito de estimular e orientar os profissionais do nosso Instituto de Educação Talentto's, e nas formações que promovemos, sempre combino com o estudante o que será visto na próxima aula e peço para que ele pesquise o tema em casa. Esse é um estímulo excelente, pois chega à escola sabendo o que fará, embora não saiba os procedimentos e as estratégias que serão utilizadas. Lembrando que não existe receita, uma vez que cada criança é única e precisamos trabalhar a aprendizagem significativa na perspectiva personalizadora.

Cabe ao professor fazer o *checklist* do que sua criança autista gosta, pois isso facilitará o seu planejamento e desenvolvimento de atividades de aprendizagem com ela, mesmo se apoiando nas Bases Curriculares Nacionais da Educação e nos componentes curriculares (BNCC, 2018). Podemos citar vários exemplos, tais como: quebra-cabeça, jogos de telas, tabuleiros, leituras, livros, objetos, coleções, desenhos, bonecos, jogos educativos, cartazes, fantasias, leitura, gibis, contação de história, tecnologias e aplicativos. Estes dois últimos têm restrições, pois o uso em excesso das telas tem prejudicado o desenvolvimento da aprendizagem da criança, podendo gerar certos distúrbios. Então, fica um alerta, e orientem os pais que o uso de telas em excesso causa prejuízos ao desenvolvimento das crianças. Orientem os familiares sobre as brincadeiras que geram movimento, pois são extremamente importantes, e não façam das tecnologias suas babas e nem mesmos recreacionistas.

Do ponto de vista educacional, as TDICs são excelentes, se soubermos usar suas ferramentas adequadas, contudo, a escola ainda não criou a técnica de utilizar a inteligência artificial em suas atividades educativas, encontrada nos jogos eletrônicos.

Para o melhor desenvolvimento do estudante, é fundamental que o professor planeje as intervenções individualizadas e peça ajuda para o mentor ou o auxiliar. Lembrando que a escola e o espaço de aprender não são do professor, são de toda a comunidade escolar; por isso, para realmente fazer a inclusão e desenvolver as habilidades e competências, o ambiente escolar requer a cooperação de todos.

É necessário que o profissional da educação faça relatórios analíticos detalhados e qualitativos para encaminhar à equipe multidisciplinar, para que as intervenções sejam realmente eficazes. E também é necessário apresentar esses relatórios às famílias, auxiliando-as na compreensão dos progressos apresentados pelo familiar. Cada profissional precisa elaborar o *feedback* para a família, escola, referente à especialidade na qual o estudante é atendido.

O professor precisa estabelecer objetivos de curto, médio e longo prazo para desenvolver as habilidades e competências dos estudantes autistas. O profissional de apoio, auxiliar ou mentor deve ser parceiro do professor para que possam planejar, executar, avaliar as ações colaborativas e tomar decisões juntos. É preciso analisar as ações e aprendizagens antecedentes às conquistas, para verificar o desenvolvimento do processo de aprendizagem. Para os estudantes no espectro autista, oportunizar tarefas ou desafios é fundamental, pois torna-os responsáveis, comprometidos, ativos e evolvidos de forma eficaz.

Outro ponto a ser considerado pelo profissional de educação é que conheça os estilos de aprendizagens ou as inteligências múltiplas para aproveitar ao máximo o seu potencial e abrir caminhos para habilidades que não estão presentes, reforçando as que se destacam no indivíduo – além de conhecer as inteligências múltiplas, bem como oportunizar ao estudante o desenvolvimento de habilidades e competências necessárias à vida e ao estudo. Ensinar e treinar novas habilidades de aprendizagem é papel e função tanto do professor, quanto do instrutor; assim como ter o registro do seu desenvolvimento de aprendizagem com critérios claros e analisar suas progressões para dar *feedback* à equipe que atende o estudante, bem como à sua família.

O professor e o instrutor, mediante o plano elaborado, fazem a intervenção educacional, analisando as etapas do desenvolvimento pleno do estudante nos aspectos conceituais, procedimentais, atitudinais e factuais. Por sua vez, o acompanhamento, o registro e o *feedback* servirão para a elaboração do diagnóstico e para a tomada de decisão para as futuras intervenções.

Referências

BRAGA, W. C. *Autismo: azul e de todas as cores – guia básico para pais e profissionais.* São Paulo: Paulinas, 2018.

BRASIL. *Ministério da Educação. Base Nacional Comum Curricular.* Brasília, 2018.

FERRARI, P. *Autismo infantil: o que é e como tratar.* 4. ed. São Paulo: Paulinas, 2012.

HUDSON, D. *Dificuldades específicas de aprendizagem: ideias práticas para trabalhar com – dislexia, discalculia, disgrafia, dispraxia, TDAH, TEA, Síndrome de Asperger, TOC*. Tradução de Guilherme Summa. Petrópolis: Vozes, 2019.

LDB – Lei no 9.394/96, de 20 de dezembro de 1996. Estabelece as Diretrizes e Bases da Educação Nacional. Brasília: MEC, 1996.

STELLA, A. C.; RIBEIRO, D. M. (Orgs). *Análise do comportamento aplicada ao Transtorno do Espectro Autista*. Curitiba: Appris, 2018.

26

EXAMES COMPLEMENTARES NO TEA

O objetivo deste capítulo é orientar pais e outras pessoas que queiram compreender melhor as indicações, os cuidados e o custo-benefício da investigação com exames complementares em pacientes com transtorno do espectro do autismo.

VICTOR ALVES RODRIGUES

Victor Alves Rodrigues

Contatos
www.drvictorneuropediatra.com.br
contato@drvictorneuropediatra.com.br
neurologiainfantil.drvictor@gmail.com
Instagram: @drvictorneuropediatra
73 99955 1919

Graduação em Medicina pela Universidade Estadual do Sudoeste da Bahia – UESB. Residência Médica em Pediatria pelo Hospital Universitário Clemente de Farias/Universidade Estadual de Montes Claros – UNIMONTES. Residência Médica em Neurologia Infantil pelo Hospital Universitário de Brasília/UnB – DF. Curso de Aperfeiçoamento de Doenças Neurogenéticas de Início na Infância pela Faculdade de Medicina da Universidade de São Paulo – FMUSP. Curso de Neurofisiologia Clínica pela Sociedade Brasileira de Neurofisiologia Clínica – SBNC. Curso de Neurogenética pela Academia Brasileira de Neurologia do Distrito Federal. Membro da Sociedade Brasileira de Neurologia Infantil – SBNI. Pós-graduando em Psiquiatria e Saúde Mental da Infância e Adolescência pelo Child Behavior Institute – CBI of Miami.

O Transtorno do Espectro do Autismo (TEA) é uma condição do neurodesenvolvimento caracterizada por dificuldades na comunicação social, na interação com outras pessoas, pela presença de comportamentos repetitivos e interesses restritos.

O diagnóstico de TEA é baseado na observação clínica e em entrevistas com os pais ou cuidadores do paciente. Portanto, o TEA é uma condição comportamental heterogênea, cujo diagnóstico é clínico e independe de exames complementares para ser estabelecido.

Entretanto, existe uma busca contínua para o estabelecimento de biomarcadores que possam determinar a condição de maneira mais objetiva.

Com os avanços tecnológicos na área médica, diversos métodos de investigação e avaliação são criados a cada ano. Isso possibilita a mensuração de parâmetros bioquímicos, marcadores genéticos e alterações estruturais de órgãos e sistemas de forma cada vez mais acurada, favorecendo melhor a compreensão, ao longo do tempo, de algumas condições que são heterogêneas como o TEA.

Outro ponto que deve ser lembrado é que, muitas vezes, torna-se necessário realizar exames complementares para identificar condições coexistentes.

Para avaliar a necessidade ou não de investigação complementar, solicitando exames em um paciente com TEA, podemos agrupar esses pacientes nas seguintes categorias:

Grupo 1 – Pacientes com "TEA sindrômico" (TEA associado a sinais morfológicos que podem sugerir, na maioria das vezes, distúrbios genéticos). Esses pacientes apresentam características físicas observáveis durante a avaliação clínica. Isso gera suspeita quanto à possibilidade de alguma síndrome neurogenética ou mesmo outras condições específicas que mereçam investigação. Essas características morfológicas são chamadas de dismorfias (alterações da forma do corpo ou de traços específicos do rosto), estigmas de pele (manchas ou outras alterações), que podem ser congênitas ou não, também são importantes e podem sugerir alguns diagnósticos, tais como Esclerose Tuberosa ou Neurofibromatose por exemplo. Caso exista uma história familiar positiva e frequente para TEA ou características dismórficas (sindrômicas), é necessário uma avaliação genética clínica.

Grupo 2 – Pacientes com "TEA não sindrômico" (TEA idiopático sem outras alterações associadas, apresentando somente o fenótipo comportamental). Esse grupo, geralmente, não necessita de investigações complementares, exceto quando, durante a evolução clínica, apresentarem alguma alteração neurológica específica.

Grupo 3 – Pacientes TEA, sindrômicos ou não, que apresentam suspeita de condição clínica associada (por exemplo, presença de movimentos anormais que possam sugerir a ocorrência de crises epilépticas; suspeita de baixa acuidade visual ou auditiva etc.). Nesse grupo, é necessária a investigação detalhada das condições suspeitas, em alguns casos, por meio de exames complementares.

Grupo 4 – Pacientes TEA sindrômicos ou não, que apresentam condições especiais (exemplo: seletividade alimentar muito intensa e prolongada, que possa causar distúrbio nutricional; uso de medicações que causem alterações hormonais ou de outros tipos em algum órgão ou sistema).

Entre os exames complementares mais comuns, que, após avaliação médica criteriosa, podem ser solicitados, podemos citar:

- Eletroencefalograma (EEG): é um exame que avalia a atividade elétrica cerebral. É útil para avaliar a presença de alterações eletrográficas que possam sugerir crises epilépticas específicas e outras anormalidades cerebrais que podem estar presentes em pacientes com TEA. Deve sempre ser realizado em caso de perda tardia ou regressão atípica da capacidade da linguagem falada.
- Exames de imagem cerebral: a ressonância magnética e a tomografia computadorizada podem ser usadas para avaliar as estruturas do Sistema Nervoso Central e identificar anomalias estruturais que possam estar relacionadas ao TEA. Podem ser solicitadas em casos de suspeita de regressões do desenvolvimento com perda de várias capacidades já estabelecidas, microcefalia (tamanho reduzido do perímetro craniano, além do mínimo esperado para a idade e sexo do paciente em avaliação), macrocefalia (tamanho aumentado do perímetro craniano, além do máximo esperado para a idade e sexo do paciente em avaliação), presença de epilepsia com crises focais, caso o exame neurológico esteja alterado, gerando suspeita de lesões intracranianas ou malformações cerebrais, entre outras indicações que devem ser individualizadas.
- Testes genéticos: o TEA pode estar associado a certas anomalias genéticas. Existem dados que apontam uma correlação genética de herdabilidade

do TEA que varia de 64% a 91%. Portanto, testes genéticos podem ser realizados para ajudar na identificação dessas alterações. A depender da alteração genética estabelecida, pode existir somente o fenótipo comportamental do TEA; em outros casos, existem alterações morfológicas e riscos associados, inclusive riscos de condições clínicas que aparecem com o tempo (por exemplo, existem síndromes genéticas que aumentam o risco para a ocorrência de Diabetes Mellitus, perda visual ou ocorrência de câncer). Para a investigação, podem ser realizados vários exames, a depender da suspeita clínica: cariótipo, microarray genômico SNP ou CGH array, pesquisa molecular por PCR, MLPA, FISH, painel com Sequenciamento de Nova Geração e exoma. Cada um desses exames tem uma indicação para investigação de suspeita de alteração genética específica. São exemplos de condições que podem ser encontradas: Síndrome de X-frágil, Síndrome de Rett, microdeleções ou microduplicações do DNA etc.

- Testes metabólicos: algumas condições neurogenéticas podem causar alterações metabólicas na quantidade de substâncias que controlam o funcionamento do organismo que, por sua vez, podem afetar o desenvolvimento infantil, criando um quadro de transtorno do neurodesenvolvimento. Em casos específicos, a depender da história clínica do paciente, e de alguns fatores de risco (por exemplo, consanguinidade dos pais), devem ser realizados testes (exames) metabólicos para a investigação de erros inatos do metabolismo (EIM). Trata-se de uma investigação complexa e custosa para definir a existência ou não de EIM; em alguns casos, podem ser encontradas situações que são tratáveis.
- Avaliação da audição: é comum que o paciente com diagnóstico de TEA tenha, de forma pregressa, história de atraso do desenvolvimento da linguagem falada. Quando presente, esse comprometimento deve ser investigado em relação à acuidade auditiva por meio de exames específicos (BERA, audiometria etc.).
- Avaliação da visão: em casos de suspeita de visão subnormal ou para investigação de alguma suspeita de alterações ocultas no fundo de olho.
- Exames laboratoriais: as avaliações laboratoriais podem incluir hemograma completo, avaliação da quantidade de ferro no organismo, função tireoidiana, níveis de lactato, piruvato, colesterol, dosagem de vitaminas específicas etc. Cada um desses exames deve ser solicitado com base em uma suspeita específica (por exemplo, existe uma suspeita de anemia ferropriva? Ou existe uma suspeita de alteração da função tireoidiana?) ou mesmo em casos de condições clínicas desfavoráveis, como, crianças que cursam com seletividade alimentar muito grave e que há muito tempo não aceitam determinados alimentos ou grupos alimentares específicos (dietas restritas em que não existe a ingestão de carnes ou proteínas de origem animal podem causar deficiência de vitamina B12, que é importante para a saúde dos nervos). Dietas estabelecidas de maneira exacerbada, em relação a algum grupo alimentar (dietas baseadas apenas em carboidratos

simples e associadas a ganho de peso intenso), podem causar desregulações metabólicas com aumento dos níveis de glicose ou colesterol.

- Quando em uso de medicações: o uso prolongado de algumas medicações pode ser necessário para o controle de sintomas no paciente com TEA. Geralmente, toda medicação traz consigo efeitos adversos específicos e com intensidade variável, conforme a resposta particular do paciente e a dose utilizada. Portanto, em alguns casos, existe a necessidade de monitorização periódica desses efeitos colaterais e, em caso de alterações significativas, pode ser necessário realizar troca de medicação.
- Outros exames: além disso, exames complementares também podem ajudar a identificar outras condições coexistentes que possam afetar de maneira significativa o comportamento e estabilidade dos pacientes com TEA. Podem ser citados exemplos como a necessidade de realizar polissonografia quando existem distúrbios do sono, Endoscopia Digestiva Alta e/ou testes para intolerância à lactose durante a investigação de suspeita de distúrbios gastrointestinais, entre outros exames complementares, que devem ser direcionados conforme a suspeita clínica e após uma avaliação clínica cuidadosa.

Por trás dessas investigações complementares, existem pontos relevantes que merecem ser discutidos de maneira mais detalhada. Existem exames complementares que apresentam contraindicações e riscos associados à realização, isso deve ser cuidadosamente avaliado antes da solicitação para todos os pacientes.

A exemplo disso, a exposição à radiação em exames de neuroimagem, como tomografia computadorizada de crânio, deve ser cuidadosamente avaliada em pacientes jovens e em desenvolvimento, especialmente aqueles com a necessidade de realização de múltiplos exames. Algumas crianças com TEA podem ter dificuldades significativas em tolerar procedimentos invasivos ou mesmo não invasivos, o que pode levar à ansiedade, ao estresse e a comportamentos agressivos ou autolesivos.

Alguns exames complementares são extremamente dispendiosos do ponto de vista econômico e podem sobrecarregar o sistema público ou privado de saúde, ou mesmo o orçamento familiar, que já é afetado com o custo das várias terapias de estimulação comportamental necessárias para o tratamento e o controle da condição.

Durante a avaliação e indicação de exames complementares para pacientes com TEA, é sempre necessário pensar em termos de custo-benefício para a realização de uma investigação racional. O que será agregado à condução do caso? Quais melhorias na qualidade de vida da criança e dos pais poderão ser alcançadas com os possíveis resultados? Existem contraindicações para a sua realização? Quais são os riscos?

Em suma, os exames complementares são uma ferramenta valiosa para avaliação de pacientes com TEA, principalmente quando são bem indicados. É sempre importante que os profissionais de saúde que estão assistindo o paciente discutam os prós e contras desses exames com os pais e cuidadores antes de optar pela realização deles.

Referências

CHERONI, C.; CAPORALE, N.; TESTA, G. Autism spectrum disorder at the crossroad between genes and environment: contributions, convergences, and interactions in ASD developmental pathophysiology. *Molecular autism*, v. 11, n. 1, p. 69, 2020.

DAUCHEZ, T. *et al.* Diagnostic Process for Autism Spectrum Disorder: A Meta-Analysis of Worldwide Clinical Practice Guidelines for the Initial Somatic Assessment. *Children*, v. 9, n. 12, p. 1886, 2022.

GENOVESE, A.; BUTLER, M. G. Clinical assessment, genetics, and treatment approaches in autism spectrum disorder (ASD). *International journal of molecular sciences*, v. 21, n. 13, p. 4726, 2020.

HYMAN, S. L.; LEVY, S. E.; MYERS, S. M.; Council on children with disabilities, section on developmental and behavioral pediatrics. *In:* Identification, Evaluation, and Management of Children With Autism Spectrum Disorder. *Pediatrics*, jan. 2020; Epub 16 dec. 2019.

KLOOSTERBOER, S. M. *et al.* Risperidone plasma concentrations are associated with side effects and effectiveness in children and adolescents with autism spectrum disorder. *British Journal of Clinical Pharmacology*, v. 87, n. 3, p. 1069-1081, 2021.

MONTENEGRO, M. A. *et al.* Proposta de Padronização Para o Diagnóstico, Investigação e Tratamento do Transtorno do Espectro Autista. *Sociedade Brasileira de Neurologia Infantil*, v. 3, 2019.

TRANSTORNO DO ESPECTRO DO AUTISMO. Manual de Orientação Departamento Científico de Pediatria do Desenvolvimento e Comportamento, Nº 5, Abril de 2019, Sociedade Brasileira de Pediatria. Disponível em: <https://sbni.org.br/wp-content/uploads/2021/07/Guidelines_TEA.pdf>. Acesso em: 02 jun. de 2023.

27

ABORDAGEM PRÁTICA DA TERAPIA FARMACOLÓGICA NO AUTISMO

O tratamento do transtorno do espectro autista (TEA) é baseado na análise aplicada do comportamento. A terapia farmacológica deve ser iniciada após a maximização das intervenções comportamentais e ambientais. Este capítulo apresenta as principais classes de drogas para tratamento de comorbidades e de sintomas-alvo. Perspectivas futuras vislumbram o tratamento de déficits sociais associados ao TEA.

SAULO DE SERRANO E PIRES

Saulo de Serrano e Pires

Contatos
spires13@uol.com.br
Instagram: @dr.sauloserrano

Médico pela Universidade Federal da Paraíba, Campus II (1995), com residência em Pediatria pela Universidade Estadual de Campinas - Unicamp (1996 e 1997), e em Neonatologia pelo Centro de Atenção Integral à Saúde da Mulher (CAISM) - Unicamp, 1998; pediatra do desenvolvimento na Rede SARAH de Hospitais de Reabilitação (2000 a 2007); professor do curso de Medicina da Faculdade de Ciências Médicas da Paraíba (FCMPB) - Afya.

Apesar das décadas de pesquisas sobre medicações no contexto do transtorno do espectro autista (TEA), evidências indicam que não há tratamento específico. Porém, muitos pacientes com TEA necessitam de terapia farmacológica para reduzir problemas de comportamento e comorbidades. A politerapia é comum em quase metade deles e aumenta com a idade.

Selecionar uma droga requer avaliação criteriosa da necessidade de intervenção nos sintomas-alvo, como hiperatividade, agitação psicomotora, auto e heteroagressão, insônia, ansiedade e transtorno de humor, distúrbios de sono e de atenção. É importante o acompanhamento e o monitoramento da eficácia e de eventuais efeitos colaterais. Ademais, a pessoa autista apresenta maior sensibilidade para efeitos adversos do que o indivíduo neurotípico (AMAN *et al.*, 2008).

Os pais e responsáveis devem ser orientados desde cedo acerca da importância da multidisciplinariedade na reabilitação. A boa resposta ao tratamento farmacológico depende substancialmente do engajamento da família, dos educadores e dos profissionais atuantes nas terapias em clínicas. Assim, salienta-se a importância de um ambiente adequado para um melhor resultado e da análise do comportamento formal para estudar os sintomas.

Ensaios clínicos recentes mostram que os medicamentos podem ter o potencial de reverter anormalidades neurobiológicas, facilitando as terapias e o funcionamento diário do indivíduo. Assim, intervenções baseadas na neurobiologia podem contribuir para decisões terapêuticas futuras (GUASTELLA *et al.*, 2015).

Os agentes psicofarmacológicos devem ser prescritos após intervenções educacionais e comportamentais e, além do mais, uma avaliação clínica precisa afastar doenças psiquiátricas, comorbidades associadas e fatores estressores (McGUIRE *et al.*, 2016). Condições médicas tratáveis requerem atenção e tratamento, como distúrbios gastrointestinais, lesão dentária, fontes agudas de dor e afins (HYMAN *et al.*, 2020).

O princípio básico da monoterapia reduz o risco de efeitos colaterais, a exemplo de aumento de sono diurno ou mesmo prolongamento no intervalo QT no ECG. Além disso, é imperativo o conhecimento da interação medicamentosa.

Entre as classes de drogas mais utilizadas, destacam-se antipsicóticos, psicoestimulantes e antidepressivos. Os antipsicóticos típicos são potentes antagonistas do receptor de dopamina pós-sináptico. Apesar da eficácia contra problemas comportamentais graves, o uso na prática clínica é cada vez menor, em virtude de efeitos adversos, como sedação e discinesia tardia. Em contrapartida, os novos antipsicóticos são mais eficazes e apresentam maior proteção contra sintomas extrapiramidais, pois bloqueiam receptores pós-sinápticos da serotonina e apresentam afinidade pelos receptores dopaminérgicos, alfa-adrenérgicos e histaminérgicos.

A risperidona (McCRACKEN *et al.*, 2002) e o aripiprazol são os únicos antipsicóticos aprovados pelo *US Food and Drugs Administration* (FDA): a risperidona, a partir dos 5 anos de idade, e o aripiprazol, de 6 até 17 anos. Devem ser considerados para o tratamento de comportamento disruptivo, pois, na prática diária, a risperidona é utilizada com segurança de forma *off-label* antes da faixa etária referida.

O aripiprazol, particularmente, atua como agonista parcial no receptor dopaminérgico. Essa seletividade funcional propõe que, a depender do meio celular, é provável uma mistura de ações agonistas, agonistas parciais e antagonistas (GOODNICK *et al.*, 2002). Nesse caso, os efeitos terapêuticos não se correlacionam da mesma maneira com o percentual de ocupação de receptores. Um agonista pode ser pleno, induzindo o efeito máximo, ou parcial, induzindo um efeito de menor magnitude (MOREIRA; GUIMARÃES, 2007).

Os antipsicóticos atípicos podem apresentar diversos efeitos colaterais, como sedação, aumento do apetite com ganho ponderal, fadiga, sintomas gastrointestinais, aumento da prolactina, obstrução nasal, inquietação e acatisia. Outros efeitos adversos mais severos incluem dislipidemia, hiperglicemia, síndrome metabólica, sintomas extrapiramidais ou distúrbios do movimento induzidos. Dessa forma, recomenda-se monitoramento próximo para pacientes que utilizam essas drogas por um longo prazo.

A titulação da dose das referidas drogas deve ser individualizada, com incrementos de acordo com a necessidade, geralmente, a cada duas semanas.

No início, preconiza-se a administração no período noturno, dada a possibilidade de sedação. Estudos recentes apontam que a risperidona atinge um platô ao alcançar o patamar de 2 mg, a partir do qual o risco/benefício não compensa o aumento da dose (KENT *et al.*, 2013).

Os demais antipsicóticos, como a clozapina e a quetiapina, são usados de forma *off-label.* A idade de início e o perfil de efeitos colaterais em médio e longo prazo ainda não suportam suas indicações em detrimento dos supramencionados. A clozapina tem a vantagem de não causar discinesia tardia, mas deve ser usada com precaução, pelo risco de agranulocitose. Por isso, é necessária monitorização eletrocardiográfica antes e durante o seu uso (PILLAY *et al.*, 2017).

Até o DSM-IV-TR, publicado no ano de 2013, havia um critério de exclusão que não permitia fazer o diagnóstico de Transtorno de Déficit de Atenção/Hiperatividade (TDAH) no contexto do TEA. Agora, entende-se que TDAH e TEA podem ser comorbidades comuns entre si, com sobreposição comportamental, biológica e neuropsicológica. Nesse sentido, os psicoestimulantes podem trazer benefício para o paciente autista (ANTSHEL; ZHANG-JAMES; FARAONE, 2013).

O metilfenidato parece melhorar os sintomas de desatenção e hiperatividade em crianças com TEA, mas a resposta é menor que nos indivíduos que apresentam TDAH isolado. A curto prazo, pode haver melhora dos sintomas do TDAH, mas são necessários estudos randomizados de maior extensão que suportem a magnitude desse efeito (STURMAN *et al.*, 2017).

No maior estudo randomizado controlado cruzado, aproximadamente 50% das crianças com TEA responderam à referida medicação de acordo com a escala *Aberrant Behaviour Checklist* (ABC) e a dimensão do efeito foi dose-dependente (McCRACKEN *et al.*, 2005).

Os efeitos adversos mais comuns do metilfenidato foram: diminuição do apetite, irritabilidade, tiques motores, embotamento e retraimento social (STURMAN *et al.*, 2017). Um estudo cruzado com 72 crianças com TEA mostrou que 18% interromperam o tratamento pelos eventos adversos. Outro estudo mostrou descontinuidade da medicação em apenas 3,5 % dos pacientes (AMAN, 2008).

Apesar do amplo uso na prática clínica, faltam estudos sobre as anfetaminas, como lisdexanfetamina, guanfacina e clonidina (TSUJII *et al.*, 2021). Uma análise retrospectiva da terapia com guanfacina em 80 crianças com TEA mostrou que ela é bem tolerada, com taxas de resposta de 21% a 27% para sintomas de TDAH (POSEY *et al.*, 2004). As crianças tratadas com agonistas alfa-2-adrenérgicos devem ter a pressão arterial e a frequência cardíaca monitoradas periodicamente.

Os antidepressivos são usados nos pacientes com TEA que apresentam comorbidades psiquiátricas, e a principal meta-análise com antidepressivos demonstrou eficácia significativa para o tratamento de comportamentos restritos e repetitivos em pacientes com TEA em comparação com placebo. Um dos achados interessantes foi a maior eficácia da clomipramina, antidepressivo tricíclico, em comparação aos inibidores seletivos da receptação da serotonina (LIANG *et al.*, 2022). Essa publicação mostrou que os efeitos adversos mais comuns no sistema nervoso central foram: letargia, irritabilidade e insônia.

A suscetibilidade aos medicamentos no sistema nervoso central varia com a idade, sustentando a ideia de que a faixa etária pode ser um fator que influencia a eficácia dos antidepressivos para comportamentos restritos e repetitivos. Os pacientes com menor nível de suporte apresentam melhor resposta e boa tolerância (REIERSEN *et al.*, 2011).

Ainda há pouca evidência para o tratamento farmacológico dos distúrbios do sono em crianças com TEA e nenhum medicamento é aprovado pela FDA. Contudo, na prática clínica, a melatonina é utilizada de forma *off-label* (WILLIAMS BUCKLEY *et al.*, 2020).

Um consenso europeu reconheceu que ensaios pediátricos de segurança/tolerabilidade da melatonina são limitados, mas não há evidências de que o curto prazo tenha efeitos adversos significativos. Os mais frequentes foram: sonolência matinal, enurese noturna, dor de cabeça, tontura, diarreia, erupção cutânea e hipotermia (BRUNI *et al.*, 2014).

Importante pontuar que medidas não farmacológicas são a primeira linha para o tratamento dos distúrbios do sono. Na prática, sugere-se a melatonina para pacientes com TEA que têm dificuldade em adormecer e permanecer dormindo, apesar da higiene do sono adequada e intervenções comportamentais ou ambientais. É improvável que os medicamentos sejam eficazes na ausência de um horário de sono adequado, sem retirada de telas no período noturno.

Embora as intervenções farmacológicas no TEA tenham se concentrado em sintomas-alvo, novos alvos terapêuticos visam a melhorar déficits sociais e desequilíbrio neural excitatório-inibitório, anormalidades neuropeptídicas, disfunção imunológica e deficiências bioquímicas.

Os sistemas neurobiológicos que suportam o comportamento social normativo são uma das vias de sinalização mais promissoras para a descoberta de alvos terapêuticos do TEA. Um desses candidatos é o neuropeptídeo ocitocina. Os estudos apontam que a administração em *spray* nasal pode melhorar a interação social de pacientes com TEA, com melhor resposta em adultos (QUINTANA *et al.*, 2017).

Outros agentes farmacológicos que demonstraram benefício potencial para déficits sociais em indivíduos com TEA incluem D-cicloserina, tetrahidrobiopterina e intensificadores de cognição usados no tratamento da doença de Alzheimer, mas estudos adicionais são necessários para confirmar a eficácia e a segurança antes que essas terapias possam ser recomendadas. Identificar subgrupos de pessoas com TEA que podem responder melhor a um novo tratamento em desenvolvimento pode ser essencial para o sucesso neste campo, dada a heterogeneidade do TEA. Pesquisas futuras devem ter como objetivo avaliar a responsividade aos medicamentos, avançar na metodologia de medição de resultados e integrar intervenções comportamentais para avançar na pesquisa farmacoterapêutica no autismo.

Referências

AISHWORIYA, R. *et al.* (2022). An Update on Psychopharmacological Treatment of Autism Spectrum Disorder. *Neurotherapeutics: the journal of the American Society for Experimental NeuroTherapeutics.*

AMAN, M. G. *et al.* (2008). Treatment of inattention, overactivity, and impulsiveness in autism spectrum disorders. *Child and adolescent psychiatric clinics of North America.*

ANTSHEL, K. M.; ZHANG-JAMES, Y.; FARAONE, S. V. The comorbidity of ADHD and autism spectrum disorder. *Expert review of neurotherapeutics*, 2013.

BRUNI, O. *et al.* Current role of melatonin in pediatric neurology: clinical recommendations. *European journal of paediatric neurology: EJPN: official journal of the European Paediatric Neurology Society*, 2015.

CHOUEIRI, R. N.; ZIMMERMAN, A. W. New Assessments and Treatments in ASD. *Curr Treat Options Neurol.*, 19, 6 (2017). Disponível em: <https://doi.org/10.1007/s11940-017-0443-8>. Acesso em: mar. de 2023.

De PABLO, G. S. *et al.* (2022). Systematic Review and Meta-analysis: Efficacy of Pharmacological Interventions for Irritability and Emotional Dysregulation in Autism Spectrum Disorder and Predictors of Response. *Journal of the American Academy of Child & Adolescent Psychiatry.*

GOODNICK, P. J.; JERRY, J. M. (2002). Aripiprazole: profile on efficacy and safety. *Expert Opinion on Pharmacotherapy.*

GUASTELLA, A. J. *et al.* (2015). The effects of a course of intranasal oxytocin on social behaviors in youth diagnosed with autism spectrum disorders: a randomized controlled trial. *Journal of child psychology and psychiatry, and allied disciplines.*

HYMAN, S. L. *et al.* Identification, Evaluation, and Management of Children with Autism Spectrum Disorder. *Pediatrics*, 2020.

KENT, J. M. *et al.* Risperidone dosing in children and adolescents with autistic disorder: a double-blind, placebo-controlled study. *Journal of autism and developmental disorders*, 2013.

KOTAGAL, S.; BROOMALL, E. Sleep in children with autism spectrum disorder. *Pediatric neurology*, 2012.

LIANG, S. C. *et al.* Therapeutic effects of antidepressants for global improvement and subdomain symptoms of autism spectrum disorder: a systematic review and meta-analysis. *Journal of psychiatry & neuroscience,* 2022.

McCRACKEN, J. T. *et al.* Research Units on Pediatric Psychopharmacology Autism Network. Risperidone in children with autism and serious behavioral problems. *The New England journal of medicine,* 2022.

McGUIRE, K. *et al.* Irritability and Problem Behavior in Autism Spectrum Disorder: A Practice Pathway for Pediatric Primary Care. *Pediatrics,* 137 Suppl 2, 2016.

MOREIRA, F. A.; GUIMARÃES, F. S. Mecanismos de ação dos antipsicóticos: hipóteses dopaminérgicas. *Medicina (Ribeirão Preto)*, 2017.

PILLAY, Y.; BROWNLOW, C. Predictors of Successful Employment Outcomes for Adolescents with Autism Spectrum Disorders: A Systematic Literature Review. *Rev J Autism Dev Disord.*

POSEY, D. J. *et al.* Guanfacine treatment of hyperactivity and inattention in pervasive developmental disorders: a retrospective analysis of 80 cases. *Journal of child and adolescent psychopharmacology,* 2004.

QUINTANA, D. S. *et al.* Dose-dependent social-cognitive effects of intranasal oxytocin delivered with novel Breath Powered device in adults with autism spectrum disorder: a randomized placebo-controlled double-blind crossover trial. *Translational psychiatry*, 2017.

REIERSEN, A. M.; HANDEN, B. Commentary on Selective serotonin reuptake inhibitors (SSRIs) for autism spectrum disorders (ASD). *Evidence-Based Child Health: A Cochrane Review Journal*, 2011.

RESEARCH Units on Pediatric Psychopharmacology Autism Network. Randomized, controlled, crossover trial of methylphenidate in pervasive developmental disorders with hyperactivity. *Arch Gen Psychiatry*, 2005.

STURMAN, N., DECKX, L.; van DRIEL, M. L. Methylphenidate for children and adolescents with autism spectrum disorder. *The Cochrane database of systematic reviews*, 2017.

TSUJII, N., *et al.* Efficacy and Safety of Medication for Attention-Deficit Hyperactivity Disorder in Children and Adolescents with Common Comorbidities: A Systematic Review. *Neurology and therapy*, 2021.

WILLIAMS BUCKLEY, A. *et al.* Practice guideline: treatment for insomnia and disrupted sleep behavior in children and adolescents with autism spectrum disorder: report of the Guideline Development, Dissemination, and Implementation Subcommittee of the American Academy of Neurology. *Neurology*, 2020.

28

O USO DE PRODUTOS DERIVADOS DE CANNABIS NO TRANSTORNO DO ESPECTRO AUTISTA

Parte das crianças com autismo e comportamentos disruptivos não respondem bem a tratamento médico e comportamental padrão, e é justamente nesse sentido que o tratamento de sinais e sintomas presentes em indivíduos com TEA com produtos à base de cannabis vem ganhando notoriedade, com conjunto crescente de evidências e avanços nas pesquisas científicas, mostrando efeitos terapêuticos potenciais em problemas comportamentais, que incluem ansiedade, irritabilidade, agressividade, melhorando a qualidade de vida do indivíduo e de seus familiares.

KAREN BALDIN

Karen Baldin

Contatos
clinicaneurodesenvolver.com.br
Instagram: @drakarenbaldin
13 3345 5551 / 13 97408 1762

Neurologista infantil, especialista em Pediatria e em Neurofisiologia Clínica. Residência em Pediatria no Hospital Infantil Municipal Menino Jesus. Residência médica em Neurologia Infantil na Unicamp. Pós-graduada em Psiquiatria Infantil *lato sensu.* Médica colaboradora do serviço de Neurologia Infantil do Hospital Guilherme Álvaro e Santa Casa de Santos. Proprietária e responsável técnica da Clínica Neurodesenvolver – Santos/SP.

Os transtornos do espectro autista (TEA) compreendem condições que, além de afetarem a interação social e a comunicação, podem comprometer o desenvolvimento cognitivo, as habilidades motoras e o comportamento. Esse conjunto de disfunções muitas vezes resulta em falta de independência para os indivíduos diagnosticados, redução das oportunidades de aprendizagem e sofrimento, para eles e seus familiares.

Não há tratamento farmacológico estabelecido para os sintomas centrais do TEA (dificuldade na interação, comunicação, comportamentos repetitivos e estereotipados), a eficácia e a tolerabilidade dos fármacos que abordam comportamentos disruptivos comórbidos (irritabilidade, ansiedade, hiperatividade, agitação, agressividade, distúrbio do sono) são relativamente baixas e podem ocorrer efeitos colaterais importantes. Por exemplo, a risperidona e o aripiprazol foram aprovados pela Food and Drug Administration (FDA) dos Estados Unidos para tratar a irritabilidade, mas esses medicamentos geralmente causam ganho de peso e síndrome metabólica.

Estima-se que 40% das crianças com autismo e comportamentos disruptivos não respondem bem a tratamento médico e comportamental padrão, tendo estudo mostrando uma redução de 20 anos na expectativa de vida de pacientes com autismo em comparação com a média da população.

Além dos sintomas centrais, o TEA frequentemente é acompanhado por comorbidades psiquiátricas. Evidências sugerem a ocorrência de 70% para, pelo menos, uma e de 50% para múltiplas doenças neurológicas ou de saúde mental, sendo as mais comuns: deficiência intelectual, epilepsia, ansiedade, transtornos do humor, transtorno obsessivo-compulsivo (TOC) e esquizofrenia.

É justamente nesse sentido que o tratamento de sinais e sintomas presentes em indivíduos com TEA com produtos à base de cannabis vem ganhando notoriedade, com conjunto crescente de evidências e avanços nas pesquisas científicas.

O uso medicinal da cannabis remonta há cerca de 3000 anos a.C., na China, prescrito para fadiga, reumatismo e malária.

O interesse mundial no uso de cannabis medicinal cresceu exponencialmente no século XXI, depois que a história de Charlotte Figi ganhou notabilidade e importância nos Estados Unidos da América, e a de Anny Fischer, no Brasil, ambas por epilepsia.

Estudos observacionais e ensaios pré-clínicos relatando o uso de CBD isolado ou extratos de cannabis enriquecidos com CBD para o tratamento de síndromes caracterizadas por epilepsia refratária também sugerem potencial terapêutico dos canabinoides nos sinais e sintomas autísticos, mostrando que, mesmo em crianças e adolescentes, os efeitos colaterais desses extratos são infrequentes e menos prejudiciais do que os relatados com medicamentos tradicionalmente usados para epilepsia, agitação, agressividade, distúrbio do sono. Então, justificaria experimentar a planta como alternativa para melhorar a qualidade de vida dos indivíduos com autismo pela redução de sinais e sintomas-alvo.

Em um trabalho brasileiro feito com extrato de cannabis enriquecido com CBD, após 6 a 9 meses de tratamento, a maioria dos pacientes, incluindo indivíduos com e sem epilepsia, apresentou algum nível de melhora em mais de uma das oito categorias de sintomas avaliados: transtorno de déficit de atenção/hiperatividade; distúrbios comportamentais; déficits motores; déficits de autonomia; déficits de comunicação e interação social; déficits cognitivos; distúrbios do sono e convulsões, com efeitos adversos muito infrequentes e leves, sugerindo que pode haver melhoria da qualidade de vida tanto para os pacientes como para os cuidadores.

Mecanismo de ação

O sistema endocanabinoide é um modulador dos demais sistemas endógenos e parece desempenhar um papel no neurodesenvolvimento e no comportamento. Os mecanismos neurais pelos quais o CBD pode influenciar o humor e o comportamento são apenas parcialmente estabelecidos, mas incluem alterações na neurotransmissão e homeostase do cálcio, atividade antioxidante e efeitos anti-inflamatórios.

Os indivíduos com TEA têm alterações na expressão de receptores canabinoides periféricos, sugerindo possíveis deficiências na produção e regulação de canabinoides endógenos e os resultados promissores se devem à ação dos fitocanabinoides presentes na planta, que regulam o sistema endocanabinoide.

O sistema endocanabinoide regula uma ampla gama de processos biológicos, incluindo o desenvolvimento e o funcionamento do cérebro. Ele é composto por receptores canabinoides (CB1 e CB2, expressos principalmente no cérebro e periferia, respectivamente), pelos ligantes endógenos (endocanabinoides, principalmente anandamida [AEA], 2-araquidonoilglicerol [2-AG]) e enzimas sintetizadoras e degradadoras. Os endocanabinoides são moduladores-chave de respostas socioemocionais, cognição, suscetibilidade a convulsões, nocicepção e plasticidade, todos os quais são afetados no TEA.

Os principais componentes da planta da cannabis (cânhamo) são Δ9-tetrahidrocanabinol (THC) e canabidiol (CBD). O THC ativa o receptor canabinoide tipo 1 (CB1) no cérebro, é psicoativo e pode reduzir dor, ansiedade, espasticidade, mas também pode levar à psicose. O CBD, por outro lado, é um modulador do CB1 e pode diminuir os efeitos dos agonistas (que ativam) do CB1, como o THC. Não é psicoativo e tem um elevado limiar de toxicidade (isto é, para intoxicar, faz-se necessário uma dose muito elevada).

O CBD tem propriedades ansiolíticas, antipsicóticas, antiepilépticas e neuroprotetoras que podem ser mediadas por receptores como serotonina 5-HT1A, glicina α3 e α1, TRPV1, GPR55, GABAA e PPARγ, pela inibição da recaptação de adenosina.

Déficits nos mecanismos de sinalização cerebral contribuem para o comprometimento social nos transtornos do espectro do autismo. Os canabinoides podem afetar o comportamento e a comunicação por meio de vários mecanismos, tendo, inclusive, propriedades pró-sociais, isto é, o contato social aumenta. Há evidências de que um sinal endocanabinoide dependente de ocitocina (um neuropeptídeo crucial para o comportamento social) no núcleo accumbens (uma estrutura cerebral que regula o comportamento motivado), contribui para a regulação da recompensa social. Essa sinalização acionada por ocitocina pode ser deficitária no TEA, por isso o tratamento com medicamento à base de cannabis pode melhorar o comportamento social.

Há fortes evidências sugerindo que alterações nos níveis de AEA já se manifestam na infância e persistam na adolescência e na idade adulta, estando associados a sintomas autistas, proporcionando justificativa pré-clínica para um papel potencial da sinalização de AEA como um novo alvo terapêutico para TEA. Esse estudo clínico pioneiro foi capaz de identificar níveis baixos de AEA no plasma de crianças com TEA em comparação com plasma de crianças sem TEA, além de palmitoiletanolamida (PEA) e oleoetanolamina (OEA), em amostras de plasma de 93 crianças com TEA, sugerindo o uso dessas substâncias como possíveis biomarcadores para diagnóstico.

Além disso, a planta de cannabis contém uma ampla gama de canabinoides menores, terpenos e flavonoides que diferem por cepa e, também, impactam no comportamento humano. A combinação desses componentes causa o efeito entourage ou "efeito de comitiva", que nada mais é do que o resultado da interação dos terpenos, flavonoides e fitocanabinoides da cannabis, causando uma sinergia de todos os compostos químicos da planta proporcionando melhores propriedades medicinais e terapêuticas em vez do consumo isolado dos princípios ativos, que pode ser benéfico em alguns casos escolhidos com critérios clínicos específicos.

Isolado, *broad* ou *full spectrum*: quais são os diferentes tipos de óleos CBD?

Isolado CBD

Esta é a forma mais pura de CBD. Os isolados são feitos removendo completamente outros compostos – incluindo canabinoides e terpenos – da solução final. Esse extrato puro é geralmente misturado com outro ingrediente – o óleo transportador (óleo de semente de cânhamo, óleo de coco, até azeite de oliva e MCT). É importante saber que os produtos isolados contêm apenas um canabinoide – o CBD.

Broad spectrum (amplo espectro)

No processo de extração de isolado puro de CBD, os canabinoides, terpenos e flavonoides são todos extraídos da planta de cannabis. No produto Broad, em vez de isolar o CBD do resto dos compostos, apenas o THC é removido. E a combinação de canabinoides, terpenos e flavonoides promove os benefícios potenciais do efeito entourage.

Full spectrum (espectro completo)

Ao contrário de remover todos os outros compostos, ou apenas o THC, os compostos são deixados para permanecer no produto.

Ressalta-se a importância do certificado de análise (CoA) dos produtos.

Resultados

Alguns estudos mostraram que os produtos de cannabis reduziram o número e/ou a intensidade de diferentes sintomas, incluindo hiperatividade, ataques de automutilação e raiva, problemas de sono, ansiedade, inquietação, agitação psicomotora, irritabilidade, agressividade, perseverança e depressão. Além disso, houve uma melhora na cognição, sensibilidade sensorial, atenção, interação social e linguagem. Os principais sintomas que foram relatados como melhorados (75%) em até 6 meses de tratamento foram: inquietação, irritabilidade e ataques de raiva, autoagressividade, agitação, problemas do sono, ansiedade, constipação e problemas na digestão.

Vale destacar também que o tratamento com extrato de cannabis possibilitou a diminuição da dosagem ou descontinuação de outros medicamentos neuropsiquiátricos em oito de dez pacientes que estavam recebendo outras medicações.

Efeitos colaterais

O equívoco que produtos à base de cannabis estão livres de efeitos adversos pode ser atribuído à sua derivação de uma fonte natural. É necessária supervisão médica adequada para monitorar e gerenciar a dose adequada, efeitos colaterais, validade do produto e possíveis interações medicamentosas. Os médicos devem estar atentos às mudanças legislativas nos níveis estadual e federal e educar as pessoas sobre as diferenças entre os diferentes produtos certificados do mercado e sua diferença dos óleos artesanais.

Sonolência, irritabilidade, piora das crises comportamentais, aumento das estereotipias, diarreia e diminuição ou aumento do apetite são os efeitos adversos mais comuns relatados, principalmente com o uso do óleo Full, mas também com CBD isolado.

CBD tem amplas interações medicamentosas com vários agentes, incluindo indutor e inibidor de CYP3A4 ou CYP2C19. O canabidiol pode causar elevação das enzimas hepáticas, especialmente quando coadministrado com valproato.

Os efeitos adversos mais comuns foram distúrbios do sono, inquietação, nervosismo e alteração no apetite.

Conclusão

Efeitos positivos comportamentais, sociais e cognitivos são perceptíveis em pacientes que fazem uso de produto à base de cannabis, principalmente quando o ambiente de rotinas e padrões comportamentais seja também remodelado em conjunto com a estrutura central do tratamento do TEA – a família.

Apenas estudos prospectivos estão atualmente disponíveis. São limitados os estudos dos efeitos dos produtos derivados de cannabis, devido à natureza observacional, falta de grupos de controle, o pequeno tamanho da coorte e os efeitos placebo potencialmente significativos. Outros ensaios clínicos randomizados, duplo-cegos e controlados, são necessários para dar robustez às evidências científicas de curto e longo prazo. As pesquisas até agora realizadas demonstram que há poucos efeitos colaterais e, quando ocorrerem, são geralmente leves/moderados e transitórios. Os produtos à base de cannabis têm efeitos terapêuticos potenciais em problemas comportamentais graves que incluem irritabilidade, agressão, autolesão e fuga, que representam uma ameaça para si e para os outros e que contribuem para morbidade, redução da qualidade de vida, deficiências funcionais e oportunidades perdidas para a aprendizagem.

Observação:

A Agência Nacional de Vigilância Sanitária – Anvisa, publicou, em 2019, resolução que define as condições e procedimentos para fabricação e importação. Essa resolução estabelece requisitos para a comercialização, prescrição, dispensação, monitoramento e inspeção de produtos de cannabis para fins medicinais para uso humano (RDC 327/2019). Em 10 de março de 2020, foi aprovada a Resolução 327/2019 (Anvisa), que permite a comercialização de produtos à base de Cannabis em farmácias de todo o país. A Resolução RDC335, de 24 de janeiro de 2020, define os critérios e procedimentos para a importação de derivados de cannabis produtos por pessoa física, para seu uso, mediante prescrição de um profissional legalmente habilitado, por problemas de saúde.

Referências

AGUIRRE-VELAZQUEZ, C. G. Report from a survey of parents regarding the use of cannabidiol (medicinal cannabis) in Mexican children with refractory epilepsy. *Neurol Res Int.* (2017) 2017:2985729.

ARAN, A.; CASSUTO, H.; LUBOTZKY, A.; WATTAD, N.; HAZAN, E. Brief report: cannabidiol-rich cannabis in children with autism spectrum disorder and severe behavioral problems—a retrospective feasibility study. *J Autism Dev Disord.* 2019;49(3):1284-1288.

ARAN, A.; HAREL, M.; CASSUTO, H.; POLYANSKY, L.; SCHNAPP, A.; WATTAD, N.; SHMUELI, D.; GOLAN, D.; CASTELLANOS, F. X. Cannabinoid treatment for autism: a proof-of-concept randomized trial. *Mol Autism*. 2021 Feb 3;12(1):6.

BAR-LEV SCHLEIDER, L.; MECHOULAM, R.; SABAN, N.; MEIRI, G.; NOVACK, V. Real life Experience of Medical Cannabis Treatment in Autism: Analysis of Safety and Efficacy. *Sci Rep*. 2019 Jan 17;9(1):200.

BARCHEL, D.; STOLAR, O.; DE-HAAN, T. *et al.* Oral cannabidiol use in children with autism spectrum disorder to treat related symptoms and co-morbidities. *Front Pharmacol.* 2019;9:1521.

BLESSING, E. M.; STEENKAMP, M, M.; MANZANARES, J.; MARMAR, C. R. Cannabidiol as a potential treatment for anxiety disorders. *Neurotherapeutics.* 2015;12(4):825-836.

BOOTH, M. *Cannabis: a history.* London: Bantam Books; 2003.

CAMARGO, Rick W, *et al.* Implications of the endocannabinoid system and the therapeutic action of cannabinoids in autism spectrum disorder: a literature review. *Pharmacology, Biochemistry and Behavior* (2022) 173492.

CAMPOS, A. C.; FOGAÇA, M. V.; SCARANTE, F. F.; JOCA, S. R. L.; SALES, A. J.; GOMES, F. V. *et al.* Plastic and neuroprotective mechanisms involved in the therapeutic effects of cannabidiol in psychiatric disorders. *Front Pharmacol.* 2017; 8:269.

CIFELLI, P.; RUFFOLO, G.; DE FELICE, E.; ALFANO, V.; VAN VLIET, E. A.; ARONICA, E. *et al.* Phytocannabinoids in neurological diseases: could they restore a physiological GABAergic transmission? *Int J Mol Sci.* 2020; 21(3): 723.

CILIO, M. R.; THIELE, E. A.; DEVINSKY, O. The case for assessing cannabidiol in epilepsy. *Epilepsia*. (2014) 55:787–90.

CRIPPA, J. A.; ZUARDI, A. W.; HALLAK, J. E. Therapeutical use of the cannabinoids in psychiatry. *Braz J Psychiatry.* 2010; 32 Suppl 1:56-66.

DEVINSKY, O.; CROSS, J. H.; LAUX, L.; MARSH, E.; MILLER, I.; NABBOUT, R. *et al.* Trial of cannabidiol for drug-resistant seizures in the Dravet syndrome. *N Engl J Med.* (2017) 376:2011–20.

DEVINSKY, O.; MARSH, E.; FRIEDMAN, D.; THIELE, E.; LAUX, L.; SULLIVAN, J. *et al.* Cannabidiol in patients with treatment-resistant epilepsy: an open-label interventional trial. *Lancet Neurol.* (2016) 15:270–8.

DOYLE, C. A.; MCDOUGLE, C. J. Pharmacologic treatments for the behavioral symptoms associated with autism spectrum disorders across the lifespan. *Dialogues Clin Neurosci.* (2012) 14:263–79.

EFRON, D.; FREEMAN, J. L.; CRANSWICK, N.; PAYNE, J. M.; MULRANEY, M.; PRAKASH, C.; LEE, K. J.; TAYLOR, K.; WILLIAMS, K. A pilot randomised placebo-controlled trial of cannabidiol to reduce severe behavioural problems in children and adolescents with intellectual disability. *Br J Clin Pharmacol.* 2021 Feb; 87(2):436-446.

FERBER, S. G.; NAMDAR, D.; HEN-SHOVAL, D.; EGER, G.; KOLTAI, H.; SHOVAL, G. *et al.* The "Entourage Effect": Terpenes Coupled with Cannabinoids for the Treatment of Mood Disorders and Anxiety Disorders. *Current Neuropharmacology*, 2020; 18:87-96.

FITZPATRICK, S. E.; SRIVORAKIAT, L.; WINK, L. K.; PEDAPATI, E. V.; ERICKSON, C. A. Aggression in autism spectrum disorder: presentation and treatment options. *Neuropsychiatr Dis Treat.* (2016) 12:1525–38.

FLEURY-TEIXEIRA, P.; CAIXETA, F. V.; RAMIRES DA SILVA, L. C.; BRASIL-NETO, J. P.; MALCHER-LOPES, R. Effects of CBD-Enriched Cannabis sativa Extract on Autism Spectrum Disorder Symptoms: An Observational Study of 18 Participants Undergoing Compassionate Use. *Front Neurol.* 2019 Oct 31;10:1145.

FUNG, L. K.; MAHAJAN, R.; NOZZOLILLO, A.; BERNAL, P.; KRASNER, A.; JO, B. *et al.* Pharmacologic treatment of severe irritability and problem behaviors in autism: a systematic review and meta-analysis. *Pediatrics.* (2016) 137 (Suppl 2S): pp.124–35.

GOEL, R.; HONG, J. S.; FINDLING, R. L.; JI, N. Y. An update on pharmacotherapy of autism spectrum disorder in children and adolescents. *Int Rev Psychiatry.* 2018; 30(1): pp. 78–95.

GOMES, F. A. *Comorbidades clínicas em psiquiatria.* São Paulo: Atheneu; 2012.

GUNDUZ-CINAR, O.; MACPHERSON, K. P.; CINAR, R.; GAMBLE-GEORGE, J.; SUGDEN, K.; WILLIAMS, B. *et al.* Convergent translational evidence of a role for anandamide in amygdala mediated fear extinction, threat processing and stress-reactivity. *Mol Psychiatry*. 2013; 18(7):813–23.

HACOHEN, Micha. Children and adolescents with ASD treated with CBD-rich cannabis exhibit significant improvementes particularly in social symptoms: na open label study. *Translational Psychiatry*, 2022.

HIRVIKOSKI, T.; MITTENDORFER-RUTZ, E.; BOMAN, M.; LARSSON, H.; LICHTENSTEIN, P.; BÖLTE, S. Premature mortality in autism spectrum disorder. *Br J Psychiatry*. 2016; 208:232-8.

HUSSAIN, S. A.; ZHOU, R.; JACOBSON, C.; WENG, J.; CHENG, E.; LAY, J. *et al.* Perceived efficacy of cannabidiol-enriched cannabis extracts for treatment of pediatric epilepsy: a potential role for infantile spasms and Lennox-Gastaut syndrome. *Epilepsy Behav*. (2015) 47:138–41.

KARHSON, D. S.; KRASINSKA, K. M.; DALLAIRE, J. A.; LIBOVE, R. A.; PHILLIPS, J. M.; CHIEN, A. S.; GARNER, J. P.; HARDAN, A. Y.; PARKER, K. J. Plasma anandamide concentrations are lower in children with autism spectrum disorder. *Mol Autism*. 2018 Mar 12;9:18.

LAI, M. C.; KASSEE, C.; BESNEY, R. *et al.* Prevalence of co-occurring mental health diagnoses in the autism population: a systematic review and meta- analysis. *Lancet Psychiatry.* 2019; 6(10):819-29.

MAA, E.; FIGI, P. The case for medical marijuana in epilepsy. *Epilepsia*. 2014; 55(6):783-6.

MARCO, E. M.; LAVIOLA, G. The endocannabinoid system in the regulation of emotions throughout lifespan: a discussion on therapeutic perspectives. *J Psychopharmacol.* 2012; 26:150-63.

MARSICANO, G.; LUTZ, B. Neuromodulatory functions of the endocannabinoid system. *J Endocrinol Invest*. 2006; 29:27-46.

MCLAUGHLIN, R. J.; GOBBI, G. Cannabinoids and emotionality: a neuroanatomical perspective. *Neuroscience*. 2012;204:134-44.

MECHOULAM, R. Marijuana: Chemistry, Pharmacology, Metabolism and Clinical Effects. *Academic Press*: New York, 1973.

O'CONNELL, B. K.; GLOSS, D.; DEVINSKY, O. Cannabinoids in treatmentresistant epilepsy: a review. *Epilepsy Behav.* (2017) 70(PtB):341–8.

PEDRAZZI, João F. C. *et al.* Cannabidiol for the treatment of autism spectrum disorder: hope or hype?. *Psychopharmacology* (2022) 239:2713-2734.

PARDO, C. A.; VARGAS, D. L.; ZIMMERMAN, A. W. Immunity, neuroglia and neuroinflammation in autism. *Int Rev Psychiatry* 2005; 17:485-95.

POLEG, S.; GOLUBCHIK, P.; OFFEN, D.; WEIZMAN, A. Cannabidiol as a suggested candidate for treatment of autism spectrum disorder. *Prog Neuropsychopharmacol Biol Psychiatry.* 2019 Mar 8; 89:90-96. doi: 10.1016/j.pnpbp.2018.08.030. Epub 2018 Aug 29. PMID: 30171992.

PORTER, B. E.; JACOBSON, C. Report of a parent survey of cannabidiol-enriched cannabis use in pediatric treatment-resistant epilepsy. *Epilepsy Behav.* (2013) 29:574–7.

PRESS, C. A.; KNUPP, K. G.; CHAPMAN, K. E. Parental reporting of response to oral cannabis extracts for treatment of refractory epilepsy. *Epilepsy Behav.* (2015); 45:49–52.

PRETZSCH, C. M.; FREYBERG, J.; VOINESCU, B.; LYTHGOE, D.; HORDER, J.; MENDEZ, M. A.; WICHERS, R.; AJRAM, L.; IVIN, G.; HEASMAN, M.; EDDEN, R. A. E.; WILLIAMS, S.; MURPHY, D. G. M.; DALY, E.; MCALONAN, G. M. Effects of cannabidiol on brain excitation and inhibition systems; a randomised placebo-controlled single dose trial during magnetic resonance spectroscopy in adults with and without autism spectrum disorder. *Neuropsychopharmacology.* 2019 Jul; 44(8):1398-1405.

RIDLER, C. Epilepsy: Cannabidiol reduces seizure frequency in Dravet syndrome. *Nat Rev Neurol.* (2017) 13:383.

ROSENBERG, E. C.; LOUIK, J.; CONWAY, E.; DEVINSKY, O.; FRIEDMAN, D. Quality of life in childhood epilepsy in pediatric patients enrolled in a prospective, open-label clinical study with cannabidiol. *Epilepsia.* (2017) 58:e96–100.

ROSEMERGY, I.; ADLER, J.; PSIRIDES, A. Cannabidiol oil in the treatment of super refractory status epilepticus. A case report. *Seizure.* (2016) 35:56–8.

RUSSO, E. B.; BURNETT, A.; HALL, B.; PARKER, K. K. (2005). Agonistic properties of cannabidiol at 5-HT-1a receptors. *Neurochem. Res.* 30(8):1037–1043.

SAHOO, S.; PADHY, S. K.; SINGLA, N.; SINGH, A. Effectiveness of clozapine for the treatment of psychosis and disruptive behaviour in a child with atypical autism: a case report and a brief review of the evidence. *Asian J Psychiatr.* (2017) 29:194–5.

SAMANTA, D. Cannabidiol: A Review of Clinical Efficacy and Safety in Epilepsy. *Pediatr Neurol.* 2019. Jul;96:24-29.

SCAHILL, L.; JEON, S.; BOORIN, S. J.; MCDOUGLE, C. J.; AMAN, M. G.; DZIURA, J.; MCCRACKEN, J. T.; CAPRIO, S.; ARNOLD, L. E.; NICOL, G.; DENG, Y.; CHALLA, S. A.; VITIELLO, B. Weight Gain and Metabolic Consequences of Risperidone in Young Children With Autism Spectrum Disorder. *J Am Acad Child Adolesc Psychiatry*. 2016 May; 55(5):415-23. doi: 10.1016/j.jaac.2016.02.016. Epub 2016 Mar 7. PMID: 27126856; PMCID: PMC4851735.

SCHLEIDER, L. B. L.; MECHOULAM, R.; SABAN, N.; MEIRI, G.; NOVACK, V. Real life experience of medical cannabis treatment in autism: analysis of safety and efficacy. *Sci. Rep.* 9, 200. 2019.

SCHNAPP, Aviad *et al.* A placebo-controlled trial of cannabinoid treatment for disruptive behavior in children and adolescents with autism spectrum disorder: Effects on sleep parameters as measured by the CSHQ. *Biomedicines*, 2022, 10, 1685.

SEEMAN, P. Cannabidiol is a partial agonist at dopamine D2 High receptors, predicting its antipsychotic clinical dose. *Transl Psychiatry*. 2016; 6(10):e920.

SILVA JUNIOR, E. A.; MEDEIROS, W. M. B; TORRO, N.; SOUZA, J. M. M.; ALMEIDA, I. B. C. M.; COSTA, F. B. *et al.* Cannabis and cannabinoid use in autism spectrum disorder: a systematic review. *Trends Psychiatry Psychother*, 2022.

SINISCALCO, D.; SAPONE, A.; GIORDANO, C.; CIRILLO, A.; DE MAGISTRIS, L.; ROSSI, F. *et al.* Cannabinoid receptor type 2, but not type 1, is up-regulated in peripheral blood mononuclear cells of children affected by autistic disorders. *J Autism Dev Disord.* (2013) 43:2686–95.

SLOMSKI, A. Fewer seizures with cannabidiol in catastrophic epilepsy. *JAMA*. (2017) 318:323.

STOLAR, O. *et al.* Medical cannabis for the treatment of comorbid symptoms in children with autism spectrum disorder: An interim analysis of biochemical safety. *Frontiers*, 2022.

TREAT, L.; CHAPMAN, K. E.; COLBORN, K. L.; KNUPP, K. G. Duration of use of oral cannabis extract in a cohort of pediatric epilepsy patients. *Epilepsia*. (2017); 58:123–7. doi: 10.1111/epi.13617.

TREZZA, V.; CAMPOLONGO, P.; MANDUCA. A.; MORENA, M.; PALMERY, M.; VANDERSCHUREN, L. J. M. J. *et al.* Altering endocannabinoid neurotransmission at critical developmental ages: impact on rodent emotionality and cognitive performance. *Front Behav Neurosci.* 2012;6:1-12.

TZADOK, M.; ULIEL-SIBONI, S.; LINDER, I.; KRAMER, U.; EPSTEIN, O.; MENASCU, S. *et al.* CBD-enriched medical cannabis for intractable pediatric epilepsy: the current Israeli experience. *Seizure*. (2016) 3541–44.

WEI, D.; ALLSOP, S.; TYE, K.; PIOMELLI, D. Endocannabinoid signaling in the control of social behavior. *Trends Neurosci.* 2017; 40(7):385–96.

SBP. *Indicações para o uso da Cannabis em pacientes pediátricos com transtornos do neurodesenvolvimento e/ou epilepsia: uma revisão baseada em evidências.* Manual de Orientação: Departamentos científicos de Neurologia e pediatria do desenvolvimento e comportamento. Disponível em: <https://www.sbp.com.br/imprensa/detalhe/nid/indicacoes-para-o-uso-da-cannabis-em-pacientes-pediatricos-com-transtornos-do-neurodesenvolvimento-eou-epilepsia-uma-revisao-baseada-em-evidencias/>. Acesso em: 02 jul. de 2024.

29

NUTROLOGIA

DIAGNÓSTICO NUTRICIONAL, DIFICULDADES ALIMENTARES E SUPLEMENTAÇÃO DE NUTRIENTES NA CRIANÇA NO ESPECTRO AUTISTA

Este capítulo tem o objetivo de dividir a experiência médica da autora com profissionais de saúde, familiares e cuidadores de crianças no espectro autista. Faz-se necessário educação alimentar, combate ao sedentarismo e entendimento global para diminuir o risco de deficiência ou excesso de nutrientes em crianças com TEA. O comportamento alimentar, os hábitos de vida e o uso de medicações geram impacto no diagnóstico nutricional e na saúde da criança. A medicina precisa ser curativa, e ainda mais preventiva, principalmente com as crianças em acelerado crescimento e desenvolvimento.

NATHASSIA SOUSA

Nathassia Sousa

Contatos
drnathassiasousa@gmail.com
Instagram: @nathassiasousa_pediatra
21 97175 5645

Médica formada em 2013, trabalhou inicialmente com atendimento voltado para saúde integral da família. Em 2016, realizou residência médica em Pediatria pelo Hospital Municipal de Piedade, no Rio de Janeiro; é especialista pela Sociedade Brasileira de Pediatria. Em 2019, cursou residência médica em Nutrologia Pediátrica pela Universidade Federal do Rio de Janeiro, com registro de especialista em áreas de atuação. Realizou curso para abordagem em seletividade alimentar pela CBI of Miami. Trabalha diretamente com terapia nutricional, cuidando de crianças com doenças crônicas, comorbidades e transtornos que transcorrem com erros e dificuldades alimentares. Mãe de uma linda menina, chamada Liz. Sua mensagem para o mundo é praticar a medicina que cura, quando for necessário, e a que previne, sempre, por meio da promoção de saúde. Atua no combate à falta ou ao excesso de nutrientes na infância, período nobre de crescimento e desenvolvimento do ser humano.

Nutrologia e a criança no espectro autista

O Transtorno do Espectro Autista (TEA) é caracterizado por um conjunto de desordens neurais que podem gerar ao indivíduo prejuízo social, de linguagem, desintegração sensorial e padrões comportamentais limitados, comprometendo globalmente o desenvolvimento infantil. O impacto pode estender-se aos hábitos alimentares da criança autista, que se limita a consumir poucas categorias e consistências de alimentos, e manifesta recusa ou compulsão alimentar, além de associar o consumo a comportamentos específicos em sua rotina, havendo interesses restritivos e repetitivos. Com o aumento considerável de diagnósticos de autismo, acompanhamos de forma cada vez mais frequente o papel do profissional de saúde em relação às demandas nutricionais, ao combate ao sedentarismo e às disfunções do trato gastrointestinal nessas crianças.

Dificuldades alimentares

Muitos cuidadores buscam atendimento médico e ajuda multiprofissional com as principais queixas: "Meu filho não come" e "Meu filho come mal". Comportamentos alimentares durante a infância, como apetite reduzido, dietas restritivas e monótonas, aversão e repulsa ao alimento novo e recusa generalizada, com exclusão de diversos grupos alimentares, são classificados como Dificuldades Alimentares (DA). As DA podem estar presentes em aproximadamente 40% das crianças de todas as faixas etárias, neurotípicas ou neuroatípicas. Existem, ainda, outros diagnósticos relacionados à alimentação, como Transtorno de Ruminação, Transtorno Alimentar Restritivo Evitativo (TARE), Transtorno de Compulsão Alimentar Periódica (TCAP), anorexia nervosa, entre outros. As crianças com diagnóstico de DA ou transtorno alimentar estão em risco nutricional, havendo chance de comprometer seu crescimento, o que é observado nos gráficos de crescimento usados pelo pediatra ou outro profissional de saúde que faz o acompanhamento de rotina. Aquelas que mantêm ganho de peso e altura adequados, sem repercussão em suas curvas de crescimento, podem estar crescendo às custas de "calorias vazias", isto é, do consumo de alimentos ricos em calorias e pobres em nutrientes, vitaminas e minerais, diante de um diagnóstico chamado fome oculta. Outrossim, há doenças do trato gastrointestinal frequentemente associadas aos comportamentos alimentares disfuncionais e transtornos da alimentação como refluxo gastroesofágico, esofagite, gastrite, constipação, diarreia, desequilíbrio da microbiota intestinal, além de baixo peso, sobrepeso e obesidade. Cabe ao médico realizar investigação clínica adequada para as causas orgânicas. O profissional de saúde que cuida da criança no espectro autista precisa observar quatro bases: padrão alimentar, comportamento diante do alimento, problemas orgânicos do trato gastrointestinal e atitude da família em relação à alimentação. As crianças e adolescentes com TEA apresentam uma alimentação na qual cada indivíduo manifesta seus próprios padrões alimentares, influenciados por seus fatores biológicos, sociais, ambientais e familiares. Nem toda criança com TEA apresentará comportamento alimentar disfuncional, e o profissional que cuida da sua saúde deve percebê-la além do espectro. É sabido que no TEA pode haver condições que alteram as percepções de estímulos do ambiente, relacionadas aos cinco sentidos e à sua relação com processamento sensorial, seja ela para hiper ou hipossensibilidade. Essa característica pode afetar diversos momentos da rotina do autista, desde seu brinquedo favorito até seu hábito alimentar, por exemplo. Cerca de 70% das crianças autistas sofrem com o transtorno de processamento sensorial, enquanto este é observado entre 7% e 23% na população em geral. É comum, em relatos de cuidadores de crianças com TEA, antes de dois anos de idade, a presença de inflexibilidade para o uso de objetos no aleitamento ou alimentação complementar. Como exemplos, observa-se o uso de mamadeiras com bico específico para garantir aceitação, a menor frequência de autonomia, usando as mãos ao alimentar-se e as dificuldades com as diferentes texturas alimentares. Dessa forma, conforme essa criança cresce, suas experiências no ato de comer vão ganhando rotinas individualizadas, assim como todas as suas demandas. Não sentir prazer em se alimentar, descontrole do que está sendo ingerido, falta de vínculo com a comida, sua relação com a aparência como cor e textura do alimento, além da preferência apresentada por alimentos pastosos e líquidos, especialmente naquelas crianças que apresentam dificuldade na deglutição de sólidos, são sinais de alerta. Em indivíduos com TEA, há prevalência de condições desfavoráveis relacionadas à motricidade oral, dificuldades com a ingestão de remédios e retenção de alimentos na boca por períodos prolongados. Ademais, em relação ao momento da refeição, pode haver dificuldade em permanecer sentado à mesa e em comer com a família, além de comportamentos disruptivos que dificultam toda a dinâmica em torno do ato de comer. A severidade da recusa e a persistência em certos alimentos se devem, principalmente, à ativação de padrões específicos da sensibilidade e características neuropsicológicas típicas do transtorno, como a rigidez comportamental. Tais desordens podem estabelecer padrões alimentares restritivos e repetitivos com repertório alimentar limitado, ocasionando desde recusa e seletividade alimentar até manifestações com componente compulsivo e padrões de alimentação obsessiva, o que pode conduzir a um prognóstico ruim sob o ponto de vista nutricional, causando crescimento restrito, excesso de peso e até obesidade. A prescrição medicamentosa frente ao diagnóstico de DA e transtorno alimentar pode ser necessária, sempre de forma individualizada e de acordo com risco de cada paciente. Os desajustes sensoriais e comportamentais podem se manter ao longo de toda a vida do autista, por isso terapia alimentar e acompanhamento multiprofissional são a base no tratamento das dificuldades e transtornos alimentares. Além de proporcionarem prevenção de prejuízos futuros, mesmo para os que possuem, atualmente, hábitos saudáveis.

Atuação familiar

Devemos considerar – para todas as crianças com TEA e seus cuidadores, tendo dificuldade alimentar ou as que se alimentam de forma satisfatória – uma boa orientação nutricional. A família tem papel fundamental no processo de educação alimentar, entendendo o reflexo de fatores ambientais na rotina diária de consumo de alimentos dessas crianças e adolescentes. Algumas estratégias podem ser adotadas, tais como: priorizar os alimentos *in natura*; uso de orgânicos produzidos sem agrotóxicos sintéticos e fertilizantes químicos; evitar o consumo de produtos ultraprocessados e industrializados na rotina alimentar, devido aos aditivos utilizados, tais como sal, açúcares, gorduras, metais pesados e substâncias de uso unicamente industrial, com cores, sabores, aromas e texturas que tornam o alimento extremamente palatável e atrativo, rico em calorias e pobre em nutrientes; envolver a criança no processo de compra, higienização e preparo do alimento; tentar estabelecer vínculo entre ela e a comida, realizando atividades lúdicas, tendo objetos e brinquedos como frutas e vegetais no dia a dia; evitar o uso de telas e eletrônicos durante a refeição transferindo ao momento experiências e estímulos; ter um local tranquilo e próprio para realizar as refeições, podem reforçar hábitos alimentares funcionais para toda a família.

O papel do médico

Na avaliação médica da criança autista, devemos entender os aspectos envolvidos no hábito alimentar, na prática de atividade física, na frequência de exposição solar e na promoção de saúde. Uma avaliação integral contribui para a elaboração de abordagens terapêuticas eficazes, auxiliando na qualidade de vida dos pacientes e garantindo um risco menor de doenças ao longo da vida.

A entrevista entre o médico e a família em busca de informações, desde a concepção da criança até a fase da adolescência, é capaz de explorar aspectos relevantes para o diagnóstico primário de dificuldade ou transtorno alimentar e causas orgânicas secundárias que justifiquem a recusa de alimentos. Compreendendo melhor a rotina da criança e os alimentos consumidos em maior e menor quantidade, antes mesmo de coletar exames laboratoriais, já podemos presumir qual nutriente encontra-se em probabilidade de falta ou excesso. São questionamentos frequentemente relevantes: por exemplo, patologias maternas na gestação, se houve prematuridade, tamanho pequeno ou grande para a idade gestacional, se fez uso de sonda ou algum dispositivo para alimentação, se houve dificuldade no aleitamento materno ou atraso no crescimento. Na história pregressa, são avaliados diagnósticos como doença do refluxo gastroesofágico, alergias alimentares, constipação, diarreia ou qualquer outra questão relacionada ao processo digestivo. Na introdução alimentar, busca-se analisar se houve sinais de prontidão para iniciá-la, qual método aplicado foi mais confortável para o bebê nesse período, como os cuidadores avaliam o interesse diante da apresentação de novas texturas, cores, sabores e odores. Além disso, procura-se o período no qual se iniciou a recusa de grupos alimentares, explorando associação a alguma causa específica, como um marco observado pelos familiares ou terapeutas. Ademais, são analisados os usos de medicamentos, polivitamínicos ou suplementos alimentares contínuos. No exame físico, os dados antropométricos, como peso, altura, índice de massa corporal, perímetro cefálico, circunferência do braço e dobras cutâneas, contribuem para avaliação física e da composição corporal. Ainda pode ser utilizado na prática clínica, se a criança for colaborativa, aparelho de bioimpedância, permitindo uma avaliação da composição corporal mais assertiva. A projeção em gráficos de crescimento, de acordo com gênero e idade, identifica se houve parada, excesso ou déficit no ganho de peso e altura. Os exames laboratoriais para estudo de sangue, urina e fezes são essenciais para crianças, inclusive aquelas com hábitos de vida saudáveis e que mantêm crescimento e desenvolvimento adequados. A frequência da coleta varia com a necessidade individual de cada criança. Os resultados auxiliam o médico nos ajustes da suplementação de micronutrientes, minerais, proteínas, probióticos e outras necessidades. Em caso de comorbidades, como aumento de colesterol e triglicerídeos, hiperglicemia, hiperinsulinismo, alterações hormonais, disfunções metabólicas ou outras alterações, poderão ser necessários exames radiológicos, avaliação com especialista e tratamento medicamentoso. A proposta de cuidado entre o médico, a criança e a família deve ser sempre individualizada.

Prática de atividade física

A orientação aos cuidadores para prática de atividade física é manter a criança ativa por, pelo menos, 180 minutos, diariamente. A realização de atividades de moderada a alta intensidade, principalmente aos maiores de três anos de idade, é de extrema importância para o crescimento e manutenção da composição corporal, aumentando massa muscular e diminuindo acúmulo de gordura. A criança com TEA pode apresentar dificuldade em praticar exercício físico de forma estruturada, como esportes, além do isolamento social e possíveis alterações do tônus, força e motricidade. O sedentarismo aumenta o risco para obesidade, diabetes, doenças cardiovasculares e psicossociais.

Uso de fármacos

Toda medicação prescrita necessita de indicação e responsabilidade. Estudos mostram uma alta prevalência (até 69%) de autistas realizando tratamento farmacológico, entre estes, o uso de psicotrópicos (42%) e anticonvulsivantes (29%) estão entre os mais prescritos. Apesar de todo benefício, o profissional de saúde que acompanha a rotina da criança precisa estar atento aos efeitos adversos que alguns fármacos podem provocar, desde desajustes no sono até condições metabólicas, cardiovasculares e endócrinas. São efeitos adversos comuns, por exemplo: sonolência, tontura, agitação psicomotora, dor abdominal e ganho ponderal. Algumas disfunções menos frequentes: aumento à resistência insulínica, hiperglicemia, hipertensão arterial, dislipidemia e alterações no metabolismo ósseo. As interações fármaco-nutriente podem ser classificadas de acordo com o mecanismo de interação físico-química; o estado nutricional do paciente, seja obesidade, magreza, desnutrição, excesso ou falta de nutrientes, também gera interferência no mecanismo de ação dos fármacos. Podemos citar o uso de anticonvulsivantes por longo período ou em terapias associadas, gerando risco de redução de densidade mineral óssea. Esta classe de fármacos pode gerar deficiência de nutrientes, evoluindo para a necessidade de reposição em dose individualizada, principalmente, de vitamina D, magnésio, carnitina, ácido fólico, piridoxina e vitamina K.

Deficiência de nutrientes

É esperado que as crianças com alimentação monótona e/ou restrita possuam deficiências nutricionais. Mesmo aquelas com uma dieta variada e adequada precisam ser capazes de executar três funções básicas: digerir e quebrar adequadamente o alimento, absorver os nutrientes através do trato gastrointestinal saudável e converter os nutrientes para uma forma utilizável em nível celular. Todas as crianças menores de dois anos de idade devem receber suplementação de ferro e vitamina D, com recomendações individuais para os demais nutrientes, como exemplos, ácido graxo ômega 3 e vitamina A. A criança hígida, a partir de dois anos de idade, será avaliada de forma individual. De acordo com seu crescimento, história alimentar, atividade física e exames laboratoriais, o médico ou nutricionista estão aptos a suplementar o necessário.

As deficiências nutricionais mais comuns no paciente com TEA são: deficiência de ômega 3, vitaminas do complexo B, minerais e aminoácidos. Todos são essenciais para formação e ajuste funcional do sistema nervoso central. Se estamos diante de um indivíduo com desordens no desenvolvimento e em vigência de crescimento acelerado, isto é, síntese celular e maturação neuronal, não podemos mantê-lo em risco para carência de nutrientes. A deficiência de ferro e vitaminas do complexo B causa anemia, diminuindo a distribuição de oxigênio e energia neuronal. A carência de vitaminas do complexo B gera desde anemia a comprometimento na síntese de neurotransmissores e fraqueza muscular, podendo levar a agitação, irritabilidade, desatenção e alterações do sono. A vitamina D é produzida principalmente na pele através da exposição solar e ingerida em menor proporção nos alimentos. Além de regulação do metabolismo ósseo, possui ação imunológica e efeito neurotrófico. E possui ação antioxidante, atuando no envelhecimento celular e sobrevivência neuronal. O ácido graxo ômega 3, com fração EPA de ação anti-inflamatória e fração DHA, com impregnação principalmente em membranas neuronais, atua em funções neurológicas. Além dos anteriormente citados, vitamina A, cálcio, zinco, selênio e magnésio são destaques em maiores carências na criança com TEA. Além da avaliação dos micronutrientes, deve ser dada atenção ao papel de fibras dietéticas na modulação da saúde intestinal. O consumo de fibras, assim como ingestão de prebióticos, probióticos e aminoácidos, deve ser planejado individualmente, de acordo com recordatório alimentar, sintomas digestivos e hábitos de vida.

Autismo e obesidade

A obesidade tem sido um problema de saúde pública em nível mundial. A Organização Mundial de Saúde afirma: a obesidade é um dos mais graves problemas de saúde no mundo. Em 2025, estima-se que 2,3 bilhões de adultos ao redor do mundo estejam acima do peso, sendo 700 milhões de indivíduos com obesidade. No Brasil, a Abeso (Associação Brasileira para o Estudo da Obesidade e Síndrome Metabólica) indica aumento de 72% do diagnóstico na população geral entre 2006 e 2019, saltando de 11,8% para 20,3% da população brasileira com diagnóstico de obesidade. Em 2014, foi publicado pela AAP (*American Academy of Pediatrics*) que uma a cada três crianças e adolescentes com autismo estavam acima do peso ou obesos. Em 2019, estudos de universidades norte-americanas constataram que crianças com TEA têm risco de até 41% para sobrepeso e 21% para obesidade, quando comparadas à população neurotípica. Segundo estudos, o consumo de calorias é acima do recomendado para 53,85% dos autistas. A idade média das crianças para diagnóstico de obesidade era de 8,5 anos. A obesidade é uma doença crônica multifatorial, com alterações fisiológicas, bioquímicas, anatômicas e metabólicas. Existem fatores psicológicos, sociais e ambientais que também podem influenciar seu diagnóstico. Os fatores relacionados ao TEA que deixam o indivíduo mais suscetível a ter ganhos excessivos de peso, em relação à população fora do espectro do autismo, estão relacionados aos déficits na comunicação social, influências biológicas, comorbidades secundárias (ansiedade, depressão, afecções motoras, entre outros), ambiente domiciliar, erros alimentares, uso de medicações e sedentarismo. Nesse sentido, atentar-se a esses riscos é de grande importância para reduzir a estatística observada atualmente em relação a essas crianças.

Dietas restritivas

Várias possibilidades de tratamentos dietéticos são estudadas, há anos, para pacientes com TEA. Alguns estudos sugerem dietas específicas para tratamento complementar, pois podem influenciar o comportamento do indivíduo, controlando a resposta imune e inflamatória no desenvolvimento cerebral via eixo cérebro-intestino. A dieta cetogênica, a FODMAPS (*Fermentable Oligosaccharides, Disaccharides, Monosaccharides and Polyols*), a Feingold e a SGSC (Dieta Sem Glúten e Sem Caseína) são alguns exemplos de dietas estudadas. No entanto, as academias e sociedades médicas, até o presente momento, não apoiam nenhuma dieta restritiva para o Transtorno do Espectro Autista por falta de evidências científicas suficientes, a menos que a criança autista tenha o diagnóstico de alergia ou intolerância alimentar. A maioria dos estudos epidemiológicos sobre o tema não apresenta delineamentos do topo da pirâmide de evidência científica, como os ensaios clínicos randomizados e controlados. Sabe-se que toda dieta restritiva requer máxima atenção de nutricionistas e médicos para repor os nutrientes, principalmente na infância, quando acontece acelerada multiplicação celular devida ao crescimento infantil. Dessa maneira, a utilização de dietas restritivas em crianças no espectro autista ainda é controversa e sem grandes resultados científicos significativos.

Referências

ANDERLE, T. V.; MELO, E. D. Autismo: aspectos nutrológicos das dietas e possível etiologia. *Int J Nutrol.*, 2018, 11 (2), 66-70.

BALBONI, M. C. H. *et al.* Impacto da suplementação de ácidos graxos ômega-3 nos transtornos do espectro autista: revisão sistemática baseada em ensaios clínicos randomizados e controlados. *Rev. Soc. Cardiol. Estado de São Paulo,* 29 (2 (Supl)), 203-210, abr.-jun. 2019. São Paulo, 2016.

CAETANO, M. V.; GURGEL, D. C. Perfil nutricional de crianças portadoras do transtorno do espectro autista. *Rev Bras Prom Saúde*. 2018; 31 (1), 1-11.

CDC. Prevalência de Transtorno do Espectro do Autismo entre Crianças de 8 anos – Rede de Monitoramento de Deficiências de Desenvolvimento e Autismo, 11 Sites, Estados Unidos, 2014. Disponível em: <https://www.cdc.gov/mmwr/volumes/67/ss/ss6706a1.htm>. Acesso em: fev. de 2023.

CRIADO, K. K. *et al.* Overweight and obese status in children with autism spectrum disorder and disruptive behavior. *Autism*, 22 (4), 450-459, 2018. Disponível em: <10.1177/1362361316683888>. Acesso em: fev. de 2023.

DIAS, E. C. *et al.* Dieta isenta de glúten e caseína no transtorno do espectro autista: uma revisão sistemática. *Rev Cuidarte*. 2018;9:2059-73. Disponível em: <http://dx.doi.org/10.15649/cuidarte.v9i1.485>. Acesso em: fev. de 2023.

HENDREN, R. *et al.* Randomized, placebo-controlled trial of methyl b12 for children with autism. *J Child Adolesc Psychopharmacol.* 2016, 26, 774-83. Disponível em: <https://doi.org/10.1089/cap.2015.0159>. Acesso em: fev. de 2023.

HYMAN, S. L. *et al.* The gluten-free/casein-free diet: a double-blind challenge trial in children with autism. *J Autism Dev Disord.*, 2016, 46, 205-220. Disponível em: <https://doi.org/10.1007/s10803-015-2564-9>. Acesso em: fev. de 2023.

KERZNER, B. *et al.* A Practical Approach to Classifying and Managing Feeding Difficulties. *Pediatrics* [Internet]. 2015 [quoted 2020 Mar 1], 135 (2), 344-353. Disponível em: <https://dx.doi.org/10.1542/peds.2014-1630>. Acesso em: fev. de 2023.

KERZNER, B. Clinical Investigation of Feeding Difficulties in Young Children: A Practical Approach. *Clin Pediatr.* (Phila) [Internet]. 2009 [quoted 2020 Mar 1], 48, 960-965. Disponível em: <https://dx.doi.org/10.1177/0009922809336074>. Acesso em: fev. de 2023.

LÁZARO C. P.; SIQUARA G. M.; PONDÉ, M. P. Escala de Avaliação do Comportamento Alimentar no Transtorno do Espectro Autista: estudo de validação. *J Bras Psiquiatr.*, 2019, 68 (4), 191-199.

OKUIZUMI, A. M. *et al.* Fatores associados aos tipos de dificuldades alimentares em crianças entre 0 e 10 anos de idade: um estudo retrospectivo em um centro de referência brasileiro. *Sci Medica,* 30 (1), 35530, 2020.

REICHOW, B. Overview of meta-analyses on early intensive behavioral intervention for young children with Autism Spectrum Disorders. *J Autism Dev Disord.*, 2012; 42 (4), 512-520.

30

TERAPIA ALIMENTAR NO AUTISMO

A terapia alimentar tem como objetivo ressignificar o ato de comer e ampliar o repertório alimentar. A prevalência de seletividade alimentar em crianças com TEA é alta devido às causas que levam à seletividade, como alteração motora oral e transtorno de processamento sensorial, bem como causas orgânicas e comportamentais. Dessa forma, um olhar nutricional para além do plano alimentar se faz necessário para o acompanhamento dessas crianças.

MARIANA CATTA-PRETA E
PILAR DE OLIVEIRA COSTA VICTOR

Mariana Catta-Preta

Contatos
mcattapreta@gmail.com
Instagram: @mariana_catta_preta
21 99954 7075

Nutricionista formada pela Uni-Rio, mestre e doutora pela UERJ. Com 20 anos de prática clínica, é capacitada para tratamento de autismo e dificuldades alimentares. Fundadora do Espaço Inova.

Pilar de Oliveira Costa Victor

Contatos
pilarvictor.nutri@gmail.com
Instagram: @pilarvictor.nutri
21 99446 4323

Nutricionista formada pela Universo, pós-graduada em Nutrição do TEA e TDAH, capacitada para tratamento de autismo e dificuldades alimentares. Aprimorada pelo Programa de Transtornos Alimentares (Ambulim) do HC-FMUSP em Transtornos Alimentares, com várias formações internacionais. Fundadora do Espaço Nutricando e do Espaço Inova.

Alimentar-se é um complexo, sensorial e é um ato aprendido! Inúmeras questões podem atrapalhar sua execução e muitas crianças com dificuldades de alimentação requerem cuidados interdisciplinares, nos quais os aspectos complexos da alimentação são abordados de forma integrada.

É comum que crianças no Espectro do Transtorno Autista (TEA) tenham problemas com a alimentação. Isso pode dificultar a ingestão de uma variedade saudável de alimentos e pode causar muitos conflitos na hora das refeições.

Elas podem preferir alimentos que dão uma certa sensação na boca, como alimentos crocantes ou macios. As crianças que comem apenas alimentos macios podem ter músculos mandibulares fracos, que tornam desagradável a ingestão de alimentos mastigáveis. Sentarem-se quietas e comportarem-se com segurança na hora das refeições também pode ser um desafio para elas.

Seletividade alimentar

A definição mais comumente aceita de seletividade alimentar foi proposta por Dovey *et al.*, em que seletivas são as crianças "que consomem uma variedade inadequada de alimentos, apesar da rejeição de uma quantidade substancial de alimentos que lhes são familiares (assim como desconhecidos – existe uma cautela em relação a neofobia)". As definições alternativas incluem menção específica à restrição da ingestão de vegetais, fortes preferências alimentares, fornecimento de refeições diferentes das dos cuidadores, métodos especiais de preparação de alimentos, consumo de quantidades inadequadas de alimentos e interrupção das rotinas diárias que são problemáticas para a relação filho-pai ou pai-filho. Fica claro, no entanto, que a alimentação seletiva não é sinônimo de Transtorno Alimentar Restritivo Evitativo, que tem uma definição muito específica no Manual Diagnóstico e Estatístico de Transtornos Mentais (DSM-5), incluindo a presença de deficiência nutricional como resultado de ingestão inadequada de alimentos, falha no ganho de peso em crianças, declínio na função psicológica e dependência de suplementos para manter a saúde nutricional.

Existem vários questionários disponíveis para identificar a alimentação seletiva, elaborados para preenchimento pelos pais/responsáveis, nos quais são avaliados múltiplos aspectos do comportamento alimentar da criança.

Existe uma ampla faixa de prevalência da seletividade, encontrada em diferentes estudos (6% a 50%). Já com relação ao início da seletividade, os estudos também divergem, uns apontando com três anos e outros com seis anos. Quando se observaram apenas questões como comportamentos na hora das refeições e medo de experimentar novos alimentos, associados a distúrbios gastrointestinais, as taxas de problemas alimentares e alimentares em jovens autistas são ainda maiores.

Causas da seletividade

Crianças com TEA possuem maior prevalência de recusas alimentares com base na textura dos alimentos, misturas, marca, forma e sabor/cheiro do que crianças neurotípicas.

A recusa alimentar com base nas características dos alimentos pode estar relacionada a prejuízos no processamento sensorial, sensibilidade oral ou tátil, ou mesmo a rigidez comportamental. Prejuízos no processamento sensorial afetam cerca de 40 a 88% das crianças com deficiência e podem chegar a 95% em pequenas amostras de crianças com TEA. O ato de comer requer a capacidade de processar simultaneamente informações sensoriais de vários subtipos, incluindo visão, tato, paladar e olfato. Os alimentos possuem muitas características sensoriais, e crianças com dificuldade de processamento sensorial podem apresentar maior grau de recusa alimentar, com base nas características dos alimentos.

A maioria dos estudos indica que crianças com TEA consomem menos frutas e vegetais, em comparação com as recomendações atuais, e isto pode estar relacionado a prejuízos no processamento sensorial.

Além disso, não se pode ignorar o fato de os distúrbios gastrointestinais estarem entre as condições médicas mais comuns no TEA e serem frequentemente negligenciadas. O desconforto gastrointestinal não tratado em crianças com TEA tem sido associado a muitos problemas nessa população, incluindo distúrbios do sono, comportamentais, alimentares e psiquiátricos.

Em suma, quatro são as causas que podem levar uma criança a uma alimentação seletiva: alteração motora oral, transtorno de processamento sensorial, causas orgânicas e causas comportamentais.

Como tratar?

O mais importante no tratamento da seletividade é identificar as causas e tratá-las. Se for uma causa orgânica, é preciso tratar essa causa, sendo impositivo o acompanhamento de um gastropediatra, para avaliar qualquer outra doença que envolva o TGI.

Se a causa for motora oral, são imperativos a avaliação e acompanhamento por um fonoaudiólogo, para que ele possa estimular de forma adequada essa criança.

Sendo um transtorno do processamento sensorial, a avaliação e o acompanhamento por um terapeuta ocupacional se fazem necessários, para que essa criança seja estimulada de forma adequada. E, em casos comportamentais, o acompanhamento de um psicólogo é imprescindível.

Em todos os casos, ressignificar a alimentação e o ato de comer se faz necessário através de práticas educativas.

Terapia alimentar – como tratamento das dificuldades alimentares no autismo

Muito se fala que o tratamento das dificuldades alimentares vai além do comer planejado e instrumentalizado, através de plano alimentares feitos por nutricionistas, e de fato observa-se cada dia mais a necessidade de uma intervenção individualizada e que vá além das orientações parentais gerais e das suplementações nutricionais prescritas.

O que se observa na prática é que somente direcionar aos pais o que deve ou não ser feito em ambiente domiciliar não é o bastante para as mudanças efetivas no quadro das dificuldades alimentares apresentado pelas crianças no espectro autista.

Hoje, conforme determinado pela neurociência, o aprendizado está diretamente ligado ao ato de brincar e de imitar. A ludicidade, quando se trata de crianças autistas e com dificuldades alimentares, é a forma com que se consegue um resultado efetivo no tratamento das dificuldades alimentares. No processo de terapia alimentar, a aproximação aos alimentos vai ocorrendo de forma gradual e sistemática, fazendo com que o subconsciente do indivíduo entenda que aquele alimento exposto é conhecido e seguro, dando-lhe a oportunidade e despertando o seu interesse em explorá-lo. Essas aproximações graduais possuem objetivos específicos dentro do tratamento das dificuldades alimentares no autismo, tais como a quebra de rigidez e criar o prazer futuro no ato de comer. Nota-se que na terapia alimentar o objetivo central é ressignificar o ato de comer, e para tal, deveremos nos ater ao fato de que o brincar sem fundamento e/ou finalidade não poderá ser tido como terapia alimentar, pois o "trabalho" não foi direcionado com um objetivo específico. Para que seja considerado um ato terapêutico, este brincar com os alimentos deverá ser planejado com base nos objetivos específicos de tolerar – interagir – cheirar – tocar – provar e comer, que são comumente descritos como os passos para a comer, pela pesquisadora Kay A Toomey, Ph.D;

6 passos para comer

Segundo o que determina a literatura, existem seis passos que devem ser superados para que crianças com dificuldades alimentares, sejam elas autistas ou não, possam evoluir no processo do comer natural e genuíno. Estes passos são descritos como: **tolerar – interagir – cheirar – tocar – provar**, para, então, chegar ao **comer**. Nota-se que são etapas graduais no processo da alimentação infantil e devem ser superados, um a um, até o objetivo final da alimentação. Esses seis passos são subdivididos em outros 32 subpassos cada vez mais específicos, porém essenciais para a evolução gradual dos níveis de dificuldade de aproximação do alimento do indivíduo, até a conclusão final do ato de comer. A terapia alimentar entra como um guia da evolução destes passos através do lúdico, do brincar direcionado, de forma que estas etapas sejam amenizadas diante do brincar terapêutico. Ou seja, o ato de tolerar o alimento e interagir com ele envolve, por exemplo, o brincar com objetivo de aproximação sistêmica e indireta, na qual a finalidade é familiarizar o alimento junto ao indivíduo com autismo. Importante entender que este processo não é fácil nem simples, pois, a depender do nível de desconforto sentido pelo indivíduo no espectro diante de suas limitações sensoriais, vai ser descrito seu nível de dificuldade nas etapas iniciais e finais do processo. Sendo assim, aqui já se observa que o processo de terapia alimentar pode envolver não só um único profissional (nutricionista) e sim vários profissionais, como: fonoaudiólogo, terapeuta ocupacional, psicólogo, entre outros, e cada qual irá trabalhar as especificidades de sua área profissional, a fim de todos atingirem o objetivo em comum, qual seja: fazer o indivíduo comer.

Como usar a terapia alimentar no autismo em favor da família?

O ideal quando se trata de terapia alimentar no autismo é que os pais entendam que eles mesmos são os coterapeutas do processo, de forma que de nada adiantam as evoluções do paciente inserido no espectro estarem presentes em ambientes fora de casa se os mesmos avanços não forem consolidados em seu ambiente domiciliar. Sendo assim, é importante que os pais participem da realização de sessões terapêuticas, para que possam aprender as abordagens e formas de aplicação das técnicas, a fim de que repliquem em casa seus ensinamentos apreendidos. Quando os pais têm a oportunidade de entrar nas sessões terapêuticas, eles têm a possibilidade de se empoderar como coparticipantes do processo de forma segura e individualizada, assim como, através deste processo, eles têm a possibilidade de não mais cometer os erros antes realizados em virtude da falta de instrução. Além de que, com a participação dos pais em casa, de forma ativa, tende-se a encurtar o tempo do processo terapêutico rumo à alta, já que, quanto mais repetitivas e seguras forem as exposições familiares, maiores serão os períodos de consolidação de ganhos alimentares e, consequentemente, maior será o aumento do repertório alimentar.

Referências

ALMEIDA, C. A. N. *et al.* Dificuldades alimentares na infância: revisão da literatura com foco nas repercussões à saúde. *Pediatria Moderna*, set. 48(9), 2012

AMERICAN Psychiatric Association (APA). *Diagnostic and statistical manual of mental disorders: DSM-5.* Washington, 2013.

BANDINI, L. G. *et al.* Food selectivity in children with autism spectrum disorders and typically developing children. *The Journal of pediatrics*, 157 (2), p. 259-264, 2010.

BARASKEWICH, J. *et al.* Feeding and eating problems in children and adolescents with autism: A scoping review. *Autism*,25 (6), p. 1.505-1.519, Aug. 2021. Epub 2021 Mar 2. PMID: 33653157; PMCID: PMC8323334. Disponível em: <10.1177/13623613219956 31>. Acesso em: fev. de 2023.

JUNQUEIRA, P. *et al.* O papel do fonoaudiólogo no diagnóstico e tratamento multiprofissional da criança com dificuldade alimentar: uma nova visão. *Revista CEFAC*, 17 (3), p. 1.004-1.011, 2015.

KERZNER, B. *et al.* A practical approach to classifying and managing feeding difficulties. *Pediatrics*, 135 (2), p. 344-353, 2015.

MADRA, M.; RINGEL, R.; MARGOLIS, K. G. Gastrointestinal Issues and Autism Spectrum Disorder. *Child Adolesc Psychiatr Clin N Am.*, 29 (3), p. 501-513, Jul. 2020. Epub 2020 Apr 2. PMID: 32471598; PMCID: PMC8608248. Disponível em: <10.1016/j.chc.2020.02.005>. Acesso em: fev. de 2023.

MAYES, S. D.; ZICKGRAF, H. Atypical eating behaviors in children and adolescents with autism, ADHD, other disorders, and typical development. *Research in Autism Spectrum Disorders*, 64, p. 76-83, 2019. Disponível em: <https://doi.org/10.1016/j.rasd.2019.04.002>. Acesso em: fev. de 2023.

MILANO, K, CHATOOR, I, KERZNER, B. A Functional Approach to Feeding Difficulties in Children. *Curr Gastroenterol Rep.*, 21 (10), p. 51, Aug 23, 2019. Disponível em: <10.1007/s11894-019-0719-0>. PMID: 31444689>. Acesso em: fev. de 2023.

RÅSTAM, M *et al.* (2013). Eating problems and overlap with ADHD and autism spectrum disorders in a nationwide twin study of 9- and 12-year-old children. T*he Scientific World Journal,* 2013, 315429.

TAYLOR, C. M.; EMMETT, P. M. Picky eating in children: causes and consequences. *Proc Nutr Soc.*, 78 (2), p. 161-169, May 2019. Disponível em: <10.1017/S0029665118002586>. Epub 2018 Nov 5. PMID: 30392488; PMCID: PMC6398579. Acesso em: fev. de 2023.

VISSOKER, R. E.; LATZER, Y. G. E. (2015). Eating and feeding problems and gastrointestinal dysfunction in autism spectrum disorders. *Research in Autism Spectrum Disorders*, 12, 10–21.

ZHU, V.; DALBY-PAYNE, J. Feeding difficulties in children with autism spectrum disorder: Aetiology, health impacts and psychotherapeutic interventions. *J Paediatr Child Health.* ; 55 (11), p. 1.304-1.308, Nov., 2019. Epub 2019 Oct 1. PMID: 31576627. Disponível em: <10.1111/jpc.14638>. Acesso em: fev. de 2023.

31

DESFRALDE NO AUTISMO

Este capítulo visa trazer a experiência da vivência do processo do desfralde com centenas de famílias típicas e atípicas. Sabemos que a literatura sobre o assunto é muito limitada, principalmente a direcionada às crianças dentro do transtorno do espectro autista; sabemos também que é um tempo de espera que gera ansiedade e apreensão, um momento delicado que envolve compreensão do processo e observação atenta da criança e seus sinais.

RICHELLE DE FREITAS PINTO

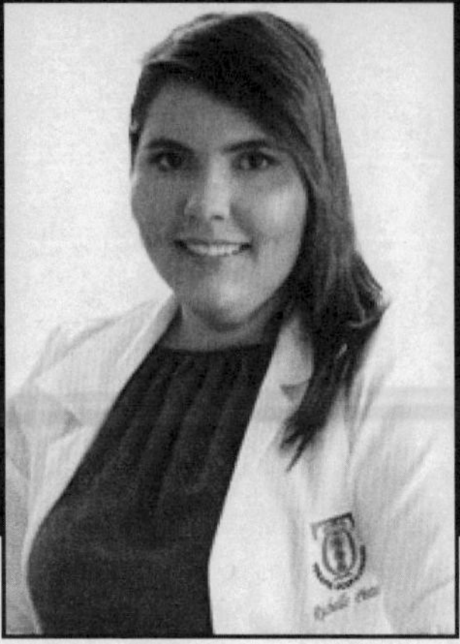

Richelle de Freitas Pinto

Contatos
Instagram: @richellepinto.to
@institutomultitea
53 99929 2781
53 99994 1672

É terapeuta ocupacional formada pela Universidade Federal de Pelotas; possui diversos cursos na área de desenvolvimento infantil, brincar, desenvolvimento cognitivo e integração sensorial. Responsável técnica pelo setor de Terapia Ocupacional do Instituto MultiTEA, Professora de mais de 500 alunos em cursos on-line para pais típicos e atípicos. Mãe da Catarina e da Aurora, e esposa do Nemias, a quem dedica este singelo capítulo.

O desfralde é um processo bastante temido pelas famílias que chegam até mim; afinal, de todos os processos, esse é o que mais exige delas. Antigamente, tínhamos uma cultura retrógrada de que o "ambiente é que comanda o desfralde" e, então, tirava-se a fralda da criança e a deixava fazendo xixi em qualquer lugar da casa; esse de longe não é um processo aconselhado, pois, além de não ser positivo, pode causar constrangimentos e problemas emocionais à criança. Além do mais, ficar molhado é desagradável, normalmente é uma situação exaustiva para a família, e as reações dos cuidadores não reforçam o ato.

Hoje em dia, a retirada da fralda é a última parte do processo, e o método que recomendarei aqui já foi testado em centenas de famílias que tiveram um desfralde seguro e sem traumas.

O Método "10x3" é um método que desenvolvi para os pais terem uma bússola do desfralde. É perceptível a importância de praticar cada etapa do método; esse esquema pode ser usado tanto em crianças pequenas, quanto em crianças mais velhas. Dezenas de famílias já desfraldaram com os atendimentos on-line e presencial, inclusive os que tinham interrompido o processo tempos antes.

Desenvolvimento

Para desfraldar, a criança precisa apresentar todos os marcos do desenvolvimento motor bem definidos e isso é muito importante. Considere que, além de andar, a criança precisa saber subir escadas de forma independente e alternando as pernas com segurança; por mais que, para o movimento, a criança precise estar sempre acompanhada, a criança precisa apresentar essa habilidade.

Preste atenção: para desfraldar, a criança precisa se comunicar. Esse é um dos principais pontos: comunicação.

Espero que, ao longo deste livro, você já tenha entendido as diferentes formas de comunicação. Você pode, junto à equipe de CAA (Comunicação Alternativa e Aumentativa), desenvolver apoios específicos ao desfralde e/ou pistas visuais dos processos que envolvem o desfralde, afinal não é só trocar a fralda, mas também sentir, comunicar, encontrar o banheiro, abrir o vaso, colocar ou não apoios, baixar a calça, "soltar" ou "coordenar a evacuação", fazer sua higiene (limpar-se), colocar o papel no lixo, baixar a tampa, apertar ou puxar a descarga e lavar as mãos. Você consegue perceber a complexidade em que estão inseridos todos estes processos para um ser humano em pleno início de seu desenvolvimento?

A criança em processo de desfralde precisa sentir, registrar e informar sensações específicas do corpo; devemos encorajar a criança a falar sobre suas sensações fisiológicas.

Para ajudar na interpretação das sensações, podemos contar com um bom terapeuta ocupacional que entenda de integração sensorial de Ayres, para auxiliar você e a equipe a perceber se a criança apresenta DIS (Disfunção de Integração Sensorial). A criança precisa estar bem regulada; há inúmeros estudos relacionando disfunções de integração sensorial com o não controle dos esfíncteres e outras dificuldades.

Ferramentas para um desfralde de sucesso:

- Paciência para compreender o tempo da criança.
- Atenção aos sinais de prontidão e aos de não prontidão.
- Não se iludir, sempre pautar-se na realidade.
- Deixar a criança comunicar suas sensações.

Quando começar?

É primordial lembrar que quem diz a hora de a criança desfraldar é a própria criança. Nós somos apenas espectadores até que ela atinja os marcos, apresente os sinais de prontidão.

Não existe uma idade específica, cada criança é única e estará pronta quando perceber que seu corpo é capaz de falar e ela souber comunicar essas sensações.

Posso afirmar que a melhor hora de tirar a fralda é quando a criança está pronta e familiarizada com o local de evacuação e, principalmente, quando os pais se sentem seguros. Se a família se sente insegura, a chance de a criança regredir ou não conseguir progredir é muito grande; por isso é muito importante ter em mãos um *checklist* dos sinais de prontidão para o desfralde, acionar a equipe interdisciplinar para o processo e incluir todos os contextos da criança nessa missão (escola, acompanhantes terapêuticos, avós, clínica, profissionais) para, juntos, adotarem a mesma abordagem.

Alguns dos principais sinais de prontidão para o desfralde. A criança:

- Fica tirando a fralda: na hora de colocar a fralda, pede para tirá-la ou fica tentando tirá-la com as mãos.
- Pede para trocar a fralda depois que fez xixi ou cocô.
- Avisa que vai fazer xixi ou cocô e sabe distinguir ambos.
- Não tem medo do vaso ou penico.
- Consegue compreender comandos básicos.
- Permanece com a fralda seca por duas ou três horas.
- Tem um bom desenvolvimento neuropsicomotor.

É desejável que a criança apresente a maioria dos sinais de prontidão antes da retirada da fralda.

Desfralde diurno x desfralde noturno

Os desfraldes diurno e noturno não ocorrem ao mesmo tempo, as sensações são completamente diferentes, não há problema nenhum o desfralde noturno levar muito tempo para acontecer. É recomendável tirar a fralda da noite somente depois de perceber que a criança acorda com a fralda seca por pelo menos 15 dias.

Lembre-se de que, se a criança tem muita dificuldade de controlar os esfíncteres ou tem muitos escapes, fora de um padrão de "normalidade", deve-se sempre desconfiar de questões biológicas, como a enurese ou a encoprese.

Vaso ou penico?

O indicado é sempre utilizar o vaso sanitário desde o início do desfralde. Eu sei que muitas crianças típicas e atípicas apresentam medo do vaso sanitário, esse é um medo bem comum. Por isso, durante o processo, é importante levar a criança ao banheiro para o "conhecer"; às vezes, a criança pode ter uma impressão ruim do banheiro. Muitas crianças, antes do desfralde, só entram lá para tomar banho e nem sempre é uma experiência agradável, e isso pode acarretar um bloqueio do ambiente; por isso, você pode levar seu filho ao banheiro e reforçar o que é o vaso sanitário, e que é ali que o cocô e o xixi "moram". Dependendo do que você observar, você pode colar alguns adesivos no vaso para que a criança se sinta parte daquele ambiente.

Recomendo o uso do vaso pelo simples fato de que sempre haverá um semelhante em todos os contextos da vida da criança (escola, terapia, lojas, shopping, casa de familiares), então será bem mais fácil a adaptação a outros ambientes. Utilize o redutor caso a criança se recuse a se sentar no vaso e sempre ofereça um apoio para os pés, isso auxilia demais a propriocepção e a consciência corporal para auxiliar a evacuação.

Cocô: o temor de toda mãe

Quando se fala em cocô, todo mundo se apavora. Não são de hoje os inúmeros casos de crianças que levaram anos para conseguir fazer cocô fora da fralda. A fralda é sinal de segurança para a criança, que convive com ela desde os primeiros meses de vida. Se a família optou por fazer a higiene natural, desfraldar o cocô será bem mais fácil, mas se a família optou pelo cocô ser sempre na fralda, pode encontrar algumas complicações que exigem um certo olhar de empatia.

O cocô exige uma sensação totalmente diferente do xixi, basta que você faça um simples exercício: você já experimentou evacuar com os olhos fechados?

Entender as sensações que envolvem e o que você precisa coordenar para que o cocô saia sem dificuldades? É muito complexo! E por isso que um dos sinais do sucesso do desfralde do cocô é ter todos os sinais de prontidão antes de tirar a fralda.

O segundo ponto importante é que, para a criança autista, as impressões, sejam boas ou ruins, ficam impressas por muito tempo. Se a criança teve uma experiência ruim ou dolorida ao fazer cocô, pode ser que leve muito tempo para se sentir segura ao tentar novamente.

Você deve sempre observar também o padrão e a cor do cocô da criança antes de tirar a fralda.

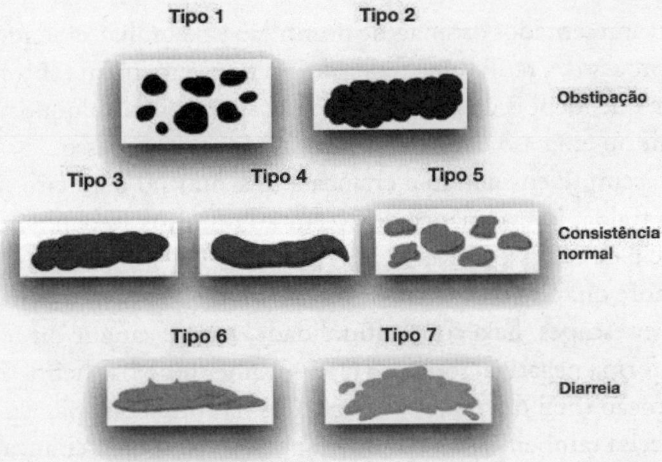

Disponível em: <https://stopcancerportugal.com/2021/04/13/escala-de-bristol-avaliar-a-consistencia-das-fezes/>. Acesso em: 03 dez. de 2022.

A famosa Escala de Bristol (acima) nos mostra os tipos de cocô. É preciso que estejamos atentos, pois, se a criança apresenta o tipo 1 ou 2, pode ter dor ao evacuar, e se estiver com diarreia, não é aconselhável começar o desfralde para que a criança possa coordenar as sensações do cocô da forma correta.

Mas sabemos que muitas crianças possuem seletividade alimentar e comportamento restritivo na alimentação, o que pode gerar constipação e dificuldades ao evacuar. Por isso é tão importante avaliar todo o contexto na hora de conduzir o processo até o momento de retirar a fralda.

É muito comum a criança apresentar alguns medos na época do desfralde, como por exemplo medo do cocô, do vaso, da descarga, e por isso não é recomendado zombar nem expor esse medo para outras pessoas na frente da criança. Acolha esse medo com empatia e tenha muita paciência, não obrigue uma criança com medo do vaso a se sentar nele, isso só gerará mais estresse e ansiedade.

Não force nem constranja, todos nós temos medos e não é menosprezando que você vai ajudá-la, encoraje-a. A segurança emocional é um caminho seguro de sucesso.

Se a criança que tinha medo do vaso aceitar se sentar nele, reforce isso positivamente; se você deseja que ela permaneça, você pode dar um brinquedo ou um livro enquanto ela estiver sentada. Isso ajuda muito a criança a permanecer no local e se acalmar.

O começo

Quando apresentados os sinais de prontidão e o familiar/cuidador se sentir seguro no processo, a retirada da fralda deve ser desejavelmente abrupta. É bem importante que, depois de retirar a fralda, a criança só a coloque novamente para dormir ou em caso de regressão/desistência do processo.

Comece sempre ensinando a criança a se sentar no banheiro. No dia da retirada da fralda, leve a criança de 20 em 20 minutos ao banheiro, é muito importante para ela esse processo inicial.

Comemore quando o vaso for utilizado, ainda que isso leve dias.

Se houver escapes, haja com naturalidade, não se zangue ou repreenda a criança de forma negativa, sorria e a leve novamente ao banheiro. O processo exige dedicação total de todos os envolvidos na rotina da criança.

Você precisa também saber parar e respeitar o tempo da criança, se o processo não andar ou você vir que a criança não está bem, pare. Ajuste o que não funcionou e retome o processo. Busque ajuda!

Fiquemos atentos e preparados para auxiliar nosso filho/paciente a adquirir autonomia e independência.

Referências

CHOBY, B.; GEORGE, S. Toilet training. *Am Fam Physician.*, 78 (9):1059-1064, 2008.

COHEN, R. A. da S. *O entendimento de professoras e familiares referente ao processo de desfralde de crianças bem pequenas.* Trabalho de Conclusão de Curso (Graduação em Pedagogia Licenciatura Plena) – Universidade Federal de Santa Maria, Santa Maria/RS, 2021.

DE MENDONÇA, F. S. *et al.* As principais alterações sensório-motoras e a abordagem fisioterapêutica no Transtorno do Espectro Autista. *In*: COSTA, E. F.; SAMPAIO, E. C. *Desenvolvimento da criança e do adolescente: evidências científicas e considerações teóricas-práticas.* Guarujá: Científica Digital, 2020.

FONSECA, E. M. *et al.* Dysfunction elimination syndrome: is age at toilet training a determinant? *J Pediatr Urol.*, 7 (3):332-335, 2011.

GOH, C. K. *et al. Trenzinho do banheiro: conhecimentos sobre o treinamento esfincteriano no ambiente escolar.* XXXI Semana Acadêmica de Medicina – UFPel, 2013.

LEONETTI, S. U. M.; SANTOS, C. A. V. *Comunicação de eliminação: um potencial campo de atuação para o terapeuta ocupacional.* 2022

PANDJARJIAN, A. V. *Estudo da associação entre o desfralde e o uso de marcadores verbais da consciência de si em crianças.* 2017. Anais... São Paulo: USP, 2017. Disponível em: <https://uspdigital.usp.br/siicusp/siicPublicacao.jsp?codmnu=7210>. Acesso em: 11 jan. de 2023.

SOCIEDADE Brasileira de Pediatria e Sociedade Brasileira de Urologia (2019). *Manual de Orientação Treinamento Esfincteriano*. Disponível em: <https://portaldaurologia.org.br/medicos/wp-content/uploads/2020/01/Treinamento_Esfincteriano-1.pdf>. Acesso em: mar. de 2023.

VERSIANI, L. S. *Como a comunicação de eliminação ajuda na diminuição do descarte de fraldas infantis.* 2019. Trabalho de Conclusão de Curso (Bacharelado em Administração) –Universidade de Brasília, Brasília, 2019.

ZASLAVSKY, C.; GUERRA, T. C. Escala Bristol de forma fecal no diagnóstico clínico da constipação na infância, Porto Alegre, Brasil. *Revista da AMRIGS*, v. 60, n. 2, p. 129-133, 2016.

32

ABA PARA PAIS, COMO FUNCIONA?

A Análise do Comportamento Aplicada (ABA) é uma ciência desenvolvida após um estudo experimental, que se destaca como uma ferramenta que guia o processo terapêutico de crianças com transtorno do espectro autista. Dessa forma, é importante que os pais aprendam a perceber os princípios da análise do comportamento para lidar com os filhos, uma vez que estar conectado, desenvolver atividades e criar vínculo com a criança permitem a condução da ABA da melhor forma possível.

SUELEN PRISCILA MACEDO FARIAS

Suelen Priscila Macedo Farias

Contatos
www.suelenpriscila.com
suelen_psicologia@yahoo.com.br
38 99146 6158

Com 12 anos de atuação na área do autismo e análise do comportamento, Suelen já ajudou mais de 2.500 famílias por meio do seu trabalho humano e científico. É psicóloga infantil, pós-graduada em Didática e Metodologia do Ensino Superior pela Unimontes, pós-graduada em Análise do Comportamento Aplicada ao autismo pela Universidade Federal de São Carlos (UFSCar), e possui mestrado em Educação Especial, com ênfase em ABA e autismo, pela UFSCar. Possui formação complementar em Deficiência Intelectual, Libras e Braile. É consultora do sono, consultora de telas, possuiu formação profissional no modelo Denver de Intervenção Precoce e, nos EUA, teve o privilégio de conhecer algumas escolas que trabalham com ABA. É autora de diversos trabalhos científicos publicados em revistas. Tem um artigo publicado em uma revista nacional Qualis A. Já formou, em seus cursos de aplicador ABA, mais de 1.000 alunos e é supervisora ABA em vários estados do Brasil.

A ciência Applied Behavior Analysis (ABA) para pais e o meu projeto Cuidado e Conexão entre Pais e Filhos são um trabalho atualizado com o objetivo de melhorar tanto o desempenho da terapia para pessoas com Transtorno do Espectro Autista (TEA) quanto à relação entre pais e filhos. Além disso, após mais de 12 anos de experiência, é possível perceber a necessidade de pais e profissionais estarem conectados, seja em relação à ciência/aprendizado, à criança com TEA ou a si próprios. Apesar de a técnica e a teoria serem fundamentais, é essencial que os pais e profissionais também passem por uma capacitação em ABA, uma vez que a autocompreensão permite a conexão entre o pai/profissional e a criança com TEA.

Como funciona a ciência ABA?

ABA, do inglês *Applied Behavior Analysis*, significa Análise do Comportamento Aplicada, é uma ciência desenvolvida por Lovas, em 1988, após um estudo experimental em que havia um grupo de crianças que fizeram a terapia ABA e outras que fizeram terapias multidisciplinares ecléticas sem conexão. Nesse estudo, Lovas percebeu que as crianças que praticaram a ABA tiveram excelentes resultados quando comparadas às demais. Após essa primeira investigação, diversos trabalhos científicos sobre o tema foram desenvolvidos, demonstrando a seriedade e a comprovação da utilidade dessa ciência.

A ciência ABA, atualmente, conta com sete dimensões que guiam todo o processo terapêutico. A primeira dimensão é aplicada a um objeto de interesse, deve ser um comportamento socialmente relevante; por exemplo, em vez de ensinar as letrinhas, posso ensinar a criança a falar "oi" e "tchau" ou a escovar os dentes. Os pais precisam ser protagonistas que colocam em prática os objetivos terapêuticos determinados em conjunto com os profissionais. A segunda dimensão é a comportamental, o foco da intervenção deve ser no que o indivíduo é capaz de fazer e em como o terapeuta se comporta. Por isso, é muito importante que esses terapeutas sejam treinados da forma correta, por meio de cursos específicos para isso – como o que ofereço de forma on-line. (https://www.suelenpriscila.com/).

A terceira dimensão é a analítica, na qual é preciso ter convicção de que as mudanças comportamentais do paciente são resultadas da intervenção por meio da ciência ABA. Nessa perspectiva, os dados são palpáveis, podem ser analisados em gráficos que auxiliam a avaliação, a evolução do paciente e os passos do tratamento.

A quarta dimensão é a tecnológica, ou seja, a intervenção deve ser detalhadamente descrita com uma linguagem clara, de modo que qualquer outra pessoa seja capaz de executá-la. Assim, os pais deverão possuir uma folha de registro repassada pelo supervisor ou coordenador, que irão fazer uma avaliação inicialmente com essa criança.

A quinta dimensão é a conceitual, que aborda como a linguagem deve ser adequada, evitando ambiguidades. Em qualquer local do mundo que siga a ABA, deverá ser possível compreender quais são os padrões comportamentais, suas consequências, antecedentes e funções.

A sexta dimensão trata da eficácia; então, para ser ABA, a intervenção deve ser eficaz, produzir os resultados desejados, cumprindo os objetivos propostos no início do planejamento terapêutico, mas sempre respeitando a evolução individual no ritmo de cada criança.

A sétima dimensão da ABA, por fim, aborda a generalização ABA; a intervenção deve ser durável, resistir ao tempo, estender-se para outros ambientes – casa, escola, shoppings e para outras pessoas no convívio social da criança –, familiares, professores, amigos.

Como complemento, para finalizar, existe uma oitava dimensão que trata da humanidade que precisa estar envolvida no processo, logo, a intervenção só deve ocorrer com pleno consentimento e participação das pessoas envolvidas da família; todos devem compreender o que está sendo desenvolvido, com respeito, motivação e participação ativa. Não existe ABA sem humanidade, sem ética e sem uma prestação de serviço de qualidade.

Para a ciência ABA e para a conexão com o filho, inicialmente, é preciso observar os pontos positivos, todo comportamento que gera consequências boas para família e criança, e descrever todos esses comportamentos que essa criança apresenta, o que não significa ignorar as queixas trazidas pelos responsáveis – que serão abordadas de forma específica na anamnese (entrevista).

Estar conectado, desenvolver atividades e criar vínculo com a criança são de extrema importância para conduzir a ABA da melhor forma possível. Dessa forma, entende-se que o bem estar emocional e o autoconhecimento são fundamentais para os pais; eles devem buscar constantemente o aperfeiçoamento pessoal, cuidando de si durante a difícil tarefa de estar em ambientes sociais sob estresse.

O sentimento dos pais influencia diretamente o tratamento

Tratando especificamente das relações dos pais e dos familiares, é preciso entender sobre o processo vivenciado desde a luta pelo diagnóstico até a chegada do tratamento para a criança com Transtorno do Espectro Autista (TEA). Ainda no período gestacional, inicia-se uma idealização do "filho perfeito", expectativas em relação à saúde e ao comportamento em sociedade dessa criança são criadas. Após o diagnóstico, muitos pais têm dificuldades de aceitar e assimilar a ideia de o filho ser autista. Os pais passam pela fase de aceitação do diagnóstico com percepções diferentes, e alguns enfrentam um sofrimento emocional importante, rejeitando a ideia de o filho apresentar características diferentes das demais crianças e entrando em uma fase de "luto pelo diagnóstico".

Apesar de a fase do luto precisar ser compreendida e respeitada, não pode durar muito tempo, uma vez que pode adiar o início do tratamento da criança. Após o diagnóstico, então, inicia-se a busca pelo melhor tratamento para a criança com TEA, seja procurando por pediatras, neuropediatras, psicólogos, psicopedagogos, fonoaudiólogos, entre outros. Nesse cenário, a ABA se destaca como uma importante ferramenta para o tratamento de crianças com TEA.

ABA não são 40 horas semanais, são 24 horas diárias

Como abordamos anteriormente, uma dimensão importante para a ciência ABA é a generalização; então, para a criança aprender algo que ela ouviu no consultório, é necessário que ela o veja repetidas vezes dentro do contexto da sua casa. Por exemplo, a criança está aprendendo as cores na terapia, então, quando ela sair de carro, os pais podem ir brincando, mostrando e perguntando a cor dos objetos na rua. Isso ajudará a criança a generalizar o seu aprendizado e os pais devem ser os principais estimuladores. Por isso, dizemos que a ABA não são 40 horas semanais apenas, mas 24 horas diárias – desde o horário que a criança acorda até aquele que ela dorme.

Compreender a rotina detalhada da criança, portanto, é essencial para auxiliar os pais nessa dinâmica. Como é o horário de dormir da criança?

Existe uma prática de higiene do sono? A criança utiliza algum medicamento para auxiliar no sono? Antes de qualquer medicação, é preciso atuar na área ambiental: a casa inteira precisa desacelerar para a criança dormir com qualidade. Existe uma rotina para esse horário de dormir? As luzes ficam acesas ou apagadas? A criança tem despertares ou terrores noturnos?

Também, é preciso entender sobre a dinâmica ao acordar. Qual o horário habitual e o humor em que a criança acorda? Ao acordar, a criança tem intenção comunicativa – fala o que quer, aponta ou leva os pais até o que deseja?

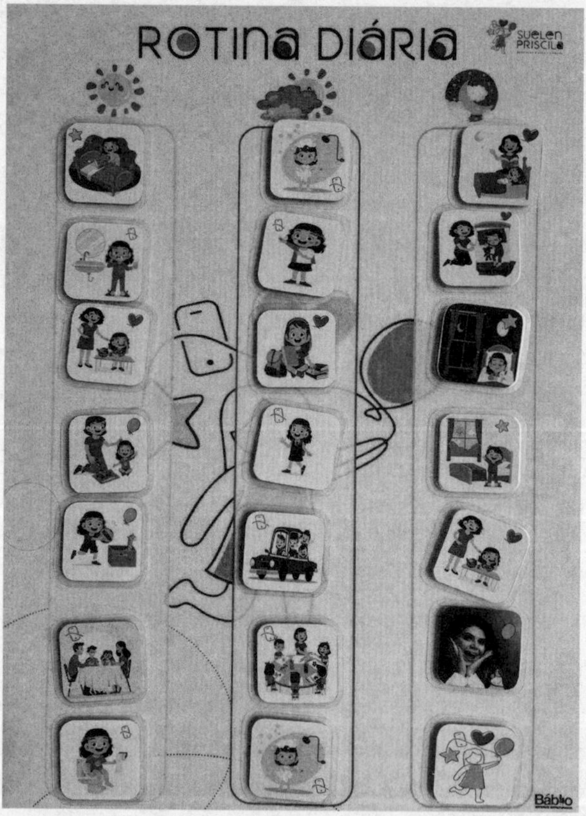

Apesar de os pais não serem terapeutas, é importante que eles aprendam a perceber os princípios da análise do comportamento para lidar com os filhos, compreendendo, na medida do possível, a abordagem terapêutica que está sendo realizada. A primeira forma de trabalhar essas 24 horas de ABA é ensinar ao filho que tem hábito de chorar e "fazer birra" uma comunicação mais efetiva, gestual, na qual a criança aponta, mostra ou busca o que deseja. Porém, é importante lembrar que os pais não devem deixar que as crianças os usem como "instrumentos": por exemplo, a criança pega na mão da mãe e a leva até o local para pegar o que deseja. Por mais difícil que seja, deve haver um esforço diário dentro da rotina de estimulação, para que a criança consiga evoluir e se tornar cada vez mais independente. Sempre faça as atividades em conjunto com a criança, mas nunca pela criança.

Como ajudar seu filho, no dia a dia, usando ABA naturalista

Para ajudar a criança no cotidiano, devemos seguir passos importantes de uma rotina, sempre respeitando a autonomia da criança: ao acordar, a primeira coisa é acordar com tempo suficiente para realizar todas as atividades sem correria, antes de iniciar as atividades do dia. Inicialmente, devemos ajudar a criança a arrumar a própria cama, ir ao banheiro, escovar os dentes, deixar que ela escolha a própria roupa, levá-la até a mesa para tomar café da manhã juntamente com toda a família.

Lembre-se, seu filho não é um boneco que você leva para fazer as atividades e de repente está tudo pronto (comida na mesa, banho tomado, uniformizado), ele deve participar do processo, faça junto com ele, e não por ele.

Esse momento é extremamente importante, a criança deve se alimentar próxima aos familiares, no mesmo momento, sem utilizar telas ou outros objetos de distração. A criança pode, inclusive, ajudar a montar ou retirar o café da manhã na mesa – pedir para que ela pegue o leite, coloque as vasilhas sujas na pia, jogue o resto dos alimentos fora no lixo. Com essa iniciativa, você ensina a criança a se tornar mais autônoma em suas atividades de vida diária. Ao ir para o carro, não leve a criança no colo caso ela não possua alguma condição especial que exija isso, peça para que ela abra a porta, tente colocar o cinto de segurança sozinha.

Essas atitudes fazem toda a diferença no desenvolvimento infantil. No almoço, peça para a criança ajudar em algo simples, como pegar um tomate. Um exemplo seria colocar parte da comida em potes menores, ao alcance da criança, e pedir para que ela se sirva, sem risco de se queimar. Após colocar a comida, sente-se com a criança na mesa, em família, e deixe que ela tente se alimentar sozinha, sem a presença de telas ou dispositivos eletrônicos – fatores que atrapalham muito o neurodesenvolvimento da criança. Na hora do banho, oriente a criança a tirar a roupa sozinha, se ensaboar e esfregar o próprio corpo. A criança aprende por observação, ela precisa visualizar os pais, sentir o que está acontecendo no ambiente. Não subestime o seu filho, ele tem capacidade de aprender e inteligência o suficiente para compreender o que ocorre ao seu redor, ainda que com a sua própria interpretação.

Sempre observe o que os pais de outras crianças da mesma faixa etária estão fazendo: por exemplo, se eles deixam a criança na entrada da escola, faça o mesmo. Apesar de compreendermos que os pais sempre querem estar próximos, não impeça a criança de ter a sua autonomia. Após a escola, ao buscar a criança, sempre converse e pergunte sobre seu dia. Ao chegar em casa, oriente a criança a tirar o uniforme, fazer um lanche e, nesse momento, busque uma conexão com seu filho, faça a estimulação orientada na terapia e siga o ritual noturno. Esforce-se para realizar todas essas atividades de vida diária, isso com certeza fará uma grande diferença na vida da criança.

Desmistificando ABA para pais – cuidado e conexão com seu filho

Por fim, gostaríamos de encerrar este capítulo abordando a conexão e o cuidado. A ciência ABA deve ajudar os pais a se conectarem com seus filhos, se envolverem, aproveitarem o dia a dia com muito amor e respeito. Nos momentos em que a criança não está na escola, os pais devem tirar um tempo para interagirem com a criança, sem celulares ou outros dispositivos eletrônicos, realizar alguma atividade do interesse pessoal da criança, algo que a entretenha, por mais simples que seja, como balançar na rede, desenhar ou brincar. Faça as coisas que deixam seu filho feliz, pois a essência de ser criança deve estar sempre em primeiro lugar. Não deixe que várias atividades ou terapias o afastem do seu filho, esteja próximo e conectado a ele, demonstre para a criança a importância das conexões reais entre pessoas. Ainda que, muitas vezes, a criança não demonstre tão claramente, ela é apaixonada pelos pais e faz questão da sua presença.

Então, esteja com seu filho diariamente, nos mesmos ambientes, faça um quadro de rotina com tudo o que foi abordado anteriormente, mostre para a criança o que será feito ao longo do dia. Lembre-se: o cuidado e a conexão são a base de todo o tratamento e ela começa, em casa, com os pais.

Referências

DAWSON, G.; ROGERS, S.; VISMARA, L. *Autismo: compreender e agir em família.* Lisboa: Lidel, 2015.

GOYOS, G.; ESCOBAL, C. *Trabalho de indivíduos com atraso no desenvolvimento intelectual.* São Carlos: Edufscar, 2015.

SILVEIRA, A. D.; GOMES, C. G. S. *Ensino de habilidades de autocuidados para pessoas com autismo: manual para intervenção comportamental intensiva.* Curitiba: Appris, 2022.

WEBER, L. *Eduque com carinho para pais e filhos.* 11. ed. Curitiba: Juruá, 2012.

33

MOMENTO EUREKA

A DESCOBERTA DA EVITAÇÃO EXTREMA DE DEMANDA

A Evitação Extrema de Demanda (EED) é descrita como uma condição em que a pessoa resiste a comandos simples, mesmo quando há interesse em colaborar. Embora a EED seja reconhecida como um perfil do autismo, as estratégias de educação e tratamento costumam ser distintas. Por isso, o objetivo deste capítulo é expandir o seu repertório de possibilidades a partir do conhecimento sobre esse tema.

LYGIA PEREIRA

Lygia Pereira

Contatos
lygiapereira.com.br
espectrofeminino@gmail.com
Instagram: @lygiapereira.psi
YouTube: youtube.com/@lygia.pereira

Psicopedagoga na Clínica Bambirra. Pós-graduada em Psicopedagogia pela FUMEC. Graduada em Fisioterapia pela UFJF e UNI-BH. Certificada como aplicadora dos instrumentos internacionais ADOS-2 e ADI-R. Formação em Logoterapia, Psicopatologia, Terapia Comportamental Dialética e Terapia Cognitivo-Comportamental. Participação no Grupo de Estudos em Psicologia (GEPSI). Treinamento com a Dra. Carmem Beatriz Neufeld (LAPICC-USP) sobre Terapia Cognitivo-Comportamental em Grupo, no Espaço Integrar. Treinamento *Women and Girls on the Autism Spectrum* pela *National Autistic Society*. Participação em Seminários sobre autismo em meninas e mulheres com os professores Anthony Attwood e Michelle Garnett. Idealizadora da Comunidade Espectro Feminino.

> Existe um grupo de autistas para o qual as abordagens convencionais altamente estruturadas não são apenas inúteis, mas podem até levar a um aumento do estresse... a necessidade de uma abordagem diferente torna essencial a identificação desse grupo.
> (PDA Society, 2019)

Nós sabemos que muitas crianças deixam os pais de cabelos em pé porque, eventualmente, fogem dos banhos e não querem escovar os dentes. Como diz a música da dupla Palavra Cantada, "criança não trabalha, criança dá trabalho". Para adquirir autoconfiança, é natural, e até esperado, que o pequeno ser humano diga NÃO, teste os próprios limites (e os nossos!) e treine o seu poder de argumentação.

Mas... e quando essa resistência é tão intensa a ponto de paralisar a criança diante de suas próprias expectativas? E se os recursos convencionais da educação falham e os protestos prejudicam a conexão familiar?

Para responder a essas perguntas e promover a harmonia entre pais e filhos, este capítulo pretende explicitar as características prevalentes da Evitação Patológica de Demanda (EPD), uma condição caracterizada pela ansiedade extrema frente às exigências da vida (NEWSON *et al.*, 2003).

Como tudo começou

Seguindo uma breve linha temporal, a partir de 1970, a psicóloga Elizabeth Newson conta ter recebido na Unidade de Pesquisa de Desenvolvimento Infantil da Universidade de Nottingham (Inglaterra) dezenas de crianças encaminhadas para avaliação por serem "enigmáticas" (NEWSON *et al.*, 2003). Elas deixavam os profissionais intrigados porque apresentavam certos traços de autismo, mas não eram tipicamente autistas.

Após certo tempo de minuciosa investigação, em 1983, em um discurso na *British Pediatric Society*, a dra. Newson usou o termo PDA (*Pathological Demand Avoidance* – em português, Evitação Patológica de Demanda) para descrever uma síndrome na qual uma pessoa resiste e evita as demandas comuns da vida, mesmo quando obedecer é do seu interesse. Mais tarde, a mesma pesquisadora formalizou a sua teoria com a publicação do primeiro artigo sobre o tema (NEWSON *et al.*, 2003). No ano de 2015, a *National Autistic Society* passou a descrever a EPD como um perfil atípico de autismo. No mesmo ano, a *PDA Society* realizou a primeira conferência com o intuito de conscientizar a população especificamente sobre esse perfil evitativo.

Hoje, pelo entendimento de que a palavra "patológico" não traz a devida clareza, muitos profissionais – entre os quais eu me incluo – preferem usar o termo Evitação Extrema de Demanda (EED) em vez de Evitação Patológica de Demanda (EPD) ao nomear tal condição. Conforme refletem os estudiosos da área, a palavra "extrema" parece operacionalmente mais adequada para descrever o perfil comportamental EED (GILLBERG *et al.*, 2015).

Sinais de alerta

É importante enfatizar que se opor esporadicamente a um comando não se traduz em um comportamento extremo. Quer dizer, o nosso primeiro cuidado deve ser não tirar conclusões precipitadas. Uma pesquisa sugere que 20% das crianças autistas tendem a apresentar alguns traços indicativos de EED, enquanto 4% delas exibem um perfil bastante consistente com a descrição clássica (GILLBERG et al., 2015).

Agora, você deve estar se perguntando se o perfil EED não seria apenas uma nova terminologia para o Transtorno Opositivo Desafiador (TOD). Porém, essas não são condições equivalentes. No caso do TOD, observamos um padrão de humor raivoso/irritável, comportamento questionador/desafiante ou índole vingativa (APA, 2023). No perfil EED, por outro lado, a tendência é não haver busca ativa pela contraposição. O relato de uma criança pode nos ajudar a compreender melhor a reação evitativa extrema causada pelo estresse:

> "É como se meu corpo tivesse dois centros de controle, um é meu coração e o outro é meu cérebro. Meu coração quer fazer algo, mas meu cérebro diz que não, e não importa o quanto eu tente, meu cérebro simplesmente não me deixa fazer isso. É como se houvesse um maquinista em cada ponta do mesmo trem, ambos os maquinistas puxando em direções diferentes, então o trem não pode ir a lugar nenhum, ele apenas fica parado, congela, como eu" – Holly (do site da *PDA Society*).

Para O'Nions *et al.* (2016), cinco das características comportamentais mais marcantes no perfil EED são:

- **Descumprimento de pedidos simples:** negar-se a seguir orientações corriqueiras. Exemplo: recusar-se a amarrar os sapatos, não por falta de habilidade para executar essa tarefa, mas por não conseguir agir sob a pressão de uma instrução diretiva.
- **Comportamentos conscientes de esquiva:** revelar que sabe as maneiras mais eficazes de distrair cada uma das pessoas conhecidas. Exemplo: Katie, uma garota de 14 anos, disse conseguir desviar a atenção de sua assistente terapêutica iniciando uma conversa sobre cachorros. Da mesma forma, ela sabia que o seu professor seria mais facilmente distraído se ela perguntasse sobre os filhos dele (CARPENTER *et al.*, 2019).
- **Aparente teimosia e indiferença:** ignorar sinais de perigo se a sensação de obediência for ansiogênica demais. Exemplo: a criança pode ficar paralisada no meio da rua se os pais pedirem para ela andar mais rápido, o que deixa toda a família em risco.
- **Mudanças repentinas de humor:** apresentar episódios desproporcionais e súbitos de frustração mesmo sendo uma criança essencialmente tranquila e racional. Exemplo: fazer uma birra ao se deparar com as regras de um jogo, apesar de sua habilidade argumentativa.
- **Envolvimento mais típico em tarefas desde que esteja no mundo da fantasia:** sentir-se mais à vontade para colaborar quando está representando. A criança pode achar mais fácil cooperar se estiver no papel de outra pessoa, especialmente se essa outra pessoa for um adulto. Exemplo: uma mãe conta que sua filha de oito anos conseguiu participar da mudança de residência porque a própria criança fingiu assinar os documentos na entrega das chaves e fez questão de coordenar os funcionários da empresa de transporte.

Aliás, esse último comportamento citado costuma deixar os pais assustados, sobretudo se a criança insiste em se manter no controle, incorpora a fala de um personagem fictício ou até mesmo assume o comportamento de um animalzinho. A fantasia pode realmente ser uma tática de fuga e silêncio, afinal, a Hello Kitty não tem boca para responder às perguntas da mãe. Por outro lado, a fantasia talvez funcione como um escudo protetor e ajude a criança a participar da rotina sem sofrer o impacto direto das demandas. Vestido de Homem-Aranha, o garotinho ganha coragem para enfrentar o desafio de se sentar à mesa com os irmãos.

Contudo, os pais costumam se questionar sobre os limites da participação dos adultos nos cenários imaginativos infantis, como no caso a seguir:

> "Tasha, uma garota de 9 anos com grande interesse por cães da raça pug, criou uma identidade canina para si mesma intitulada 'Lola'. Ela tinha 'memórias caninas' imaginárias de lugares que havia visitado e coisas que havia feito. Às vezes, ela ficava altamente envolvida (em atividades) como 'Lola'; outras vezes, ela se refugiava na personagem e só se comunicava usando sons de latidos ou ganidos. Podia levar algum tempo para incentivá-la a se envolver novamente na rotina como ela mesma. Os adultos precisavam ter o cuidado de enxergar a linha tênue entre reconhecer o quão importante 'Lola' era para Tasha e não deixar essa persona assumir o controle." (CARPENTER *et al.* 2019, p. 172.)

Segundo as pesquisas da *PDA Society* (2018), vários pais descrevem como "Momento Eureka" a primeira vez que ouviram falar sobre o perfil EED de autismo. Esse momento de revelação vem com uma mistura de emoções como tristeza e alívio. Tristeza pelo tempo perdido. Alívio por finalmente começarem a elucidar o mistério que tanto os afligia. A partir daí, eles declaram se sentir menos culpados e mais abertos a atitudes empáticas em relação ao filho ou filha.

Quando questionados sobre como ocorreu o seu "Momento Eureka", a maioria dos pais respondeu que, por acaso, o termo EED foi descoberto na internet durante as buscas por respostas para o comportamento "difícil" de seus filhos. Isso reforça a importância do nosso trabalho de conscientização.

Estratégias de suporte não ortodoxas

Antes de aprender recursos para motivar o engajamento da criança em atividades cotidianas, nós precisamos saber reconhecer que o maior fator ansiogênico para quem está no perfil EED é, como já vimos, a demanda.

De acordo com Carpenter *et al.* (2019), a evitação pode ser facilmente desencadeada em resposta a três tipos de demandas:

1. **Demanda aberta:** é uma solicitação ou comando direto. Exemplo: "Lave as mãos e venha jantar". Este tipo de pedido muito nítido tende a causar um forte estresse, a ponto de paralisar a pessoa identificada no perfil EED.
2. **Demanda percebida:** é um pedido antecipado ou previsto a partir de um dado cenário. A criança pode aprender a reconhecer os sinais das vontades dos adultos. Exemplo: quando está desenhando, talvez ela detecte o olhar de curiosidade da mãe e antecipe um possível pedido de compartilhamento.

3. **Demanda interna:** é a exigência que a própria criança ou o jovem se impõe. Exemplo: "Eu deveria alimentar o gato, mas não consigo". Para alguns, até um elogio pode soar como um comando sutil e causar uma expectativa interna. A partir de um comentário como "Parabéns! Você comeu toda a salada hoje!", a criança pode inferir que você espera a mesma atitude amanhã.

Ou seja, se até as solicitações mais simples têm o poder de elevar drasticamente a ansiedade, isso significa que nós precisaremos personalizar as nossas estratégias pedagógicas, evitando, sobretudo, as demandas abertas. Pela experiência clínica, enquanto as crianças com autismo tendem a se beneficiar bastante das listas, cronogramas diários, quadro de horários e expectativas claras, talvez as mesmas técnicas causem a esquiva das crianças com EED. Por sua vez, as pessoas no perfil EED tendem a responder bem quando elas enxergam possibilidades e outras opções estratégicas recomendadas pelas "abordagens colaborativas para a aprendizagem" (CARPENTER *et al.*, 2019).

As abordagens colaborativas defendem estratégias criativas, negociadas, individualizadas e indiretas. Na prática, esses métodos mais flexíveis são planejados em conjunto com todos os envolvidos no processo educacional, incluindo as próprias crianças. Quando os profissionais da educação e saúde – sejam eles professores, psicólogos, terapeutas ou médicos – são eficientes no rastreio e trabalham em parceria com a família, os resultados tendem a ser mais promissores para todos (DOYLE *et al.*, 2023).

Abaixo está o relato de Harry, cuja mãe abandonou os métodos ortodoxos de educação em função de apoiá-lo em suas reais necessidades:

> "O que mais aprendi com o estilo parental de minha mãe foi que o papel dos pais de uma criança EED não deveria ser o de encorajar seu filho a atingir um padrão. Acho que o papel de um pai deve ser aprender a confiar em seu filho e facilitar sua vida, concedendo-lhe o espaço e a liberdade necessários para que gravite em direção ao que funciona melhor para ele. Claro que é crucial ensinar a criança a distinguir o certo do errado. Entretanto, ao construir essa fundação e transmitir as habilidades básicas para a vida, os pais descobrirão que, se estiverem dispostos a ouvir, seus filhos também têm muito a lhes ensinar. É impossível, neste momento, deixar de apontar que a minha gratidão vem à tona sem esforço, espontânea e não exigida. Obrigado, mãe." (THOMPSON, 2019, p. 30.)

Sim, as abordagens colaborativas podem levar a criança a ter mais controle do que o imaginado para sua idade. E essa liderança compartilhada obviamente exige bastante coragem dos pais. No entanto, ao que tudo indica, vale a pena, já que os benefícios são extremos.

Espero que o seu "Momento Eureka" seja fonte de INSPIRAÇÃO, AMOR e CRIATIVIDADE!

Referências

AMERICAN PSYCHIATRIC ASSOCIATION *et al. DSM-5 TR: Manual Diagnóstico e Estatístico de Transtornos Mentais* – Texto Revisado. Artmed Editora, 2023.

AMERICAN PSYCHIATRIC ASSOCIATION. *Manual diagnóstico e estatístico de transtornos mentais* – DSM-5-TR, 2022. Doi:10.1176/appi.books.9780890425787

CARPENTER, B. e*t al. Girls and autism: educational, family and personal perspectives.* Reino Unido: Routledge, 2019.

DOYLE, A. *et al.* Mapping experiences of pathological demand avoidance in Ireland. *Journal of Research in Special Educational Needs*, v. 23, n. 1, p. 52-61, 2023.

GILLBERG, C. *et al.* Extreme ("pathological") demand avoidance in autism: a general population study in the Faroe Islands. *European Child & Adolescent Psychiatry*, v. 24, p. 979-984, 2015.

NEWSON, E. *et al.* Pathological demand avoidance syndrome: a necessary distinction within the pervasive developmental disorders. *Archives of Disease in Childhood*, v. 88, n. 7, p. 595-600, 2003.

O'NIONS, E. *et al.* Development of the 'Extreme Demand Avoidance Questionnaire'(EDA-Q): preliminary observations on a trait measure for Pathological Demand Avoidance. *Journal of Child Psychology and Psychiatry*, v. 55, n. 7, p. 758-768, 2014.

PDA Society. *Being misunderstood – London & SE Report: experiences of the pathological demand avoidance profile of ASD*, 2019. Disponível em: <https://www.pdasociety.org.uk/wp-content/uploads/2019/09/Being-Misunderstood-in-London-SE.pdf>. Acesso em: jan. de 2023.

THOMPSON, H. *The PDA paradox: the highs and lows of my life on a little-knownpart of the autism spectrum*. Londres: Jessica Kingsley Publishers, 2019.

34

AUTISMO

A INTERFACE NEUROPSICOLOGIA E ABA

Este capítulo lhe proporcionará um novo olhar, uma proposta dinâmica e integrada no campo da avaliação e do tratamento do autismo, da infância à idade adulta. Por meio da conexão entre cérebro, aprendizagem e análise do comportamento aplicada (ABA), será feita uma proposta inovadora, bastante completa e eficaz, usando a interface e os conhecimentos das ciências neuropsicologia e ABA, em prol de avaliações realmente elucidadoras, para mapear intervenções individualizadas e de sucesso.

LUCIANA XAVIER

Luciana Xavier

Contatos
www.neuropsicolux.com.br
Instagram: @neuropsicolux

Psicóloga e neuropsicóloga, especialista em atrasos do desenvolvimento, autismo e ABA. Referência em avaliação neuropsicológica e tratamento ABA da infância à idade adulta. Referência em diagnósticos tardios. Diretora clínica de sua equipe transdisciplinar, que leva o seu nome: Neuropsicolux, com mais de 25 anos de atuação clínica. Palestrante nacional e internacional. Professora de pós-graduação e escritora.

O número 3 tem seus muitos significados e simbolismos, que remontam há milhares de anos, desde o início dos tempos. Entre eles, a tríade mais conhecida é a Santíssima Trindade, que é Pai, Filho e Espírito Santo. Aqui, usaremos o famoso número 3 para nos auxiliar a compreender melhor a tríade **Autismo, Neuropsicologia e ABA** (Análise do Comportamento Aplicada).

Falando em tríade, temos outra, a tríade formada por autismo, diagnóstico e tratamento. Este conjunto desperta interesse, e ao mesmo tempo preocupação, por isso a necessidade de abordá-lo, a fim de que mais pessoas possam se informar e, assim, termos diagnósticos precoces e corretos, levando a tratamentos precoces, fundamentados em princípios éticos científicos, individualizados e, portanto, eficazes.

Para isso, precisamos compreender melhor as ciências, neuropsicologia e ABA, e evidenciar como as duas tríades mencionadas acima se intersecionam e podem auxiliar imensamente os tratamentos realmente eficazes.

Um bom tratamento somente pode ser planejado, desenhado e iniciado após um bom diagnóstico, após a realização de um bom mapeamento de todo funcionamento e repertório do indivíduo a ser tratado, ou seja, após uma boa avaliação.

No autismo, assim como em outros transtornos mentais, cognitivos, do desenvolvimento ou da aprendizagem, a tríade mais importante se concentra em: cérebro, comportamento e aprendizagem, por isso a dupla Neuropsicologia e ABA se torna a melhor estrutura teórico-prática para avaliar repertórios e funcionamento e, assim, mapear uma boa intervenção.

Saber onde estamos e para onde queremos ir é determinante.

Sabemos que tudo acontece no cérebro, ou melhor, no funcionamento dele, nas sinapses e arranjos cerebrais responsáveis por nossa cognição, pensamento, ações e emoções. Sabemos também que nosso cérebro é capaz de se remodelar, é capaz de aprender, de criar novas conexões, mas quais conexões queremos, de quais funções precisamos, quais comportamentos ele deve criar, quais aumentar e quais ele deve diminuir a frequência e, desta forma, verdadeiramente ajudar o paciente em questão.

Somente uma boa avaliação neuropsicológica, aliada à avaliação de repertório, pode nos responder isso e nos fornece o mapa do tesouro chamado "cérebro mais eficaz e adaptado".

A Neuropsicologia é a ciência que estuda, observa, analisa, se debruça a elucidar o funcionamento do cérebro e, assim, explica melhor alguns comportamentos, funções e habilidades.

Quando entendemos que o cérebro é um órgão magnífico que, quando bem orquestrado, podemos extrair o máximo de seu potencial, podemos, então, acreditar em terapias mais eficazes, pois a terapia mais individualizada, ritmada, repetida e aplicada com afeto é a que gera aprendizado, desenvolvimento, adaptação, funcionalidade, sendo assim uma terapia que promove verdadeiras mudanças e evoluções.

A Psicologia é a ciência do comportamento humano, e se dedica a estudar, analisar e explicar os fenômenos comportamentais. A psicologia se debruça sobre os funcionamentos de personalidade e como eles impactam as relações do sujeito com o meio, com as outras pessoas, como elas se adaptam, assim, ao meio social, como podem se comportar as mais diversas estruturas psíquicas. A Psicologia busca explicar as influências do meio, da cultura, dos sistemas familiares na constituição psíquica dos sujeitos. Busca as intersecções entre genética, meio e cérebro, dos quais se originam os mais diversos comportamentos.

Já a ciência ABA (Análise do Comportamento Aplicada) é a ciência que proporciona a conexão, faz a ponte entre comportamentos que precisam ser aprendidos, ou seja, instalados, adquiridos, e outros que precisam ser regulados, refinados, diminuídos ou até mesmo aqueles que precisam ser extintos.

Dessa forma, quando temos avaliações mais precisas e elucidadoras do funcionamento da pessoa, teremos consequentemente terapêuticas interdisciplinares mais eficazes, pautadas em ciência, mensuráveis e que realmente contemplem a pessoa como um todo e não como recortes, já que o funcionamento humano, a sua atuação no meio, o seu raciocínio, as suas decisões, sua funcionalidade, seu refreio de impulsos e uso da inteligência acontecem o tempo todo, e dessa forma, proporcionam a verdadeira atuação eficaz no meio, o gerenciamento de sua vida, seja ela emocional, cognitiva ou social, como um todo e em múltiplas esferas.

No autismo, seja no nível 1, no nível 2 ou 3 de suporte, os desafios frente à adaptação e funcionalidade na verdade são muitos, entretanto, não existem desafios iguais devido à grande diversidade do espectro e suas mais diversas formas de apresentação, o que exige muito mais de famílias, escolas e equipes terapêuticas no sentido de técnicas, manejos e adaptações que precisam ser continuamente adequadas a cada caso e suas particularidades.

O autismo, em suma, se caracteriza por um arranjo cerebral atípico, ainda pouco elucidado quanto as suas causas, porém, muito já caminhamos na compreensão de suas dificuldades, deste arranjo diferente que resulta em habilidades e também em prejuízos, aliados à diferenças nos índices intelectuais, índices medianos, acima da média, abaixo da média, significativamente acima da média – ou seja, casos de altas habilidades ou superdotação –, assim como severamente abaixo da média, que são os casos de deficiência intelectual. Por outro lado, existem também diferenças na capacidade de atenção e em sua manutenção, assim como no controle inibitório, ou seja, associado ou não com TDAH (Transtorno do Déficit de Atenção/Hiperatividade). Paralelo ao cenário cognitivo-intelectual e seus dois principais eixos comórbidos, existem também a diversidade de comprometimentos ou não da esfera psíquica, bem como os transtornos psíquicos e suas mais diversas formas de personalidade. Portanto, não existe a menor chance de uma terapêutica do tipo "receita de bolo" – ou seja, igual para todos – ser eficaz ou produtiva.

Mas e agora, o que fazer?

A dupla Neuropsicologia e ABA não são só avaliação, também são a base para processos de estimulação neurocognitiva, com os quais podemos habilitar funções, ou seja, aquelas ainda não adquiridas, prejudicadas ou em atraso e outras já adquiridas, mas que, por motivos lesionais, podas neuronais ou degenerativas foram perdidas ou prejudicadas, e necessitam então de reabilitação; e, para uma boa e completa intervenção, recorremos a mais uma tríade: Cérebro, Afeto e Aprendizado com Reforços.

Assim, a terapêutica deve levar em conta o cérebro, mas também o manejo e as técnicas e ferramentas da ciência ABA.

Como?

Montando um plano de intervenção focado e individualizado, com objetivos a serem atingidos e que devem ser fracionados em pequenos objetivos, levando em conta os pré-requisitos de cada função. Esses objetivos foram mostrados pela avaliação realizada anteriormente, os prejuízos, os atrasos, os comportamentos em excesso, as habilidades, os índices intelectuais, o funcionamento emocional e a cognição social.

O plano deve conter então as funções a serem adquiridas, os comportamentos a serem minimizados ou extintos, as técnicas, manejos e ferramentas a serem utilizadas, e deve ser partilhado com toda a equipe terapêutica, pais e escola. Cada especialidade terapêutica irá, então, contribuir no seu campo de atuação e com suas técnicas, de modo integrado, num caminhar evolutivo de aprendizado, no qual uma especialidade irá complementar e facilitar a outra, favorecendo, assim, o desenvolvimento, a aquisição de funções, a maior adaptação, funcionalidade e qualidade de vida para seu paciente e família.

Avaliação neuropsicológica

A avaliação neuropsicológica é um processo de investigação que já se inicia com a queixa trazida pelo encaminhamento médico, pelos pais, familiares ou pelo próprio avaliado, ou seja, com aquilo que apontam como o motivo, a razão de se fazer uma avaliação neuropsicológica.

Todo comportamento ou habilidade que foge ao esperado, todo atraso ou excesso comportamental, os prejuízos, a não aquisição de alguma habilidade, as preocupações, as dificuldades, as habilidades exponenciais – sejam elas emocionais, cognitivas, sociais; na atuação da pessoa, no pensamento, no raciocínio – que sejam notados devem ser avaliados e encaminhados posteriormente para tratamentos adequados.

Como vimos até aqui, a Neuropsicologia é a ciência do funcionamento cerebral e seu impacto no comportamento e aprendizagem da pessoa. Dessa forma, crianças, mesmo que pequenas, já podem, quando necessário, serem avaliadas e assim se beneficiarem da intervenção precoce. Quanto mais precoce, melhores e mais rápidos os resultados que obtemos, devido à neuroplasticidade cerebral ser maior nos primeiros anos de vida, que são considerados o período de ouro para o crescimento cerebral e a curva de aprendizagem. Vale ressaltar que ela se mantém ao longo da vida, e isso explica nossa capacidade de aprendizado, adaptação e mudanças que fazemos ao longo da vida; porém, ela diminui gradualmente.

A avaliação neuropsicológica no autismo, seja ela em crianças ou adultos, se divide em quatro grandes estruturas a se investigar:

- Emoção.
- Cognição.
- Intelecto.
- Cognição social.

Dentro dessas quatro grandes estruturas de investigação e mapeamento de funcionamento cerebral, o especialista neuropsicólogo irá, então, usar sua *expertise* para escolher os testes, escalas, questionários e baterias mais adequados e indicados a cada caso, para elucidar como a pessoa funciona do ponto de vista psicoafetivo e cognitivo; ou seja, funções como atenção, processamento e armazenamento de informações, capacidade de refreio, planejamento e organização do pensamento e ação, assim como percepção e linguagem estão entre os elementos a serem elucidados na estrutura cognitiva. O resultado da avaliação deve também revelar os índices intelectuais, ou seja, os QIs (Quocientes Intelectuais) do indivíduo, de modo quantitativo e qualitativo, e finalmente revelar questões como responsividade, percepção, comunicação e interação social, assim como capacidade de coerência central e teoria da mente – ou seja, toda a estrutura de cognição social.

Uma avaliação não se faz somente com testes, mas com escuta, com observação, com interação direta com o avaliado; essa relação de troca, assim como a observação de suas respostas, pode dizer muito ao profissional e contribuir para a avaliação e o plano terapêutico.

A avaliação neuropsicológica pode e deve ser associada à avaliação de repertório e barreiras de aprendizado, que também precisa ser feita com base no motivo, na observação de comportamentos, respostas, na escuta de família e escola e no uso de instrumentos padronizados, distintos a cada faixa etária e a cada repertório de atrasos e habilidades.

As avaliações devem ser feitas por especialistas que possuam treino necessário para aplicação, tabulação, interpretação e utilização dos dados obtidos. São a base para o plano terapêutico individualizado e devem ser refeitas sempre que necessário, pois a pessoa irá aprender, desenvolver, apresentar outras necessidades, modificar-se e mudar o seu plano e todo o manejo.

Ao levar em conta a tríade cérebro, aprendizagem e afeto, devemos nos lembrar sempre dos reforços positivos, pois todo comportamento reforçado positivamente torna-se um comportamento com maior chance de aumentar a sua frequência, tornando realmente possível o aprendizado e as modificações em estruturas e conexões cerebrais.

Todo tratamento deve se basear nos programas de intervenção baseados em ABA: todo comportamento é aprendido e reforçado por suas consequências, além disso, todo comportamento tem uma função e cabe à equipe especialista em autismo elucidar sua função e manejos adequados à família e escola envolvidas, levando em consideração que o grande maestro da orquestra humana se chama cérebro. Por isso, o entendimento, a compreensão e a continuidade no estudo da interface entre cérebro e comportamento são de suma importância nos campos de avaliação, tratamento e avanços do autismo.

Referências

AMERICAN PSYCHIATRIC ASSOCIATION *et al. DSM-5: Manual diagnóstico e estatístico de transtornos mentais.* Porto Alegre: Artmed Editora, 2014.

ANAUATE C.; GLOZMAN, J. (Orgs.) *Neuropsicologia aplicada ao desenvolvimento humano.* São Paulo: Memnon, 2017.

DIAS A. G.; MARTINS, N. *Neuropsicologia com pré-escolares: avaliação e intervenção.* São Paulo: Pearson, 2018.

35

SUPERVISÃO DE CASO NA INTERVENÇÃO EM ABA

O serviço de intervenção em Análise do Comportamento Aplicada (ABA) contém uma equipe composta por três profissionais: aplicador/AT, coordenador e supervisor. A intervenção em ABA de aprendizes com transtorno do espectro autista (TEA)/neurodesenvolvimento atípico pode contemplar uma carga horária intensiva de até 40 horas semanais, distribuídas em diversos contextos como casa, clínica, escola, entre outros contextos sociais. Neste capítulo, o enfoque será dado ao serviço de supervisão de caso. A supervisão de caso deve ser contemplada por todos os prestadores de serviços em ABA para todos os aprendizes atendidos, a fim de garantir a eficácia do tratamento, entre outras dimensões da ABA.

AMANDA CRISTINA DOS SANTOS PEREIRA E ESTELA MANFRIN

Amanda Cristina dos Santos Pereira

Contatos
aeducadoraespecial@gmail.com
Instagram: @educadoraespecial

Educadora especial (UFSCar); especialista em ABA (LAHMIEI/UFSCar); psicopedagoga (Faveni); mestra em Educação Especial (UFSCar) e doutoranda em Psicologia (UFSCar). É irmã do Gui, criadora do curso "ABA na Escola"; mentora de carreira de analistas do comportamento, supervisora e consultora em ABA para clínicas e escolas.

Estela Manfrin

Contato
estelamanfrin@hotmail.com

Psicóloga e mestre em Psicologia pela Universidade Federal de São Carlos (UFSCar); especialista em Terapia Comportamental pelo Instituto de Terapia por Contingências de Reforçamento (ITCR), especialista em Análise do Comportamento Aplicada (ABA) ao TEA pelo Centro Paradigma. Professora do curso de pós-graduação em Análise do Comportamento Aplicada ao TEA, no Centro Paradigma – São Paulo-SP. Trabalha com supervisão e consultoria em ABA para pessoas com desenvolvimento atípico.

A Análise do Comportamento Aplicada é conhecida no Brasil pela sigla "ABA", pois refere-se ao termo em inglês, *Applied Behavior Analysis*. A ABA é uma das três áreas da ciência da Análise do Comportamento composta pelo Behaviorismo Radical, pela Análise Experimental do Comportamento e pela Análise do Comportamento Aplicada. A ABA é focada na aplicação social dessa ciência, possuindo embasamento teórico-prático comprovado cientificamente. Utiliza diversas estratégias para a intervenção, que possui, principalmente, uma característica de individualização dos processos de avaliação e de intervenção desenvolvidos para cada aprendiz. Por isso, é inadequado referir-se a essa ciência como "método", considerando-se que o termo "método" implica um passo-a-passo passível de simples replicação, o que não ocorre durante as intervenções ABA.

A intervenção em ABA, popularmente conhecida como Terapia ABA, é um serviço oferecido por diversas instituições (empresas, operadoras de saúde, ONGs, SUS) que possuem profissionais da saúde e da educação com formação especializada na área.

Na hierarquia da intervenção ABA voltada para o tratamento de pessoas com neurodesenvolvimento atípico, a supervisão é o nível mais alto de responsabilidade e de conhecimento técnico da área. O termo "supervisão" refere-se a dirigir, orientar e inspecionar. Na origem da palavra, o supervisor é aquele que revisa, aquele que vê o que está acontecendo (FERNANDES *et al.*, 2004). É aconselhável que o Supervisor tenha passado por toda a hierarquia para se tornar um profissional robusto, que possui, além de conhecimento teórico/técnico, experiência no atendimento de aprendizes. A hierarquia é composta pelos atendentes terapêuticos/aplicadores, coordenadores e supervisores.

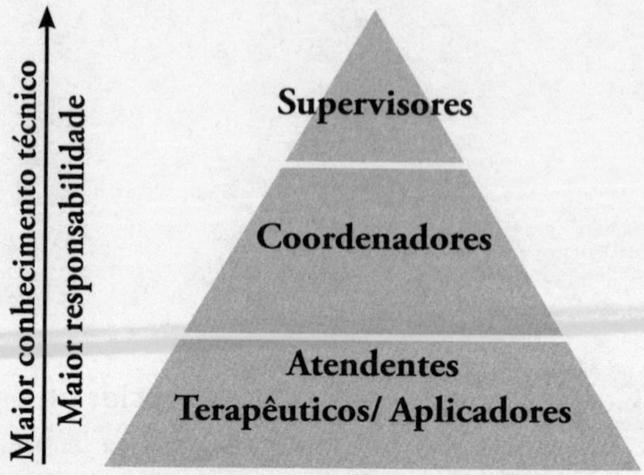

Hierarquia de responsabilidades na intervenção ABA para pessoas com neurodesenvolvimento atípico.

A supervisão ocorre de duas maneiras: supervisão de casos e supervisão técnica/formativa. Na supervisão técnica/formativa, o supervisor tem uma função mais formativa em relação aos coordenadores e atendentes terapêuticos/aplicadores. As sessões de supervisão são realizadas de forma individual ou em grupo. Nessas sessões, são relatadas as dificuldades existentes durante a intervenção de diferentes casos em que o coordenador e os aplicadores atuam. O supervisor tem a função de auxiliar na elaboração de estratégias para superar essas dificuldades de forma mais generalista, ofertando suporte teórico e experiência prática para que os supervisionados possam utilizar essas estratégias nos casos. O supervisor auxilia a evolução das experiências e conhecimentos técnicos do coordenador e da equipe de trabalho, de forma geral.

Na supervisão de casos, o foco é um aprendiz específico. Nesse tipo de supervisão, o supervisor, junto com o coordenador, traça estratégias para superar barreiras e dificuldades específicas do aprendiz. O envolvimento do supervisor é maior, visto que é necessário compreender as necessidades individuais desse aprendiz. Somente com esse maior envolvimento será possível traçar as melhores estratégias para a evolução do aprendiz. Essas melhores estratégias são elaboradas junto ao coordenador, que possui maior contato com o aprendiz.

Em ambas as supervisões, o supervisor tem a função de auxiliar toda a equipe de intervenção em ABA para que ela evolua tecnicamente. A supervisão é essencial para que os profissionais envolvidos no atendimento progridam tecnicamente e profissionalmente. Desse modo, melhorando constantemente a qualidade do serviço prestado, aumentam-se as chances de uma maior evolução dos aprendizes.

Entre as especificidades do serviço de intervenção em ABA estão diversas ações esperadas do prestador de serviço. Entre elas, ações relacionadas ao aprendiz, por exemplo:

- Avaliar o repertório do aprendiz com protocolos de avaliação adequados.
- Elaborar, apresentar, discutir o Plano de Intervenção com os responsáveis e/ou o próprio aprendiz antes de ser aplicado, bem como obter ciência e concordância da família.
- Elaborar e aplicar programas de ensino e protocolo de manejo/conduta de comportamentos interferentes baseados em práticas baseadas em evidências científicas e nas necessidades de cada aprendiz.
- Registrar e analisar dados da intervenção (ou seja, da aplicação desses programas de ensino e protocolos de manejo/conduta de comportamentos interferentes) para tomadas de decisões assertivas às necessidades do aprendiz.
- Elaborar relatórios de evolução do aprendiz para apresentá-los aos seus responsáveis.

Essas ações e todas as outras relacionadas ao tratamento do aprendiz são responsabilidades conjuntas da equipe e do supervisor do caso.

Na Análise do Comportamento Aplicada (ABA), a prática de um supervisor é composta por um conjunto de atividades de "supervisão continuada" em relação ao trabalho de um supervisionado, profissional que recebe a supervisão. O supervisor é responsável por supervisionar todos os aspectos do repertório analítico comportamental aplicado do supervisionado (LEBLANC; LUISELLI, 2016). Ele atua de forma a avaliar e realizar alterações, quando necessário, das atividades de aprendizado planejadas para a melhor evolução do aprendiz. Essas avaliações e alterações são sempre realizadas junto ao coordenador, que possui um maior contato com o aprendiz. Dessa forma, a supervisão atua garantindo as sete dimensões da ABA, dentre elas, o controle da eficácia do tratamento, bem como suporte na implementação das intervenções que serão realizadas ou estão em prática.

O Practice Guidelines for Healthcare Funders and Managers, em tradução livre, "Diretrizes Práticas para Financiadores e Gestores de Saúde", é um guia prático para planos ou órgãos provedores da saúde nos Estados Unidos. Esse guia descreve as responsabilidades do supervisor de caso em relação a sua prática com o cliente, que são: resumir e analisar dados, avaliar o progresso do cliente em relação aos objetivos do tratamento, supervisionar a implementação do tratamento, ajustar protocolos de tratamento com base em dados, monitorar a integridade do tratamento, treinar e consultar cuidadores e outros profissionais, avaliar o gerenciamento de riscos e de crises, garantir a implementação satisfatória de protocolos de tratamento, relatar o progresso em relação aos objetivos do tratamento, desenvolver e supervisionar o plano de transição/alta (THE COUNCIL, 2020).

Le Blanc *et al.* (2020) descrevem outra parte da atuação do supervisor, que envolve ações para a formação do supervisionado. Tais práticas envolvem: (1) desenvolver e ofertar treinamento; (2) monitorar e avaliar o desempenho do supervisando; (3) fornecer orientação nos processos de trabalho, como estabelecer metas e tomar decisões clínicas baseadas em dados; e (4) avaliar os efeitos da fiscalização.

Além da supervisão do caso e da supervisão formativa, o supervisor também pode desempenhar o papel de mentor – ajudando a estabelecer valores profissionais, treinando habilidades sociais interpessoais – e moldar uma gestão organizacional e de tempo eficaz. Habilidades que facilitam o sucesso em ambientes de trabalho (LEBLANC e LUISELLI, 2016).

E por que a supervisão é importante?

Ao analisarmos o histórico em relação à ciência ABA nos Estados Unidos, constatamos que, em meados dos anos 1970, profissionais sem capacitação adequada e utilizando a ciência ABA de forma duvidosa começaram a realizar intervenção no público com neurodesenvolvimento atípico. Tais práticas resultaram em uma investigação, concluída com a constatação de abusos ocorridos na Flórida (BAILEY e BURCH, 2016). Como forma de evitar tais ocorridos e garantir qualidade da prestação de serviço, em 1998, Shook fundou a BACB (*Behavior Analyst Certification Board*), principal organização responsável pelo credenciamento de analistas do comportamento. A organização possui o objetivo de promover treinamentos consistentes e experiência prática supervisionada de analistas do comportamento, além de avaliar competência através de uma prova teórica (ODA, 2018).

Essa organização realizou um estudo profundo sobre a aplicação de intervenção em ABA a pessoas com neurodesenvolvimento atípico. Concluiu-se que uma das formas de se garantir a correta aplicação da intervenção em ABA é utilizando-se a hierarquia de profissionais especializados a fim de controlar de forma adequada a intervenção. Além da hierarquia, também foi estipulado que o tempo de supervisão de caso é a cada dez horas semanais de intervenção: o coordenador deve realizar no mínimo duas horas de supervisão de caso, podendo este número aumentar, a depender das necessidades individuais de cada caso. Essas diretrizes são aprovadas para a intervenção em ABA nos EUA (THE COUNCIL, 2020).

A Associação Brasileira de Ciências do Comportamento (ABPMC) criou um documento com diretrizes para acreditação de profissionais que atuam com a ciência ABA, em 2020. Os critérios para os prestadores de serviço em ABA ao Transtorno do Espectro Autismo (TEA)/desenvolvimento atípico da ABPMC foram desenvolvidos para garantir a melhor qualidade dos serviços prestados. Vale destacar que, até a data desta publicação (2/2023), ainda não foram abertas as inscrições para a acreditação na ABPMC em ABA aplicada ao TEA/desenvolvimento atípico. Contudo, o documento norteia alguns critérios da estrutura do serviço, das formações, experiências e funções dos profissionais prevendo o processo de Supervisão.

A ausência de regulamentação para os profissionais que atuam com ABA no Brasil levaram os mesmos a buscarem por certificações internacionais como uma forma de garantir a qualidade da prestação de serviço. O Qualified Applied Behavior Analysis Credentialing Board (QABA) e o International Behavior Analysis Organization (IBAO) são instituições renomadas internacionalmente que aceitam que residentes no Brasil realizem o processo de certificação elaboradas por essas instituições. Até 2022, era possível realizar a certificação de residentes brasileiros no BCBA, porém essa certificação foi restringida a apenas residentes dos EUA, Canadá, Áustria e Reino Unido.

A oferta de serviços de intervenção em ABA no Brasil aumentou significativamente; com isso, vêm ocorrendo algumas problemáticas relativas à qualidade dos serviços prestados baseados em ABA. Segundo Freitas (p. 2, 2022):

No Brasil, tem-se observado recentemente um crescimento na oferta de serviços baseados em ABA para pessoas com TEA e desenvolvimento atípico, bem como a oferta de cursos de formação em nível de especialização nesta área. No entanto, o país ainda não dispõe de mecanismos para regular a formação e a atuação destes profissionais, dada a ausência de meios legais para isso.

É comum que profissionais, operadoras de saúde, o Serviço Único de Saúde (SUS) e familiares tenham dificuldade de compreender o escopo do serviço justamente pela escassez de diretrizes legais. Devido a isso, é necessária uma movimentação da sociedade a fim de regulamentar o serviço de intervenção em ABA prestado pelas instituições, estabelecendo critérios para uma prestação de serviço com qualidade, como também possibilitando uma fiscalização isonômica.

Portanto, é importante verificar que a supervisão surgiu na intervenção em ABA para garantir a qualidade do serviço prestado e também auxiliar a evolução dos profissionais que atuam junto ao aprendiz. Ela é altamente relevante para aumentar a eficiência do tratamento de pessoas com neurodesenvolvimento atípico. No entanto, atualmente, não existe regulamentação no Brasil que demande esse processo, durante a intervenção em ABA de pessoas com TEA/neurodesenvolvimento atípico. Os usuários e os envolvidos neste tipo de tratamento devem ficar atentos ao processo de supervisão, visto que é uma das formas de garantir qualidade, eficiência e excelência do tratamento. Também devem ficar atentos à formação dos profissionais que realizam a supervisão, avaliando sua formação técnica e experiência profissional, para garantir uma supervisão de qualidade que, consequentemente, culminará em um atendimento de qualidade do aprendiz. Ainda, é preciso considerar que, no Brasil, há poucos programas de mestrado e doutorado com enfoque profissional em ABA quando comparados com a demanda de supervisores de caso com essa formação. Por isso, indica-se a necessidade de aumento de vagas ou abertura de novos programas para a formação de mais profissionais.

Referências

BAILEY, J. S.; BURCH, M. R. *Ethics for behavior analysts*. 3. ed. Nova Iorque: Routledge, 2016.

FERNANDES, B. S. *et al.* A supervisão, o supervisor e os supervisionandos. *Revista da SPAGESP*, 5(5), p. 16-23, 2004. Recuperado em 27 dez. 2022. Disponível em: <http://pepsic.bvsalud.org/scielo.php?script=sci_arttext&pid=S1677=297020040001000004-&lng=pt&tlng-pt" http://pepsic.bvsalud.org/scielo.php?script=sci_arttext&pid=S1677-29702004000100004&lng=pt&tlng=pt>. Acesso em: fev. 2023.

FREITAS, L. A. B. (2022). Certificação profissional, Análise do Comportamento Aplicada e Transtorno do Espectro Autista: contribuições para um debate. *Revista Brasileira de Terapia Comportamental e Cognitiva*, 24, p. 1-29.

LEBLANC, L. A.; LUISELLI, J. K. Refining Supervisory Practices in the Field of Behavior Analysis: Introduction to the Special Section on Supervision. *Behav Analysis Practice*, 9, 271–273 (2016). Disponível em: <https://doi.org/10.1007/s40617-016-0156-6>. Acesso em: fev. de 2023.

LEBLANC, L. A.; SELLERS, T. P.; ALA'I, S. *Building and sustaining meaningful and effective relationships as a supervisor and mentor.* Nova Iorque: Sloan Publishing, 2020.

ODA, F. (2018). Análise do comportamento e autismo: marcos históricos descritos em publicações norteamericanas influentes. *Revista Brasileira de Terapia Comportamental e Cognitiva*, 20(3), 86-98. Disponível em: <https://doi.org/10.31505/rbtcc.v20i3.1218" https://doi.org/10.31505/rbtcc.v20i3.1218>. Acesso em: fev. 2023.

THE COUNCIL of Autism Service Providers (2022). *Tratamento baseado na Análise do Comportamento Aplicada para o Transtorno do Espectro Autista: diretrizes práticas para financiadores e gestores de saúde*. 2. ed.

36

EQUIPE MULTIPROFISSIONAL INTEGRADA

A INTERVENÇÃO QUE SE COMPROMETE COM RESULTADOS PARA PAIS, PROFISSIONAIS E GESTORES

Você acredita na efetividade de uma intervenção, por exemplo, da seletividade alimentar, na abrangência e demanda, desenvolvida somente por um profissional? Não? Nem nós, pois, dada a sua complexidade, será necessário o envolvimento e a comunicação contínua entre várias especialidades.

ANDRESSA SCHMIEDEL SANCHES SANTOS E ANDRIANE SCHMIEDEL FUCKS

Andressa Schmiedel Sanches Santos

Contatos
espacosomare.com.br
direcao@espacosomare.com.br
45 99855 8466

Graduada em Fonoaudiologia pela Universidade Estadual do Centro-Oeste (UNICENTRO). Mestre em Ensino com ênfase no TEA pela Universidade Estadual do Oeste do Paraná (UNIOESTE). Possui pós-graduação em Análise do Comportamento Aplicada (ABA) e em Gestão em Saúde. Formação clínica no instrumento de diagnóstico *Autism Diagnostic Observation Schedule* (ADOS-2) e PECS. Foi docente do curso de graduação em Fonoaudiologia e da pós-graduação. Realiza supervisões a outros terapeutas e orientação parental. É sócia proprietária da Somare e, como diretora técnica, capacita e supervisiona, há cinco anos, equipes de profissionais na intervenção multiprofissional integrada do neurodesenvolvimento.

Andriane Schmiedel Fucks

Contatos
espacosomare.com.br
direcao@espacosomare.com.br
45 99855 8466

Neuropsicopedagoga, doutoranda em Ciências da Saúde Pública (UCES). Possui formação em Avaliação Clínica no Instrumento Diagnóstico Para o Autismo ADI-R e formações em Intervenção Terapêutica na Ciência ABA, Modelo Denver e Terapia Assistida por Animais. É sócia-proprietária da Somare e, como diretora pedagógica, desenvolve, há cinco anos, ferramentas práticas e formação de profissionais na intervenção multiprofissional integrada do neurodesenvolvimento.

A nossa proposta inicial é fazermos questionamentos para reflexão sobre o assunto. Se você é de uma família neuroatípica, conhece bem esse mundo das terapias, mas você já pertenceu a uma equipe com um atendimento de qualidade transdisciplinar?

Se você é terapeuta, na sua prática, costuma articular seu planejamento e ações com os outros terapeutas dos seus pacientes TEA, e sente-se integrado a eles?

E se você é gestor de uma clínica, instituto, espaços terapêuticos, consegue entregar um serviço acolhedor, com resultados efetivos às famílias que dependem da intervenção integrada?

Saiba que a intervenção multiprofissional transdisciplinar deve estar comprometida com a evolução, utilizando-se de ferramentas e dentro de um funcionamento que a torne integrada. E, quando falamos de equipe, assim como num time esportivo, existe a presença de líderes e a composição de agentes que trabalham com base em um conjunto de regras de organização e funcionamento. Por isso, sua proposta de ação implica o compartilhamento do planejamento, a divisão de tarefas e a cooperação.

A articulação dos saberes e a integração das ações na saúde não acontecem frequentemente por iniciativa dos profissionais, nem por necessidade do quadro clínico da criança, mas sim pela insistência dos pais, que peregrinam de sala em sala ou mesmo de serviço em serviço, clamando por profissionais que "se conversem".

Apesar de ser considerado ideal, de estar preconizado inclusive em políticas governamentais, o trabalho em equipe multiprofissional e transdisciplinar não é tarefa fácil e é uma realidade a ser construída. O fato é que nem toda clínica multiprofissional é interdisciplinar e nem toda criança TEA atendida por vários terapeutas se beneficia do potencial de um trabalho de uma equipe integrada.

Na maioria das vezes, o que acontece são encontros multidisciplinares, ainda distanciados da prática de articulações de suas ações, com objetivos comuns e corresponsabilização. Os diversos profissionais discutem e defendem a transdisciplinaridade, porém, permanecem limitados às suas disciplinas e práticas individuais, fragmentadas.

E por isso, esclarecemos que o conceito de transdisciplinaridade segundo, Franco (2007), é a abordagem que permite ultrapassar as limitações de cada formação disciplinar específica e ir ao encontro dessa criança complexa e o seu contexto na produção de uma solução/proposta de intervenção que não seria produzida por nenhum profissional isoladamente.

E para romper as "paredes" do *setting* terapêutico e essa fragmentação das áreas, você deve imaginar que é preciso uma organização funcional de trabalho em que haja comunicação entre os diversos profissionais, sem necessariamente estarem dividindo a mesma sala. Por isso, é preciso que os terapeutas valorizem a ciência e se comuniquem com a base conceitual da Análise do Comportamento Aplicada (ABA), que é um conjunto de princípios aplicáveis às intervenções de todos os profissionais e padrão-ouro para o autismo, sendo assim, mais integrada.

Coto (2007) afirma que a integração, como base desse trabalho, tem o intuito de atingir melhores resultados no desempenho social e cognitivo da pessoa TEA; Campos, Silva e Ciasca (2018) corroboram essa afirmativa, apontando que o trabalho interdisciplinar no desenvolvimento de crianças TEA está diretamente ligado ao sucesso da inclusão educacional, devido ao valor que tem o suporte da equipe. Ou seja, há concordância sobre a importância desse trabalho, realizado por equipe capacitada e com o envolvimento da família.

Sendo assim, os vários profissionais da equipe, quando integrados, estarão comprometidos com a avaliação e desenvolvimento global do seu paciente, o que, para pessoas neuroatípicas, como os autistas, faz muito sentido, uma vez que possuem alterações no seu neurodesenvolvimento e, portanto, apresentam prejuízos em diversas áreas, como: capacidade de autonomia, aprendizagem, habilidades de comunicação social, comportamentos adaptativos e interesses restritos.

Voltando um pouquinho lá no comecinho, na chamada do nosso capítulo, onde questionamos se você acreditava na efetividade de uma intervenção da seletividade alimentar com um profissional, lembra?! Então, não acreditamos devido seu caráter multifatorial e por isso se trata de uma avaliação, intervenção e acompanhamento transdisciplinar da fonoaudiologia e da terapia ocupacional, do psicólogo comportamental, do nutricionista, da família e do médico, que desenvolverão um plano integrado de ações para esse fim.

Portanto, a depender da manifestação dos sintomas deste transtorno, a formação de profissionais para intervenção nunca é individual, e sim em equipe, e esta equipe tem um valor de possibilitar e desenvolver o potencial que toda criança autista tem.

Entre em ação

Você, *profissional*, que por muitas vezes se sente solitário no processo, frustrado por não alcançar seus objetivos, cobrado também por grandes evoluções e inundado por dúvidas, precisa entender que atender e acolher pacientes com TEA é "ser" e "estar" MULTI, por isso:

- Busque a Formação em Análise do Comportamento Aplicada (ABA), assim você possibilitará que a equipe e você estejam falando a "mesma língua".
- Procure, de preferência em reuniões, compartilhar sua avaliação e planejamento terapêutico com os demais terapeutas. Integre o currículo, ou seja, mesmo em áreas diferentes, ambas devem estabelecer programas de ensino em comum, como habilidades de pré-requisitos, por exemplo.
- Para análise e intervenção no caso de comportamento-problema, é necessário que a análise seja participativa a todos os terapeutas e ambientes/contextos em que a criança esteja inserida. O mesmo se deve fazer para o manejo comportamental.
- A aplicação de escalas desenvolvimentistas abrangentes a vários domínios do desenvolvimento do indivíduo pode ser dividida e aplicada pela equipe, possibilitando a visão integrada da linha de base – habilidades e déficits do indivíduo, o que, em perspectiva de reavaliações, configurará um caminho de progressão/regressão, importante a se acompanhar.
- Na intervenção de processos como: desfralde, alfabetização e seletividade alimentar, entre outros, o trabalho transcende a sua sessão, quando os procedimentos, materiais e estratégias são compartilhados, integrados e valorizados por todos os outros terapeutas da pessoa, garantindo que a família também seja participativa, e que esta união promova a evolução;

Para você, *gestor*, o compromisso é grande no acolhimento e oferecimento deste serviço, ainda que sua realidade seja de parceria com sublocação da sala; perguntamos a você: os profissionais que você alocou para este serviço estão comprometidos com a comunicação, articulação e valorização da interdisciplinaridade? Então...

- Busque elaborar um processo seletivo para garantir que os terapeutas compreendam a proposta de trabalho, a valorização da configuração em equipe e estejam dispostos e dedicados aos resultados.
- Sendo inatas ou adquiridas, as habilidades de cooperação, proatividade e flexibilidade devem ser desenvolvidas, respeitadas e potencializadas na clínica; ou seja, faça com que sua gestão favoreça esse aprimoramento pessoal/profissional através de protocolos, treinamentos e cultura organizacional.
- Implemente ferramentas de organização, supervisão e um funcionamento pautado em comunicação. A articulação, principalmente do planejamento e registro de dados, é imprescindível para que a integralidade aconteça.
- Exija e valorize o contínuo aprimoramento na ciência ABA e demais abordagens, protocolos e práticas com evidência científica, garantindo a sinergia em conhecimento, atuação e orientação para a família.
- Não deixe como opção, implemente horário ou ferramenta virtual que possibilite reuniões periódicas entre a equipe.

Se você não conseguir garantir esse sistema e funcionamento, é melhor admitir que você possui um encontro de especialidades, uma "equipe agrupamento", como denomina Peduzzi (2001), ou seja, que sua clínica é multiprofissional e generalista no atendimento por especialidades.

Para você, *família*, não é fácil encontrar essa comunhão de profissionais comprometidos com a transdisciplinaridade, especializados, competentes e acessíveis. O seu "trabalho" geralmente é muito pesado, a iniciar por equilibrar financeiro/qualidade, profissionais especialistas fragmentados/integrados, local com a união de várias especialidades ou não, no tempo de intervenção intensiva ou intervenção descontinuada, em casa ou na clínica. Cada família reconhece sua realidade e também busca se adaptar às suas necessidades, mas lembremos o que é respaldado cientificamente por eficácia e seus direitos. Por isso...

- Busque a intervenção intensiva precoce em espaços que possuam o compromisso com a ciência, resultados, olhar humanizado e suporte multiprofissional terapêutico integrado.
- Exija os dados qualitativo e quantitativo de avaliação, orientação, devolutivas de evolução condizentes ao ensino, processo e progresso de seu filho(a).
- Você precisa sentir-se participante das estratégias de intervenção comportamental, inclusive nas análises funcionais, oferecendo dados de como ele(a) se adapta aos locais e a determinadas situações, assim como saber o manejo para o comportamento em intervenção. Sua participação é essencial, demonstre suas intenções e "some" com a equipe.
- A estrutura e funcionamento da clínica ou serviço precisa acolher, oferecer condições, apoio para sua saúde mental e suporte nas demandas. Mas

sua contrapartida é fundamental, uma vez que muitas alterações na rotina familiar podem ser necessárias, dentro e fora de casa, e decisivas para que progressos aconteçam. Vocês formam um time que, com foco, disciplina e respeito, terão sucesso.

- Estude, se atualize e acompanhe todas as informações sobre o autismo; dessa forma, você vai transcender o luto em intenções, ações e perspectivas. Quando se tem um propósito, ele se torna o alicerce que embasa nossas prioridades e gera a força pessoal para vivermos resultados extraordinários.
- Esteja com terapeutas que visem e valorizem resultados, que reconheçam inclusive os pequenos ganhos e possibilidades, aqueles que vibrem junto com você, com determinação, esperança e amparo.

O nosso agir

São imensos os desafios para a gestão, capacitação e prática da transdisciplinaridade, mas não maiores que os resultados que conquistamos com os pacientes, famílias e terapeutas; construindo verdadeiramente uma nova realidade. Por isso, acreditamos que, quando melhoramos, inspiramos pessoas, criamos possibilidades e *transformamos vidas*.

Referências

CAMPOS, C. de C. P. de; SILVA, F. C. P. da; CIASCA, S. M. Expectativa de profissionais da saúde e de psicopedagogos sobre aprendizagem e inclusão escolar de indivíduos com transtorno do espectro autista. *Revista Psicopedagogia*, v. 35, n. 106, p. 3-13, 2018.

COTO CHOTO, M. Autismo infantil: el estado de la cuestión. *Revista de Ciencias Sociales* (Cr), v 2, 116, p. 169-180, 2007.

FRANCO, V. Dimensões transdisciplinares do trabalho de equipe em intervenção precoce. *Interação em Psicologia*, 11(1), 2007.

GELBCKE, F. L.; MATOS, E. M.; SALLUM, N. C. Desafios para a integração multiprofissional e interdisciplinar. *Tempus–Actas de Saúde Coletiva*, v. 6, n. 4, p. 31-39, 2012.

PEDUZZI, M. Equipe multiprofissional de saúde: conceito e tipologia. *Revista de saúde pública*, v. 35, p. 103-109, 2001.

37

COMO ESTAR SEGURO DE QUE MEU FILHO ESTEJA RECEBENDO O MELHOR TRATAMENTO QUE ELE PODE RECEBER?

A experiência com o diagnóstico de TEA pode ser bastante difícil inicialmente. Os sentimentos confusos, a falta de informação precisa ou o excesso de informações inadequadas podem conduzir os pais a fazerem escolhas nem sempre assertivas para o processo de intervenção. Conhecer as propostas de intervenção mais robustas e saber como ter acesso a elas pode ser um caminho que minore o sofrimento desse processo.

EDINIZIS BELUSI

Edinizis Belusi

Contatos
tatodesenvolvimento.com.br
e.belusi@gmail.com
Instagram: @tatodesenvolvimento
61 98281 9258

Fonoaudióloga pela USP, mestre em Linguística pela UnB. Possui grande experiência em intervenção precoce em autismo e reabilitação dos transtornos da fala e linguagem em crianças. Tem formação no ESDM (Modelo Denver), PROMPT (intervenção em fala e linguagem) e ADOS (para diagnóstico de autismo). Tem vasta experiência na supervisão clínica e profissional nas áreas de intervenção precoce em autismo, desenvolvimento infantil e dos transtornos motores de fala de crianças em todo o Brasil.

A intervenção no TEA é um processo complexo e imerso em angústias e incertezas. Pais sentem-se perdidos e inseguros. A proposta deste capítulo é pensar o que pais e profissionais podem fazer para terem maior segurança de eficácia das intervenções em autismo.

A experiência dolorosa de receber o diagnóstico

A descoberta do diagnóstico é uma experiência dolorosa e a única pergunta costuma ser: qual vai ser o futuro do meu filho?

A essa experiência inicial sucede o luto, muitas vezes escondido, pois é quase "inaceitável estar de luto" por um filho que não morreu. No entanto, a verdade é que aquele filho, inicialmente idealizado, não é o "novo filho" que se apresenta depois do diagnóstico.

Um caminho de cinco etapas se desenrolará até a aceitação da nova condição. O primeiro estágio (negação e isolamento) é o sentimento que se instala no momento do diagnóstico. Funciona como um escudo para que aconteça uma acomodação gradual. No segundo estágio, surge a raiva, sentimento de revolta e de ressentimento, quando já não há como negar: "Por que o MEU filho?". Um sentimento de inconformismo se instala. No terceiro estágio, começa-se a esperar uma cura milagrosa, um tratamento inovador, uma intervenção que ninguém ainda tentou: é a fase da barganha. Essa é a fase mais perigosa para os pais e é onde a maioria se detém. O quarto estágio traz consigo a depressão, uma fase em que a tristeza se expressa, mas é um estágio importante, que prepara para a aceitação. O quinto estágio: a aceitação. Tendo percorrido todo esse caminho, chega-se à fase em que um olhar mais leve consegue enxergar o que há de bom na nova realidade. Não a realidade idealizada durante o sonho de engravidar, mas, mesmo assim, uma realidade boa, com desafios, mas com muitos aprendizados.

Esses estágios podem se sobrepor ao longo do acompanhamento da criança. A descoberta de comorbidades, a percepção de que a criança não evolui ou mesmo as expectativas irreais criadas sobre um tratamento específico podem desencadear todos esses sentimentos diversas vezes.

Medo de não fazer tudo o que esteja ao meu alcance

Há famílias que irão parar na fase da negação e perderão tempo precioso de intervenções precoces. Há aquelas que passarão mais tempo na fase da barganha. Nessas duas situações, mora o maior perigo.

Não buscar os tratamentos adequados o mais cedo possível pode ocasionar um prejuízo irreparável com o passar tempo. Alguns iniciarão logo as buscas e permanecerão na fase da barganha, às vezes, em quase toda a primeira e segunda infância da criança. São os que vão em busca de todos os profissionais sem dar continuidade a uma terapia adequada, sem ter a chance de fazer um caminho de intervenção seguro, muitas vezes, até expondo a criança a terapias perigosíssimas.

Já houve diversas "modas" para tratamento de autismo e muitos inocentes ainda têm sido enganados pelos charlatães ou ignorantes que divulgam tais "tratamentos". Coisas como terapia de quelação, oxigenoterapia hiperbárica, banhos de argila desintoxicante, leite de camelo cru, o perigosíssimo MMS (dióxido de cloro), o ozônio retal, terapias alimentares extremamente radicais, suplementações exageradas, constelação familiar: a lista é imensa e bastante perigosa. Há várias outras "terapias alternativas" na moda com menores prejuízos (inúteis, mas que causam prejuízo financeiro).

O que motiva a boa fé dos pais sempre em busca de um novo tratamento é a permanência na fase da barganha: "mas e se isso for capaz de curar o meu filho e eu não tentei?"

Práticas baseadas em evidências científicas

A forma mais segura de escolher intervenções clínicas em saúde é o que chamamos de práticas baseadas em evidências. Significa buscar propostas de intervenção que já tenham sido exaustivamente testadas e comparadas e, dessa forma, estar mais confiantes quanto aos resultados positivos e mais seguros quanto aos possíveis malefícios de alguma intervenção clínica ou medicamentosa.

Quando ouvimos falar de uma proposta de intervenção, precisamos ter um olhar muito crítico – eu diria, inclusive, muito cético. Não basta o assunto ter sido publicado numa revista científica! Há muitos "trabalhos científicos" terríveis, cheios de vieses, conflitos de interesses, muitas vezes, até patrocinados pelos interessados nos resultados – não confiem em tudo o que leem como «científico».

O que vocês devem observar é que: relato de caso NÃO é evidência de eficácia; evidência científica NÃO é sinônimo de artigo científico publicado sobre o assunto; os melhores estudos sobre modelos de intervenção são os Estudos Controlados Randomizados (ECR).

Os ECR possuem uma série de exigências a se cumprir para que sejam desenvolvidos. Esse tipo de estudo necessita de uma grande amostra de sujeitos de pesquisa. Os participantes da pesquisa são divididos de modo aleatório, sem que os pesquisadores saibam a quais grupos serão destinados quais pacientes. Um grupo recebe a metodologia que se quer avaliar, outro grupo pode receber alguma intervenção placebo ou nenhuma intervenção, e outro grupo pode receber uma intervenção já consolidada pela comunidade, a fim de se comparar qual seria mais eficaz, entre outros desenhos possíveis. São feitas testagens antes da divisão dos grupos (testes de desenvolvimento, exames clínicos ou de imagem, a depender do que se pretende avaliar como efeito). Os testes podem ser repetidos em diversas etapas do estudo, mas especialmente no final dele, quando os resultados de um e de outro grupo serão comparados. Análises estatísticas minuciosas vão demonstrar os resultados precisos.

Quais são as terapias baseadas em evidência científica disponíveis no Brasil?

Os primeiros estudos de modelos terapêuticos com autistas surgiu com Ole Ivar Løvaas, um analista do comportamento norte-americano, de origem norueguesa, que testou estratégias comportamentais com crianças autistas, ainda na década de 1970. Seus estudos deram origem a dezenas de outros estudos e, desde então, a proposta vem se aprimorando e ganhando outras vertentes de aplicação.

Há outros modelos muito difundidos atualmente, alguns até com estudos importantes, mas nenhum deles com o nível de controle (estudos randomizados controlados) que ofereça a confiabilidade necessária.

Então não podemos utilizar nenhum outro método que não seja baseado em ABA? Podem, claro. Mas não terão o respaldo da eficácia medida desses métodos.

Apesar de maior segurança, adotar uma metodologia com evidências científicas de eficácia não é garantia de sucesso do tratamento, porque há muitas variáveis interagindo num processo de intervenção. Contudo, estar imerso numa proposta de intervenção robusta aumenta muito as chances de dar certo, além de eliminar aquelas que comprovadamente não funcionam.

Os modelos com evidências robustas atualmente disponíveis no Brasil são a análise do comportamento aplicada (ABA convencional), o ESDM (*Early Start Denver Model*), o PRT (*Pivotal Response Treatment*) e o JASPER (*Joint Attention, Symbolic Play, Engagement and Regulation*). Cada uma dessas propostas terá indicações específicas para cada caso. Há bastante material disponível na internet sobre cada um desses modelos e aqui, neste livro, alguns deles são descritos com mais especificidades. Importa lembrar que a efetividade desses resultados – em todos os estudos – está associada à alta intensidade das terapias (cargas horárias geralmente acima de 15 semanais).

É importante ressaltar, também, que as chamadas "terapias ecléticas" (no Brasil, o tão recomendado "kit autismo: fono, psico e TO [terapia ocupacional]") já foram exaustivamente testadas e foi demonstrado que, sozinhas, mesmo em alta intensidade, não apresentam nenhuma eficácia no tratamento do TEA, ainda que sejam importantíssimas terapias complementares. Lembrem-se: complementares a uma intervenção global comportamental eficaz.

Como eu posso ter acesso a essas terapias confiáveis se na minha cidade não há profissionais certificados?

A primeira preocupação é, certamente, de ordem financeira. Tratamentos altamente especializados e de alta intensidade têm um custo mais alto. Para conseguirem acesso a esse tipo de custeio, a maioria das famílias tem acionado judicialmente os seus planos de saúde e conseguido suporte integral para todos os tratamentos.

Em seguida, a preocupação se volta para: como ter acesso a esses profissionais especializados, se moramos numa cidade sem esses recursos?

A resposta a essa pergunta tem sido a minha prática profissional exclusiva desde 2018. Muito antes da pandemia, todos os meus serviços de acompanhamento eram feitos por meio de supervisões on-line, à distância. Com a chegada da pandemia em 2020, mesmo as etapas presenciais que eu fazia (avaliações e treinamentos) tiveram que ser totalmente remodeladas para o modelo on-line. Uma adaptação que fizemos com muito sucesso (pois já possuíamos a *expertise* do trabalho on-line) e isso permitiu que muitas outras famílias e crianças pudessem ter acesso a esse tipo de serviço. Nossa equipe cresceu e passamos a oferecer supervisão de todas as especialidades necessárias ao tratamento do TEA, já que não conseguíamos equipes tecnicamente capacitadas em todas as cidades.

Recrutamos parceiros altamente especializados (fonoaudiólogos, terapeutas ocupacionais, fisioterapeutas, analistas do comportamento, pedagogos, psiquiatras infantis) que dão suporte à distância para as famílias que atendemos, supervisionando profissionais locais de menor experiência.

A dinâmica funciona basicamente como uma consultoria, em que ajudamos a família a selecionar os profissionais que atenderão a criança presencialmente e damos o treinamento e o suporte necessários para a família e para a equipe. O que garante a qualidade desse tipo de intervenção à distância é o alto nível de controle implicado nas intervenções comportamentais. Todas as sessões são filmadas e analisadas por amostragem em sessões de supervisão, onde estão presentes – obrigatoriamente, para nós – os pais e os profissionais. Durante essas supervisões, são feitos ajustes nos procedimentos, análise das coletas de dados, definição de planos terapêuticos, análise dos gráficos de evolução das crianças, e suporte às necessidades do dia a dia da criança com a família. A criança é reavaliada periodicamente e, em equipe e com a família, são tomadas as decisões clínicas a respeito do caso: quais terapias complementares serão adicionadas; como ficará a carga horária; qual o papel da escola; do que se pode prescindir em cada etapa do tratamento; ajustes de rotina. Todas as dinâmicas referentes ao desenvolvimento global da criança são respaldadas pela supervisão clínica.

Essa proposta tem permitido que cheguemos aos locais mais distantes do Brasil (e fora dele) e, assim, conseguimos promover atendimento de qualidade, mesmo para locais sem grandes recursos disponíveis.

Como os pais podem monitorar os avanços das crianças?

Nós gostaríamos de garantir absoluto sucesso nas intervenções: um método infalível que resolvesse todos os problemas. Mas, em se tratando de seres humanos, essa nunca é uma possibilidade. São diversos fatores agindo sobre o desempenho da criança no processo terapêutico, e gostaria de chamar a atenção para o engajamento parental ser um dos mais importantes.

Além disso, outros fatores incidem sobre a evolução da criança: comorbidades neurológicas ou genéticas, transtornos sensoriomotores mais severos, problemas de saúde geral, problemas alimentares, tudo o que envolve a criança pode impactar seu desempenho. A equipe precisa ter um olhar muito apurado para todos esses aspectos e tomar as decisões mais assertivas para sanar, sempre que possível, as barreiras de aprendizagem da criança. A família deve ficar atenta para saber se isso está realmente sendo feito.

Para esse olhar apurado, é fundamental que o supervisor do caso seja um grande especialista em desenvolvimento infantil, muito mais do que ser um bom analista do comportamento. O TEA é um transtorno do desenvolvimento e, quando o profissional não é capaz de mapear, entender e mensurar esse desenvolvimento, toda a intervenção pode ficar comprometida pelas más condutas no caso. Atender às necessidades específicas da criança é muito mais urgente do que saber aplicar procedimentos comportamentais irretocáveis. Profissionais certificados nem sempre sabem estabelecer bons raciocínios clínicos com base no desenvolvimento infantil. Os modelos acabam não atingindo o seu fim pela má condução dos supervisores.

Para diminuir as chances de isso acontecer, eu insisto muito que os pais aprofundem os seus conhecimentos sobre o desenvolvimento infantil. É preciso confiar, sim, na equipe que escolhem, mas é necessária uma confiança esclarecida, iluminada pelo conhecimento. Nós temos produzido muito material e conteúdo voltado especificamente para esse fim.

Outros recursos fundamentais para controle de qualidade das intervenções comportamentais são as coletadas de dados. Em todos os modelos descritos aqui, estão previstos planos terapêuticos robustos e coletas de dados diárias. Essas coletas de dados devem gerar gráficos que vão nortear os supervisores quanto às decisões clínicas futuras.

Além desse controle próprio dessas metodologias, nossa equipe costuma se pautar também por avaliações formais do desenvolvimento (testagens padronizadas para a nossa população brasileira) que nos permitem avaliar o desenvolvimento da criança e compará-la com o que é esperado estatisticamente para a maioria das crianças típicas. Isso nos oferece melhores parâmetros observacionais para as tomadas de decisão. Assim, conseguimos ter parâmetros comparando a criança consigo mesma (protocolos específicos de cada metodologia) e a comparando com a média da população típica. Essa última comparação também será um importante norteador para as adaptações curriculares na escola, já que só saberemos se ela necessitará de adaptações a partir da comparação com os seus pares.

Todos esses procedimentos são estratégias que aumentam muito as chances de sucesso nas intervenções em TEA. Nunca se poderá garantir 100% de resultados positivos, mas temos todas essas ferramentas à nossa disposição para aumentar essas chances.

Referências

ALVES, E. G. R. *A morte do filho idealizado.* São Paulo: O Mundo da Saúde, 2012.

HOWARD, J. S. *et al.* A comparison of intensive behavior analytic and eclectic treatments for young children with autism. *Res Dev Disabil.*, 2005 Jul-Aug; 26(4):359-83. Disponível em: <10.1016/ j.ridd.2004.09.005>. Acesso em: mar. de 2023.

38

NEUROEDUCAÇÃO E TEA

POSSIBILIDADES NA LEITURA E ESCRITA

O tema abordado neste capítulo está entre os mais evidentes na área educacional na atualidade, em que autores apontam os benefícios da Neuroeducação para a alfabetização de crianças com TEA. Os avanços nos estudos de neurociências trazem contribuições importantes para a educação, como pesquisa sistematizada e fundamentada em práticas educativas validadas. Destacam-se as práticas educacionais que potencializam áreas cognitivas comprometidas da criança no processo de alfabetização, com foco na leitura e escrita, assim como instigam a busca de intervenções e programas que atendam a criança na sua máxima competência cognitiva. Nesta abordagem, serão evidenciados os meios e caminhos mais importantes para o desenvolvimento de habilidades acadêmicas. A alfabetização em crianças com autismo se torna possível e efetiva com o engajamento e o esforço coletivo de profissionais envolvidos nesse processo contínuo e por pesquisas e programas que atendam as demandas educacionais da criança.

PRISCILA ILHA ROCHA

Priscila Ilha Rocha

Contatos
ilharochap@gmail.com
61 99191 3379

Formada em Pedagogia pelo Centro Universitário Franciscano - UFN, da cidade de Santa Maria-RS, possui pós-graduação em Psicopedagogia e Neuropsicopedagogia, Atendimento Educacional Especializado, Neurociência Aplicada a Transtornos Mentais e Comportamentais, e é graduanda em Análise do Comportamento - ABA. Mediadora PEI (Plano Educacional Individualizado), mentora, supervisora, consultora educacional e palestrante em escolas e instituições universitárias. Professora de pós-graduação em universidades e centros de ensino. Atua como supervisora nas áreas de Psicopedagogia, Centro de Estimulação Cognitiva e Arteterapia na Clínica de Neurologia Infantil Specially - Brasília-DF.

Os estudos abrangendo as neurociências têm contribuído para trazer práticas e vivências significativas a professores e gestores no ambiente escolar, melhorando sua percepção sobre os estudantes com autismo que mais necessitam de suporte educacional. Para compreender o processo da Neuroeducação, é necessário conhecimento teórico baseado em evidências que comprovem a efetividade da aprendizagem, compreendendo e levando em consideração as etapas por que o estudante passou ou passa. Deve-se avaliar, compreender e buscar ferramentas para organizar um planejamento ou sequência de programas que atendam efetivamente as áreas importantes para seu pleno desenvolvimento.

Alfabetização e autismo: muitas possibilidades

Garantir e proporcionar o direito de que todas as crianças aprendam a ler e escrever com proficiência, autonomia e independência é o desejo de pais, educadores e equipes que acompanham crianças com TEA, assegurando um ambiente de qualidade e seguro, com práticas funcionais que promovam resultados positivos nos níveis de aprendizagem. Porém, existe uma lacuna entre conhecimento científico e o validado por práticas em sala de aula.

Evidências científicas em sala de aula com ênfase na alfabetização têm sido estudadas por uma equipe interdisciplinar chamada ciência cognitiva da leitura. Esses estudos são referenciais para as políticas públicas em países como Chile, Portugal, França e Estados Unidos, com grande sucesso na alfabetização, promovendo mudanças curriculares nas práticas de ensino através das políticas públicas de alfabetização e divulgando dados por evidências validadas. Para que essas informações sejam reais, os países se baseiam em relatórios e programas científicos que informam os caminhos mais evidentes para ensinar a ler e escrever.

Todo processo de alfabetização envolve muitos fatores que, juntos, contribuem para a aprendizagem direta, para que a criança (ou até mesmo o adolescente) tenha uma leitura funcional e compreensível. A escolha mais eficiente, portanto, é o caminho das evidências, e não das opiniões e ideologias individuais; uma direção que inclua pesquisas e instruções para leitura e escrita adequadas ao nível de desenvolvimento do aprendiz.

Aprender a ler e escrever com proficiência dentro do espectro autista é um grande desafio como ciência cognitiva. As habilidades de leitura e escrita podem parecer fáceis para crianças no início da alfabetização, mas crianças com TEA necessitam de muito suporte visual, auditivo, consciência fonêmica, rastreio visual, conhecimento do sistema de escrita, uso de jogos e brinquedos, e estimulação sensorial envolvendo músicas e rimas, que são incentivos para o início ou continuidade do sistema de escrita, bem como ambiente regulado e organizado para que as habilidades de aprendiz sejam compreendidas para dar sequência a cada etapa.

Essas são habilidades que precisam ser bem estimuladas e compreendidas pelos educadores que as ensinam, e isso requer muito esforço da criança para compreender os símbolos gráficos que são chamados de letras – e comunicar esse sistema por meio da escrita não é nada fácil de se desenvolver. Essas aprendizagens, quando funcionais, modificam o cérebro, ocasionando novas sinapses neuronais.

Sistema alfabético

É importante considerar que a escrita é feita pelo sistema alfabético, pelos sons da fala (fonemas), mapeando unidades gráficas chamadas de grafemas, que compreendem uma ou mais letras do alfabeto. O sistema alfabético é complexo, e para crianças com autismo, torna-se mais aversivo em muitos casos. Apesar das dificuldades do aprendizado da leitura e escrita em um sistema alfabético, a criança precisa compreender e identificar de forma funcional o som de cada uma delas e onde se encontram dentro do sistema alfabético, que é o sistema fônico. Dentro do processo de alfabetização com crianças com autismo, os programas a serem desenvolvidos precisam estar alinhados, contemplando habilidades dentro do conhecimento fônico e da consciência fonêmica (mesmo com crianças não verbais), o uso de pranchas e da Comunicação Alternativa Aumentativa (CAA) – as quais serão o principal instrumento de decodificação e codificação, permitindo que as crianças sejam capazes de compreender o que foi lido. Após esse processo em que a criança autista consegue generalizar essa aprendizagem em pelo menos 80%, há continuidade da aprendizagem para o sistema ortográfico, no qual as habilidades são adquiridas gradualmente dentro do sistema de escrita, tornando a leitura e escrita flexíveis e de acordo com os ganhos do estudante.

O desafio é chegar a esse nível de leitura e escrita, que pode ocorrer com pistas visuais, com desenhos e uso de recursos adaptados para a necessidade de cada aprendiz. Crianças e adolescentes autistas precisam de reforço e motivação durante a aprendizagem, como também deve-se levar em consideração o nível de suporte da criança, acompanhamento de um AT (Atendente Terapêutico) supervisionado por profissionais ABA, apoio de tecnologia assistida, programas de ensino exclusivos, equipe qualificada e engajada, uso de recursos pedagógicos, permanência e finalização de atividades.

Os programas de alfabetização devem contemplar inicialmente: Letra/som, Decodificar/leitura, Codificar/escrever, Segmentar = formação de sílabas simples e complexas, Sintetizar = Juntar letras e formar palavras. Esses são programas que precisam ser eficientes no início da alfabetização.

A importância do PEI – triangulação família, escola e terapias.

O Plano Educacional Especializado (PEI) ou adequação curricular é construído no ambiente escolar com a equipe pedagógica, família e equipe terapêutica da criança. O documento contempla e viabiliza as estratégias e aponta as limitações ou habilidades que o estudante ainda não atingiu e que precisam ser trabalhadas no contexto escolar. Essas adequações contribuem positivamente para os processos de habilidades iniciais como memorização, concentração, atenção, relações afetivas e sociais de alunos com TEA, pois são áreas que atingem completamente o comportamento, neutralizando a assimilação dos conhecimentos a serem adquiridos. Os autores Bacich e Moran (2018) afirmam que:

> As pesquisas atuais da neurociência comprovam que o processo de aprendizagem é único e diferente para cada ser humano, e que cada pessoa aprende o que é mais relevante e o que faz sentido para si, o que gera conexões cognitivas e emocionais (BACICH; MORAN, 2018, p. 2).

Estudos em neurociências relacionados ao desenvolvimento cognitivo de pessoas com deficiências ou transtornos como o TEA, mostram os ganhos em relação à aprendizagem através de práticas pedagógicas inclusivas e efetivas, que elevam e potencializam as habilidades iniciais do aprendiz. A partir destas habilidades, é possível aumentar o engajamento, atenção, foco e permanência durante a execução de propostas estruturadas e efetivas. Essas contribuições da neurociência ampliam os conhecimentos e conceitos, tendo a assertividade nas emoções como facilitadora da mediação.

O PEI descreve o nível em que o aprendiz se encontra, promovendo acessibilidade curricular com metas e programas funcionais e específicos como instrumento pedagógico em curto, médio e longo prazo. Este documento norteia os déficits, ganhos e avanços – assim como os instrumentos e práticas educacionais a serem utilizados, como: comunicação alternativa, aspectos cognitivos, nível de suporte, e questões sensoriais, emocionais e comportamentais. Este instrumento possibilita acompanhar e mensurar o desempenho do estudante no decorrer do ano letivo.

A Lei de Diretrizes e Bases da Educação – LDB, capítulo V, art. 59, assegura o direito da pessoa com TEA, bem como as demais deficiências, ao ensino regular. Assim, seu ensino deve ser estruturado e adaptado de acordo com suas necessidades. A criança com TEA tem assegurada a sua matrícula tanto na rede pública como na rede privada, bem como o direito a um acompanhante, se necessário. Infelizmente, por falta de estruturação e adequação no ensino regular, a maioria dos alunos mal consegue permanecer em sala de aula e, por despreparo tanto da escola quanto do próprio professor, acabam não conseguindo adaptar-se à rotina escolar. A triangulação entre escola, família e terapias com crianças com TEA é de extrema importância, como um esticamento do que é mais importante fora do ambiente clínico e escolar.

Conclusão

Os benefícios da Neuroeducação para a alfabetização apontam que cada cérebro reage de forma diferente ao processo de alfabetização. Assim como a organização do ambiente escolar, o desenvolvimento de programas individuais e a triangulação entre família, escola e terapia precisam estar ligadas para que o esticamento destes programas seja efetivo e funcional à criança com autismo. O PEI ou as adequações curriculares precisam estar alinhados junto à equipe pedagógica, terapeutas e família, efetivando e validando todas as formas de aprendizagens e habilidades que a criança atingiu e está em processo de aquisição. Este documento funciona como base inicial do ano seguinte, como ponto de partida para guiar cada habilidade adquirida ou que deve ser estimulada dentro e fora da instituição escolar.

Desta forma, é de extrema importância validar todos os tipos de comunicação, habilidades de vida diária, conhecimentos prévios e funcionais que o aprendiz tem como base inicial significativa para suas vivências.

Assim, a perspectiva da alfabetização baseada em evidências pode ser uma alternativa mais segura e eficaz para crianças com autismo.

Referências

BACICH, L.; MORAN, J. (Orgs.) *Metodologias ativas para uma educação inovadora: uma abordagem teórico-prática* [recurso eletrônico]. Porto Alegre: Penso, 2018. E-PUB.

BRASIL. Estatuto da Pessoa com Deficiência: Lei Brasileira de Inclusão nº 13.146, de 6 de julho de 2015. Brasília.

BUZETTI, M. C. [S. I.]. Contribuições da neurociência no ensino dos alunos com deficiência intelectual. Portal Educação Inclusiva, 2018. Parte 2 de 3. Disponível em: <https://www.youtube.com/watch?v=3jAorBSjwXI>. Acesso em: 26 dez. 2022.

MEIER, M.; GARCIA, S. *Mediação da aprendizagem: contribuições de Feuerstein e de Vygotsky.* Curitiba: Ed. Do autor, 2007. 212p.

39

PARÂMETROS PARA A INCLUSÃO ESCOLAR DA PESSOA COM AUTISMO

A perspectiva da Educação Inclusiva ganhou espaço na academia e nos movimentos de defesa da pessoa com deficiência e, como consequência natural, passou a compor o referencial de políticas públicas de muitos serviços escolares, inscrevendo-se na legislação dos diversos países e em tratados internacionais. No entanto, a escolarização de pessoas com o transtorno do espectro autista não é uma tarefa resolvida simplesmente com boa vontade e uma atitude inclusionista. É preciso ir muito além disso, fornecendo meios para que o indivíduo atinja sua plena potencialidade.

LUCELMO LACERDA

Lucelmo Lacerda

Contatos
lunaeducação.com.br
secretaria@lunaeducacao.com.br
19 98319 4355

Professor de História, com atuação no ensino fundamental por mais de uma década. Psicopedagogo. Mestre em História e doutor em Educação pela Pontifícia Universidade Católica de São Paulo (PUC-SP). Pós-doutorado no Departamento de Psicologia da Universidade Federal de São Carlos (UFSCar). É autor de diversos estudos, em periódicos nacionais e estrangeiros, acerca do transtorno do espectro autista e práticas baseadas em evidências, especialmente em contexto da educação especial inclusiva. Sócio do Grupo Luna ABA. Leciona em cursos de especialização do CBI of Miami (Intervenção ABA Aplicada ao Autismo e DI/Práticas Baseadas em Evidências na Educação Especial em Autismo e DI) e na UFSCar (Psicopedagogia Inclusiva). Autor de diversos livros, entre eles *Transtorno do espectro autista: uma brevíssima introdução* e *Crítica à pseudociência em educação especial: trilhas de uma educação inclusiva baseada em evidências*.

Introdução

As escolas são instituições que têm como objetivo mudar comportamentos da população que nela ingressa. Historicamente, ela já foi instrumento de mudança de comportamentos religiosos, valorativos, acadêmicos, de habilidades sociais, papéis de gênero, laborativos, entre outros.

Nesse processo histórico, o signo da exclusão sempre acompanhou a instituição escolar, por meio da seleção de poucos escolhidos, da exclusão de mulheres, negros, pobres... E pessoas com deficiência, a última grande fronteira da exclusão. Essa fronteira foi desafiada pela construção de escolas para cegos e surdos no Brasil do século XIX, pelo Estado brasileiro, restando esquecida grande parte da população com deficiência.

A população com deficiências sensoriais (cegueira e surdez) foi parcialmente atendida pelo Estado com a criação de escolas especializadas, as pessoas com deficiência física dependiam de uma estrutura acessível por coincidência ou dependiam da boa vontade de pessoas que as ajudassem (em condições humilhantes), mas as deficiências "mentais" continuavam ainda completamente fora da escola, até que organizações de pais, em meados do século XX, construíram redes de escolas especializadas em deficiências múltiplas e deficiência intelectual, que depois vieram a aceitar também a população com autismo, como a rede APAE e Pestalozzi.

No decorrer do século XX, consolidou-se a defesa de que pessoas com deficiência poderiam estudar em escolas comuns e não somente em escolas especializadas. Assim, foram realizados inúmeros experimentos e pesquisas de coorte que demonstraram que a esmagadora maioria das pessoas com deficiências, como o autismo, se beneficiam mais da escolarização em escolas comuns do que em escolas especializadas, também os estudantes com desenvolvimento típico se beneficiam, do ponto de vista valorativo, de respeito à diferença e à diversidade, da presença de estudantes com deficiências em sala.

Essa perspectiva da educação inclusiva ganhou espaço na academia e nos movimentos de defesa da pessoa com deficiência e, como consequência natural, passou a compor o referencial de políticas públicas de muitos serviços escolares, inscrevendo-se na legislação dos diversos países e em tratados internacionais dos quais o Brasil, por exemplo, é signatário, como a Declaração de Salamanca e a Declaração Universal dos Direitos das Pessoas com Deficiência, fruto da Convenção de Nova Iorque.

No entanto, a escolarização de pessoas com o transtorno do espectro autista não é uma tarefa resolvida simplesmente com boa vontade e uma atitude inclusionista, é preciso ir muito além disso, fornecendo os meios para que o indivíduo atinja sua plena potencialidade, o que significa ofertar diferentes apoios a depender das características individuais dessas pessoas.

Práticas baseadas em evidências para o TEA – entre a saúde e a educação

Consolidou-se no Brasil uma visão cartesiana de que "saúde é uma coisa e educação é outra", o que possui um caráter didático e uma clareza inequívoca se tratarmos de injeções (saúde) ou alfabetização (educação), mas gera confusão e violação de direitos quando falamos de todo um conjunto de condições diagnósticas de natureza desenvolvimental, como o transtorno do espectro autista ou a deficiência intelectual ou de natureza comportamental, como o transtorno do déficit de atenção e hiperatividade – TDAH e o transtorno desafiador opositor – TOD (que também aparecem muitas vezes com o TEA).

Não existem tratamentos que possibilitem uma "cura" do autismo e nenhum remédio para o TEA em si. O que existem são intervenções de ENSINO DE NOVAS HABILIDADES fundamentais à pessoa com TEA, seja porque é um marco do desenvolvimento que não foi atingido "naturalmente" conforme a idade e precisa ser ensinada, seja porque certo contexto de vida exige a habilidade para o exercício da autonomia ou desenvolvimento intelectual, como aprender a ler, escrever e fazer contas; por outro lado, também se ENSINA A REDUÇÃO DE COMPORTAMENTOS INADEQUADOS como o indivíduo que se autoagride, grita de modo desadaptativo, entre outros.

Como dito, as intervenções se dirigem a ensinar coisas, o que pode ocorrer em ambiente "clínico", como uma fonoaudióloga que ensina a alfabetização, uma psicóloga que ensina habilidades sociais ou uma terapeuta ocupacional que ensina a escovar os dentes, mas também pode ocorrer na escola, inclusive para as crianças com desenvolvimento típico.

O que ocorre é que o ensino de pessoas com autismo é mais difícil, demorado e exige metodologias extremamente complexas e, por isso, é normalmente descrito como "clínico", o que é contrastado pelos dados disponíveis. Em primeiro lugar, pela presença inconteste de profissionais da Fonoaudiologia, Psicologia e Terapia Ocupacional nas escolas em todo o mundo civilizado (é o Brasil, portanto, que tem feito uma educação que não corresponde ao conceito tal como entendido em toda a comunidade internacional); em segundo lugar, a mais recente revisão sistemática que descreve as práticas baseadas em evidências para autismo também analisou quem implementava as intervenções descritas nos experimentos que atenderam aos critérios mais rigorosos disponíveis, sendo, por exemplo, cerca de seis vezes mais comum que os implementadores das intervenções fossem educadores do que psicólogos. O estudo também revelou que o lugar em que as pesquisas mais ocorreram era nas escolas, com probabilidade mais do que dobrada de ocorrer em qualquer outro espaço (STEINBRENNER *et al.*, 2020, p. 38).

Assim, enquanto estratégia de intervenção, as práticas baseadas em evidências para autismo já descritas nesta obra, no capítulo sobre intervenções, podem ser aqui entendidas também como o referencial fundamental do trabalho escolar, ainda que haja uma série de questões específicas acerca do processo de escolarização inclusiva sobre os quais discorrerei em seguida.

Uma inclusão escolar baseada em evidências

Como já dito, a maioria das pessoas com autismo se beneficia da inclusão escolar, mas somente quando alguns pressupostos fundamentais são atendidos. Há um conjunto de medidas imprescindíveis para garantir que cada pessoa com autismo, à medida de sua necessidade, desenvolva seu máximo potencial no contexto escolar.

Todos os esforços que a escola empreende em favor da escolarização de uma pessoa com o transtorno do espectro autista são concentrados em um documento único chamado de Plano de Ensino Individualizado – PEI, ou com variações terminológicas como Plano de Desenvolvimento Individual – PDI ou Plano de Desenvolvimento Individual e Escolar – PDIE, que deve, idealmente, conter o que segue:

1. A identificação do estudante.
2. A avaliação.
3. Os objetivos de ensino.
4. Os programas de ensino.
5. Folhas de registro de desempenho dos programas.
6. Protocolo de conduta para com o estudante.
7. Diretrizes para adaptação de provas e atividades.
8. Os recursos inclusivos necessários.

A identificação do estudante

O PEI é necessariamente individual, como o nome denuncia. Não é possível realizar um processo inclusivo verdadeiro que não passe pela individualização dos processos. Apesar de as pessoas com TEA terem o mesmo diagnóstico, isso não quer dizer que possuam as mesmas necessidades. O autismo é um espectro que, por um lado, vai de uma faixa leve, que abriga comumente gênios reconhecidos, até uma faixa mais severa do espectro, com indivíduos que podem precisar de apoio para aprenderem a ir ao banheiro ou falarem. Mesmo em uma mesma faixa, apresentam necessidades completamente diferentes: pessoas com autismo leve podem ter crises agressivas altamente destrutivas; outras, uma apatia extrema; sendo, portanto, uma condição altamente heterogênea.

Avaliação do estudante

Uma inclusão escolar efetiva envolve considerar as habilidades acadêmicas e ir além delas, mas o reconhecimento das necessidades individuais, na falta da possibilidade de propor um plano meramente fundamentado no diagnóstico, como visto no tópico anterior, necessita de uma avaliação individualizada com três fontes de informação: a) ouvir o próprio estudante, sempre que ele conseguir manifestar opiniões e preferências; b) ouvir a família do estudante; e c) a aplicação de um ou mais protocolos de avaliação cientificamente validados que correspondam às necessidades do estudante.

Todo esse processo tem por função descobrir quais são os excessos e os déficits de repertório do indivíduo. Os excessos são os comportamentos que o indivíduo apresenta, mas que são prejudiciais a ele, tal como se autoagredir, agredir os colegas, gritar ou se masturbar em sala de aula, entre outros. Os déficits são constituídos pelas habilidades ausentes cuja falta implica prejuízo ao estudante.

O protocolo de avaliação deve ser capaz de açambarcar ao menos três áreas do repertório do estudante:

- **As habilidades de aprendiz:** trata-se dos comportamentos de prontidão para a aprendizagem, como se dirigir a sua sala, sentar-se em sua cadeira, atentar à professora e seguir as instruções, entre outras;
- **As habilidades desenvolvimentais:** trata-se de habilidades que não precisam ser ensinadas a estudantes com desenvolvimento típico, mas usualmente estão ausentes em estudantes com desenvolvimento atípico, como fazer contato, rastreio ou escaneamento visual, se comunicar por fala ou outro meio, imitar, compartilhar atenção, entre outras;
- **As habilidades acadêmicas:** trata-se daquelas habilidades descritas no currículo do sistema e que, caso não constem no protocolo escolhido, podem ser avaliadas por meio de prova diagnóstica preparada para este fim.

É fundamental que o protocolo escolhido disponha de evidências científicas que o sustentem, tais como o Inventário Portage Operacionalizado, o VB-MAPP, ABLLS-R, AFLS, entre outros e que possam ser utilizados por educadores e não sejam exclusivos das profissões da Psicologia ou da Fonoaudiologia.

Os objetivos de ensino

Todo processo de planejamento de ensino tem em vista um ponto em que se quer chegar, que são os objetivos ao final do ano escolar. Eles devem ter quatro características fundamentais: a) viabilidade – precisam ter base na avaliação do estudante e no conjunto de estratégias que serão mobilizadas pela escola; b) operacionalidade – precisam estar descritos de maneira clara, sem inferências ou ilações; c) em contexto – não basta dizer que habilidade será apresentada, mas diante de que contexto ela deve ser exercida; d) mensurável – uma habilidade precisa estar descrita de modo que seja possível verificar de modo inequívoco por mais de um observador externo se ela foi ou não alcançada.

Programas de ensino

Para que cada objetivo de longo prazo seja alcançado, deve-se perseguir diversos objetivos de curto prazo, que se acumularão até que a aprendizagem esperada ao fim do ano se concretize. Esses programas correspondem aos processos de ensino implementados para atacar cada alvo de curto prazo elencado. Eles devem se dedicar aos comportamentos que constituem barreira para a aprendizagem e no desenvolvimento das habilidades mais simples dentro das possibilidades imediatas do estudante que, quando superadas, darão lugar à aprendizagem de habilidades progressivamente mais complexas.

Os programas normalmente descrevem procedimentos como ensino por tentativas discretas, ensino incidental, ensino encadeado, pareamento ao modelo ou multimodelo, entre muitos outros, que objetivam a aprendizagem de uma habilidade específica. Em um programa de ensino, é imprescindível a existência de: a) instrução ou outro contexto para apresentação da habilidade; b) qual é a habilidade que o indivíduo deve apresentar; c) o que fazer para ajudar quando o estudante não conseguir apresentar a habilidade e como retirar a ajuda para que ele a apresente de modo independente; d) como o acerto será consequenciado positivamente para que a habilidade seja aprendida; e) como corrigir o erro, quando ele ocorrer; f) quais são os passos de ensino da habilidade, desde sua forma mais simplificada até a mais complexa; g) qual é o critério para se considerar que a habilidade foi aprendida.

As folhas de registro

Diante de qualquer um desses procedimentos de ensino, um indivíduo pode: a) acertar uma tentativa de maneira independente; b) acertar, mas com necessidade de ajuda; c) não fazer; ou d) errar; e cada uma dessas respostas a cada uma das tentativas levadas a cabo são fundamentais para a avaliação continuada do indivíduo e a tomada de decisão baseada em dados.

Protocolo de conduta

É um documento com informações que devem estar à mão em caso de um novo agente em interação com a criança (por exemplo, um acompanhante substituto em um dia de falta do acompanhante designado), um professor regente substituto, emergências médicas, entre outras. Trata-se de informações como alergias, intolerâncias, medicações, forma de comunicação, o que pode deixar este estudante agitado ou agressivo e como lidar nessas situações.

Diretrizes para adaptação de provas e atividades

Professores regentes, isto é, os responsáveis pela sala de aula, que têm estudantes com deficiências e dezenas de outros estudantes, são os responsáveis por fazer as adaptações de provas e atividades. No entanto, normalmente, não dispõem de informações mais apuradas sobre as dificuldades do estudante para que possam formular essas adaptações baseadas em suas características individuais, fazendo que ou não façam adaptações, criando todas as condições de fracasso escolar, ou deem a mais fácil atividade possível, como desenhos ou ligação de pontos, subestimando o potencial do estudante e criando outro tipo de fracasso.

Após a avaliação com o protocolo aplicado, deve-se compilar os dados sobre habilidades atencionais, linguísticas e de controle de estímulos para que se elabore, por parte da professora de educação especial, um conjunto de diretrizes de adaptação para que essas atividades e avaliações de fato correspondam às necessidades do indivíduo. A partir dos dados das atividades e avaliações permanentes, é imprescindível a revisão colaborativa semestral dessas diretrizes entre professor regente e professor de educação especial.

Recursos inclusivos necessários

Uma pessoa com autismo que não fale, caso a escola trabalhe com Práticas Baseadas em Evidências, seguramente será ensinada a se comunicar por meio de algum sistema de comunicação alternativa, suplementar e aumentativa, que pode ser por um sistema por troca de cartões ou um sistema gerador de voz. Este é um exemplo de recurso inclusivo, entre muitos outros possíveis, que deve estar descrito nesse tópico do PEI.

Um recurso específico é especialmente importante sobretudo quando falamos de autismo. Trata-se do acompanhante escolar, descrito no Art. 3º da Lei 12.764/12, que institui a Política Nacional de Proteção de Direitos da Pessoa com Transtorno do Espectro Autista,

Em casos de comprovada necessidade, a pessoa com transtorno do espectro autista incluída nas classes comuns de ensino regular, nos termos do inciso IV do art. 2º, terá direito a acompanhante especializado.

O problema é que a lei não diz qual é a função desse acompanhante, qual sua formação ou como se comprova essa necessidade, o que abre uma série de possibilidades de interpretação. O escopo deste artigo não é jurídico, tema sobre o qual operadores do Direito extremamente qualificados já se debruçam nesta obra, mas científico, de modo que é essa a abordagem que orienta a discussão que segue, acerca do acompanhante especializado.

O acompanhante especializado do estudante com autismo

A prioridade da educação da pessoa com deficiência é sempre a escola comum. Antes de se considerar outras alternativas excepcionais de escolarização especializada, todas as estratégias disponíveis devem ser implementadas, desde coisas muito simples, como mudanças arquitetônicas ou no tamanho das letras, até estratégias mais complexas, como currículos adaptados ou ainda um acompanhante escolar.

Uma pessoa com deficiência pode ter necessidades de cuidados, caso tenha dificuldade no controle do esfíncter, alimentação ou mobilidade, mas a disposição de um "acompanhante especializado" indica algo completamente diferente, trata-se de um recurso para o pleno acesso ao desenvolvimento educacional, embora o acompanhante especializado possa também realizar atividades de cuidado se necessário for, pois seria irrazoável a presença de dois profissionais para demandas que são facilmente cumuláveis se a formação para a mais complexa (acompanhante especializado) estiver presente.

Quando um estudante possui déficits nas habilidades acadêmicas, todas as adaptações necessárias devem estar presentes nas diretrizes de adaptação e o professor regente deve planejar atividades que possam ser realizadas de modo independente e progressivo, em consonância com o processo de aprendizagem do estudante. Contudo, quando temos déficits desenvolvimentais e nas habilidades de aprendiz, a implementação dos programas de ensino se tornam muito mais exigentes, em termos de atenção profissional.

Imagine um estudante que não se sente na carteira, ou mesmo não entre em sua sala de aula (infelizmente, grande parte das escolas possuem alunos com TEA que passam o dia deambulando dentro da sala ou pelos corredores, sem sequer entrar na sala de aula) ou que não faça contato visual, não siga instrução mesmo de um só passo, não saiba realizar rastreio visual (pré-requisito inescapável da alfabetização), entre outros. Nesses casos, é impossível ao professor regente sustentar sua aula sendo ministrada ao mesmo tempo para as dezenas de estudantes e oferecer todo o apoio necessário ao estudante com autismo para que essas habilidades sejam aprendidas no menor tempo possível.

Nesses casos, em que há necessidade de implementação de programas de ensino de habilidades de aprendiz e de habilidades desenvolvimentais, a partir de uma avaliação com protocolo cientificamente validado, é imprescindível, portanto, a presença de um acompanhante para a pessoa com autismo.

Esse acompanhante precisa ter uma formação para a função. A formação não precisa ser necessariamente universitária, posto que a avaliação e programação do ensino serão feitas pela professora de educação especial, que elaborará programas de ensino descritivos e com estruturas de registro que permitam a avaliação continuada (diária) das habilidades em desenvolvimento e que esta mesma professora de educação especial possa realizar a tomada de decisão baseada em dados. Ou seja, o serviço de educação especial realiza a avaliação e a programação do ensino dessas habilidades, o acompanhante é treinado para implementar aqueles programas específicos de ensino e é mantido sob a supervisão da professora de educação especial para a avaliação e tomada de decisão permanente.

Contudo, antes do treinamento específico para o conjunto de processos de ensino de uma criança ou adolescente particular, esse acompanhante deve ter um conhecimento mínimo dos principais processos de ensino, tais como mensuração do comportamento, avaliação funcional do comportamento, ética, estratégias de ensino e redução de comportamento que possuem evidências, entre outros conteúdos em uma formação mínima de 40h, como se pratica normalmente nos EUA, que segue este modelo baseado em evidências.

Conclusão

A inclusão escolar da pessoa com autismo é um desafio científico, escolar, social e humano. As dificuldades em diversas esferas desse processo devem ser enfrentadas utilizando as melhores evidências científicas disponíveis, otimizando os recursos do Estado e, sobretudo, maximizando o desenvolvimento humano dos estudantes com as estratégias mais eficientes.

Os parâmetros descritos neste pequeno resumo fundamentam-se no trabalho da professora de educação especial, normalmente alocada em uma sala de recursos, que já existe como política pública em grande parte das escolas do país, na professora regente, sem a qual não há aula e no acompanhante especializado, já garantido em lei e disponível na maior parte dos sistemas de ensino. Em suma, a grande questão da inclusão no Brasil não é a locação de recursos financeiros extraordinários para o serviço, mas a baliza nas Práticas Baseadas em Evidências para que a inclusão escolar transcorra tal como demonstrada por inúmera literatura empírica como efetiva.

Referências

ALBERTO, P. & TROUTMAN, A. C. (2009). *Applied behavior analysis for teachers (No. Sirsi)* i9780131592896). Upper Saddle River: Merrill/Pearson.

ALEXANDER, J. L.; AYRES, K. M. & SMITH, K. A. (2015). Training teachers in evidence-based practice for individuals with autism spectrum disorder: A review of the literature. *Teacher Education and Special Education*, 38(1), pp. 13-27.

BALESTRA, S.; EUGSTER, B. & LIEBERT, H. (2019). Peers with special needs: Effects and policies. *Working Paper*. University of St. Gallen.

BRASIL. Lei Nº 12.764, de 27 de Dezembro de 2012. Institui a Política Nacional de Proteção dos Direitos da Pessoa com Transtorno do Espectro Autista.

DOTA, F. P. & ALVES, D. M. (2007). Educação especial no Brasil: uma análise histórica. *Revista Científica Eletrônica de Psicologia*, 8.

HUDSON, M. E.; BROWDER, D. M. & WOOD, L. A. (2013). Review of experimental research on academic learning by students with moderate and severe intellectual disability in general education. *Research and Practice for Persons with Severe Disabilities*, 38(1), pp. 17-29.

MESIBOV, G. B. & SHEA, V. (1996). Full inclusion and students with autism. *Journal of autism and developmental disorders*, 26(3), pp. 337-346.

ORSATI, F.T. *et al. Práticas para a sala de aula baseadas em evidências*. São Paulo: Memnon, 2015.

STEINBRENNER, J. R. *et al. Evidence-Based Practices for Children, Youth, and Young Adults with Autism*. Estados Unidos: National Clearinghouse on Autism Evidence and Practice Review Team (2020). Disponível em: <https://ncaep.fpg.unc.edu/sites/ncaep.fpg.unc.edu/files/imce/documents/EBP%20Report%202020.pdf>. Acesso em: 25 abr. de 2024.

THOMAS, G.; PRING, R. (Orgs). *Educação baseada em evidências: a utilização de achados científicos para a qualificação da prática pedagógica*. Porto Alegre: Artmed, 2007.

40

MOVIMENTOS, EMOÇÕES E COMPORTAMENTO NO AUTISMO

UMA CONTRIBUIÇÃO DA PSICOMOTRICIDADE

Neste capítulo, trago a minha experiência clínica como uma forma de contribuir e transformar o seu olhar para o autismo. Em suma, trago emoções, movimento e comportamento para sua bagagem. Vamos conhecer a relação íntima existente na integração dos sentidos, das emoções e movimentos, vamos compreender como a psicomotricidade se estabelece nos eixos motores e organizacionais do nosso corpo.

As crianças não brincam de brincar. Brincam de verdade.
MARIO QUINTANA

LARISSA SILVA

Larissa Silva

Contatos
larissa@udc.edu.br
Instagram: @neuroafeto / @institutoneuroafeto
45 99935 4482

Graduada em Medicina pela Universidade Politécnica e Artística do Paraguai - UPAP. Pesquisadora e estudiosa dos distúrbios neurológicos e psicossociais da infância, escritora graduada em Pedagogia pela Universidade Estadual de Maringá - UEM, graduada em Ciências Biológicas pela Universidade Paranaense - UNIPAR, neuropedagoga, psicomotricista, psicopedagoga, fundadora do Instituto Neuroafeto. Atua no neurodesenvolvimento há 16 anos.

A palavra "psicomotricidade" vem do termo grego *psiché* = alma e do verbo latino *moto* = mover frequentemente, agitar fortemente.

Para entendermos a real contribuição da psicomotricidade no desenvolvimento humano, e seus alcances dentro do Transtorno do Espectro Autista (TEA), preciso que você conheça de fato o que é o TEA, e de que forma estamos tão próximos das evoluções quando falamos em movimentos, emoções e comportamentos no autismo.

A psicomotricidade é sustentada por três eixos básicos: 1) o movimento, o intelecto e o afeto, os fragmentos das nossas ações, o querer fazer (emocional) – Sistema Límbico; 2) o poder fazer (motor) – Sistema Reticular; e 3) o saber fazer (cognitivo) – Córtex Cerebral.

Foi no fim do século XIX, na linguagem médica, precisamente na Neurologia, que surgiu pela primeira vez o termo psicomotricidade nos estudos da práxis, do córtex e áreas motoras, na busca clínica por entender patologias que não apresentavam lesões evidentes, e ainda assim causavam alterações clínicas. Então, em 1870, pela primeira vez os fenômenos clínicos são nomeados de psicomotricidade.

Encontramos, nesse contexto, a figura de Ernest Dupré, neuropsiquiatra que, em 1909, contribui para os estudos das debilidades motoras e os sintomas psicomotores, e logo nos deparamos com Henri Wallon (1925), médico e psicólogo que se ocupa de estudar os movimentos, estruturando a categoria fundamental para construção do psiquismo. Os estudos permitem que Wallon relacione os movimentos e o afeto à emoção, ao meio ambiente e aos hábitos do indivíduo.

Psicomotricidade é a ciência que estuda o homem através do seu corpo em movimento e em relação ao seu mundo interior e exterior, podendo ser definida como a capacidade de determinar e coordenar mentalmente os movimentos corporais.

De fato, a cada estímulo captado pelas terminações nervosas, gerando uma nova conexão a nível neurológico, surge um movimento. Dessa maneira, podemos estudar e compreender não somente as ações motoras, mas também as emoções geradas a partir do estímulo no indivíduo.

Nesse sentido, a compreensão psíquica e as ações motoras são integradas ao comportamento humano, e somente assim temos a possibilidade de nos aproximarmos de uma intervenção eficaz quando tratamos um transtorno que afeta as respostas comportamentais. Então, quando falamos do Transtorno do Espectro Autista (TEA), logo precisamos compreender sua definição e junção sintomática para, de fato, ajudar.

O TEA é definido por meio de comprometimentos precoces do desenvolvimento sociocomunicativo, assim como pela presença de comportamentos repetitivos e estereotipados, segundo o DSM-5 (2014). O universo da criança autista é uma realidade complexa, que engloba vários conceitos distintos, que sempre se cruzam em determinados pontos.

Com a complexa gama de características comportamentais do espectro, no qual sabemos que ocorrem funções e conexões desorganizadas em nível neurológico, logo entendemos que as respostas motoras serão alteradas pelos desencontros de informações entre o corpo e a mente. Justamente é na desordem decorrente do transtorno que a ciência nos traz à luz a possibilidade de fazermos uma leitura dos comportamentos, podendo assim nos aproximarmos da funcionalidade atípica e suas particularidades.

Em nossa mente, a função psíquica deve estar alinhada e integrada às funções e respostas do nosso corpo; quando isso está desalinhado, geram-se os padrões repetitivos de comportamentos, e a baixa percepção das funções das partes do corpo resulta em baixo fortalecimento muscular, ou até mesmo na percepção exacerbada de membros que geram a hipertonia, alteração de marchas e resultam em alterações de comportamentos.

Nosso corpo possui estruturas que garantem a chegada dos estímulos externos ao comando central, que é nosso cérebro, órgão este que possui estruturas anatômicas e áreas específicas para cada função exercida pelos movimentos. À conexão entre o meio externo e nossas conexões neuronais chamamos de sentidos, ou seja, nosso sistema sensorial possui terminações nervosas, que são ramificações distribuídas por toda uma rede, que em tempo e resposta levam as informações para as áreas pertinentes. As novas experiências e as sensações, por meio desse sistema, geram memórias e desenvolvem as emoções a cada nova rede de neurônios, resultando, assim, em um comportamento, uma ação a partir do estímulo.

Para os indivíduos que estão no espectro autista, a educação dos movimentos, o controle muscular adequado intencional exige treino de habilidades básicas, como o movimento de pinça, punho, pular com os dois pés, pedalar a motoca, bater palmas e dar tchau – para as quais, no caso do desenvolvimento atípico, são necessárias intervenções que atribuam significados a cada ação, gerando emoção.

Segundo Edmans (2004), a criança desenvolve a capacidade de organizar *inputs* sensoriais, de selecionar, adquirir, classificar e integrar as informações, por meio da experiência com sensações. Através disso, a criança precisa de atividades que envolvam todo esse conjunto para desenvolver e aprimorar a psicomotricidade (motricidade fina, global, equilíbrio, esquema corporal, organização espacial e temporal).

Ao pensarmos na integração dos sistemas e em como a psicomotricidade abraça as possibilidades, dividimos em categorias as ofertas de estimulação sensorial com eixo psicomotor, que geram emoções a partir do contato, da captação do estímulo, da experiência trazida para o momento:

- Estimulação visual: objetos luminosos ou fluorescentes, com cores e formas diferentes, que auxiliam a discriminação visual, o aumento do limiar de atenção e a concentração.
- Estimulação auditiva: materiais sonoros que promovem relaxamento em pacientes com alerta alto, ou em pacientes com alerta baixo; promovem um despertar, auxiliam a organização rítmica, percepção temporal e comunicação.
- Estimulação tátil: objetos com formas, texturas, consistência, temperatura e pesos diferentes, que auxiliam a percepção e a discriminação tátil.
- Estimulação olfativa: difusor com aromas variados, responsáveis por promover a discriminação e a associação de aromas, o relaxamento e a melhora na qualidade da memória.
- Estimulação gustativa: alimentos com sabores, texturas e cores variados, que auxiliam a memória, discriminação e associação.
- Estimulação proprioceptiva e vestibular: equipamentos suspensos como balanço, cavalo, prancha de equilíbrio, entre outros.

Percebamos, assim, que não podemos organizar as descobertas dos sentidos dentro de um padrão clínico. Isso não é possível pela complexidade neuromotora, que envolve desde a captação dos estímulos até o tônus necessários para cada movimento realizado pelo corpo.

Os aspectos cognitivo + afetivo + motor e suas respectivas aquisições norteiam e concatenam a intervenção psicomotora, pois cada indivíduo é um ser único, e a inter-relação desses sistemas é o que gera a função e a qualidade do gesto, das ações, que nomeamos de comportamentos diante do ambiente, pessoas, objetos e situações. O corpo é a origem das aquisições cognitivas, afetivas e orgânicas, sendo possível mensurar o desenvolvimento do indivíduo pela faixa etária e suas demandas específicas, o que chamamos de marco do neurodesenvolvimento, tornando possível a visualização clínica de possíveis atrasos e alterações dentro dos transtornos do neurodesenvolvimento.

A percepção ampla psicomotora engloba conceitos básicos de comportamentos, movimentos e respostas corporais, que são: tonicidade, lateralidade, estruturação do esquema e imagem corporal, noção espacial e temporal, coordenação motora fina e global, equilíbrio e o ritmo.

A palavra de ordem, é a autonomia, que traduz as necessidades psicomotoras, favorecendo a maturação gradativa, como deve ocorrer em todos os casos do neurodesenvolvimento, com a oferta de independência para as ações do dia a dia. São exemplos simples:

- Comer sozinho (com uso de talher).
- Tomar água no copo sozinho (sem recursos de canudos).

São ações simples, que exigem um planejamento motor adequado em tônus, equilíbrio, percepção visual, percepção olho-mão. Vemos aqui a junção dos eixos antes citados: cognitivo, motor, afetivo, a junção do desejo de saciar uma necessidade (fome ou sede, nesse caso) com a ação organizada para executar o movimento, resultando numa ação comportamental.

A precisão no processo completo – desde a motivação, passando pela elaboração mental do que se quer fazer até chegar à execução do movimento – dependerá de variáveis cognitivas, afetivas e motoras. A prática psicomotora é uma forma de se levar uma atividade dinâmica baseada no corpo e suas ações, até chegar ao pensamento operatório.

Assim como Dupré (1909) negava a separação do corpo e mente, associamos os movimentos, às necessidades da mente, para uma possível regulação, acomodação e estruturação de memórias sensoriais, acopladas aos sentimentos e às emoções geradas a partir dos contatos extrínsecos.

Lorewn (1984) afirma que "o corpo é nossa casa", ou seja, essa "casa" é formada por vários compartimentos, sendo alguns mais utilizados e outros, menos. Contudo, para haver um corpo equilibrado e harmônico, necessita-se habitar todos os cômodos dessa casa. Se o indivíduo desenvolve apenas um aspecto, como o cognitivo, seguramente haverá um desequilíbrio em outras áreas, como a motora e a relacional.

Quando relacionamos a dinâmica psicomotora com o desempenho social e comportamental do autista, pautamos nossa abordagem nas relações sociais, nos comportamentos que envolvem um conjunto de competências que instrumentalizam a interação com as pessoas ao nosso redor, sendo uma delas o desempenho motor. Todas as nossas ações envolvem algum desempenho motor, até mesmo para nos comunicar, seja através da fala, seja através de outro comportamento comunicativo que pode ser expresso com a linguagem corporal, isto é, com gestos e movimentos que dependem da capacidade de controle motor de cada indivíduo. O desenvolvimento da linguagem verbal é codependente do desenvolvimento das habilidades motoras; assim, indivíduos que somam essas características podem desfrutar de maiores oportunidades de socialização, permitindo que se sintam pertencentes a um grupo, gerando relações a partir de execuções de tarefas.

Vivenciar o autismo é buscar respostas a cada estímulo, é tentar sempre, sem romantizar, atender as necessidades reais dos nossos pacientes; porém, também é abraçá-los diariamente, com toda a emoção que nosso corpo é capaz de transmitir, para que, de alguma forma, nossa relação gere bons sentimentos e bons resultados. Se, por um lado, eles se sentem diferentes pelo sistema límbico próprio, ou pela desordem sensorial, por outro lado, temos em comum a necessidade dos laços para evoluirmos: nós, enquanto profissionais, e eles, enquanto pacientes. O segredo está no afeto, nos laços e nas relações.

A psicomotricidade, uns atrelam ao educador físico e aos circuitos, outros, ao tempo de mesa e seus desafios nos pequenos movimentos; ainda há aqueles que atuam apenas sobre os comportamentos, ações, planejamentos motores e ações relacionais, e em todos há um mesmo objetivo: avançar, evoluir. É importante que nunca esqueçamos, nas relações e nos comportamentos, que temos dois eixos essenciais: a ciência e o afeto.

Dessa maneira, este capítulo se finda ressaltando a importância das habilidades motoras para a compreensão das respostas sociais e das relações existentes entre o movimento e as emoções: é entendermos de fato que somos aquilo que sentimos, e no autismo, não acontece diferente. O ponto mais importante para vocês, pais e leitores, é colocar na sua bagagem o conhecimento relevante desta leitura. Os prejuízos motores podem ser identificados desde a primeira infância, e existem inúmeras possibilidades de trabalho, se começarmos o quanto antes.

Lembre-se sempre: o afeto é transformador!

Referências

AMERICAN PSYCHIATRIC ASSOCIATION *et al. DSM-5: Manual diagnóstico e estatístico de transtornos mentais.* Porto Alegre: Artmed Editora, 2014.

FONSECA, V. *Desenvolvimento psicomotor e aprendizagem.* Porto Alegre: Artmed, 2008.

KERCHES, D. *Autismo: ao longo da vida.* São Paulo: Literare Books International, 2021.

LUZ, A. G. da. *Psicomotricidade, um mergulho sensorial.* Associação Brasileira de Psicomotricidade – I Congresso Internacional de Psicomotricidade, XIV Congresso Brasileiro de Psicomotricidade, 2019.

PUGLIESE, R. *Vitor da Fonseca – cognição, motricidade, emoção e afetividade.* Rio de Janeiro: Wak editora, 2021.

ROSA NETO, F. *et al.* Efeitos de intervenção motora em uma criança com transtorno do espectro autista. *Temas sobre desenvolvimento*, 19 (105), p. 110-114, 2013.

41

EDUCAÇÃO FÍSICA ESPECIAL NA TERAPIA ABA AO TEA

Pessoas autistas estão menos engajadas em atividade física em comparação aos seus pares com desenvolvimento típico e, embora dispostos, profissionais de educação física não recebem formação na graduação para atender adequadamente seus alunos autistas. Felizmente, há, no Brasil, alternativas para que esses profissionais busquem conhecimentos especializados sobre ABA, sobre as práticas com evidências para tratamento do TEA e também supervisão de área. Sua participação na equipe transdisciplinar ABA amplia ganhos às pessoas autistas e suas famílias.

PAULO AUGUSTO COSTA CHEREGUINI

Paulo Augusto Costa Chereguini

Contatos
modeloexerciencia@gmail.com
Instagram: @modeloexerciencia

Doutorado e mestrado em Educação Especial (UFSCar-SP) com ênfase em avaliação e em ensino de comportamento verbal em crianças com TEA. Analista do comportamento acreditado pela ABPMC e sócio pleno ACBr. Especialista em ABA ao TEA (UFSCar-SP) e em Ciência do Exercício Físico. Profissional de educação física (bacharelado e licenciatura - CREF 011865-G/CE). Foi professor em escola pública, professor de judô, treinamento personalizado e docente de educação física adaptada e inclusiva. Coordena a Comissão de Acreditação da ABPMC 2022-2024. Desenvolveu o Modelo ExerCiência de Intervenção e Supervisão ABA na Educação Física Especial (CREF 011865-G/CE).

Não é novidade a informação sobre os inúmeros benefícios da prática de atividade física, de um estilo de vida mais ativo, em termos de qualidade de vida, tais como melhoria do sono, disposição, funções endócrinas, força muscular e óssea, benefícios emocionais, entre outros efeitos, para quaisquer pessoas (BRASIL, 2021), inclusive para pessoas com o Transtorno do Espectro Autismo (TEA). Ainda assim, sabemos que pessoas com TEA estão menos engajadas em atividade física em comparação aos seus pares com desenvolvimento típico (SRINIVASAN; PESCATELLO; BHAT, 2014). Em parte, é possível imaginar que isso se dê por conta de comprometimentos sociais e comunicativos das próprias pessoas com TEA, mas, certamente, em maior parte, por conta de questões atitudinais da comunidade em que estão inseridas, de ausência ou ineficiência de políticas públicas voltadas ao atendimento equalitário dessas pessoas, e também pela ausência de (ou pouquíssima) formação de Profissionais de Educação Física (PEF) para atendê-las. Além disso, na maioria das vezes, em todo o País, o currículo de graduação em EF é composto por uma ou, no máximo, duas disciplinas semestrais que contemplam assuntos como inclusão ou esporte adaptado, e raramente envolvem conteúdo sobre desenvolvimento atípico ou autismo. Assim, os PEFs que temos formado no Brasil, embora tenham um suficiente conhecimento sobre anatomia, fisiologia, biomecânica e várias modalidades esportivas, bem como de esporte para pessoas com deficiência, estão despreparados para ensinar alunos com atrasos no desenvolvimento social, comunicativo, em habilidades básicas de aprendizagem e/ou que apresentam comportamentos disruptivos, autolesivos, heteroagressivos, estereotipados ou mesmo padrões ritualísticos. Trata-se de mais uma barreira para o efetivo avanço no processo de inclusão social ou esportivo (CHEREGUINI, 2016).

Os PEFs precisam de formação sobre comunicação alternativa e aumentativa, sobre escalas e marcos do desenvolvimento social e comunicativo e as habilidades básicas de aprendizagem (tais como contato visual, mando, espera, prontidão, imitação motora, emparelhamentos simples e rastreio) e sobre manejo e prevenção de comportamentos-problema. Além disso, é imprescindível que minimamente tenham algum conhecimento sobre estratégias motivacionais (por exemplo: operações estabelecedoras, enriquecimento ambiental, princípio de *premack* e economia de fichas), sobre mensuração e registro de desempenho, comunicação junto à equipe terapêutica, questões éticas no atendimento e, especialmente, sobre as Práticas Baseadas em Evidências científicas, as PBEs, para atendimento terapêutico de pessoas com TEA (STEINBRENNER *et al.*, 2020). Conhecer e ter condições mínimas de aplicar as PBEs passa por aprender um pouco sobre os princípios e procedimento de ensino produzidos através da ciência da análise do comportamento, mais especificamente sobre a Análise do Comportamento Aplicada (ABA – do inglês *Applied Behavior Analysis*) que dão sustentação teórica e metodológica para 24 das 28 PBEs no atendimento terapêutico do TEA (tais como Estratégias Antecedentes, Momentum Comportamental, Reforçamento Diferencial, Ensino por DTT e Naturalístico, Avaliação Funcional, Videomodelação, Redirecionamento e outras). ABA é atualmente a única abordagem com eficácia no tratamento do TEA.

Parece óbvio, então, que os PEFs sejam automaticamente inseridos na equipe de atendimento terapêutico às pessoas com TEA, não? Pois então, faz-se necessário ter alguns cuidados. Sem estes conhecimentos especializados e sem supervisão, ainda que os PEFs possam estar motivados a atuar na área, por mais que seja oportuno e atraente financeiramente se disporem a "pegar/aceitar" um atendimento individualizado ou montar seu próprio "funcional *kids*", e ainda, por mais que se dediquem a atuar "com amor" ou tenham "discurso" inclusivo, as chances de insucesso ou mesmo de causar prejuízos são grandes e reais. Especialmente com aprendizes com TEA que requeiram grau 2 ou 3 de suporte, que não apresentem habilidades básicas de prontidão ou que apresentam comportamentos agressivos ou autolesivos, padrões ritualísticos ou ainda baixa tolerância à frustração, as chances são grandes do profissional inadequadamente acabar fortalecendo comportamentos incompatíveis (de fuga/esquiva, de *scrolling* – "chutar respostas", de interesse restrito, de passividade) com seu processo de inclusão. Isso comumente pode acontecer, mesmo sem saber que ele, assim, está prejudicando, mesmo que em outras ocasiões ele "consiga" gerar condições de boa aprendizagem ao aprendiz. Ademais, corre-se o risco de, mesmo com "boa vontade", o PEF adotar estratégias que possam interferir negativamente nos desempenhos do aprendiz quando a pessoa é atendida por outros profissionais da equipe terapêutica ABA. Isso tem acontecido quando se atua de forma isolada da equipe e/ou o PEF não acessa ou não aprende a interpretar os programas de intervenção ABA em vigência e as estratégias comuns. Mesmo "querendo ajudar" acaba adotando um "esquema de reforçamento" muito diferente do usado em outras terapias, ou seja, dá o mesmo "reforçador" usado em outras terapias, mas para tarefas muito fáceis ou executadas poucas vezes ou, ainda, mal realizadas. Notamos também profissionais que não adotam o mesmo sistema de comunicação alternativa, gerando desconforto desnecessário (ou facilitando demais) para o aprendiz, atrapalhando a aprendizagem da sua melhor comunicação ao passar do tempo.

Muito felizmente, a realidade pode ser bem diferente se os PEFs buscarem os conhecimentos especializados. Considerando-se os vastos ganhos possíveis com a prática de exercício físico em termos de melhoria da qualidade de vida – e ainda, as possibilidades de aprendizagem motora ampla que podem gerar impacto em atividades de vida diária, na força muscular e postural –, se eles forem orientados a planejar exercício físico com objetivos e procedimentos de ensino alinhados ao da equipe terapêutica ABA, os ganhos podem ser impressionantemente fantásticos. Mas como fazer isso, se a literatura científica que trata sobre a descrição das atribuições de membros da equipe terapêutica ao TEA não tem contemplado a participação de PEFs?

Destaco aqui diferenças entre termos que muitas pessoas podem confundir. Atender uma pessoa autista pode ser: atendimento educacional, à saúde, econômico, social, esportivo, entre outras... e não significa que esteja focado nas características definidoras do TEA, mas sim, na qualidade de vida em geral, de forma mais ampla a quaisquer pessoas. Por outro lado, terapias envolvem um atendimento com finalidade de tratamento de algo, seja de uma deficiência, uma doença, uma lesão, um transtorno ou afins... pressupõe-se que algum aspecto da vida ou saúde da pessoa esteja comprometido e requeira atenção para tratamento, um atendimento terapêutico. Não façamos confusão e nem nos deixemos ser enganados: atendimentos para a qualidade de vida ou esportivo, como a prática esportiva de artes marciais, de ioga, de relaxamento ou de dança, ainda que possam, como consequência, desencadear efeitos na qualidade de vida, podem ter efeito terapêutico, mas não configuram terapia. Para exemplificar, uma aula de natação ou de recreação na água e uma terapia aquática têm objetivos/propósitos distintos e devem ser realizadas por profissionais com formações diferentes, aplicando estratégias diferenciadas, ainda que ambas possam ocorrer no mesmo local. Em outro exemplo, pelo simples fato de um PEF perceber que seu aprendiz com TEA amplia suas habilidades motoras, a qualidade do seu sono ou mesmo sua comunicação ou socialização depois de um tempo que realiza suas aulas de ginástica ou judô adaptado ou de EF adaptada, isso não define terapia. E, além disso, nem todo atendimento terapêutico é direcionado ao transtorno do autismo, pois um profissional que aplica sessões de terapia para correção postural, para aliviar uma dor, melhorar o sono, a dieta ou mesmo um tratamento dentário de uma pessoa autista, está tratando estes aspectos de uma pessoa autista, mas não as características que definem o TEA, os core features, assim como descritos no DSM-5, o que não reduz a importância destas atividades, mas se pode confundir para fins de atuação dos profissionais na composição da equipe de tratamento do TEA (BOWMAN; SUAREZ; WEISS, 2021).

Assim, PEFs que se disponham a atuar compondo a equipe terapêutica precisam necessariamente, além da graduação, estar sob supervisão de um analista do comportamento que seja acreditado nacionalmente pela Associação Brasileira de Ciências do comportamento (ABPMC) ou com certificação BCBA ou relativa, que seja preferencialmente também graduado em EF; também deve buscar uma formação básica em ABA na EF Especial aplicada ao TEA e outros atrasos no desenvolvimento. Tal formação e supervisão deve acompanhar as sete dimensões da ABA e dispor conteúdos sobre Planejamento da intervenção terapêutica em EF (exemplo na Figura 1) alinhada com objetivos levantados em avaliações comportamentais de desenvolvimento (VB-MAPP, ABLLS-r, AFLS, Portage, PEAK, Socially Savvy, entre outros), descrever detalhadamente suas atividades com aplicação das PBEs e seguir questões éticas, tal como autorização do uso de imagem para filmar seus atendimentos e, então, receber supervisão (Figura 1) (CHEREGUINI *et al.*, 2022). Além disso, esses PEFs devem aprender a levantar objetivos de intervenção socialmente relevantes por meio de entrevistas, considerando preferências do(a) aprendiz e de sua família, bem como da cultura em que está inserido; realizar avaliações físicas e motoras, identificando barreiras sociais, comunicativas e de pré-requisitos que possam inviabilizar aplicação dos testes; bem como documentar estes desempenhos e a evolução ao longo do tempo, mensurando também os efeitos de sua intervenção sobre possíveis avanços no processo de participação inclusiva (Figura 2). Ademais, deve saber avaliar graus de interesse entre possíveis atividades de lazer, brincadeiras, jogos ou exercícios físicos do(a) aprendiz para definir quais deles melhor oportunizarão condições de aprendizagem dos comportamentos-alvo da intervenção terapêutica para o TEA, sejam eles de natureza social, comunicativa, habilidades básicas, bem como registrar continuamente tais desempenhos e apresentá-los em gráficos para viabilizar comunicação junto à equipe terapêutica (Figura 3). Registros funcionais acerca de ocorrências de comportamentos disruptivos são imprescindíveis e, certamente, seguindo estas orientações, um atendimento coerente, qualificado, eficiente, ético, baseado em assentimento e nas melhores práticas com evidência científica, caracterizando a confluência das áreas da EF + ABA + TEA, fortalecerá a aproximação de PEF na composição de equipes inter e transdisciplinares ABA de atendimento terapêutico ao TEA e outros atrasos no desenvolvimento (Figura 4).

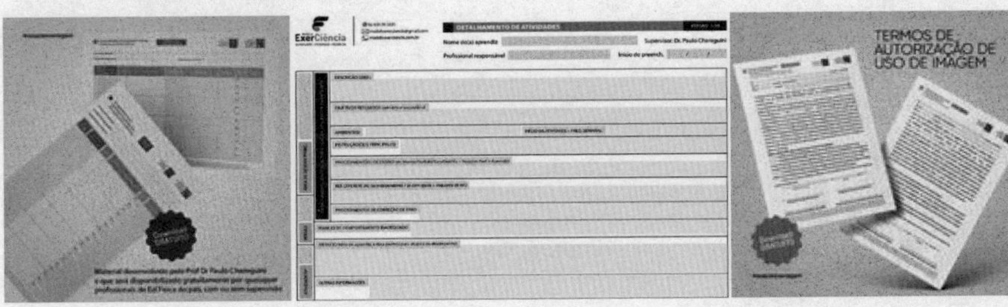

Figura 1. Exemplos de documentos para planejamento da intervenção especializada de PEFs junto às equipes terapêuticas ABA ao TEA e termos de autorização do uso de imagem para supervisão (fonte: o autor).

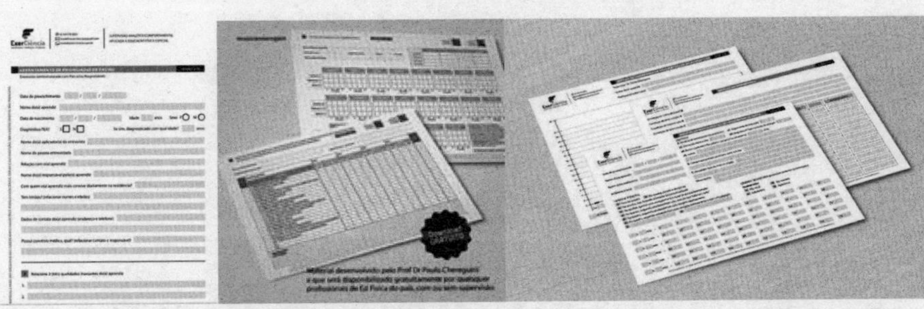

Figura 2. Exemplo de entrevista de levantamento de prioridades de intervenção, de avaliação de pré-requisitos para exposição em testes motores e de uma avaliação do grau de participação inclusiva (fonte: o autor).

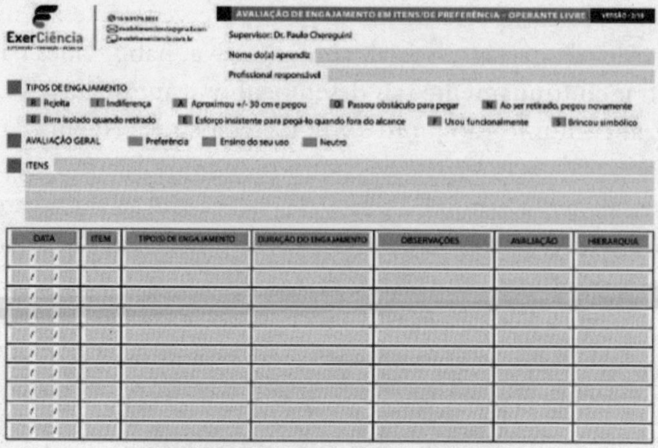

ExerCiência

AVALIAÇÃO DE ENGAJAMENTO EM ITENS/DE PREFERÊNCIA – OPERANTE LIVRE

Supervisor: Dr. Paulo Chereguini

Nome do(a) aprendiz

Profissional responsável

TIPOS DE ENGAJAMENTO

R Rejeita | I Indiferença | A Aproximou +/- 30 cm e pegou | O Passou obstáculo para pegar | N Ao ser retirado, pegou novamente

B Birra isolado quando retirado | E Esforço insistente para pegá-lo quando fora do alcance | F Usou funcionalmente | S Brincou simbólico

AVALIAÇÃO GERAL | Preferência | Ensino do seu uso | Neutro

ITENS

DATA	ITEM	TIPO(S) DE ENGAJAMENTO	DURAÇÃO DO ENGAJAMENTO	OBSERVAÇÕES	AVALIAÇÃO	HIERARQUIA
/ /						
/ /						
/ /						
/ /						
/ /						
/ /						
/ /						
/ /						
/ /						
/ /						

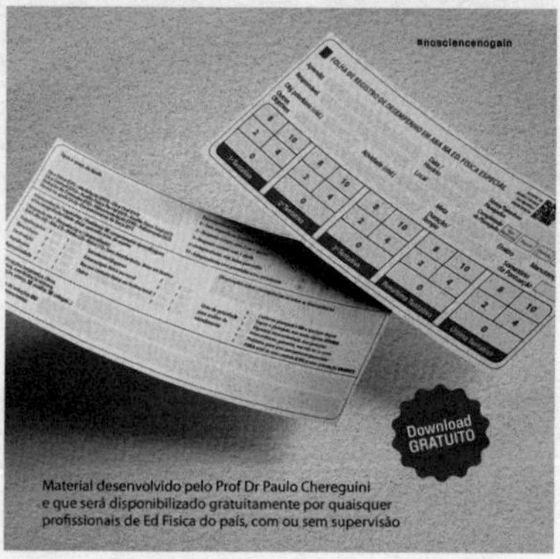

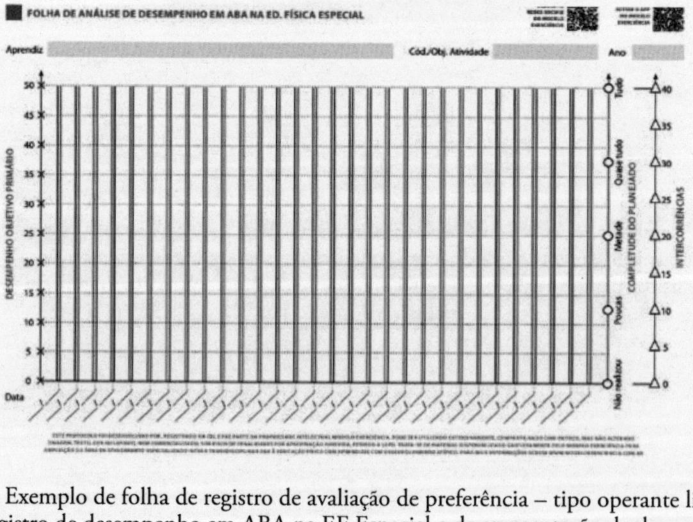

Figura 3. Exemplo de folha de registro de avaliação de preferência – tipo operante livre – de folha de registro de desempenho em ABA na EF Especial e de apresentação de desempenho em gráfico (fonte: o autor).

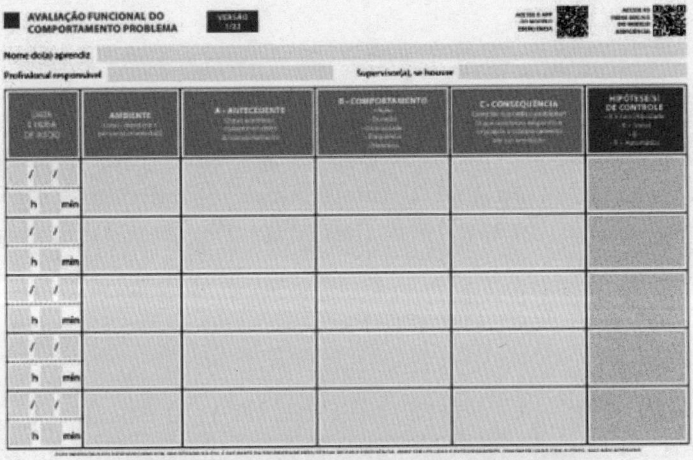

AVALIAÇÃO FUNCIONAL DO COMPORTAMENTO PROBLEMA

DATA E HORA DE INÍCIO	AMBIENTE	A - ANTECEDENTE	B - COMPORTAMENTO	C - CONSEQUÊNCIA	HIPÓTESE(S) DE CONTROLE
/ / h min					
/ / h min					
/ / h min					
/ / h min					
/ / h min					

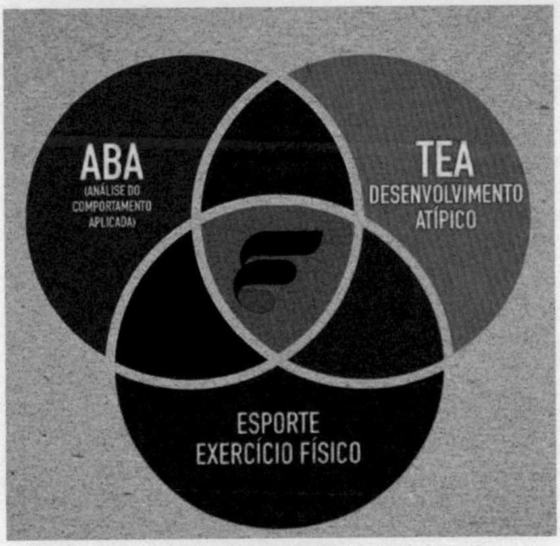

Figura 4. Exemplo de uma folha de registro funcional de comportamento disruptivo e de ilustrações que caracterizam a EF compondo a equipe terapêutica ABA ao TEA (fonte: o autor).

Referências

BRASIL. Ministério da Saúde. *Guia de atividade física para a população brasileira*, 2021.

BOWMAN, K. S.; SUAREZ, V. D.; WEISS, M. J. (2021) Standards for Interprofessional Collaboration in the Treatment of Individuals With Autism. *Behavior Analysis in Practice*, 14, 1.191-1.208. Disponível em: <https://doi.org/10.1007/s40617-021-00560-0>. Acesso em: mar. de 2023.

CHEREGUINI, P. A. C. Atividade física para populações especiais. Batatais: Claretiano, 2015.

CHEREGUINI, P. A. C.; SIMONELLI, A. D.; HALABURA, G. P.; FONSECA, S. A. EF e Análise do Comportamento Aplicada (ABA) ao Transtorno do Espectro do Autismo (TEA): o que é e como fazer. *Comportamento em foco*, 14, 50-63, 2022.

SRINIVASAN, S. M.; PESCATELLO, L. S.; BHAT, A. N. Current perspectives on physical activity and exercise recommendations for children and adolescents with autism spectrum disorders. *Physical therapy*, 94(6), 875-889, 2014.

STEINBRENNER, J. R *et al. Evidence-based practices for children, youth, and young adults with Autism.* The University of North Carolina at Chapel Hill, Frank Porter Graham Child Development Institute, National Clearinghouse on Autism Evidence and Practice Review Team, 2020.

42

EXERCÍCIO FÍSICO E PSICOMOTRICIDADE

UM CAMINHO SEGURO E EFICIENTE PARA O DESENVOLVIMENTO SOCIAL, COGNITIVO, DE COMUNICAÇÃO E DA SAÚDE DOS AUTISTAS

Educação física e psicomotricidade serão abordadas neste capítulo como terapias que não apenas cuidam das questões do autismo em si, das características do transtorno do espectro autista (TEA), mas do autista como um todo, do ser humano nessa condição. Um olhar para sua família, para seu contexto de vida, para suas preferências. Seu desenvolvimento precisa ser completo e não apenas preencher lacunas de áreas específicas. E essas duas terapias conseguem essa evolução.

KADU LINS

Kadu Lins

Contatos
www.kadulins.com.br
contato@kadulins.com.br
Instagram: @kadu.lins
81 99103 2546

Profissional de educação física, psicomotricista, especialista em Análise do Comportamento, especialista em Desenvolvimento Motor, formação internacional em Ciência do Exercício, MBA em Liderança de Pessoas e em Gestão de Empresas, fundador do Instituto do Autismo. Mais de 10 anos na área, avaliando, atendendo e acompanhando, de alguma forma, mais de 7.000 crianças, adolescentes e adultos nesse período - isso sim foi minha maior graduação. Tenho uma visão muito integrada do assistido como um todo. Foco em desenvolver sempre o ser humano e não apenas habilidades específicas. Famílias e sociedade também têm sido meu foco; alguém precisa cuidar de quem cuida e ajudar a disseminar informação para que o preconceito diminua cada vez mais e a inclusão de verdade aconteça. Falar sobre autismo passou a ser meu dia a dia e, cada vez mais, procuro me especializar no desenvolvimento global do autista e do autismo.

Quando fui convidado para participar deste livro, primeiro fiquei honrado de estar no meio de tanta gente boa e competente do universo de estudos do Transtorno do Espectro Autista; segundo, fiquei muito empolgado com a oportunidade de divulgar os benefícios dos exercícios físicos e da psicomotricidade no desenvolvimento cognitivo, social, comunicativo e motor em pessoas com TEA, assunto que merece cada vez mais atenção e que, por muitas vezes, é esquecido – tanto pela equipe transdisciplinar, quanto pela família. Vieram à minha mente as mais de 7.000 crianças, adolescentes e adultos que já consegui acompanhar, em pouco mais de dez anos de experiência com esse público. Suas evoluções, suas dificuldades, os relatos das famílias, os preconceitos. E, como profissional, veio à minha mente o que deveria ser óbvio, mas não é: que não devemos olhar para o autismo (condição com características pré-definidas), e sim para o autista (indivíduo que tem essa condição) como um todo, de maneira individualizada, observando a sua vida em vários aspectos.

Durante a formação como profissional de Educação Física e Ciência do Exercício, o aluno não estuda nada sobre autismo. Porém, estuda-se muito sobre como o poder de hábitos saudáveis (qualidade do sono, exercício físico, alimentação etc.) mudam a qualidade de vida das pessoas, independente de idade, condição social, doenças prévias, estilo de vida passado... e eu uso isso para qualquer situação em que alguém me peça ajuda. E, quando comecei a trabalhar com autistas, não poderia deixar de olhar essas questões. E as descobertas foram incríveis.

Já na formação em psicomotricidade, aprende-se muito sobre como cada pessoa enxerga a si mesma, o mundo fora de si, suas emoções, sua capacidade de decidir, sua forma de se comunicar e se expressar, sua forma de interagir e de se movimentar. Você aprende a olhar o indivíduo como um ser complexo que sofre influência de várias áreas, internas e externas. Estudam-se as áreas do cérebro que são responsáveis por cada função. E percebem-se as áreas que não estão fazendo o seu papel adequado, e que podem estar comprometendo o desenvolvimento global daquela pessoa. Olhe como isso é incrível.

À medida que evoluímos como profissionais e como pessoas, conceitos antigos passam a não fazer mais sentido, ou melhor, passam a ter que ser melhorados. Durante o trabalho com autistas (mais de dez anos já na área), sempre que uma formação era (e ainda é) somada ao meu currículo, aprimorava-se a forma de ajudar a evolução e o desenvolvimento daquele assistido. Comecei a perceber que, quanto mais áreas da vida dele eu pudesse entender, melhor seria seu prognóstico como autista, mas antes de tudo, como ser humano. Gosto muito de dizer que, antes de um autista, ali tem uma criança, um adolescente, um adulto, um filho, um irmão.

Parece que, no mundo em que vivemos, quando se diagnostica um autista, ele deixa de ter outras características pessoais que não sejam as clássicas do espectro autista. E é aí que mora o grande erro, porque você, enquanto profissional, ou pai e mãe, passa a deixar de individualizar, e fica querendo resolver os "traços do espectro autista" em vez de querer desenvolver "o autista".

Percebo muito isso, justamente quando trago casos assim para minha área. Por inúmeras vezes, recebi relatos de familiares e profissionais que não queriam fazer exercício físico ou sessões de psicomotricidade naquele momento, porque eles estavam com a agenda cheia de terapia, e o foco agora era a fala, ou a sociabilização. Tenho certeza de que quem estiver lendo isso também já recebeu esse tipo de comentário. Ou até já o fez, no caso de um parente. E quando você avaliava aquela criança, ela estava acima do peso para a idade, com taxas alteradas, dormia mal, não tinha amigos, não era estimulada a fazer atividades diferentes, tomava vários medicamentos, mas os relatos eram de que o que preocupava era a fala atrasada, as estereotipias, a fixação em rotinas, o atraso cognitivo e a dificuldade em sociabilizar. Não estou querendo dizer o que é mais importante aqui, mas quero reforçar a ideia de que não se costuma olhar para o autista como um indivíduo como um todo. Percebe a quantidade de características que a criança tinha antes de serem citadas as questões de fala, sociabilização e cognição (características clássicas do autismo)? Precisamos ressaltar a importância de cuidar da pessoa e não da doença.

Os conceitos, como dito anteriormente, precisam ser atualizados aos poucos. No início do século XX, a OMS (Organização Mundial de Saúde), dizia que saúde era não estar doente. Óbvio que esse conceito não serve faz muito tempo. Ela própria evoluiu seu conceito, dizendo que saúde é "um estado de completo bem-estar físico, mental e social e não somente ausência de afecções e enfermidades". Eu ainda diria que saúde é muito mais que isso, é quando você está feliz, não sente dores, sorri bastante, tem seu corpo trabalhando de forma eficiente, dorme bem, acorda recuperado e não fica doente.

Essa soma (exercício físico + psicomotricidade) não pode ser utilizada só quando sobrar tempo, pelo contrário, já está mais do que provado que esse deve ser um dos pilares para o desenvolvimento do autista. Concordo que a falta de profissionais, ou até de competência de uma parte dos que atuam na área, pode ter ajudado a criar esse preconceito. Mas ciência não falta para comprovar o que estamos falando.

Há vários estudos mostrando a importância da natação na fala, sociabilização, cognição, comportamento, desenvolvimento motor e afetivo – além de regular taxas, disposição e qualidade do sono. Há muitos outros autores falando da natação como desenvolvedora de habilidades esportivas como equilíbrio, agilidade e velocidade, além de melhora do comportamento antissocial.

Há outra quantidade gigante de estudos envolvendo caminhada e corrida, jogos coletivos com bola; outra quantidade falando de treinos de coordenação e força que melhoraram medidas antropométricas, colesterol, triglicerídeo, qualidade do sono, redução de movimentos estereotipados... Olhe a quantidade de benefícios que as atividades físicas possibilitam.

Porém, isso não significa que pode ser feito de qualquer forma. Também já escutei relatos de quem já fez atividade física e para quem aquilo só parecia brincadeira, não estava vendo resultados. É importante saber como fazer. Para os estudos citados comprovarem resultados, eles tiveram que seguir protocolos: tempo de sessão, intensidade, planejamento. Isso você, terapeuta de outra área, ou terapeuta familiar, tem que cobrar. Tudo precisa ser planejado. Entrar na piscina com a criança não significa fazer natação. O ambiente aquático, por exemplo, pode ser muito reforçador para a criança, mas não vai gerar benefícios por si só, sem um planejamento do que se fazer ali. Isso serve tanto para a atividade física quanto para a psicomotricidade, e para qualquer outra terapia. O ambiente ajuda, mas o planejamento da sessão é fundamental. Qual o objetivo dela? Quais materiais vão ser utilizados, quanto tempo vai durar, como será a comunicação durante a sessão? Fazendo isso, teremos resultados sem sombras de dúvida.

As sessões de psicomotricidade seguem o mesmo raciocínio. Quando vamos para a ciência, encontramos estudos tratando dos seus benefícios acerca de desenvolvimento motor, esquema corporal, tônus muscular, imagem corporal, noção espaço-temporal, comunicação, cognição, tomada de decisão, socia-bilização e muito mais. Temos que entender que, por exemplo, do mesmo jeito que a fala tem seus marcos (2 anos de idade, 50 palavras de repertório; 3 anos, 300 palavras com formação de frases etc.), todas essas características citadas, o trabalho psicomotor também as tem.

Não podemos aceitar a famosa frase "toda criança tem seu tempo" para nenhuma habilidade à qual existam marcos e que possa ser avaliada. Não seria diferente com as habilidades psicomotoras. E isso tem que ser cobrado dos profissionais. A psicomotricidade é a ciência capaz de interferir no desenvolvimento cerebral, e ele é o responsável por todas as ações do nosso corpo, sejam elas motoras, emocionais ou cognitivas.

O planejamento de psicomotricidade, desde a sua avaliação, precisa analisar desde os ambientes que esse autista frequenta (escola, casa, clinica, família e outros) até os meios de transporte que utiliza para chegar a eles (carro, ônibus, metro, táxi, moto...), as atividades que realiza (ou não) em cada lugar, até as pessoas (idade, sexo, quantidade...) com quem ele as realiza, e às vezes, até mesmo a roupa que usa. Tudo isso pode contribuir ou atrapalhar o planejamento, por isso precisa ser analisado.

Os responsáveis, em cada ambiente, deveriam entender em que estágio psicomotor a criança se encontra, e estimular atividades que sejam desafiadoras, porém, não impossíveis de se realizar. Eles devem estar em contato um com o outro para saber das evoluções da criança, e ir adaptando o ambiente a sua realidade. Por isso, a importância de a família entender o que deve ser cobrado, porque ela é o elo entre todos os ambientes que seu filho frequenta. E um local não deve focar em desenvolver apenas uma habilidade, como, por exemplo, tentar olhar a escola apenas com um lugar de desenvolvimento cognitivo e não atribuir a responsabilidade de desenvolvimento social ou motor a ela.

Todos os locais têm como missão desenvolver a criança, o adolescente e não somente uma habilidade específica. A família tem que procurar locais em que seja mais fácil a adaptação ao estágio em que o filho se encontra. Será que ele vai se dar melhor em uma escola maior com mais gente e mais espaço, ou na escolinha do bairro, menor e com menos gente? Será que ele vai se adaptar melhor a um ambiente clínico mais aberto, com áreas livres, menos estruturado, e com maior possibilidade de interferência ou a um ambiente mais controlado? Tudo isso é possível de se descobrir e então escolher o melhor para ele depois de uma avaliação.

Os meios de transporte vão nos dizer muito sobre características de socia-bilização, pois vamos ver como a criança se comporta na conversa, no toque de outras pessoas desconhecidas, diferentes, todos os dias e, se vier de carro, como ela se comporta quando não tem com quem conversar. Podemos observar também a capacidade de tônus muscular ao se segurar nos transportes, nas formas de se sentar e se locomover, na tomada de decisão.

As atividades que faz, independente do ambiente, vai nos mostrar sobre seu desenvolvimento cognitivo, sua relação com os marcos psicomotores, sociais e afetivos, e vai nos mostrar com quais idades se relaciona melhor, e se de forma individual ou grupal.

Em resumo, a avaliação de psicomotricidade aponta que inúmeras capacidades precisam ser avaliadas em diferentes contextos, para que possamos ir percebendo quais as lacunas que precisamos preencher para que o desenvolvimento atípico e os atrasos que possam ter surgido durante sua vida sejam supridos, e passem a ser compensados com as habilidades adquiridas. O relato dos pais é fundamental para isso. Utilizar protocolos como o KTK, *Movement ABC*, TGMD2 e o EDM3 também ajudam a buscar lacunas do desenvolvimento em relação à motricidade fina e grossa, equilíbrio, apraxia motora e lateralidade, entre outros. Não é um trabalho de curto prazo, pois precisam ser identificados diversos cenários, porém, a evolução, quando o trabalho é bem feito, é muito grande. Confesso que também sofremos com falta de profissionais capacitados na área e que isso pode ter ajudado a originar preconceitos contra as sessões nas famílias.

Assim, vemos que exercício físico estruturado e de psicomotricidade bem planejada não podem, de maneira alguma, ficar fora do contexto terapêutico do autista, seja qual for sua necessidade. Se feitos com competência, com ciência e com objetivo, podem (e vão) ajudar em todas as áreas. O que vocês, pais, têm que ter na cabeça é que não podem terceirizar o desenvolvimento dos seus filhos; capacitem-se para poder cobrar mais. Vocês não precisam ser especialistas, mas precisam saber o que cada profissional está fazendo, cobrar métricas de resultado, cobrar a comunicação entre a equipe, isso você tem que fazer. E vocês, profissionais, abram a cabeça para que, no final, a criança, o adolescente seja o foco, e não a sua habilidade específica. O desenvolvimento do ser humano não é linear, ele é complexo e precisa muitas vezes ser analisado de diversos ângulos e ópticas, e a soma das disciplinas sempre vai ser o melhor caminho para o desenvolvimento holístico do autista.

Chegamos ao final deste capítulo com uma certeza: não podemos mais olhar para as habilidades a serem trabalhadas devido ao espectro, sem olhar para o indivíduo como um todo. O autismo não é o ponto final, é apenas um indicativo de caminho. Indivíduos saudáveis, sejam eles autistas ou não, sempre vão responder melhor a qualquer estímulo. Pais, sejam exemplo de saúde para seus filhos, cuidem-se para poder cuidar. Profissionais, "palavras convencem, exemplos arrastam", comecem vocês mesmos procurando outros profissionais para conversar e achar o melhor caminho para seu assistido, tenho certeza de que isso vai fazer uma grande diferença na vida de muita gente.

Sempre me perguntam como cheguei ao autismo, se tenho filho ou parente autista, e a resposta é não. Eu digo que fui me encantando com a possibilidade de ajudar tanta gente, fui vendo que eu estava me tornando um profissional e um ser humano melhor, que em algum momento, nem se eu quisesse parar, eu não conseguiria mais. Já estava envolvido demais para voltar atrás. Sou muito orgulhoso por trabalhar com autistas e espero que "Papai do Céu" me dê sabedoria para, cada vez mais, seguir firme em meu propósito e missão profissional. Que Deus continue abençoando cada um de vocês.

Referências

DE OLIVEIRA, M. C. *et al.* Efeitos da natação em pessoas com transtorno do espectro autista: percepção de pais e terapeutas. *Revista da Associação Brasileira de Atividade Motora Adaptada*, v. 21, n. 2, p. 279-290, 2020.

DE CASTRO SILVA, F.; DE SOUZA, M. F. S. Psicomotricidade: um caminho para intervenção com crianças autistas. *Pretextos-Revista da Graduação em Psicologia da PUC Minas*, v. 3, n. 5, p. 500-519, 2018.

DHALIWAL, K. K. *et al.* Risk factors for unhealthy weight gain and obesity among children with autism spectrum disorder. *International journal of molecular sciences*, v. 20, n. 13, p. 3285, 2019.

JIA, W.; XIE, J. Improvement of the health of people with autism spectrum disorder by exercise. *Revista Brasileira de Medicina do Esporte*, v. 27, p. 282-285, 2021.

OLIVEIRA, É. M. *et al.* O impacto da psicomotricidade no tratamento de crianças com transtorno do espectro autista: revisão integrativa. *Revista Eletrônica Acervo Saúde*, n. 34, p. e1369-e1369, 2019.

PAN, C. Effects of water exercise swimming program on aquatic skills and social behaviors in children with autism spectrum disorders. *Autism*, v. 14, n. 1, p. 9-28, 2010.

SANCHACK, K. E.; THOMAS, C. A. Autism spectrum disorder: Primary care principles. *American family physician*, v. 94, n. 12, p. 972-979, 2016.

SRINIVASAN, S. M.; PESCATELLO, L.; S.; BHAT, A. N. Current perspectives on physical activity and exercise recommendations for children and adolescents with autism spectrum disorders. *Physical therapy*, v. 94, n. 6, p. 875-889, 2014.

TOSCANO, C.; CARVALHO, H. M.; FERREIRA, J. P. Exercise effects for children with autism spectrum disorder: metabolic health, autistic traits, and quality of life. *Perceptual and motor skills*, v. 125, n. 1, p. 126-146, 2018.

ZHAO, M.; CHEN, S. The effects of structured physical activity program on social interaction and communication for children with autism. *BioMed research international*, v. 2018.

43

A IMPORTÂNCIA DA FISIOTERAPIA NO AUTISMO

Cerca de 83% das crianças brasileiras com Transtorno do Espectro Autista (TEA) entre 7 e 10 anos possuem algum atraso motor, um dado tão comum quanto a deficiência intelectual no TEA (QUEDAS *et al.*, 2020). Bhat (2020), em seu estudo com de mais de 1.700 participantes, relatou que 87% da amostra apresentaram atraso no desenvolvimento motor e apenas 36% faziam terapia motora.

CAROLINA QUEDAS E
VIVIANE BULCÃO BARBOSA

Carolina Quedas

Contatos
dracarolinaquedas@gmail.com
Instagram: @dracarolinaquedas

Pós-doutoranda pela Unicamp. Doutora e mestre em Distúrbios do Desenvolvimento; pós-graduada em Psicomotricidade e em Análise do Comportamento. Terapeuta Denver pelo Instituto Mind da Califórnia; fisioterapeuta, profissional de educação física e pedagoga.

Viviane Bulcão Barbosa

Contatos
fisiovivianebarbosa@gmail.com
Instagram: @fisiovivianebarbosa
84 99676 5547

Fisioterapeuta pela Universidade Potiguar - UNP. Pós-graduada em Análise do Comportamento Aplicada ao Transtorno do Espectro Autista e Atraso no Desenvolvimento; pós-graduanda em Psicomotricidade. Possui aprimoramentos nas áreas de Fisioterapia nos Transtornos do Neurodesenvolvimento, Avaliação Motora em Criança e Adolescentes com TEA. Atualmente, trabalha como fisioterapeuta na Clínica Focus Intervenção Comportamental, em Natal/RN.

Segundo o DSM-5 – Manual Diagnóstico e Estatístico de Transtornos Mentais, o autismo é um transtorno do neurodesenvolvimento caracterizado por dificuldades de interação social, comunicação, comportamentos repetitivos e restritos. Apesar de as alterações motoras não estarem inclusas dentro do DSM- 5 como critério para diagnóstico, cerca de 83% das crianças brasileiras com Transtorno do Espectro Autista (TEA) entre 7 e 10 anos possuem algum atraso motor, um dado tão comum quanto a deficiência intelectual no TEA (QUEDAS *et al.*, 2020). Os critérios diagnósticos do DSM-5 não incluem essas alterações como características do TEA, o que pode ser um fator que aumenta a dificuldade da identificação de tais alterações.

Um novo estudo realizado pelo CDC (Centro de Controle de Doenças e Prevenção), publicado em março de 2023, mostrou como resultado o aumento na prevalência, sendo uma em cada 36 crianças nos Estados Unidos diagnosticada com o Transtorno do Espectro Autista. No Brasil, ainda não temos números de prevalência. Porém, estima-se que, com a criação da lei Nº 13.861, de 18 de julho de 2019, os censos demográficos realizados a partir de 2019 incluirão as especificidades inerentes ao transtorno do espectro autista, assim passaremos a ter dados.

As pesquisas mostram que os atrasos motores também são marcadores precoces no TEA, de acordo com os estudos de Reynolds *et al.*, (2021) com 514 crianças de 2 a 7 anos com TEA. Foi aplicada e subescala motora presente na Vineland Adaptive Behavior Scales Second Edition (VABS-II) e a subescala motora fina presente na escala Mullen Scales of Early Learning (MSEL). Aproximadamente 60% das crianças no MSEL e 25% no VABS-II apresentaram deficiências motoras clinicamente significativas. As crianças com TEA possuem atrasos motores significativos (principalmente nas habilidades motoras amplas e finas) que aumentam progressivamente com a idade, o que dificulta também o desenvolvimento social, uma vez que estes indivíduos não se envolvem por muito tempo em jogos coletivos (MENEZES, 2016).

O desenvolvimento motor observado em indivíduos com TEA pode estar associado a deficiências nas áreas corticais e subcorticais, incluindo o córtex motor, área motora suplementar, núcleos basais e disfunção cerebelar, que resultam em déficits de planejamento motor, integração sensório-motora e execução motora. Isso é observado principalmente na marcha e no equilíbrio, nas funções do braço e no planejamento do movimento (MENEZES, 2016).

Fadila Serdarevic *et al.*, (2017) realizaram um estudo longitudinal com 2.905 crianças, o qual mostrou uma associação prospectiva do tônus muscular infantil com traços autistas na infância. Os achados sugerem que a detecção precoce de baixo tônus muscular pode ser uma porta de entrada para melhorar o diagnóstico precoce de TEA.

A hipotonia está presente em mais de 60% das crianças com TEA e associada a outras anormalidades motoras, podendo ser um marcador precoce para maior gravidade dos sintomas e menor qualidade de vida. Além disso, crianças com TEA e hipotonia muscular apresentam comumente estereotipias motoras e um início tardio da marcha independente (LOPEZ-ESPEJO MA *et al.*, 2021).

Outras alterações motoras relatadas no TEA estão presentes em duas dimensões diferentes: controle motor e desempenho práxico. Os déficits no controle motor básico afetam diferentes funções como marcha, postura e coordenação (ADORNETTI *et al.*, 2019).

Licari *et al.*, (2019) estudaram 2.084 crianças com autismo com idade menor de 6 anos; mais de um terço atendeu aos critérios para dificuldades motoras. Este estudo demonstrou que essas dificuldades são uma característica relevante.

Bhat (2020), em seu estudo com de mais de 1.700 participantes, relatou que 87% da amostra apresentou atraso no desenvolvimento motor e apenas 36% faziam terapia motora.

No TEA, é importante que o diagnóstico seja precoce para que o tratamento fisioterapêutico ocorra desde o aparecimento dos sinais de alerta. Isto porque, a partir da identificação precoce, há maiores possibilidades de alcançar novas habilidades, ativar as funções cognitivas, diminuir os déficits comunicativos e melhorar o sistema motor, deixando-a com máximo de independência em sua vida diária (STEYER *et al.*, 2018).

Steinbrenner *et al.*, (2020) publicaram, no ano de 2020, dentre diferentes práticas baseadas em evidência, Exercício e Movimento como práticas para o trabalho direcionado a pessoas com Transtorno do Espectro do Autismo (TEA).

Foram 17 artigos, de 1999 até 2017, levantados com evidências que comprovam benefícios significativos no quadro motor de pessoas com TEA. Foi comprovada que a intervenção com exercícios que elevam a respiração e frequência cardíaca o suficiente para que ocorram esforços físicos moderados a vigorosos pode proporcionar benefícios para melhorar o desempenho em algumas tarefas, como na aptidão física e nas habilidades motoras, as quais podem ser feitas como antecedentes de alguns comportamentos. A atividade de movimento selecionada ou combinada para uma intervenção motora cria uma rotina de exercícios. Com isso, um plano de intervenção motora deve ser planejado e desenvolvido com duração, local e frequência dessas atividades.

A rotina de exercícios pode incluir a participação contínua em uma única atividade, como corrida ou natação, ou participação em uma série de atividades que devem ser definidas após a avaliação motora.

Além da realização da intervenção precoce, é de extrema importância que o profissional seja capacitado na área para realizar uma avaliação e intervenção baseadas em evidências de forma eficaz, e utilizar a ciência ABA (Análise do Comportamento Aplicada) com a fisioterapia. É de fundamental importância verificar se há alterações comportamentais concomitantes, visto que essas alterações podem influenciar negativamente o desenvolvimento motor e dificultar o manejo da criança durante os programas de intervenção motora.

Avaliação do desenvolvimento motor

A avaliação do desenvolvimento motor deve ser realizada com escalas confiáveis, padronizadas e validadas para essa população. Além disso, o profissional deve ficar atento ao perfil e aos pré-requisitos para escolha do instrumento avaliativo como, por exemplo, se o indivíduo possui as habilidades de rastreio, seguimento de instrução e imitação.

Payne e Isaacs (2007) definem avaliação como um meio que permite verificar até que ponto os objetivos estão sendo alcançados, identificando os indivíduos que necessitam de atenção individual e reformulando o trabalho com a adoção de procedimentos que possibilitem sanar as deficiências identificadas.

Instrumentos avaliativos

- **Teste de Desenvolvimento Motor Grosso – TGMD-2 ou, originalmente, o Test of Gross Motor Development:** é uma ferramenta de avaliação motora que requer técnicas observacionais. Ele foi projetado para avaliar o bruto desenvolvimento motor de crianças de 3 a 10 anos de idade. O teste foi originalmente validado em 2000 (ULRICH, 2000). As normas foram desenvolvidas com base em dados de 1.208 crianças com idade entre 3 e 10 anos, vivendo em 10 estados diferentes dos Estados Unidos. O teste contém 12 habilidades motoras divididas em dois subtestes: locomotor e controle de objetos. A avaliação pode, normalmente, ser concluída dentro de 20 a 30 minutos.

- **BOT-2:** o Teste Bruininks-Oseretsky de Proficiência Motora Segunda Edição (BOT™-2) oferece a medida mais precisa e abrangente das habilidades motoras, tanto grosseiras quanto finas. Ele contém subtestes e tarefas desafiadoras semelhantes a jogos e é muito fácil de administrar. A aplicação pode ser realizada em crianças de 4 anos a adultos de 21 anos e 11 meses.
- **Movement Assessment Battery for Children – second edition (MABC-2):** o MABC-2 é uma escala de avaliação motora que avalia crianças e adolescentes de 3 a 16 anos em três áreas de habilidades: destreza manual, habilidades com bola e equilíbrio estático/dinâmico. É amplamente utilizada para avaliar e identificar crianças e adolescentes que estão em risco para o desenvolvimento motor, sua principal vantagem é a simplicidade das tarefas e o tempo de execução que, em média, é de 40 minutos (QUINTAS *et al.*, 2018).
- **Inventário Dimensional de Avaliação do Desenvolvimento Infantil (IDADI):** instrumento avaliativo para bebês e crianças entre 4 a 72 meses de idade com foco em sete domínios: Cognitivo, Socioemocional, Comunicação e Linguagem Receptiva, Comunicação e Linguagem Expressiva, Motricidade Ampla, Motricidade Fina e Comportamento Adaptativo. A avaliação inclui itens que descrevem comportamentos e habilidades esperadas para cada faixa etária, possibilitando uma avaliação abrangente do desenvolvimento infantil. Dentre suas principais aplicações, destacam-se a avaliação de suspeita de atrasos ou de transtornos do neurodesenvolvimento, o monitoramento longitudinal do desenvolvimento infantil e o acompanhamento da efetividade ou eficácia de intervenções na primeira infância.

Downs *et al.*, (2020) realizaram o primeiro estudo a revisar sistematicamente a validade, confiabilidade, capacidade de resposta e viabilidade das avaliações de competência motora grossa em crianças com DI e/ou TEA. Assim, os resultados demonstraram que o BOT-2, seguido pelo TGMD-2, têm as propriedades de medição mais fortes para apoiar o uso dessas avaliações até o momento. Avaliações desenvolvidas especificamente para uso, como o Teste de Proficiência Motora, obtiveram a pontuação mais alta para viabilidade, apoiando a importância do uso de ferramentas de avaliação projetadas para uso com essa população específica. Mais pesquisas específicas da população são necessárias para estabelecer a validade, confiabilidade, capacidade de resposta e viabilidade das avaliações existentes para uso.

Nos estudos de González e Canals (2014), os autores afirmam a necessidade do fisioterapeuta em realizar uma intervenção o mais precoce possível em crianças com autismo, para que, de forma positiva, alcancem maiores benefícios em seu desenvolvimento, proporcionando melhora na forma de interagirem socialmente e na qualidade vida como um todo. Esses autores ainda descrevem a importância do trabalho multidisciplinar na vida das crianças com autismo, e reforçam a necessidade de integração do fisioterapeuta junto à equipe multidisciplinar, e também focam nas tarefas dos diferentes profissionais em um ponto de vista multiprofissional, para que eles estejam focados em um mesmo objetivo, que é a atenção completa em saúde.

Contudo, crianças e adolescentes com TEA precisam, dentro do seu rol de intervenção, ter acesso à Fisioterapia Motora com um profissional qualificado que possa oferecer um atendimento de qualidade, avaliando de forma assertiva e intervindo com estratégias baseadas em evidência com o objetivo da aquisição de independência e melhor qualidade de vida.

Referências

ADORNETTI, I. *et al.* Do children with autism spectrum disorders understand pantomimic events? *Frontiers in Psychology*, v. 10, p. 1382, 2019.

AMERICAN PSYCHIATRIC ASSOCIATION (APA). *Manual diagnóstico e estatístico de transtornos mentais.* Porto Alegre: Artmed, 2014.

BHAT, A. N. Motor impairment increases in children with autism spectrum disorder as a function of social communication, cognitive and functional impairment, repetitive behavior severity, and comorbid diagnoses: A SPARK study report. *Autism research*, v. 14, n. 1, p. 202-219, 2021.

BRUININKS, R. H.; BRUININKS, B. D. *Bruininks-Oseretsky test of motor proficiency*. 2. ed. BOT-2. Minneapolis: Pearson, 2005.

CAZORLA GONZÁLEZ, J. J.; CORNELLÀ I CANALS, J. Las posibilidades de la fisioterapia en el tratamiento multidisciplinar del autismo. *Pediatría atención primaria*, v. 16, n. 61, p. e37-e46, 2014.

CHRISTENSEN, D. L. *et al.* Prevalence and characteristics of autism spectrum disorder among children aged 8 years – autism and developmental disabilities monitoring network, 11 sites, United States, 2012. *MMWR Surveillance Summaries*, v. 65, n. 13, p. 1, 2018.

DOWNS, S. J. *et al.* Motor competence assessments for children with intellectual disabilities and/or autism: a systematic review. *BMJ Open Sport & Exercise Medicine*, v. 6, n. 1, 2020.

ENEZES, C. V. *Relação entre desenvolvimento social e motor de indivíduos com diagnóstico de Transtorno do espectro autista.* 2016. Tese (Mestrado em Ciências da Saúde) – UNISUL: Tubarão, 2016.

LICARI, M. K. *et al.*; WHITEHOUSE, A. Prevalência de dificuldades motoras no transtorno do espectro do autismo: análise de uma coorte de base populacional. *Autism Research*, v. 13, p. 298-306, 2019.

LIU, T.; BRESLIN, C. M. Fine and gross motor performance of the MABC-2 by children with autism spectrum disorder and typically developing children. *Research in Autism Spectrum Disorders*. v. 7, n. 10, pp. 1244–1249, 2013.

LOPEZ-ESPEJO, M. A. *et al.* Clinical characteristics of children affected by autism spectrum disorder with and without generalized hypotonia. *European Journal of Pediatrics*, v. 180, p. 3243-3246, 2021.

OKUDA, P. M. Caracterização do perfil motor de escolares com transtorno autístico. *Revista Educação Especial*, [S.L.], v. 23, n. 38, p. 443-454, 29 out. 2010. Universidad Federal de Santa Maria. Disponível em: <http://dx.doi.org/10.5902/1984686x1462>. Acesso em: 31 maio de 2023.

QUEDAS, C. *et al.* Avaliação motora de crianças com Transtorno do Espectro Autista entre 7 e 10 anos. *Brazilian Journal of Motor Behavior*, vol. 14, no. 4, 2020, p. 4.

QUEDAS, C.; HENRIQUE MENDES, E.; BARBOSA, T. Prevalência de excesso de peso e obesidade em pessoas com transtorno do espectro autista. *Cadernos de Pós-Graduação em Distúrbios do Desenvolvimento*, v. 20, n. 2, 2 dez. 2020.

ROSA NETO, F. *et al.*, Efeitos da intervenção motora em uma criança com Transtorno do Espectro Autista. *Temas sobre desenvolvimento*, v.19, n.105, 2013.

SANTOS, É. C. F. dos.; MÉLO, T. R. Caracterização psicomotora de criança autista pela escala de desenvolvimento motor. *Divers@, Matinhos*, 2018.

SERDAREVIC, F. *et al.* Infant muscle tone and childhood autistic traits: A longitudinal study in the general population. *Autism Research*, v. 10, n. 5, p. 757-768, 2017.

STEINBRENNER, J. R.; HUME, K.; ODOM, S. L.; MORIN, K. L.; NOWELL, S. W.; TOMASZEWSKI, B.; SAVAGE, M. N. *Práticas baseadas em evidências para crianças, jovens e adultos jovens com autismo*. Chapel Hill: The University of North Carolina, Frank Porter Graham Child Development Institute, National Clearinghouse on Autism Evidence and Practice Review Team, 2020.

SUN, S. H. *et al.* Concurrent validity of preschooler gross motor quality scale with test of gross motor development-2. *Research in developmental disabilities*, v. 32, n. 3, p. 1163-1168, 2011.

ULRICH, D. A. *Test of Gross Motor Development*. 2. ed. 2000.

44

ESTRESSE OXIDATIVO E NUTRIÇÃO EM CRIANÇAS E ADOLESCENTES COM TRANSTORNO DO ESPECTRO AUTISTA (TEA)

O estresse oxidativo (EO) ocorre quando há um desequilíbrio entre a geração de radicais livres e a atuação dos antioxidantes. Esse desequilíbrio leva a danos celulares graves e a diversas condições clínicas, como, por exemplo, a neuroinflamação. Indivíduos com TEA apresentam uma propensão ao EO devido a mecanismos intrínsecos deficientes e inadequação alimentar.

FRANCINE MILANI

Francine Milani

Contatos
franmilaninutri@gmail.com
Instagram: @franmilaninutri
11 91100 0112

Nutricionista materno-infantojuvenil há 17 anos. Mestre em Medicina pela USP, com dissertação sobre estresse oxidativo e adolescentes atletas. Diversas especializações: Nutrição Clínica/Hospitalar (USP); Fisiologia do Exercício (UFSCar); Nutrição Materno-Infantil e Ortomolecular (FAPES) e Abordagem Integral no TEA e TDAH (UniAmérica) – em finalização. Certificações nacionais e internacionais em: *Coach* Nutricional; Gastronomia; Aromaterapia; Dificuldades Alimentares e Terapia Alimentar; Medicina Funcional Integrativa, Neurociência e Neurosuplementação. Membro da Associação Brasileira de Nutrição Materno-Infantil. Mãe, docente, palestrante e nutricionista clínica, com atendimento acolhedor focado em saúde funcional integrativa, com visão ampla sobre saúde geral, nutricional e comportamental; conciliando alimentação, suplementação e técnicas integrativas. *Expertise* em saúde materno-fetal, alergias e sensibilidades alimentares, modulação intestinal, nutrição esportiva, neuronutrição e transtornos do neurodesenvovimento.

No início da minha carreira, eu trabalhei com crianças, adolescentes e adultos; porém, desde 2013, decidi focar minha atenção e meus estudos somente no público materno-infantojuvenil, ou seja, nas gestantes (onde tudo começa), bebês, crianças e adolescentes. Dessa forma, consigo me especializar e me dedicar mais às famílias que me buscam e ajudá-las desde o início, nos primeiros anos de vida. Mais recentemente, tenho percebido no consultório, nas famílias e nos amigos que as crianças e adolescentes estão mais ansiosos, tristes e doentes, o que me levou a buscar as causas disso e, consequentemente, encontrar os meios para ajudar a infância com a nutrição. Por isso, nos últimos anos, tenho me dedicado à saúde funcional integrativa, ao entendimento da complexidade do eixo intestino-cérebro, à neurodiversidade e à neuronutrição.

Sabemos que o Transtorno do Espectro Autista (TEA) não é uma doença e por isso não tem cura. Mas também já foi elucidado diversas vezes que junto com o TEA existem as possíveis comorbidades associadas, e essas sim podem ter tratamento, e a nutrição pode auxiliar muito.

Entendem-se por comorbidades as possíveis condições que podem se manifestar junto ao TEA e causam sérios prejuízos. Entre as comorbidades, sempre temos que ter atenção especial ao intestino, pois já é clara a relação do eixo intestino-cérebro, ou seja, para um bom funcionamento cerebral, temos que ter um bom funcionamento intestinal e vice-versa. Falhas na mastigação, na digestão e, consequentemente, na absorção intestinal são comuns em indivíduos com TEA, podendo desencadear *leaky gut* (hipermeabilidade intestinal), síndrome fúngica, disbiose intestinal, doença inflamatória intestinal, disfunção mitocondrial, hipersensibilidades ou alergias alimentares, diarreia, constipação, desnutrição, deficiência de micronutrientes (vitaminas e minerais), comprometendo assim a imunidade, secreção de enzimas, de hormônios e também afetando a defesa antioxidante do corpo.

E era justamente para chegar à nossa defesa antioxidante e entrar no tema específico deste capítulo que eu tratei de alimentação e intestino, pois o que comemos, ingerimos, mastigamos e absorvemos fará grande diferença no equilíbrio entre produção e eliminação dos Radicais Livres (RLs).

Estresse oxidativo (EO)

Todos nós produzimos espécies reativas de oxigênio ou de nitrogênio (mais conhecidos como radicais livres). Se temos uma boa defesa antioxidante no corpo, conseguimos combater e eliminar os RLs, mas, por outro lado, se nosso corpo não conseguir fazer essa "limpeza", acumulamos os RLs, caracterizando o EO, ou seja, o desequilíbrio entre os sistemas oxidantes e antioxidantes, em favor dos primeiros.

Em condições normais, a defesa antioxidante endógena (produzida pelo nosso corpo) e exógena (adquirida via alimentação ou suplementação) torna a concentração dos RLs extremamente baixa ou até mesmo impede sua formação.

Basicamente, os sistemas de defesa antioxidante são divididos em duas grandes classes que atuam conjuntamente no objetivo de detoxificar os efeitos deletérios causados pelos RLs:

- Sistema de defesa enzimático, constituído pelas principais enzimas: superóxido dismutase, glutationa peroxidase, glutationa redutase, catalase e tiorredoxina redutase.
- Sistema de defesa não enzimático, constituído principalmente pelas vitaminas A, C, E e pela glutationa reduzida.

A vitamina E, na sua forma ativa (alfa-tocoferol), é o mais importante antioxidante alimentar, prevenindo o estresse oxidativo e os danos às membranas celulares. Ela é encontrada nos cereais, oleaginosas, óleos prensados a frio, manteiga e leite. A ação da vitamina E está intimamente relacionada com a vitamina C (encontrada na acerola, caju, laranja, morango, brócolis, pimentão), a qual é responsável pela conversão da vitamina E novamente à sua forma ativa e também tem ação direta como antioxidante. Os carotenoides são pigmentos vermelhos, alaranjados ou amarelados, naturalmente presentes em raízes, folhas, sementes, frutas e vegetais, que também atuam como antioxidantes e apresentam atividade anti-inflamatória, pois inibem a via NF-kB (fator nuclear kappa B), que produz Interleucinas 1 e 6, e Fatores de Necrose Tumoral-alfa (TNF-alfa), os quais possuem uma vasta gama de ações pró-inflamatórias. Outros polifenóis, como o resveratrol e hidroxitirosol (encontrados principalmente em sementes/cascas das uvas roxas e nas azeitonas/azeite de oliva, respectivamente), também possuem poderosa propriedade antioxidante e anti-inflamatória.

O estresse oxidativo está associado com a inflamação de tecidos, neuroinflamação, disfunção mitocondrial, fadiga, lesão muscular, redução na função imune, danos à diversas estruturas do sistema biológico como lipídios, proteínas, DNA e outras pequenas moléculas consideradas substratos oxidáveis.

As proteínas são os maiores alvos para ação das RLs. A maioria dos danos às proteínas é irreparável, e as modificações na estrutura das proteínas podem levar à perda de funções, tornando-as cada vez mais suscetíveis à degradação proteolítica.

Estresse oxidativo no TEA

Muitas evidências indicam que o estresse oxidativo desempenha um papel vital nas doenças e transtornos neurológicos, visto que tem relação com a neuroinflamação. Por causar danos muitas vezes irreparáveis, sabe-se que o EO pode ser a causa da fisiopatologia do TEA, como também o agravamento das condições clínicas. Por isso a atenção e o cuidado em manter nosso corpo, e principalmente nosso cérebro, em uma boa homeostase entre oxidantes e antioxidantes.

Muitos autistas apresentam uma alimentação monótona e restrita (pela rigidez cognitiva, questões sensoriais, clínicas e/ou comportamentais), e, devido a isso, existe grande chance da nutrição estar deficiente, principalmente em micronutrientes. Também é comum observarmos uma ingestão hipercalórica, proveniente do consumo aumentado de carboidratos, açúcares, gorduras e produtos industrializados. Esse desbalanço nutricional e deficiente em vitaminas e minerais deixa esses indivíduos mais suscetíveis ao estresse oxidativo, visto que existem antioxidantes importantes na alimentação, que participam dessa "limpeza" de RLs.

Somado a isso, também já é bem documentado na literatura que o TEA está associado a várias anormalidades fisiológicas, incluindo o metabolismo anormal de transulfuração e uma capacidade antioxidante intracelular prejudicada. Os indivíduos com TEA apresentam um desequilíbrio nos níveis de glutationa, causando uma diminuição na capacidade de armazenamento desse potente antioxidante, favorecendo mais uma vez o acúmulo dos RLs.

A glutationa (GSH) é composta por três aminoácidos (glicina, cisteína e glutamina) e é um importante antioxidante endógeno. Em situações normais, ela é produzida pelo nosso corpo, mas em indivíduos com desequilíbrio, seja ele fisiológico, celular e/ou nutricional, sua produção pode estar comprometida.

A GSH tem relação com o glutamato, importante neurotransmissor excitatório do sistema nervoso central (SNC). Resumidamente, a enzima gama-L--glutamil transpeptidase pode hidrolisar a GSH, produzindo glutamato livre.

Em condições normais, o glutamato é liberado na fenda sináptica após despolarização da célula, porém, uma despolarização exacerbada leva a um acúmulo deste e, como consequência, a um quadro de excitotoxicidade. Este desequilíbrio no SNC acontece porque altas concentrações de glutamato no ambiente neuronal podem induzir ativação excessiva dos seus receptores, provocando assim a degeneração neuronal e morte celular. Sendo assim, os níveis extracelulares deste neurotransmissor são de suma importância para a manutenção da homeostase celular, principalmente em doenças e transtornos neurológicos.

É crucial que os conteúdos intra e extracelulares de GSH sejam regulados pelo equilíbrio entre transporte, consumo e produção de GSH. Aminoácidos como cisteína, metionina e taurina desempenham uma função reguladora no ciclo da GSH, o que pode representar uma estratégia fundamental de suplementação para indivíduos com TEA, pois isso ajudará indiretamente na defesa antioxidante contra o EO.

Outros mecanismos também são responsáveis pelo acúmulo de glutamato (GLU) no cérebro. Um deles é o consumo exacerbado de produtos industrializados contendo glutamato monossódico (realçador de sabor) associado à não conversão de GLU em GABA (principal neurotransmissor inibitório). Essa via pode estar comprometida devido à falta de nutrientes essenciais, como, por exemplo, folato, magnésio, zinco e piridoxal-5-fosfato. Sabe-se que é comum o GABA estar em níveis reduzidos no TEA, e por isso a nutrição entra nesse cuidado novamente, reduzindo o consumo de alimentos ricos em glutamato e potencializando o consumo de micronutrientes.

A nutrição na adolescência

Durante a puberdade, o rápido crescimento e desenvolvimento incrementam os requerimentos de energia e nutrientes, estimulando assim o metabolismo proteico para o crescimento e remodelamento de tecidos em geral. Por isso o acompanhamento nutricional se faz tão necessário desde a infância, para garantir os aportes adequados, principalmente na adolescência, quando ocorre o segundo estirão mais importante de crescimento.

Muito se fala sobre bebês e crianças com TEA, mas pouco sobre os adolescentes e adultos, e isso se dá por diversos fatores. Um deles é que antigamente não se conhecia muito bem esse transtorno e poucos profissionais de saúde sabiam avaliá-lo e diagnosticá-lo corretamente. Hoje em dia, sabemos que o diagnóstico precoce é fundamental, e por se tratar de um transtorno do neurodesenvolvimento, profissionais capacitados estão promovendo qualidade de vida aos autistas diagnosticados cada vez mais precocemente.

Crianças com TEA podem apresentar seletividade alimentar, o que muitas vezes é tido como "esperado" dentro do espectro, e justamente por isso não se dá prioridade às intervenções nutricionais (como, por exemplo, a terapia alimentar e o acompanhamento com nutricionista especializado). Em virtude disso, é comum vermos autistas adolescentes que apresentam um comportamento e padrão alimentar incorretos, principalmente quando comparado com os adolescentes neurotípicos, o que acarreta o aumento dos riscos de obesidade e deficiências nutricionais.

O consumo de alimentos industrializados e ultraprocessados vem aumentando entre os adolescentes e a ingestão de dietas ricas em adoçantes (como sucos, isotônicos, refrigerantes tradicionais e alcoólicos) é preocupante, podendo chegar até a 20% da ingestão calórica diária.

Um estudo experimental com ratos adolescentes, publicado em 2023, mostrou o efeito do consumo aumentado de açúcar nas principais neurotrofinas e neurotransmissores no córtex pré-frontal (região frontal do cérebro). Essa região está envolvida no planejamento, no comportamento cognitivo complexo, na tomada de decisões e na moderação do comportamento social. É a área do cérebro que passa pelo período mais longo de desenvolvimento, sendo a última a atingir a maturidade, por isso a preocupação da interação da alimentação com essa área em específico. Esse estudo mostrou que o consumo exacerbado de açúcar induziu a inflamação, estresse oxidativo, disfunção mitocondrial, alteração no fator neurotrófico derivado do cérebro (BDNF) e nos receptores de neurotrofina, proteínas sinápticas, níveis de acetilcolina, dopamina e glutamato. Vale ressaltar que algumas alterações persistiram mesmo após a mudança no comportamento alimentar, apontando a adolescência (e podemos extrapolar para a infância em geral) como uma fase crítica, na qual a atenção deve ser dedicada a limitar o excesso do consumo de industrializados, principalmente alimentos e bebidas adocicadas, pois podem afetar a fisiologia cerebral também a longo prazo.

Referências

BJØRKLUND G. *et al.* The impact of glutathione metabolism in autism spectrum disorder. *Pharmacol Res.*, 166, 105437, abr. de 2021.

HU, T. *et al.* The Gut Microbiota and Oxidative Stress in Autism Spectrum Disorders (ASD). *Oxid Med Cell Longev,* 01 out. de 2020.

KERCHES, D. *Autismo ao longo da vida.* São Paulo: Literare Books International, 2022.

LIU, X. *et al.* Oxidative Stress in Autism Spectrum Disorder-Current Progress of Mechanisms and Biomarkers. *Front Psychiatry.*, 13, 813304, 01 mar. de 2022.

MICANGELI, G. *et al.* The Impact of Oxidative Stress on Pediatrics Syndromes. *Antioxidants* (Basel), 05 out. de 2022.

MILANI, F. *Perfil nutricional e estresse oxidativo de jogadores de futebol. 2011. Dissertação* (Mestrado) – Universidade de São Paulo, Ribeirão Preto, 2011.

SPAGNUOLO, M. S. *et al.* Long-Lasting Impact of Sugar Intake on Neurotrophins and Neurotransmitters from Adolescence to Young Adulthood in Rat Frontal Cortex. *Mol Neurobiol.*, 60 (2), p. 1.004-1.020, Fev. de 2023.

SRIKANTHA, P.; MOHAJERI, M. H. The Possible Role of the Microbiota-Gut-Brain-Axis in Autism Spectrum Disorder. *Int J Mol Sci.,* 20 (9), p. 2.115, 29 abr. de 2019.

WALIGÓRA, A. *et al.* Autism spectrum disorder (ASD) – biomarkers of oxidative stress and methylation and transsulfuration cycle. *Psychiatr Pol.*; 53 (4), p. 771-788, 31 ago. de 2019.

45

A DISFUNÇÃO DE INTEGRAÇÃO SENSORIAL NA ROTINA DA CRIANÇA COM TEA

Neste capítulo, vamos conhecer a disfunção de integração sensorial (DIS) e os comprometimentos na rotina da criança com transtorno do espectro autista (TEA).

FERNANDA CARNEIRO

Fernanda Carneiro

Contatos
fernandacarneiro.isa@gmail.com
YouTube: Fernanda Carneiro
Instagram: @integracao_sensorial
Facebook: @integracaosensorialdeayres
21 98734 8285

Docente do Instituto Federal de Educação, Ciência e Tecnologia do Rio de Janeiro - IFRJ; certificada em Integração Sensorial pela Universidade do Sul da Califórnia; especialista em atendimento a crianças e adolescentes com TEA há mais de 15 anos. Formação do Conceito Neuroevolutivo Bobath Infantil; professora convidada da pós-graduação do *CBI of Miami* e da pós-graduação da Academia do Autismo. Formação internacional no Modelo DIR/*Floortime*; em Seletividade Alimentar e Desfralde; em Práxis; e em Neurociência Integrada na Teoria de Integração Sensorial de Ayres. Capacitação no Treinamento da Medida de Fidelidade. Formação em *Kinesiotaping*. Membro da Associação da Caminho Azul; ex-membro da Associação Brasileira de Integração Sensorial (ABIS); membro da Comissão do Núcleo de Atendimento às Pessoas com Necessidades Específicas do IFRJ; coautora dos livros: *Autismo ao longo da vida* e *Pais de autistas: acolhimento, respeito e diversidade*.

A Teoria da Integração Sensorial foi desenvolvida em 1950 pela doutora Anna Jean Ayres, terapeuta ocupacional que iniciou os seus estudos relacionados à Disfunção de Integração Sensorial (DIS) e suas alterações no processo de aprendizagem e comportamento. Diversos pesquisadores vêm abordando e validando a eficácia da ciência da Terapia Ocupacional em Integração Sensorial de Ayres (ISA) em pessoas com Transtorno do Espectro Autista (TEA). As taxas de prevalência estimadas de problemas de processamento sensorial em crianças com TEA variam de aproximadamente 40% a mais de 90% (ROLEY *et al.*, 2015). Estas taxas ratificam a importância da integração sensorial no processo de organização do Sistema Nervoso Central (SNC).

A disfunção de integração sensorial

Ayres, em 1972, definiu a integração sensorial como um processo neurológico que organiza a sensação do próprio corpo e do ambiente e possibilita a experiência efetiva do corpo no ambiente (BUNDY e LANE, 2019). A Disfunção de Integração Sensorial dificulta a organização das informações coletadas através de todos os sentidos na rotina diária. Isto ocorre quando o cérebro de uma pessoa não organiza a integração dos sistemas e é incapaz de responder de forma eficaz (ISBEEL e ISBEEL, 2007), apresentando uma resposta desorganizada e comprometendo o seu desenvolvimento sensoriomotor e cognitivo.

A DIS pode alterar os oito sistemas sensoriais: sistema tátil, vestibular, proprioceptivo, visual, auditivo, gustativo, olfativo e interoceptivo, e pode ser identificada pela avaliação do terapeuta ocupacional com formação em Integração Sensorial de Ayres. (ISA) Os protocolos, testes padronizados e a observação clínica direcionados à ISA são necessários para contribuir com o raciocínio clínico para a identificação da base sensorial da criança.

O terapeuta ocupacional também deve acompanhar os princípios da Medida de Fidelidade de Ayres de forma fidedigna, para obter resultados que serão mensurados e qualificados por escalas. O terapeuta ocupacional durante a intervenção oferece metas e acomodações sensoriais (estratégias que regulam e organizam o SNC).

O tratamento tem como objetivo principal favorecer um melhor desempenho ocupacional, independência e autonomia, e diminuir os comprometimentos da DIS nas habilidades motoras e escolares, nos treinos de Atividades de Vida Diária (AVDs), na seletividade alimentar, desfralde, comunicação e comportamento.

A disfunção de integração sensorial em criança com TEA

As sensações estão em todos os lugares. O mundo ao nosso redor produz sons, fornece texturas, oferece sabores e cheiros. O cérebro precisa das informações sensoriais para entrar em operação e desenvolver memórias individualizadas, e essas memórias se baseiam em sensações (DUNN, 2017)

O cérebro tem que analisar a informação de todos os sistemas sensoriais para organizar uma resposta adequada. Uma informação isolada tem pouco significado (SERRANO, 2016).

A Disfunção de Integração Sensorial (DIS) é uma alteração no SNC para processar informações sensoriais. Quando existem alterações no processamento das informações, podem aparecer muitas dificuldades na regulação do sono, na alimentação, atenção, na aprendizagem e no funcionamento emocional e social (SERRANO , 2016).

A presença reconhecida e generalizada de reatividade sensorial atípica entre pessoas com TEA recentemente levou à sua inclusão como característica diagnóstica do TEA no Manual Diagnóstico e Estatístico de Transtornos Mentais (AMERICAN..., 2013) sob o critério de "padrões restritos e repetitivos de comportamento, interesses ou atividades" (ROLEY *et al.*, 2015).

Algumas alterações sensoriais podem ser confundidas com comportamentos inadequados porque afetam a rotina da criança. Ela pode apresentar diversos desafios durante o seu dia e sobrecarregar a base sensorial, apresentando diversas alterações, causando um pico de excitação ou diminuição do nível de alerta e comprometendo as habilidades funcionais, podendo causar até uma crise sensorial.

A recente classificação da DIS identifica três tipos, divididos em subtipos, de acordo com os sintomas.

A disfunção de integração sensorial de regulação/modulação sensorial

Hiper-reatividade: a criança apresenta *inputs* sensoriais que reagem rápidos, fortes, e geralmente, opositores aos estímulos por terem baixo limiar de excitabilidade (MOLLERI *et al.*, 2010). Ela pode não tolerar texturas que são usadas no seu cotidiano, como as encontradas nas etiquetas, meias, camisas, sapatos, alimentos ou na pasta de dente.

Hiporreatividade: a criança apresenta falhas na reação aos estímulos. Suas respostas são pobres e lentas. É preciso muito cuidado para não fornecer muito *input* sensorial sem avaliar a intensidade, duração e a frequência, para que um limiar de excitabilidade seja atingido e gere uma resposta comportamental adequada. Exemplos: dificuldade em lidar com o tempo na realização das Atividades de Vida Diária (AVDs), tônus baixo, movimentos mais lentificados e com pouca reação protetora, causando mais riscos de perigo no cotidiano.

Buscador: a criança busca por sensações para se organizar ou faz o efeito rebote, podendo causar mais desorganização, dependendo da base sensorial individualizada da criança. A busca por sensações sempre tem uma origem: pode ser pela falta da regulação sensorial, práxis, alteração no sistema imunológico ou atraso do desenvolvimento infantil. Ela pode ser prazerosa, uma fuga, e se tornar um ritual, gerando comportamentos sem motivo aparente, mas a criança necessita dela para conseguir lidar com uma situação. Exemplos: manipular objetos nas mãos, chupar a gola da camisa, correr para um lado e para o outro; morder objetos e comidas crocantes.

Disfunção de discriminação sensorial: a criança fica desorientada sem um mapa para encontrar os registros de discriminação em relação ao ambiente e o corpo, objetos e pessoas. A disfunção está ligada diretamente à capacidade de discriminar o tempo/espaço, comprometendo muitas vezes a práxis. Exemplo: dificuldade de discriminar a localização e o tempo que foi tocado ou chamado.

Práxis: envolve o planejamento e a capacidade de colocar em sequências novos atos motores. É a ponte entre as competências motoras e cognitivas (SERRANO, 2016).

Quando nos referimos à práxis, tratamos de três fases independentes:

1. **Ideação:** formular um objetivo para a ação com base na ação do que é possível fazer no meio.
2. **Planejamento motor:** planejar como se realizar o objetivo, resolvendo problemas, tendo consciência sensoriomotora do corpo e colocando as ações em sequência. Esta fase é claramente mais dependente da informação sensorial.
3. **Execução:** realizar as ações planejadas. Para executar com sucesso uma atividade, são necessárias as competências motoras, coordenação e planejamento motor, mas também a ideação (SERRANO, 2016).

Dispraxia também é uma disfunção de integração sensorial, e a teoria da Integração Sensorial de Ayres (ISA) refere-se à dificuldade em planejar novas ações, não familiares, decorrentes de um esquema corporal deficiente que, por sua vez, resulta de déficits no processamento da sensação vestibular, proprioceptiva ou tátil. Ayres também descreveu a ideação (formação de ideias para a ação) como um componente cognitivo da práxis (BUNDY e LANE, 2019).

Os tipos (também considerados padrões) da dispraxia mais encontrados no TEA geralmente são: a somatodispraxia e o VBIS (alteração no processamento Vestibular, Integração Bilateral e Sequenciamento), sendo a somatodispraxia considerada a mais grave (BUNDY e LANE, 2019).

Somatodispraxia: pode se manifestar em dificuldades na motricidade global, fina, oral ou na combinação entre elas. A maioria dos indivíduos tem dificuldades no processamento tátil e proprioceptivo (MOLLERI *et al.*, 2010).

VBIS: pode se manifestar em dificuldades no uso dos dois lados do corpo de maneira coordenada, na capacidade antecipatória de planejar sequências de movimentos. Tem sua base no fraco processamento dos estímulos vestibulares, proprioceptivos e visuais (MOLLERI *et al.* 2010).

Visuodispraxia: pode se manifestar em dificuldades em planejar suficientemente as ações que são fortemente dependentes da visão (ROLEY *et al.*, 2015). Exemplos: dificuldade na percepção visual e no planejamento visomotor, em escrever e desenhar no caderno e em construir modelo visual.

Os tipos (ou padrões, como também são consideradas) de dispraxia podem ter um efeito sobre a participação social de crianças com autismo. Embora a dispraxia não seja atualmente reconhecida como uma medida diagnóstica do TEA, um crescente corpo de evidências indica que dificuldades substanciais com a práxis são comuns entre as pessoas com TEA e podem até ser uma característica central do autismo (ROLEY, *et al.*, 2015).

Conclusão

Neste capítulo, apresentamos a Disfunção de Integração Sensorial e suas principais implicações na rotina das pessoas com autismo. Ressaltamos a importância do terapeuta ocupacional no acompanhamento de crianças com Transtorno do Espectro Autista.

Referências

BUNDY, A. C.; LANE, S. J. *Sensory Integration: Theory and Practice.* F. A. Davis: Philadelphia, 2019.

DUNN, W. *Vivendo sensorialmente – entendendo seus sentidos.* New York: Person, 2017.

ISBELL, C.; ISBELL, R. *Sensory Integration: A Guide for Preschool Teachers.* Nova York: Borbelly Books, 2007.

MOLLERI, N. M. *et al.* Aspectos relevantes da integração sensorial: organização cerebral, distúrbios e tratamento. *Revista Neurociências*, Jun. 2010.

ROLEY, S. S. *et al.* Sensory integration and praxis patterns in children with autism. *American Journal of Occupational Therapy*. 2015; 69, 6901220010. Disponível em: <http://dx.doi.org/ 10.5014/ajot.2015.012476>. Acesso em: mar. de 2023.

SERRANO; P. *A Integração sensorial: no desenvolvimento e aprendizagem da criança.* Portugal: Editora: Papa-Letras, 2016.

SHELLY J. L. *et al.* Neural Foundations of Ayres Sensory Integration. *Brain Sciences Sensory Integration and Praxis Patterns in Children With Autism*, 2019.

46

SÍNDROME DE ASPERGER OU AUTISMO NÍVEL 1?

Com as mudanças na classificação dos transtornos do desenvolvimento dentro do DSM-V, o que antes era chamado de Síndrome de Asperger passa a se inserir no que agora chamamos de Transtornos do Espectro do Autismo, dentro do que conhecemos como nível 1 de Suporte. Mas será que todo autista nível 1 é Asperger?

ADRIANA MORAES

Adriana Moraes

Contatos
adrichavesmoraes@icloud.com
Instagram: @adrianamoraespediatra
45 99155 0576

Médica pediatra com ênfase em desenvolvimento infantil e transtornos do neurodesenvolvimento. Certificada como aplicadora da Escala Bayley III de Desenvolvimento Infantil. Pós-graduanda em Psiquiatria da Infância e da Adolescência. Atua como pediatra de alto risco pela Prefeitura Municipal de Foz do Iguaçu, além de ser supervisora da Residência Médica de Pediatria do município. Atualmente, atende na Clínica Blua - Pediatria, Autismo e Família Integradas, onde faz atendimento, primordialmente, em crianças e mulheres para investigação e diagnóstico em TEA e TDAH.

A Síndrome de Asperger foi descrita pela primeira vez em 1944, quando o pediatra austríaco Hans Asperger relatou o quadro clínico de crianças que apresentavam dificuldade em se integrar socialmente em grupos. Ainda sem conhecer a descrição de Kanner do autismo infantil, publicada um ano antes, Asperger denomina o quadro observado como "psicopatia autística", devido ao isolamento social.

Embora apresentassem as habilidades intelectuais preservadas, as crianças não possuíam habilidades sociais, cursando com comunicação não verbal deficiente, com baixo gestual, pouca empatia e tendência a racionalizar as emoções. Além disso, apresentavam uma fala elaborada e prolixa, mais formal que o esperado para a idade, com predileção por assuntos pouco usuais, predominantes nos diálogos, fato que o levou a denominá-las "Pequenos Professores".

Devido ao desenvolvimento precoce da linguagem, Asperger observou ser difícil realizar o diagnóstico nos primeiros anos de vida.

Seu trabalho, publicado originalmente em alemão, tornou-se conhecido mundialmente somente quando a psiquiatra inglesa Lorna Wings publicou uma série de casos parecidos com os descritos por Asperger, porém, com a diferença de ter descrito casos também em meninas (para Asperger, esta era uma condição limitada ao sexo masculino), além de apresentar alguns casos de atraso na linguagem falada e deficiência intelectual leve. Em homenagem ao austríaco, Lorna nomeia a condição por ele identificada como Síndrome de Asperger.

Assim, originalmente, a Síndrome de Asperger caracterizava-se por indivíduos com prejuízos na comunicação social, bem como interesses e comportamentos limitados, sem atrasos no desenvolvimento da linguagem falada ou na percepção da linguagem, embora apresentassem alteração no processamento da linguagem por serem muito literais.

Possuíam ainda bom desenvolvimento cognitivo, boas habilidades de autocuidado e curiosidade sobre o ambiente, fazendo com que suas dificuldades se tornassem mais evidentes após os primeiros anos de vida.

Já as crianças descritas por Kanner, classificadas como portadoras de Distúrbios Autísticos do Contato Afetivo, apresentavam incapacidade de se relacionarem de formas usuais desde o início da vida, com estereotipias, resistência a mudanças ou insistência na monotonia, ecolalia e déficit nos relacionamentos sociais, além de déficit cognitivo.

Por meio de seu trabalho, Lorna Wings correlacionou as pesquisas de Kanner e Asperger, concluindo serem variedades da mesma condição, em que os casos descritos por Kanner estariam em um extremo, com quadros de maior comprometimento, e os casos descritos por Asperger estariam no outro extremo, sendo menos sintomáticos. Surge, pela primeira vez, a ideia de "espectro" para o autismo.

A partir do CID-10 e do DSM-IV, a Síndrome de Asperger passa a ser reconhecida oficialmente. Até 2013, era descrita como parte dos Transtornos Globais do Desenvolvimento, em que também estavam o autismo infantil e o autismo clássico, sendo, no entanto, condições excludentes entre si.

Com o passar do tempo, o termo Síndrome de Asperger passou a ser usado para preencher lacunas, englobando indivíduos que apresentavam inteligência preservada, mas tinham algum grau de dificuldade na socialização, não preenchendo os critérios para autismo infantil, sem preencher também todos os critérios para Síndrome de Asperger, fazendo com que o termo passasse a ser questionado quanto à sua utilidade.

Por fim, com o DSM-V, o termo Síndrome de Asperger deixa de ser usado oficialmente e a condição passa a estar inserida no que foi chamado "Transtorno do Espectro do Autismo", sendo considerado Autismo Nível 1 de suporte.

Cabe ainda lembrar que, embora seja inegável que os estudos de Hans Asperger trouxeram avanços importantes para o conhecimento do autismo enquanto espectro, muita polêmica surgiu depois. Em 2018, um artigo publicado na revista Molecular Autism trouxe informações que ligavam Hans Asperger ao Partido Nazista, com envolvimento em experiências e execução de crianças com deficiências e doenças.

Até então, Asperger era conhecido como defensor de crianças com deficiências. Acreditava-se que ele destacava as habilidades especiais dessas crianças e seu valor potencial para o Estado em profissões técnicas, a fim de defendê-las da morte.

Após a queda do Terceiro Reich, o próprio Asperger afirmou ter resistido ao regime e arriscado a própria vida para resgatar crianças do extermínio. No entanto, os registros posteriormente encontrados levam a crer que ele participou do sistema de assassinato infantil em múltiplos níveis, enviando dezenas de crianças para a instituição Spiegelgrund, onde foram usadas em experiências que as levaram à morte.

Assim, embora alguns ainda usem erroneamente Síndrome de Asperger, o termo vem sendo cada vez menos utilizado.

Mas seria a Síndrome de Asperger o mesmo que Transtorno do Espectro do Autismo nível 1 de suporte? Ou ainda, seriam todos os autistas nível 1 de suporte o que antes classificávamos como síndrome de Asperger?

Historicamente, pelas classificações anteriormente utilizadas, o autismo ficou conhecido por estar ligado à deficiência intelectual e a graves comprometimentos sociais. Com isso, quando passamos a usar o termo espectro, englobando num mesmo transtorno pessoas que vão desde níveis intelectuais muito acima da média da população até aqueles indivíduos com franca deficiência intelectual, observamos uma perplexidade e, por vezes, até mesmo dúvida quanto ao diagnóstico em indivíduos classificados como TEA nível 1.

De maneira saudável, muitos questionamentos são feitos e, no afã de respondê-los, a ciência vem a cada dia buscando mais evidências que possam nos ajudar a preencher as lacunas que permeiam nosso entendimento quando falamos do TEA.

Uma recente pesquisa publicada na revista Nature (2023) traz algumas respostas importantes. A pesquisa, realizada por cientistas da Weill Cornell Medicine, analisou dados de neuroimagem de 299 pessoas com autismo e 907 pessoas neurotípicas.

Por meio da análise das imagens que cruzaram com dados de expressão gênica, puderam encontrar padrões de conexões ligados a traços comportamentais em pessoas com autismo, tais como habilidade verbal, reciprocidade social, comportamentos repetitivos e estereotipados, estabelecendo quatro subgrupos, em que as alterações encontradas em cada subgrupo foram explicadas por diferenças regionais na expressão de conjuntos distintos de genes relacionados ao TEA, que, por sua vez, foram relacionados a vias de sinalização molecular distintas, que envolvem funções imunológicas e sinápticas, sinalização de receptores e síntese proteica.

Dentre os quatro subgrupos encontrados, dois apresentavam inteligência verbal acima da média, sendo um com mais comportamentos repetitivos e menos comprometimento social. Já o outro grupo, embora tivesse menos comportamento repetitivo, apresentava déficits graves na comunicação social, com as conexões entre as partes cerebrais que processam a informação visual e as que ajudam a identificar as informações, com funcionamento hiperativo. Essas mesmas conexões foram fracas nos grupos com mais comportamentos repetitivos.

Outros dois grupos tinham déficits sociais graves e comportamentos repetitivos, mas tinham habilidades verbais em extremos opostos do espectro. Nesses dois grupos, foi observado que o padrão de conexão cerebral deles eram completamente distintos. Ou seja, a depender dos genes envolvidos no transtorno do indivíduo, as manifestações se apresentaram de uma determinada forma.

Essas constatações nos trazem informações muito importantes, as quais nos abrem novas perspectivas de avaliação e tratamento, já que, até o momento, tratamos indivíduos diferentes com tratamentos semelhantes, pois ainda não possuíamos informações que nos permitissem entender os motivos de cada manifestação dentro do transtorno. Além disso, a pesquisa nos sinaliza que podemos vir a ter novas classificações com base no observado.

Embora a pesquisa nos traga novas informações e muita esperança, sabemos que exames genéticos e de neuroimagem não são fáceis de serem realizados pela maior parte da população. Assim, é importante que as manifestações clínicas e os critérios diagnósticos até então vigentes sejam amplamente conhecidos pelos profissionais que atendem a esses indivíduos, de maneira a não negligenciar nenhum deles, mesmo aqueles que possam estar localizados no extremo menos sintomático do Transtorno.

De igual maneira, é imperativo que informações pertinentes e bem embasadas cientificamente sejam propagadas, permitindo a todos o conhecimento real do que é o Transtorno do Espectro do Autismo.

A primeira informação que devemos trazer é que Autismo nível 1 de suporte não é o mesmo que leve. O nível de suporte diz respeito à necessidade de ajuda de terceiros, seja para se comunicar, seja para realização de atividades de vida diária. Dentro do nível 1, temos desde indivíduos que não necessitam de suporte até indivíduos que podem se mostrar incapazes de realizar atividades relativamente simples como dirigir.

Ainda neste nível, este mesmo indivíduo que não necessita de suporte direto pode apresentar, concomitantemente ao quadro de autismo, outros transtornos como ansiedade, depressão, TOC, fazendo com que necessite de terapias e medicamentos, trazendo sofrimento.

O mesmo menino que apresenta um QI muito acima da média da população, em geral, pode não conseguir frequentar lugares públicos por alterações sensoriais que tornam as experiências, que para alguns podem ser prazerosas, para ele, dolorosas e desconfortáveis. Ainda dentro do nível 1, podemos ter indivíduos com QI normal ou até mesmo abaixo da média.

Como podemos ver, o termo espectro foi muito bem escolhido. Somente dentro do nível 1 de suporte já encontramos uma diversidade imensa de apresentação, não sendo possível, portanto, afirmar que todo autista nível 1 é Asperger, embora possamos sim afirmar que, dentro dos critérios atualmente estabelecidos para diagnóstico, todo indivíduo que antes se enquadraria na Síndrome de Asperger é Autista nível 1 de suporte.

Referências

AMERICAN PSYCHIATRIC ASSOCIATION (APA). *Manual diagnóstico e estatístico de transtornos mentais.* 4. ed. Porto Alegre: Artmed, 1994.

BUCH, A. M. *et al.* Molecular and network-level mechanisms explaining individual differences in autism spectrum disorder. *Nature Neuroscience*, p. 1-14, 2023.

DIAS, S. Asperger e sua síndrome em 1944 e na atualidade. *Revista Latinoamericana de Psicopatologia Fundamental*, v. 18, p. 307-313, 2015.

GADIA, C. A.; TUCHMAN, R.; ROTTA, N. T. Autismo e doenças invasivas de desenvolvimento. *Jornal de pediatria,* v. 80, p. 83-94, 2004.

KLIN, A. Autismo e síndrome de Asperger: uma visão geral. *Brazilian Journal of Psychiatry*, v. 28, p. s3-s11, 2006.

ROSENBERG, R. História do autismo no mundo. In: SCHWARTZMAN, J. S.; ARAÚJO, C. A. de. *Transtornos do espectro do autismo.* São Paulo: Memnon, 2011.

SHEFFER, E. *As crianças de Asperger: as origens do autismo na Viena nazista.* Rio de Janeiro: Record, 2019.

47

TEA NÍVEL 1 E ADOECIMENTO PSÍQUICO

QUANDO A VOZ CALA NA GARGANTA, A COMUNICAÇÃO NÃO VERBAL GRITA

Pesquisas apontam que a prevalência de depressão é maior no Autismo Nível 1, acometendo cerca de 25% dessa população, enquanto na população neurotípica é em torno de 10%. A apresentação do adoecimento psíquico é diferente no indivíduo autista e na população neurotípica, o que leva à maior dificuldade diagnóstica, retardando o início do tratamento. É urgente capacitar-nos para identificar os sinais de alerta do adoecimento psíquico nessa população, evitando que se agravem e cronifiquem. A depressão pode levar à perda da autonomia e até da própria vida.

BETHÂNIA MENDES

Bethânia Mendes

Contatos
mbmfono@gmail.com
Instagram: bethaniamendes_fono
81 99128 7490

Fonoaudióloga com especialização em Transtorno do Espectro Autista (TEA), Análise do Comportamento Aplicada, Motricidade Orofacial e Seletividade Alimentar. Habilitação em ADOS-2 - *Autism Diagnostic Observation Schedule-Generic*, considerada instrumento de referência para o diagnóstico do autismo.

Em 2019, quase um bilhão de pessoas no mundo – incluindo 14% dos adolescentes – viviam com um transtorno mental. O suicídio foi responsável por mais de uma em cada 100 mortes e 58% dos suicídios ocorreram antes dos 50 anos de idade. Os transtornos mentais já são considerados a principal causa de incapacidade laboral em todo o mundo.

Pesquisas apontam que a prevalência de depressão é maior no Autismo Nível 1, acometendo cerca de 25% dessa população, enquanto na população neurotípica é em torno de 10%.

A dificuldade de comunicação inerente ao TEA interfere na expressão dos pensamentos, sentimentos, emoções, aumentando a complexidade da investigação diagnóstica para transtornos mentais e seus respectivos tratamentos. Aliado a isso, temos que levar em conta que o TEA Nível 1 geralmente é subestimado. Considera-se algo "leve" em pessoas com inteligência preservada, que tendem a ser vistas como mal educadas, indelicadas e/ou prepotentes.

Esse juízo de valor feito pelo senso comum ocorre principalmente por duas características presentes no autismo: dificuldades apresentadas no âmbito da cognição social, por exemplo, a reduzida habilidade para inferir intenções, compreender a comunicação não verbal, fazer uso adequado do filtro social; e dificuldades de comunicação social, que pressupõe o uso da linguagem complexa, mais refinada, contemplando-se todas as funções linguísticas.

O autista apresenta dificuldade de se expressar, dizer o que sente, o que está acontecendo, de pedir ajuda, até mesmo de perceber o que está acontecendo consigo próprio.

Quando a voz cala na garganta, a comunicação não verbal grita.

Precisamos estar atentos e informados sobre como podemos escutar os sinais não ditos.

A depressão no autista tende a se apresentar de forma diferente da que se apresenta no indivíduo neurotípico. Podemos ter um quadro de aumento de estereotipia e comportamento autolesivo, indicando sofrimento psíquico.

São sinais muito atípicos quando se pensa apenas em depressão, mas comuns quando se trata de depressão no autismo. Todas essas especificidades aumentam a dificuldade de perceber o adoecimento psíquico e receber o diagnóstico, retardando o início do tratamento, que deveria ser imediato e urgente.

Esse atraso pode contribuir para a recorrência de episódios depressivos, agravando e cronificando o quadro.

Convém considerar que características pertinentes ao autismo podem acentuar-se em quadros de adoecimento psíquico, sendo de difícil identificação justamente por fazerem parte da apresentação do TEA. Contato visual mais reduzido, menos interação, maior isolamento; também há alterações em apetite, sono, autocuidado e gerenciamento de atividades de vida diária, como a realização regular da higiene pessoal, que poderão estar mais comprometidos, em casos de adoecimento psíquico, funcionando como sinais de alerta para dar início imediato a uma avaliação especializada.

A maneira mais efetiva para prevenção do adoecimento psíquico em indivíduos com TEA Nível 1 envolve três pilares considerados padrão-ouro pela ciência:

- Trabalho da cognição social, desenvolvendo habilidades para reconhecer e expressar emoções, e criar motivações sociais.
- Habilidades de Linguagem: ligadas à cognição social e à tomada de perspectiva, englobam as funções mais sofisticadas da linguagem verbal e não verbal.
- Treino de habilidades sociais: compreende a aplicação do repertório de cognição social e linguagem aos diversos contextos e parceiros de comunicação.

Quanto mais precoce e intensiva for a intervenção, melhor o prognóstico.

Os tratamentos do adoecimento psíquico no autismo reservam particularidades orgânicas e comportamentais que exigem preparo dos profissionais que irão conduzi-los e robusta orientação e psicoeducação parental; a família também precisa ser cuidada e vista como um dos pilares da intervenção, sendo instrumentalizada para desempenhar este papel.

E quando as medidas de prevenção em saúde falham ou são insuficientes para evitar o adoecimento psíquico? O que deve ser feito?

Intervenções terapêuticas baseadas em evidência:

- Manutenção do treinamento de cognição social, linguagem e habilidades sociais.
- Aplicação de todas as medidas orientadas pelos especialistas.
- Tratamento medicamentoso prescrito pelo médico responsável + terapia cognitivo-comportamental + treino de habilidades sociais.

O fato de o indivíduo possuir repertório de autorregulação emocional e mais habilidades sociais para lidar, em diferentes contextos, com a emoção quando algo desfavorável acontece, bem como ter comunicação mais efetiva para se expressar e compreender o mundo ao redor, favorece o aprendizado de estratégias para, quando algo acontecer novamente, saber o que precisa ser feito: "Tenho que ficar quieto, sair, bater, pedir ajuda, dizer que não sou aquilo, tenho que fazer o quê?".

É preciso estabelecer os comportamentos adequados que vão reduzir esses episódios e seus impactos, para que o indivíduo tenha repertório e fluência para lidar com eles. É preciso desenvolver habilidades: quanto mais habilidades para lidar com situações diversas, menor o impacto emocional produzido.

A inabilidade social no autismo pode ser um forte fator de risco para depressão.

Somos seres sociáveis, em maior ou menor grau; precisamos desenvolver habilidades para que a reciprocidade emocional e relacional possa funcionar como fator de proteção para a saúde mental.

Quando o sofrimento calar a voz na garganta, o olhar atento e capacitado da rede de apoio dará voz à comunicação não verbal, e o que foi dito sem palavras poderá, enfim, ser ouvido.

Referências

BELLACK, A. S.; HERSEN, M.; HIMMELHOCH, J. M. A comparison of social-skills training, pharmacotherapy and psychotherapy for depression. *Behavior Research and Therapy*, 21 (2), p. 101-107, 1983.

CHANDRASEKHAR, T.; SIKICH, L. Challenges in the diagnosis and treatment of depression in autism spectrum disorders across the lifespan. *Dialogues Clin Neurosci*. 2015 Jun. 17 (2), p. 219-227.

GADOW, K. D. et al. Depression Symptoms in Boys with Autism Spectrum Disorder and Comparison Samples. *J. Autism Dev Disord.*, 42, p. 1.353-1.363, 2012.

POUW, L. B. et al. The link between emotion regulation, social functioning, and depression in boys with ASD. *Research in Autism Spectrum Disorders*, 7 (4), p. 549-556, Apr. 2013.

TAMAHARA, A. C.; PERISSINOTO, J. Evidência Científica de Terapia Fonoaudiológica nos Distúrbios do Espectro do Autismo. In: PRÓ-FONO (Org.) *Terapia Fonoaudiológica Baseada em Evidências – vol. 1.* Barueri: Pró-fono, 2013.

48

AUTISMO NA ADOLESCÊNCIA E NA IDADE ADULTA

As mudanças hormonais e comportamentais na adolescência repercutem de forma significativa na vida adulta, repleta de desafios, com o aumento das demandas sociais, principalmente para autistas. Entender as particularidades do Transtorno do Espectro Autista nessas fases contribuirá para uma melhor qualidade de vida .

ADRIANA CUNHA TEIXEIRA

Adriana Cunha Teixeira

Contatos
www.nemparecetea.com
neuroclin@yahoo.com.br
Instagram: @nemparece.tea
86 99411 5288

Formação em Medicina na Universidade Federal do Piauí (UFPI). Residência Médica em Pediatria na UFPI, e em Neurologia Pediátrica no Hospital de Base do Distrito Federal (HBDF). Mestre em Ciências e Saúde na UFPI. Atuação em ambulatório especializado em transtornos do neurodesenvolvimento, com enfoque em transtorno do espectro autista e comorbidades. Neuropediatra da Unidade de Terapia Intensiva Neonatal da Unidade de Saúde Wall Ferraz (Fundação Municipal de Saúde, Teresina-PI). Participa de programas e palestras voltadas à desmistificação do autismo. Mãe de duas adolescentes autistas. CRM 2211PI, RQE 345.

O respeito à singularidade muda a forma de encarar o mundo.
ADRIANA CUNHA

A adolescência, de acordo com a Organização Mundial de Saúde, corresponde ao período neurobiológico entre as idades de 10 a 19 anos[1], fase de transição psicológica e social entre a infância e a idade adulta[2], marcada por significativas mudanças hormonais que repercutem na maturação sexual, influenciadas por fatores hereditários e ambientais, envolvendo mudanças cerebrais, estruturais e funcionais, significativas[3].

À medida que aumenta progressivamente a ação de hormônios gonadais, ocorre uma acentuada redução no volume e na espessura do córtex (frontal, parietal e temporal), processo que se estabiliza por volta dos 20 anos de idade. Paralelamente, acontece uma intensa reorganização estrutural de regiões corticais, com refinamento de dendritos e sinapses, tornando-se mais estáveis em adolescentes típicos.

A conectividade da rede funcional correlacionada à Teoria da Mente (ToM) atipicamente aumentada em adolescentes autistas (córtex pré-frontal medial, junção temporo-parietal, giro frontal inferior, sulco temporal superior e córtex cingulado posterior) e a rede frontoparietal lateral e médio-insular (comprometendo a flexibilidade cognitiva) influenciam nas reações comportamentais.

O desenvolvimento deficitário do controle inibitório correlacionado predominantemente ao recrutamento limitado do córtex frontal e reatividade sensorial atípica ocasionam piores resultados funcionais, dificuldades comportamentais, comprometendo o rendimento pedagógico, concentração e participação social.

---

1 Disponível em: https://bvsms.saude.gov.br/bvs/publicacoes/07_0400_M.pdf

2 BLAKEMORE, S. J. Development of the social brain during adolescence. Q J ExpPsychol (Hove). 2008 Jan;61(1):40-9.

3 Disponível em: https://www.msdmanuals.com/pt-br/profissional/pediatria/crescimento-e-desenvolvimento/desenvolvimento-do-adolescente

O córtex cingulado anterior e a ínsula recebem entrada do tálamo e acredita-se que sejam os principais núcleos do sistema límbico que contribuem no processamento de emoções, aprendizagem, memória e consciência interoceptiva (como sensação de sede, fome, saciedade, necessidade de urinar ou evacuar).

Todas as entradas sensoriais, com exceção do olfato, passam pelo tálamo antes de atingir suas áreas corticais primárias associadas. Acredita-se também que o tálamo tenha uma complexa conectividade com áreas corticais e subcorticais, comprometidas funcional e anatomicamente em autistas, apresentado diminuição de volume.

A integração de estímulos multissensoriais é essencial para a percepção de informações sociais complexas, cujas falhas podem levar a interpretações errôneas e a uma resposta social anormal.

Adolescentes e adultos autistas podem também apresentar déficits na linguagem pragmática (LP), definida como a capacidade de usar a linguagem de forma eficaz em trocas comunicativas em diferentes contextos, com estreita ligação entre LP e ToM, entre PL e funções executivas (FEs).

Dificuldades para iniciar e manter diálogos ou para revezar nas conversas, discorrer de forma exageradamente detalhada sobre o foco de interesse, não entender o sentido figurativo, metáforas, ironias e sarcasmos, bem como as nuances da comunicação não verbal como expressões faciais e gestos, comprometem a interação social.

Linguagem estereotipada ou repetitiva, adesão excessiva à rotina, tendências ritualísticas, interesses fixos por temas específicos, pensamento rígido, dificuldade para entender e/ou lidar com sentimentos negativos, como raiva e frustrações (algumas vezes reagindo de forma impulsiva, com reações auto e heteroagressivas) podem persistir na idade adulta, comprometendo as relações interpessoais.

Déficits do planejamento motor, da consciência corporal, da noção temporal, do freio inibitório e de funções executivas prejudicam o desempenho em atividades cotidianas, como autocuidado e execução de atividades de vida prática, importantíssimas para desenvolvimento de autonomia.

Comorbidades

As desordens frequentemente associadas ao TEA em adolescentes e adultos são os transtornos de ansiedade, depressão, ideação suicida, transtorno de déficit de atenção associado à hiperatividade (TDAH), deficiência intelectual (DI), transtornos de humor, esquizofrenia, transtornos de conduta, transtorno opositivo desafiador (TOD) e transtornos alimentares (transtorno alimentar restritivo evitativo, anorexia nervosa, bulimia), epilepsia, distúrbios gastrointestinais (GI) e do sono.

As comorbidades complicam ainda mais o diagnóstico de TEA, pois podem exacerbar ou mitigar os sintomas típicos do autismo, ocasionando erros de diagnóstico com manejo inadequado.

Mercado de trabalho

Embora autistas apresentem uma série de déficits de comunicação social e comportamento adaptativo, muitos podem ser profissionais extremamente eficientes. No entanto, menos da metade deles mantêm um emprego, muitas vezes devido à inflexibilidade cognitiva, comprometimento das funções executivas e do processamento sensorial.

Muitas empresas não estão dispostas a contratar candidatos autistas capazes, preocupadas, entre outros motivos, com um aumento nos custos de supervisão e diminuição na produtividade. Este é um viés baseado em percepções errôneas. Os benefícios financeiros e sociais da contratação de adultos autistas, para as empresas e o indivíduo, muitas vezes superam os custos.

Três temas, incluindo conhecimento e compreensão do TEA, ambiente de trabalho e correspondência de trabalho, emergiram, sugerindo que uma abordagem holística é fundamental para apoiar o sucesso, com o conhecimento do empregador e a compreensão do TEA sustentando sua capacidade de facilitar o emprego.

Sexualidade

Maior interesse e melhorias no estudo das populações sobre TEA estão impulsionando esclarecimentos sobre orientação sexual.

Disforia de gênero e outras variantes de orientação sexual (como homossexualidade, assexualidade, bissexualidade) são mais prevalentes em adolescentes autistas do que em pares não autistas.

O conhecimento e as experiências sexuais limitadas e os déficits sociais podem colocar os adultos com TEA em maior risco de vitimização e abusos, sendo mandatória a implementação de programas eficazes de educação sexual que auxiliem o desenvolvimento de relacionamentos que atendam às necessidades individuais e melhore sua qualidade de vida.

Ainda temos um longo caminho a percorrer na descrição e análise dos comportamentos sexuais de autistas para garantir uma melhor orientação acerca do autoconhecimento, respeito à individualidade, liberdade de escolha e proteção contra abusos sexuais.

Referências

BLAKEMORE, S. Development of the social brain in adolescence. *Journal of the Royal Society of Medicine*, v. 105, n. 3, p. 111-116, 2012.

BOUGEARD, C. *et al.* Prevalence of autism spectrum disorder and co-morbidities in children and adolescents: a systematic literature review. *Frontiers in psychiatry*, v. 12, p. 744709, 2021.

BROWN-LAVOIE, S. M.; VIECILI, M. A.; WEISS, J. A. Conhecimento sexual e vitimização em adultos com transtornos do espectro autista. *J AutismoDevDisord*, v. 44, n. 9, p. 2185-96, 2014.

CRANE, L.; GODDARD, L.; PRING, L. Processamento sensorial em adultos com transtornos do espectro do autismo. *Autismo*, v. 13, n. 3, p. 215-228, 2009.

DE GIAMBATTISTA, C. *et al.* Sex differences in autism spectrum disorder: focus on high functioning children and adolescents. *Frontiers in psychiatry*, v. 12, p. 539835, 2021.

DUBOIS, D. *et al.* Assessing sensory processing dysfunction in adults and adolescents with autism spectrum disorder: A scoping review. *Brain sciences*, v. 7, n. 8, p. 108, 2017.

ELSEVIER. Longitudinal brain changes during transition from adolescence to adulthood found in ASD: New study about Autism Spectrum Disorder published. *ScienceDaily*, 11 jun. 2015.

GABBATORE, I. *et al.* Social-pragmatic contextual comprehension in Italian preschool and school-aged children: a study using the Pragma test. *Intercultural Pragmatics*, v. 18, n. 2, p. 131-162, 2021.

GENTIL-GUTIÉRREZ, A. *et al.* Executive Functions in Children and Adolescents with Autism Spectrum Disorder in Family and School Environment. *International Journal of Environmental Research and Public Health*, v. 19, n. 13, p. 7834, 2022.

GEORGE, R; STOKES, M. A. Sexual orientation in autism spectrum disorder. *Autism Research*, v. 11, n. 1, p. 133-141, 2018.

HOSSAIN, M. M. *et al.* Prevalence of comorbid psychiatric disorders among people with autism spectrum disorder: An umbrella review of systematic reviews and meta-analyses. *Psychiatry research*, v. 287, p. 112922, 2020.

HOWE, F. E.; STAGG, S. D. How sensory experiences affect adolescents with an autistic spectrum condition within the classroom. *Journal of autism and developmental disorders*, v. 46, p. 1656-1668, 2016.

KAAT, A. J.; LECAVALIER, L. Disruptive behavior disorders in children and adolescents with autism spectrum disorders: A review of the prevalence, presentation, and treatment. *Research in Autism Spectrum Disorders*, v. 7, n. 12, p. 1579-1594, 2013.

KALANDADZE, T. *et al.* Figurative language comprehension in individuals with autism spectrum disorder: A meta-analytic review. *Autism*, v. 22, n. 2, p. 99-117, 2018.

KELLAHER, D. C. Sexual behavior and autism spectrum disorders: an update and discussion. *Current psychiatry reports*, v. 17, p. 1-8, 2015.

KENTROU, V.; DE VELD, D. M.; MATAW, K. J.; BEGEER,S. Reconhecimento tardio do transtorno do espectro do autismo em crianças e adolescentes previamente diagnosticados com transtorno de déficit de atenção / hiperatividade. *Autismo*, v. 23, p. 1065-72, 2019.

KERN, J. K. *et al.* O padrão de anormalidades de processamento sensorial no autismo. *Autismo,* 2006, pp. 480–494.

MAGGIO, M. G.; CALATOZZO, P.; CERASA, A.; PIOGGIA, G.; QUARTARONE, A.; CALABRÒ, R. S. Sexo e sexualidade em transtornos do espectro do autismo: uma revisão de escopo sobre uma questão negligenciada, mas fundamental. *BrainSci*. 2022 Oct 24;12(11):1427.

NAIR, A. *et al.* Impaired thalamocortical connectivity in autism spectrum disorder: a study of functional and anatomical connectivity. *Brain*, v. 136, n. 6, p. 1942-1955, 2013.

PADMANABHAN, A.; GARVER, K.; O'HEARN, K.; NAWARAWONG, N.; LIU, R.; MINSHEW, N.; SWEENEY, J.; LUNA, B. Developmental changes in brain function underlying inhibitory control in autism spectrum disorders. *Autism Res.* 2015 Apr;8(2):123-35. doi: 10.1002/aur.1398. Epub 2014 Nov 7.

PECORA, L. A.; HOOLEY, M.; SPERRY, L.; MESIBOV, G. B.; STOKES, M. A. Sexualidade e Questões de Gênero em Indivíduos com Transtorno do Espectro do Autismo. *Criança Adolescente Psiquiatra Clin N Am*. v. 29, n. 3, p. 543-556, 2020.

SCOTT, M. *et al.* Factors impacting employment for people with autism spectrum disorder: A scoping review. *Autism*, v. 23, n. 4, p. 869-901, 2019.

SHAPIRO, L. P. *et al.* Differential expression of cytoskeletal regulatory factors in the adolescent prefrontal cortex: implications for cortical development. *Journal of Neuroscience Research,* v. 95, n. 5, p. 1123-1143, 2017.

SHERMAN, S. Murray. The thalamus is more than just a relay. *Current opinion in neurobiology,* v. 17, n. 4, p. 417-422, 2007.

SOLOMON, C. Autism and employment: Implications for employers and adults with ASD. *Journal of autism and developmental disorders*, v. 50, n. 11, p. 4209-4217, 2020..

STIENEN, B. M. C; TANAKA, A; DE GELDER, B. Emotional voice and emotional body postures influence each other independently of visual awareness. *PLoS One*, v. 6, n. 10, p. e25517, 2011.

TAMNES, C. K. *et al.* Development of the cerebral cortex across adolescence: a multisample study of inter-related longitudinal changes in cortical volume, surface area, and thickness. *Journal of Neuroscience,* v. 37, n. 12, p. 3402-3412, 2017.

TAMURA, R. *et al.* Reduced thalamic volume observed across different subgroups of autism spectrum disorders. *Psychiatry Research: Neuroimaging*, v. 184, n. 3, p. 186-188, 2010.

UDDIN, L. Q. Brain mechanisms supporting flexible cognition and behavior in adolescents with autism spectrum disorder. *Biological Psychiatry*, v. 89, n. 2, p. 172-183, 2021.

49

DESCOBRINDO O AUTISMO NA FASE ADULTA

Mesmo com o diagnóstico de autismo da minha filha, Summer, levei muito tempo para entender que eu também fazia parte do espectro autista. Foi como se eu tivesse que reaprender, ou aprender ainda mais, sobre essa condição. Receber meu laudo foi extremamente libertador e fez com que eu me entendesse e me aceitasse como sou. Ajudou-me a buscar as terapias adequadas e a poder ajudar outras pessoas a se entenderem também.

VIOLET SHIBUTA

Violet Shibuta

Contatos
www.familyonboard.com.br
familyonboard.contato@gmail.com
Redes sociais: @familyonboard

Sou natural de Ponta Grossa, Paraná, com nove anos de experiência em Administração (graduação em Administração pela Unopar, 2014) e com formação em balé (Angelus Academia de Dança, 2017). Além de ser autista e mãe de uma autista, sou uma pessoa apaixonada por ajudar e ensinar. Também administro uma rede de idiomas e sou influenciadora digital, tendo escrito o livro *Mini pets*.

Eu não sabia nada sobre autismo até minha filha receber seu diagnóstico, aos dois aninhos. Conhecia apenas casos muito específicos e, durante um bom tempo, fiquei em negação. O desconhecido e o novo nos causam medo, dúvidas, incertezas e receios. Eu me perguntava como seria o futuro dela, o que eu precisaria fazer para ajudá-la.

Assim que percebi as características de autismo nela, comecei a estudar muito o assunto. Fui aprendendo dia após dia sobre aquela condição e dando meu melhor para que minha filha se desenvolvesse. Foram anos de batalhas, oração, estudo, erros e acertos.

Mesmo com o diagnóstico dela, nunca pensei que eu pudesse estar no espectro autista também. Afinal, meu desenvolvimento foi muito diferente do dela. Eu percebia algumas semelhanças entre nós duas, mas apenas pensava que era "coisa" de mãe e filha.

A busca pelo meu diagnóstico começou depois de uma amiga ter recebido o seu. Suas características batiam muito comigo e eu só conseguia pensar que, se ela era autista, eu tinha que ser também.

E de novo comecei a estudar ainda mais a fundo sobre autismo, sobre autismo em meninas, em adultos, e quanto mais eu lia, mais eu me identificava.

Comecei a falar com meus familiares, perguntar sobre minha infância, sobre minha adolescência, minha criação.

Quando criança, eu era uma garotinha tímida, de poucos amigos. Sempre muito esforçada. Tinha uma rigidez muito grande com rotinas e regras, gostava de ter as coisas sempre da mesma forma e fazer tudo do mesmo jeito. Sempre fui muito boazinha e até passiva, aceitando tudo o que me falavam ou pediam. Apesar de ter tido uma fala precoce, eu tinha dificuldade em expressar meus sentimentos, entendia tudo de forma literal, não gostava de ficar abraçada com as pessoas, amava colecionar objetos (como lápis, cartinhas e panfletos). Tinha várias estereotipias as quais eu não sabia que eram estereotipias, como, por exemplo: chacoalhar as pernas, estalar os dedos, apertar minhas orelhas, roer unha, entre outras.

Minha família sempre foi muito musical, muito teatral, o que contribuiu para o meu desenvolvimento. Eu cresci em apresentações de balé, de canto e instrumentos musicais. Sempre fui exposta a falar em público, a dar aulas e sair da minha zona de conforto.

Com o tempo, fui aprendendo a mascarar meus comportamentos, fui aprendendo a me adaptar a diferentes ambientes e grupos, principalmente para tentar ser aceita ou para fazer parte deles.

Lidar com as minhas dificuldades não foi fácil, principalmente por não entender muito bem o que acontecia comigo ou o que se passava na minha cabeça.

É muito comum autistas adultos receberem outros diagnósticos durante a vida antes de chegarem ao de autismo, como por exemplo: TDAH (Transtorno de Déficit de Atenção/Hiperatividade), bipolaridade, ansiedade e depressão, entre outras condições.

Isso acontece principalmente porque muitos dos comportamentos acabam recebendo justificativas, como: "ela só é tímida", "ela é muito fria", "ele gosta de ficar no canto dele", "ela é fresca", "só é mimado", "ela é estranha", "é uma mania", "é falta de personalidade".

No início da trajetória do meu conhecimento pessoal, eu tive muito receio do que as pessoas iriam falar. Não necessariamente por questão de preconceito, mas medo de duvidarem de mim, medo de acharem um absurdo eu querer um diagnóstico na fase adulta. "Que diferença vai fazer agora?", eu pensava. Tive medo das pessoas me desencorajarem, então, no início, mantive esse meu estudo e busca só para mim e pessoas muito próximas.

Eu tinha 31 anos quando oficialmente recebi meu laudo. Passei por vários testes neuropsicológicos, muita conversa sobre meu passado e meu presente. Tudo feito com muito cuidado, detalhes e profissionais especialistas.

Foi o momento mais libertador que tive em minha vida. Finalmente, tudo fazia sentido. Finalmente, eu pude respirar aliviada e entender que todas as minhas características tinham um nome: autismo.

Descobrir o autismo na fase adulta pode ser um processo longo e desafiador, mas também pode ser extremamente libertador e trazer compreensão e aceitação para a vida da pessoa.

Para esse processo acontecer da melhor forma possível, é importante levar em consideração os seguintes pontos:

- Compreender os sintomas: para descobrir o autismo na fase adulta, é importante entender as características comuns da condição. Algumas das características mais comuns incluem dificuldades na comunicação social e interação, padrões repetitivos de comportamento e interesses restritos, dificuldades com mudanças na rotina ou no ambiente, falta de compreensão das normas sociais e dificuldades sensoriais, como sensibilidade ao som, luz ou toque. É importante lembrar que o autismo é uma condição de espectro, o que significa que as dificuldades e comportamentos variam de pessoa para pessoa. Autistas são diferentes uns dos outros.

- Procurar ajuda de um profissional: para obter um diagnóstico preciso, é importante procurar ajuda de um profissional de saúde especializado em autismo. Eles podem realizar uma avaliação clínica que pode incluir entrevistas, observações comportamentais, avaliações cognitivas e médicas, bem como medidas de autorrelato e questionários. É importante ter em mente que o diagnóstico de autismo na fase adulta pode ser mais difícil do que no período da infância, já que os comportamentos e dificuldades podem ter mudado ao longo do tempo. Além disso, é importante que a pessoa se sinta à vontade para falar sobre suas experiências e dificuldades com o profissional.
- Aprender sobre o autismo: é importante aprender o máximo possível sobre o autismo e como ele pode afetar a vida de uma pessoa. Isso pode ajudar a compreender melhor os desafios e pontos fortes de ter a condição. Além disso, pode ser útil se conectar com outras pessoas que têm autismo, para compartilhar experiências e aprender umas com as outras. Há muitas comunidades on-line e grupos de apoio para pessoas com autismo que podem ser valiosos. É importante ter em mente que cada pessoa é única, e as dificuldades e habilidades variam amplamente. Aprender sobre o autismo também pode ajudar a identificar estratégias de gerenciamento e ajuste que podem ser úteis em diferentes aspectos da vida.
- Aceitação: descobrir o autismo na fase adulta pode ser uma jornada emocional para algumas pessoas. É normal sentir-se surpreso, confuso, frustrado ou mesmo triste com o diagnóstico. No entanto, é importante lembrar que o autismo é uma parte de quem você é, e que o diagnóstico pode ajudar a explicar algumas das dificuldades que você tem enfrentado ao longo da vida. É importante praticar autocompaixão e se aceitar como você é, incluindo suas dificuldades e pontos fortes.
- Lidar com os desafios: ao descobrir o autismo na fase adulta, é importante entender que a condição pode trazer desafios únicos. Por exemplo, as dificuldades de comunicação social e interação podem afetar as relações pessoais e profissionais, enquanto as dificuldades com mudanças na rotina ou no ambiente podem tornar a vida mais estressante. No entanto, há estratégias e recursos disponíveis para ajudar a lidar com esses desafios. Por exemplo, terapias como a terapia ocupacional, a fala e a linguagem ou a terapia comportamental podem ser úteis em diferentes aspectos da vida. Além disso, há também recursos disponíveis para ajudar com questões como emprego e moradia.

Em resumo, descobrir o autismo na fase adulta pode ser um processo desafiador, mas também pode ser extremamente libertador e trazer compreensão e aceitação para a vida de uma pessoa. É importante procurar ajuda de um profissional, aprender sobre a condição, praticar autocompaixão e lidar com os desafios de maneira efetiva. Com o tempo, muitos adultos com autismo descobrem que o diagnóstico pode ser o primeiro passo para uma vida mais satisfatória e realizada.

Referências

HOWLIN, P. The diagnosis of autism in adulthood. *Handbook of Autism and Pervasive Developmental Disorders*, 3(2), 473-493, 2011.

JONES, E. J. H. *et al.* The diagnostic utility of the autism diagnostic observation schedule-generic: a systematic review. *Autism Research*, 5(3), 201-215, 2012.

LAI, M. C.; LOMBARDO, M. V.; BARON-COHEN, S. Autism. *The Lancet*, 383, 894-906, 2014.

STRUNZ, S. K. *et al.* The diagnosis of autism spectrum disorder in adulthood. *Neuropsychiatry*, 5(2), 83-91, 2015.

WAKABAYASHI, A.; KASAI, K.; TOJO, Y. The development of autism spectrum disorder in adulthood. *Psychiatry and Clinical Neurosciences*, 60(6), 571-576, 2006.

50

INCLUSÃO NO MERCADO DE TRABALHO DE JOVENS E ADULTOS COM TRANSTORNO DO ESPECTRO AUTISTA

Neste capítulo, serão apresentadas as atividades do Instituto Priorit que preparam os pacientes jovens e adultos com transtorno do espectro autista (TEA) para a inclusão no mercado de trabalho. Na Metodologia Priorit, existem dois núcleos que integram essa preparação: Núcleo de Habilidades Sociais (NHS-IP) e o Núcleo de Emprego Apoiado Priorit (NEAP).

ALINE KABARITE, ROBERTA MARCELLO, ANA PAULA PACHECO E KAMILA CASTRO GROKOSKI

Aline Kabarite, Roberta Marcello, Ana Paula Pacheco e Kamila Castro Grokoski (Instituto Priorit)

Contatos
www.institutoprioprit.com.br
contato@institutopriorit.com.br
Instagram: @institutopriorit

O Instituto Priorit atua no tratamento do Transtorno do Espectro Autista (TEA) por meio de diferentes possibilidades terapêuticas, como fonoaudiologia, psicologia, terapia de família, terapia ocupacional com ênfase na integração sensorial, neuropsicologia, teatro, capoeira, música, dentre outras. Não obstante às diversas possibilidades terapêuticas que integram o atendimento do Instituto Priorit, uma área, em especial, consiste no foco principal da equipe: o acolhimento e cuidado com as famílias. E, ao longo do tempo, temos aprimorado e desenvolvido nossos atendimentos, com pacientes jovens e adultos não apenas nas sessões terapêuticas, mas também em um processo de inclusão e evolução junto à sociedade. Neste capítulo, você irá conhecer um pouco mais sobre o trabalho do Grupo de Habilidades Sociais e o Núcleo de Emprego Apoiado do Instituto Priorit.

Aline Kabarite (Diretora-fundadora do Instituto Priorit)
Roberta Marcello (Diretora-fundadora do Instituto Priorit)
Ana Paula Pacheco (Coordenadora do Núcleo de Emprego Apoiado do Instituto Priorit)
Kamila Castro Grokoski (Coordenadora do Departamento de Pesquisa, Desenvolvimento e Inovação do Instituto Priorit)

Sabe-se que o Transtorno do Espectro Autista (TEA) é definido, atualmente, por uma desordem do neurodesenvolvimento, caracterizada por dificuldades na comunicação social, comportamentos restritos e repetitivos e alterações sensoriais (DSM-5, 2013). Os sinais e sintomas de TEA são, cada vez mais, descritos, já na primeira infância, facilitando o diagnóstico precoce (LORD *et al.*, (2020). Assim, pais e responsáveis buscam, o mais rápido possível, por profissionais ou clínicas especializadas para o início imediato das intervenções terapêuticas. Na década de 2010, as pesquisas mostraram que o resultado da intervenção multidisciplinar na primeira infância é de maior eficácia do que terapias isoladas (FRYE, 2022; SMITH *et al.*, 2022). Esse fato, associado ao aumento da prevalência de TEA (MAENNER *et al.*, 2020; MAENNER *et al.*, 2021), trouxe a oportunidade de clínicas especializadas atuarem com atendimentos integrados de psicologia, fonoaudiologia, terapia ocupacional e psicopedagogia, entre outros. Os programas terapêuticos estão voltados, na maioria das vezes, para os principais sintomas do autismo, ou seja, para a aquisição e desenvolvimento da linguagem, das aprendizagens pedagógicas, da adequação do comportamento e das questões sensoriais. Entretanto, pensando nas características dos sujeitos com TEA, as dificuldades na interação social são extremamente relevantes e, muitas vezes, não são consideradas prioridades nos planos terapêuticos.

Assim, o Instituto Priorit, há mais de 13 anos, incluiu na sua grade de terapias atividades estruturadas de grupo (capoeira, música, psicomotricidade, judô, ioga, dança, teatro) e, também o Grupo de Habilidades Sociais (GHS). Os grupos são definidos não só pela idade cronológica, diagnóstico ou nível de suporte do paciente, mas por uma combinação desses fatores.

Cada grupo possui, de forma estruturada, objetivos específicos, porém as individualidades e demandas de cada paciente também são respeitadas e trabalhadas nas atividades. Essa modalidade de intervenção em grupo proporciona vivências sociais, afetivas, cognitivas, comportamentais e de comunicação fundamentais para o desenvolvimento e amadurecimento das habilidades sociais. De forma integrada, o professor, responsável pela atividade de grupo, e a equipe terapêutica alinham os objetivos de cada paciente, que serão trabalhados em todas as atividades do plano terapêutico no Instituto Priorit.

Na prática clínica, a equipe observa que, à medida que alguns pacientes crescem e se desenvolvem, a intensidade das intervenções individuais como fonoaudiologia, psicologia, terapia ocupacional, entre outras, pode ir diminuindo, enquanto as demandas sociais tornam-se cada vez mais complexas. Desta forma, ter atividades de grupo vinculadas ao plano terapêutico do paciente, e realizadas no mesmo espaço físico das intervenções individuais, é de extrema importância. Quanto mais condição eles têm de participarem de atividades com os pares, mais preparados ficam para interagir em ambientes sociais externos.

A construção do Núcleo de Habilidades Sociais do Instituto Priorit (NHS-IP) intensifica esses objetivos, pois integra duas atividades de grupo (Teatro e Habilidades Sociais) e um acompanhamento individual de psicologia (Terapia Cognitivo-Comportamental) (Figura 1).

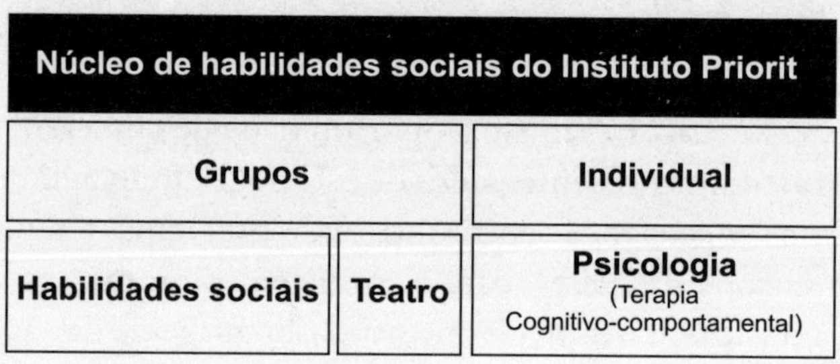

Figura 1. Estrutura do Núcleo de Habilidades Sociais do Instituto Priorit (NHS-IP).

As sessões de psicologia são baseadas na abordagem da Terapia Cognitivo-comportamental (TCC) e seu objetivo é identificar os fatores que prejudicam o funcionamento neuropsicossocial do paciente, visando a modificação de pensamentos disfuncionais que influenciam as emoções e os comportamentos. O plano terapêutico busca trabalhar as dificuldades comportamentais, cognitivas, emocionais e sociais do paciente, entretanto, a capacidade de entendimento do modelo cognitivo e o emprego de técnicas variam conforme o nível de desenvolvimento do indivíduo. O terapeuta modela e promove o pensamento flexível, que possibilita examinar o problema de muitos ângulos; desta forma, terapeuta e paciente são verdadeiros parceiros na jornada terapêutica. Essa abordagem colaborativa, além de oferecer oportunidades de participação, também estimula a responsabilidade.

A atividade de grupo de Teatro coloca o paciente em situações comunicativas e de interação que exigem o uso de suas faculdades expressivas, de recursos vocais e gestuais, aliados ao improviso. Ambientes são criados para o exercício das habilidades artísticas e sociais dos alunos. Dessa forma, muitos elementos da expressividade, como a atividade dialógica, a alternância de turno na fala, a intensidade, a entonação e a ênfase da voz, as pausas e o ritmo, os tipos de posturas, as qualidades de movimentos e gestos, são experimentados em diferentes exercícios na prática do teatro.

O GHS trabalha as classes de comportamentos sociais existentes no repertório do indivíduo que são requeridas para um desempenho competente. O treinamento de tais habilidades faz parte da abordagem Cognitivo-Comportamental. Os grupos priorizam o convívio dentro do próprio Instituto Priorit, sempre monitorados por psicólogos, de modo a auxiliar os participantes a conhecer e identificar os mecanismos de interação social necessários, assim como a melhor forma para desempenhar as habilidades de comunicação, instrumentalizando os sujeitos a estabelecerem relações externas mais saudáveis e equilibradas.

O NHS-IP é composto pela combinação dessas três atividades descritas (psicologia, teatro e GHS) pelo fato de que, juntas, potencializam a convivência, integrando e consolidando os ganhos adquiridos nos aspectos sociais e comportamentais dos pacientes. Dessa forma, cada paciente consegue evoluir individualmente e, junto com seu grupo, torna possível a replicabilidade dessas habilidades em outros ambientes.

Além dessas atividades, a equipe terapêutica responsável organiza as práticas sociais externas, como, por exemplo: idas ao cinema, shows, eventos, restaurantes, parques de diversão, entre outras. Sempre trabalhando de forma estruturada os objetivos traçados para o grupo. Adicionalmente, a cada ano, o grupo de teatro apresenta uma peça teatral, a qual é inteiramente composta por suas ideias, desde o tema até o roteiro. Acesse o QR code para saber mais.

As atividades externas demandam uma logística específica de organização dos profissionais envolvidos, por isso, é necessário um planejamento cuidadoso, devido ao fato de serem realizadas em ambientes não controlados. A equipe é estruturada de forma que todos os pacientes sejam, em tempo integral, amparados por um profissional capacitado. Um exemplo desta logística, ocorreu no último festival do Rock in Rio (2022), onde 60 pacientes foram à Cidade do Rock, junto com 50 profissionais. Veja como foi essa experiência acessando o QR code.

Após o período da adolescência, muitos pacientes se deparam com a vontade de terem uma ocupação no mercado de trabalho, pois têm o desejo de serem mais independentes e autônomos, terem seu próprio salário e maior gerência da rotina de suas vidas.

As vivências negativas intensas, escolares e sociais, relacionadas ao bullying, ao sentimento de exclusão e rejeição, são situações que intensificam esse período desafiador e, muitas vezes, impedem um contínuo percurso de vida para alguns pacientes.

A entrada na faculdade, por exemplo, exigirá deles uma estrutura emocional e orientação vocacional, além da capacidade cognitiva. Nesta fase, é extremamente importante direcioná-los, através dos resultados de avaliações específicas – por exemplo, avaliação neuropsicológica e teste vocacional – para uma área que seja compatível com à sua rotina de vida, capacidade cognitiva, limitações e, não menos importante, com seus interesses pessoais.

A faculdade ou os cursos técnicos podem ser opções para alguns, todavia, outros podem não conseguir assimilar de forma duradoura e proveitosa este novo mundo acadêmico. Sendo assim, é importante lembrar não apenas ao paciente, mas também a sua família de que esta não é a única opção; o importante é incluir os pacientes em atividades produtivas laborais que proporcionem sentimentos de pertencimento à sociedade que os cerca, seja através da remuneração recebida, do reconhecimento de sua posição, ou até mesmo das conquistas e habilidades adquiridas nesta nova fase.

Para suprir esta demanda, o Instituto Priorit criou o Núcleo de Emprego Apoiado Priorit (NEAP), que atua ativamente em todas as fases da inclusão dos pacientes no mercado de trabalho. O NEAP une a Metodologia Priorit com a Metodologia do Emprego Apoiado (ANEA, 2021), com o objetivo de conhecer o perfil e habilidades do candidato e prepará-lo para a inclusão laboral. É o consultor NEAP que realizará a busca e customização da vaga, a qualificação do usuário, o acompanhamento e a mediação dos agentes envolvidos no processo (trabalhador, empresa, familiares, rede de apoio) durante e após a colocação no mercado de trabalho.

O NEAP tem o trabalhador como o centro do processo de inclusão, respeitando seus interesses, reconhecendo suas escolhas, seus pontos fortes e as necessidades de apoio. O que vai influenciar na tomada de decisões são as adaptações de que esse indivíduo vai precisar, por exemplo: número de horas e dias trabalhados, adequação da função e estratégias no processo, e quantidade de visitas do profissional ao emprego na fase de adaptação. Por isso, o NEAP e a equipe terapêutica precisam trabalhar sempre juntos para o sucesso da inclusão, pois ela não termina com a entrada do trabalhador na empresa. A fase de acompanhamento e monitoramento de todo o processo é imprescindível para a permanência dele no serviço.

A família também tem um papel importante, sendo assim, é fundamental que os familiares entendam e busquem a aceitação das demandas e dos interesses de seu(sua) filho(a) e, a partir disso, engajem-se e apoiem suas decisões.

Outro ponto crucial para o sucesso da inclusão laboral dos trabalhadores está relacionado às empresas. É imprescindível ter empresas parceiras que estejam interessadas em fazer a diferença na sociedade; além disso, é importante que ocorra um alinhamento entre a empresa e o NEAP, desde os seus valores e propósitos até a sua forma de atuação no mercado de trabalho.

As ações do NEAP são divididas em três etapas principais, porém, é fundamental entender que cada trabalhador permanece o tempo que for necessário em cada uma delas. As etapas são descritas a seguir, na Tabela 1, desde a entrada do trabalhador no NEAP até a fase de acompanhamento, ou seja, após a consolidação da ocupação da vaga no mercado de trabalho.

A fase de acompanhamento pode ter seus objetivos modificados após um período de sucesso da vaga ocupada. O NEAP, junto com a empresa, começa a estruturar e viabilizar um plano de carreira para o trabalhador. É crucial que todos os atores envolvidos estejam cientes da capacidade de avanço de cada trabalhador, tornando o seu crescimento profissional possível, à medida que ele demonstra suas aquisições no trabalho desempenhado.

O treinamento das habilidades sociais é fundamental para todas as etapas da vida das pessoas com TEA. Essa é uma construção que integra os indivíduos em todos os ambientes sociais e, futuramente, no mercado de trabalho. As dificuldades serão iminentes em muitos momentos, entretanto, sentir-se amparado pode ser um dos pilares que sustente esses indivíduos, possibilitando conquistas maiores em suas vidas pessoais e profissionais.

Etapas do Núcleo de Emprego Apoiado do Instituto Priorit

	Consultor NEAP	Paciente	Família	Equipe terapêutica	Empresa
Etapa 1	Busca ativa de vaga no mercado de trabalho.	Levantamento e exposição de suas demandas e interesses.	Entendimento do trabalho do NEAP e das demandas e interesses do paciente	Preparação do paciente para exposição dos seus interesses e demandas.	Recebe o consultor NEAP para formar *networking*. Elabora soluções junto ao consultor NEAP para a inclusão do paciente.
Etapa 2	Preparação para o ambiente de trabalho. Preparação para entrevistas de emprego. Acompanhamento em entrevistas. Customização da vaga. Elaboração dos apoios necessários para a inclusão na vaga. Preparação da empresa para receber o trabalhador.	Treinamento inicial para entrevistas e realização das mesmas. Treinamento de habilidades laborais. Treinamento para colocação no mercado de trabalho da área.	Acompanhamento dos processos.	Acompanhamento dos processos e suporte ao paciente e à sua família.	Adequação das vagas e funções. Promoção de discussões sobre inclusão.
Etapa 3	Acompanhamento ativo da adaptação ao novo emprego (no local de trabalho). Implementação dos suportes/ apoios necessários.	Adaptação ao novo emprego. Inclusão no grupo de habilidades laborais.			Preparar os suportes necessários para receber o funcionário.
Acompanhamento	Avaliação sistemática com a empresa e o trabalhador. Planejamento de novos suportes necessários ao trabalhador dentro da empresa após colocação. *Feedback* sistemático da empresa, do paciente, da família e da rede de apoio. Estruturação, junto à empresa, de um plano de carreira.	Autoavaliação sistemática, visando a melhorias em produtividade, habilidades sociais com os colegas de trabalho e desenvolvimento profissional.			Escuta ativa nas avaliações e promoção de discussões sobre acessibilidade na empresa e desenho universal. Absorção de tecnologias assistidas quando necessárias.

Referências

ANEA. Associação Nacional do Emprego Apoiado, c 2023. Página inicial. Disponível em: <https://aneabrasil.org.br/>. Acesso em: 21 mar. 2021.

AMERICAN PSYCHIATRIC ASSOCIATION (APA). *Manual diagnóstico e estatístico de transtornos mentais.* 4. ed. Porto Alegre: Artmed, 1994.

FRYE, R. E. (2022). A Personalized Multidisciplinary Approach to Evaluating and Treating Autism Spectrum Disorder. *J Pers Med*, 12(3). doi:10.3390/jpm12030464.

LORD, C. *et al.* (2020). Autism spectrum disorder. *Nat Rev Dis Primers*, 6(1), 5. doi:10.1038/s41572-019-0138-4.

MAENNER M. J. *et al.* (2020). *Prevalence of Autism Spectrum Disorder Among Children Aged 8 Years – Autism and Developmental Disabilities Monitoring Network,* 11 Sites, United States, 2016. (1.545-8.636 (Electronic)).

MAENNER, M. J. *et al.* (2021). *Prevalence and Characteristics of Autism Spectrum Disorder Among Children Aged 8 Years – Autism and Developmental Disabilities Monitoring Network,* 11 Sites, United States, 2018. MMWR Surveill Summ, 70(11), 1-16. doi:10.15585/mmwr.ss7011a1.

SMITH, J. D. *et al.* (2022). A Quality Improvement Network for Interdisciplinary Training in Developmental Disabilities. *Pediatrics*, 150(6). doi:10.1542/peds.2022-058236.

51

SEXUALIDADE NO TEA

Este capítulo visa trazer luz a um assunto por vezes espinhoso, mas particularmente obscuro na população com transtorno do espectro do autismo (TEA). Embora tenhamos uma sociedade hipersexualizada, engatinhamos quando o assunto é prover educação sexual, principalmente levando em consideração, além do fator biológico, a afetividade, as particularidades e dificuldades de cada pessoa dentro do TEA.

GEDIENE RIBEIRO

Gediene Ribeiro

Contatos
dragediene@hotmail.com
Instagram: @dra.gedieneribeiro
94 99276 5543

Médica pediatra, pós-graduanda em Transtorno do Espectro do Autismo pela CBI of Miami, pós-graduanda em Psiquiatria e Saúde Mental da Infância e Adolescência pela CBI of Miami, capacitação em Autismo pelo Dr. Thiago Castro. Deparar-se com a dificuldade das famílias em conseguirem um diagnóstico precoce do transtorno do espectro do autismo, a necessidade de seus pacientes terem suas queixas acolhidas e valorizadas, de serem conduzidos para um tratamento correto e adequado, foram os fatores motivadores para iniciar sua caminhada no universo do TEA, no qual encontrou propósito de vida em fazer a diferença na história dos pacientes e das famílias.

Quando se fala em sexualidade, logo pensamos em sexo, porém, são definições diferentes. Sexo se refere a características fisiológicas que diferem homem e mulher, ou relação sexual. Já a sexualidade é uma energia que há no ser humano que o leva à busca de prazer em todas as áreas da vida. Sendo ela que nos motiva a encontrar o amor, a realizar nossos sonhos, a desejar ter amigos, a acordar todos os dias.

É por meio dela que recebemos e compreendemos afeto e prazer, carinho, toque, intimidade e relação sexual. Não podendo ser separada de outro aspecto da nossa vida, pois está intimamente ligada pela maneira como pensamos, sentimos, agimos ou interagimos; envolve o bem-estar físico, mental, espiritual, social e familiar.

Precisamos deixar de postergar este assunto e conhecer melhor esse aspecto, nos preparando para possíveis situações que chegarão até nós, como aconteceu comigo. Certa vez, quando estávamos no carro, minha filha do meio, que na época tinha 5-6 anos, me perguntou o que era sexo. Nos primeiros segundos, um silêncio desesperador se instalou, e aquele olhar que dizia "o que responderemos agora?" foi trocado entre mim e meu esposo. Lembrei a ela que as grávidas faziam a ultrassonografia para ver se estava tudo bem com o bebê e ao mesmo tempo também descobrir qual seria o sexo do bebê, se seria menino ou menina. Obviamente não havia me preparado para isso, e foi o que achei que pela idade ela poderia absorver. Mas quero ajudar você a se preparar para situações que chegarão a qualquer momento.

Uma opção de abordagem para estes questionamentos seria devolver a pergunta para a criança ou adolescente, isso faz com que você entenda até onde vai o conhecimento deles sobre isso, te norteando para a resposta. Me lembro de um vídeo em que uma menina perguntava para a mãe o que era virgem. A mãe, toda desconcertada, tentava formular uma resposta; depois que conseguiu, a filha, com o azeite de oliva na mão, pergunta novamente: e o que é extravirgem? Se ela tivesse devolvido a pergunta, teria compreendido que o questionamento não era num contexto sexual.

Outra abordagem é sempre valorizar a pergunta, por exemplo, "que legal essa sua pergunta" ou "muito boa sua pergunta", mas ela é tão importante que vou me preparar para responder a você. Assim, ganharia tempo para responder da melhor maneira que achar adequado. Mas é exatamente para que você não passe por isso que escrevo este capítulo.

Durante muitos anos se pensava na pessoa com TEA como um ser assexuado ou uma eterna criança, o conhecido "anjo azul". Mas esse anjo azul cresce e começa a descobrir um mundo novo que precisa ser explicado e ensinado a ele. O desejo da relação com o outro existe, não necessariamente sexual, mas o fato de infantilizá-lo inibe o direito da vivência da sexualidade.

Pesquisas demonstram que a sexualidade faz parte do desenvolvimento integral e funcional dessas pessoas, exibindo um claro interesse afetivo e sexual (PECORA, *et al.*, 2020). Em contraponto, os prejuízos das habilidades sociais e de comunicação impactam de maneira negativa na vivência da sexualidade como um todo, dificultando a compreensão e interpretação das pistas sociais, emoções e a comunicação não verbal do outro.

Isso faz com que grande parte se envolva em comportamentos sexuais solitários, sendo a masturbação a forma mais frequentemente relatada. Segundo Dewinter, ela é observada pelos cuidadores em quase 80% e relatada por até 94% dos homens em toda a faixa do espectro. Nas mulheres, variam em torno de 20%–55%.

Por trás da masturbação, existem alguns sentimentos associados, na maioria das vezes negativos, como vergonha, desconforto e insatisfação. Existe ainda um limite tênue entre a masturbação e vício em pornografia, pois, naturalmente, um leva ao outro. É sabido que o consumo de pornografia acarreta uma dessensibilização no ser humano, levando-o a objetificar o outro, além de gerar uma expectativa irreal sobre o sexo.

A pornografia superestimula o cérebro autista, causando uma sobrecarga sensorial importante. Contudo, esse cérebro já é naturalmente superestimulado desde sempre, a pornografia torna o funcionamento do cérebro ainda pior. Seu consumo poderá causar ou piorar sintomas como ansiedade, alterações sensoriais, levando a uma exaustão mental. Além disso, pode tornar o autista mais emocionalmente insensível e sentimentalmente confuso, piorando suas funções executivas.

A idade média das primeiras experiências sexuais é até 4 anos maior entre aqueles com TEA em comparação com o grupo típico. Isso foi atribuído a um atraso no desenvolvimento de habilidades necessárias para iniciar interações sexuais e a um histórico de tentativas malsucedidas de desenvolver relações sexuais (PECORA, *et al.*, 2020). No entanto, apresentam menos comportamentos sexuais com um parceiro e, ao longo da vida, menos experiências sexuais do que a população típica.

Existe uma fase de latência considerada também como os anos de inocência, que ocorre por volta dos 5 anos até a puberdade, que geralmente acontece aos 12 anos, em que os interesses sexuais aparecem e acontece a menstruação nas meninas e os meninos têm sua primeira polução noturna. Quando interesses sexuais antecedem a fase da puberdade, precisamos suspeitar que essa criança foi sexualizada de alguma maneira.

Os déficits sociais e de comunicação típicos do autismo geralmente interferem nas habilidades de estabelecer e manter redes de pares. Como resultado, os indivíduos com TEA têm menos locais sociais e, portanto, menos oportunidades de adquirir sabedoria social em relação à sexualidade e à saúde sexual, que em nosso meio é aprendida entre os pares.

Com as dificuldades em discriminar entre os comportamentos considerados apropriados em diferentes contextos, eles podem se envolver ingenuamente em comportamentos de cortejo inapropriados como meio de buscar contato ou iniciar relacionamentos com outras pessoas. Consequentemente, há o risco de indivíduos com TEA buscarem parceiros em potencial de maneiras interpretadas como ameaçadoras (por exemplo, envolvendo-se em toques inapropriados, perseguição).

As alterações sensoriais podem afetar as experiências sexuais, com alguns indivíduos hipersensíveis sentindo os toques físicos suaves como desagradáveis ou desconfortáveis. Outros podem ser hipossensíveis e experimentarão uma reação insuficiente aos estímulos sensoriais e necessitarão de uma estimulação acima da média para ficarem sexualmente excitados. Já li relato de uma paciente adulta em que havia um combinado entre o casal e se definia a semana na qual ocorreria a relação sexual, para ela estar preparada para receber o toque físico de maneira adequada e não despertar sensações desagradáveis.

Comumente problemas como masturbação pública ou a masturbação compulsiva, parafilias, fetichismo, dentre outros, têm sido observados em indivíduos em todos os níveis de funcionamento, a ocorrência e a frequência de comportamentos hipersexuais foram associadas a níveis maiores de sintomas de autismo, sendo, às vezes, comuns comportamentos como preocupações sexuais com a genitália de outras pessoas, contato sexual inapropriado, ocasionando prevalência maior de indivíduos com TEA que foram acusados de ofensa sexual pelo envolvimento ingênuo em comportamentos inadequados de maneira não intencional.

Certa vez, no consultório, uma mãe de um adolescente de 15 anos com TEA nível 1 de suporte me procurou após a consulta para externar sua preocupação em relação ao risco que seus filhos menores poderiam correr, pois, como os pais trabalhavam, em um período do dia ele cuidava dos irmãos. Contudo, é preciso ressaltar que, quando promovemos um ambiente emocional fortificado, uma afetividade bem formada, até mesmo o cultivo de espiritualidade, são base fundamental para o desenvolvimento de uma sexualidade saudável.

O contrário é verdadeiro, pois pessoas com TEA têm duas a três vezes mais chances de serem vítimas de abuso. Entretanto, esses dados são subnotificados pela dificuldade em relatar o ocorrido. As mulheres são ainda mais vítimas em comparação com as mulheres típicas. Segundo um estudo francês, 9 em cada 10 mulheres autistas já foram vítimas de violência sexual (CAZALIS *et al.*, 2022).

Os principais abusadores são adultos da confiança, como familiares, conhecidos, prestadores de serviço, cuidadores ou médicos, sendo a maior parte dos abusaores do sexo masculino. Quanto mais limitante a deficiência, maiores as chances de abuso. Tornando-se a população com maior risco de ser abusada que a neurotípica, independente da idade ou gênero (MAHONEY; POLING, 2011).

Como a pessoa com TEA tem dificuldades em construir relacionamentos interpessoais e, portanto, menos redes protetoras de pares, estes também podem atuar como fatores de risco para abuso sexual. São vistos como alvos fáceis de abuso sexual por agressores oportunistas, pois as principais características do TEA atuam como um conjunto previsível de fatores de risco para vitimização e abuso sexual.

Há um corpo considerável de pesquisas citando maior prevalência de orientações não heterossexuais no TEA do que na população em geral. Obviamente, existe uma gama de explicações para esses dados, entretanto, fico com a hipótese dessa população ter uma sensibilidade social alterada e sofrer menor influência da pressão social heteronormativa. Ou seja, os indivíduos autistas vivem sua sexualidade com menor controle social e mais sob controle da filogenética, além de ter menor alteração da ontogenética.

O caminho para uma orientação correta pressupõe que crianças, adolescentes e adultos tenham direito à informação sobre seus corpos, seu funcionamento, além de uma formação e um ordenamento da afetividade, base para a vivência da sexualidade.

Quando pequenos, algumas atitudes já podem ser tomadas como nomear adequadamente as partes do corpo e definir limites corporais. Existe uma dinâmica bem interessante: o semáforo do corpo, em que uma imagem é utilizada para limitar o toque: verde, todos podem tocar; amarelo, alguns podem tocar como, por exemplo, ombro ou barriga; vermelho, ninguém pode tocar.

A educação sexual também passa pelo conceito de privacidade e, para que isso ocorra, precisamos trabalhar o quanto antes a autonomia da criança como banho, higiene corporal e íntima, vestir-se, limpar-se. Desde que essa autonomia seja estabelecida, há uma necessidade de preservar a privacidade da criança, como deixá-la usar o banheiro sozinha, trocar-se sozinha e de porta fechada. Aos adolescentes, lembrar-se de não invadir seu espaço sem pedir permissão, sempre bater na porta antes de entrar.

Os pais precisam estar abertos a recepcionar as informações e questionamentos sem se impressionarem ou espantarem com o que será dito, ou isso acarretará um distanciamento, dificultando uma retomada de conversa futura.

É preciso responder às indagações de maneira simples e o mais natural possível, em conformidade com a idade, com a devida metodologia pedagógica necessária para cada particularidade.

Oferecer educação sexual nos diversos espaços educacionais não se trata de submeter as crianças e os jovens a um processo sexualizador. Você pode e deve recorrer à ajuda profissional nesse tema quando se sentir inseguro e ditar as diretrizes que serão seguidas de acordo com os valores familiares.

Falar a verdade de maneira simples, pois essa população tem dificuldade de comunicação; quanto mais simples, mais eficaz será a educação sexual. No entanto, a simplicidade não se resume a uma educação puramente biológica, precisamos sempre levar em conta também amor, afeto, emoção, sentimentos, relacionamentos como partes da sexualidade.

Uso de materiais visuais e concretos, como histórias sociais, fotos, figuras, revistas, filmes educativos, podem ajudar nesse processo. Não utilizar linguagem metafórica ou historinhas como viemos da cegonha, o papai plantou a sementinha na barriga da mamãe pelo umbigo, pois isso só trará mais confusão do que ajuda.

O uso de aplicativos de relacionamentos em alguma fase pode ser considerado. Você não ensina seu filho a nadar no mar aberto. Primeiro, você o ensina na natação, com águas paradas e tranquilas. Nesse contexto, num aplicativo, você tem diferentes tipos de conversas, tem uma experiência e contato prático para o relacionamento com o outro.

Entender o tipo de conversa e o que isso leva. O uso das redes sociais e internet facilita muito devido a um fator determinante que seria o tempo que se dispõe para processar a informação, ou seja, consegue ler, interpretar e pensar calmamente no que responderá. Outro fator é a ausência da interpretação da comunicação não verbal. Fazendo com que a pessoa com TEA lide com a situação com níveis mais baixos de ansiedade.

A difícil manutenção das relações amorosas e íntimas ocorre, pois há objeção em descentrar-se de si, das suas atividades, gostos e rotinas, encarando a aceitação e integração do outro como o principal desafio. Encontrar gostos e interesses recíprocos é um fator determinante que as pessoas com TEA podem levar em conta na escolha de um parceiro.

Ter ao nosso lado pessoas em todas as fases da vida, obviamente, traz dores, mas creio que as alegrias superam os sofrimentos. A estabilidade, a companhia e o aumento dos níveis de autoestima fazem com que as relações amorosas sejam vistas como um fator protetor e que podem produzir muitos benefícios para o bem-estar dos indivíduos.

Assim como aprenderam as primeiras habilidades lá na mais tenra idade, esse novo caminho precisa ser trilhado, e nada mais é que uma nova habilidade a ser adquirida. Afinal, tudo é comportamento e o comportamento pode ser ensinado.

Referências

CAZALIS, F. *et al.* Evidence that nine autistic women out of ten have been victims of sexual violence. *Frontiers in behavioral neuroscience,* p. 136, 2022.

CORONA, L. L. et al. Providing education on sexuality and relationships to adolescents with autism spectrum disorder and their parents. *Sexuality and Disability*, v. 34, p. 199-214, 2016.

DEWINTER, J.; DE GRAAF, H.; BEGEER, S. Sexual orientation, gender identity, and romantic relationships in adolescents and adults with autism spectrum disorder. *Journal of autism and developmental disorders*, v. 47, p. 2927-2934, 2017.

MAHONEY, A.; POLING, A. Sexual Abuse Prevention for People with Severe Developmental Disabilities. *Journal of Dev Phys Disabilities*, v. 23, p. 369-376, 2011.

PECORA, L. A. *et al.* Sexuality and gender issues in individuals with autism spectrum disorder. *Child and Adolescent Psychiatric Clinics*, v. 29, n. 3, p. 543-556, 2020.

WARRIER, V. *et al.* Elevated rates of autism, other neurodevelopmental and psychiatric diagnoses, and autistic traits in transgender and gender-diverse individuals. *Nature communications*, v. 11, n. 1, p. 3959, 2020.

52

A ARQUITETURA GENÉTICA DO AUTISMO

A arquitetura genética do autismo é heterogênea e única para cada indivíduo. Os avanços científicos e a identificação de fatores genéticos abriram novas perspectivas para o seu entendimento. O amplo espectro de manifestações clínicas está diretamente relacionado à interação dos fatores genéticos e ambientais, e a identificação dos genes envolvidos se tornou uma ferramenta fundamental na compreensão dos fenótipos, auxiliando o diagnóstico precoce e o tratamento.

THAÍS CIDÁLIA VIEIRA GIGONZAC E
MARC ALEXANDRE DUARTE GIGONZAC

Thaís Cidália Vieira Gigonzac

Contatos
www.thaiscidalia.com.br
thaiscidalia@gmail.com
62 99964 2122

Biomédica pela Universidade Federal de Goiás, pós-doutora em Genética, doutora em Biologia Celular e Molecular e Mestre em Biologia. Professora da Universidade Estadual de Goiás e do mestrado em Genética - PUC/GO. Geneticista no LAGENE/CRER - Laboratório de Citogenética Humana e Genética Molecular/ Centro Estadual de Reabilitação e Readaptação Dr. Henrique Santillo, da Secretaria Estadual de Saúde de Goiás. Pesquisadora do Núcleo de Pesquisas Replicon/ PUC-GO, atuando na área de Genética, com ênfase em Aconselhamento Genético, Genética no Autismo e nas Doenças Raras, Genética Molecular e Forense. Auditora externa da Rede Integrada de Banco de Perfis Genéticos.

Marc Alexandre Duarte Gigonzac

Contatos
www.aconselhamentogenetico.online
prof.marcgigonzac@gmail.com
62 99600 2380

Biomédico formado pela Universidade Federal de Goiás, mestre em Genética Humana e doutor em Biotecnologia e Biodiversidade. Docente do curso de Medicina nas disciplinas de Genética Clínica e Habilidades Laboratoriais. Pesquisador e orientador do mestrado em Genética. Consultor nas políticas estaduais de atenção às doenças raras em Goiás. Biomédico/geneticista efetivo do LAGENE/CRER. Pesquisador nas áreas de Genética Clínica, Genética do TEA, Síndrome do X Frágil, Metilação, Oncogenética, Políticas Públicas de Saúde e Aconselhamento Genético.

Aspectos genéticos envolvidos no autismo

A genética desenvolve um papel fundamental no Transtorno do Espectro Autista (TEA) e nas síndromes autísticas. Estudos epidemiológicos já previam esse fato devido à elevada agregação familiar de casos, ao desequilíbrio de ligação entre os sexos, à concordância entre gêmeos e à forte associação com diferentes anomalias cromossômicas. Por outro lado, com o avanço das técnicas moleculares, foi possível comprovar que o TEA apresenta uma heterogeneidade genética muito significativa, levando a uma elevada heterogeneidade fenotípica.

No sentido de facilitar a compreensão dos fatores genéticos envolvidos no autismo, é possível dividir estes fatores em três categorias principais: as alterações monogênicas (que envolvem apenas um único gene), as alterações cromossômicas (que envolvem alteração na estrutura ou número de cromossomos) e as condições complexas/multifatoriais (que envolvem uma associação de diferentes genes e/ou fenômenos epigenéticos).

As alterações monogênicas são causadas comumente por mutações de novo, e representam um papel importante nos fenótipos do espectro autista. Dentre os genes envolvidos, destacam-se alguns como o FMR1, PTEN, MECP2, NLGN, NRXN e o SHANK. Por outro lado, atualmente, já foram descritos mais de mil genes associados ao TEA, com diferentes frequências e relevâncias clínicas. Sendo assim, cada caso precisa ser avaliado na sua individualidade, considerando-se os fatores genéticos envolvidos. É importante observar que várias alterações gênicas podem cursar com outras manifestações clínicas, como Deficiência Intelectual (DI), Transtorno no Déficit de Atenção/Hiperatividade (TDAH), Transtorno Obsessivo-Compulsivo (TOC), Epilepsia ou Esquizofrenia, entre outros.

Baseando-se nessas considerações, a avaliação genética de cada paciente é fundamental para entender possíveis comorbidades ou particularidades que os pacientes são predispostos. Atualmente, os principais genes envolvidos no

TEA já foram identificados e sequenciados, trazendo informações clínicas valiosas e possíveis quadros sindrômicos envolvidos (quadro 1).

Quadro 1: principais genes envolvidos no TEA

Gene	Localização	Herança	Condição Clínica / Sindrômica associada
SHANK3	22q13.33	AD	Phelan-McDermid, Esquizofrenia
MECP2	Xq28	LX	Rett, encefalopatia, DI
FMR1	Xq27.3	LX	X-Frágil, DI
NRXN1	2p16.3	AR	Pitt-Hopkins-like, esquizofrenia
CNTNAP2	7q35-q36.1	AR	Pitt-Hopkins-like
PTEN	10q23.31	AD	Cowden, Lhermitte, macrocefalia
TSC1	9q34.13	AD	Esclerose tuberosa
CHD8	14q11.2	AD	DI, macrocefalia
SHANK2	11q13.3-.4	-	Depressão
UBE3A	15q11.2	AD	Angelman
SLC6A4	17q11.2	AD	TOC, ansiedade
NLGN3	Xq13.1	LX	Asperger
NLGN4	Xq22.32-.1	LX	Asperger
TSC2	16p13.3	AD	Esclerose tuberosa
RELN	7q22.1	AD/AR	Lisencefalia, epilepsia
GRIK1	21q21.3	-	Epilepsia
CACNA1C	12p13.33	AD	Timothy, Brugada, hipotonia, malformações esqueléticas
CDKL5	Xq22.13	LX	Encefalopatia, Epilepsia, Rett
OPHN1	Xq12	LX	Billuart-type, DI
PAH	12q23.2	AR	Fenilcetonúria
NF1	17q11.2	AD	Neurofibromatose 1, Noonan
PTCHD1	Xq22.11	LX	TDAH
NSD1	5q35.3	AD	Síndrome de Sotos

*AD: Autossômica Dominante, *LX: Ligada ao X, *AR: Autossômica Recessiva

Além das condições monogênicas, e não menos importantes, existem as condições decorrentes de alterações cromossômicas. Considerando-se que os cromossomos são as unidades estruturais básicas do nosso material genético e portadores dos genes, modificações na sua estrutura ou número tendem a afetar de dezenas a centenas de genes simultaneamente, levando a condições mais complexas, geralmente sindrômicas.

Entre as cromossomopatias que cursam comumente com o TEA, destacam-se as síndromes de Down, Di-George, Angelman e Prader-Willi. Adicionalmente, observa-se que os bancos de dados internacionais têm sido alimentados constantemente com novas alterações cromossômicas, geralmente envolvendo regiões gênicas conhecidas, que acabam por cursar com um fenótipo autístico. Atualmente, as anormalidades cromossômicas mais comumente relatadas estão descritas na quadro 2 a seguir.

Quadro 2: Principais alterações cromossômicas envolvidas no TEA

Condição Sindrômica	Localização / Alteração
Síndrome da deleção 1q21	*1q21 del*
Síndrome da duplicação 1q21	*1q21 dup*
Síndrome da deleção 2q37	*2q37 del*
Síndrome da duplicação 7q11	*7q11.23 dup*
Síndrome de Angelman	15q11-q13 materno (*imprinting*)
Síndrome de Prader-Willi	15q11-q13 paterno (*imprinting*)
Síndrome da duplicação 15q11-q13	15q11-q13 *dup*
Síndrome Smith-Magenesis	17p11.2 *del*
Síndrome de Down	Trissomia do 21
Síndrome Di George (Velocardiofacial)	22q11.2 *del*
Síndrome da duplicação 22q11	22q11.2 *dup*
Síndrome Phelan-McDermid	22q13.3 *del*

Além das alterações citadas, acredita-se que a maior parte dos casos de TEA sejam decorrentes de condições complexas e multifatoriais. Elas representariam quase 80% dos casos de autismo, sendo causadas pela associação de um conjunto de fatores genéticos de risco, tanto de origem paterna como materna, associadas a diversos fatores ambientais.

Nesses casos, um dos modelos que melhor exemplifica a causa seria o modelo do copo descrito por Hoang *et al.* (2018), adaptado do modelo anterior da jarra, no qual se pode perceber que genes de peso variável (fortes e fracos) presentes nos pais que se combinam na prole, junto com diferentes fatores ambientais, poderiam resultar no "transbordar" fenotípico, que seria, na prática, ultrapassar os limites adaptativos, levando à manifestação do fenótipo.

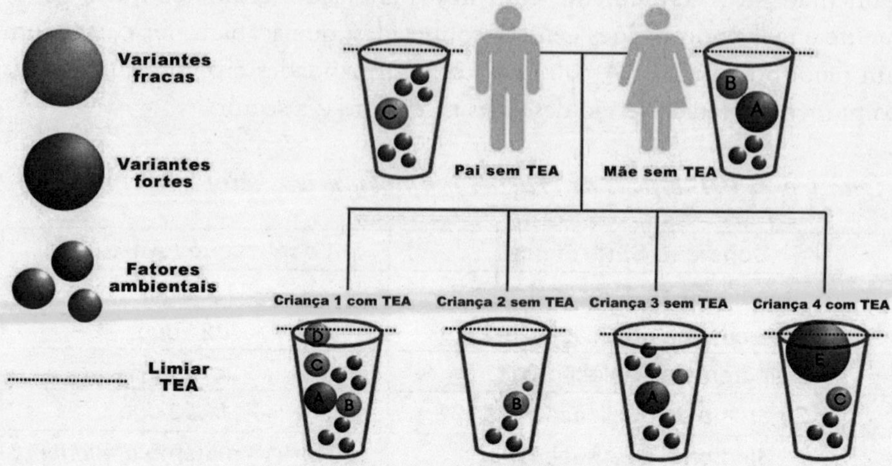

Modelo do copo (Hoang *et al.*, 2018) – adaptado por Uchoa, 2023.

Hereditariedade e herdabilidade

Vários estudos já demonstraram uma elevada herdabilidade, chegando a mais de 50% em inúmeras famílias, e ainda com uma taxa de concordância de até 90% em gêmeos monozigóticos. Considerando-se que o TEA é fortemente genético, é fundamental avaliar sua herdabilidade para estimar os riscos de recorrência nas famílias.

Em termos científicos, é importante destacar que nem tudo que é congênito é genético, e que nem tudo que é genético é herdável. Vários estudos já demonstraram inúmeras alterações genéticas presentes em crianças com TEA que não estavam presentes nos pais, caracterizando mutações novas (de novo), com possível correlação com a idade parental.

Para cada caso, a análise genética deve ser minuciosa e individualizada, com a finalidade de avaliar se o paciente apresenta uma alteração cromossômica, monogênica ou multifatorial, e se foi herdada (presente nos pais) ou se trata de uma alteração de novo, além de qualificar todos os fatores ambientais conhecidos na sua provável etiologia. Assim, a possibilidade de estimar uma herdabilidade depende, inicialmente, da identificação e compreensão dos fatores etiológicos, sendo fundamental, a realização de exames genéticos específicos.

Exames genéticos e suas aplicações

Os avanços biotecnológicos mais recentes têm possibilitado realizar exames genéticos cada vez mais precisos, rápidos e acessíveis. No entanto, devido à sua grande disponibilidade, muitas vezes ficam confusas a diferença e a aplicabilidade de cada um, devendo-se sempre avaliar com cuidado e rigor qual ou quais serão úteis para cada caso, visto que cada paciente é único e possui suas especificidades.

De uma forma simplificada, os exames solicitados devem normalmente rastrear a causa genética, buscando, inicialmente, alterações maiores (cromossômicas) e, sequencialmente, afunilando para as alterações menores. Assim, no campo do diagnóstico etiológico, é possível iniciar com exames de cariótipo, que avaliam alterações numéricas e estruturais dos cromossomos, que muitas vezes cursam com condições sindrômica.

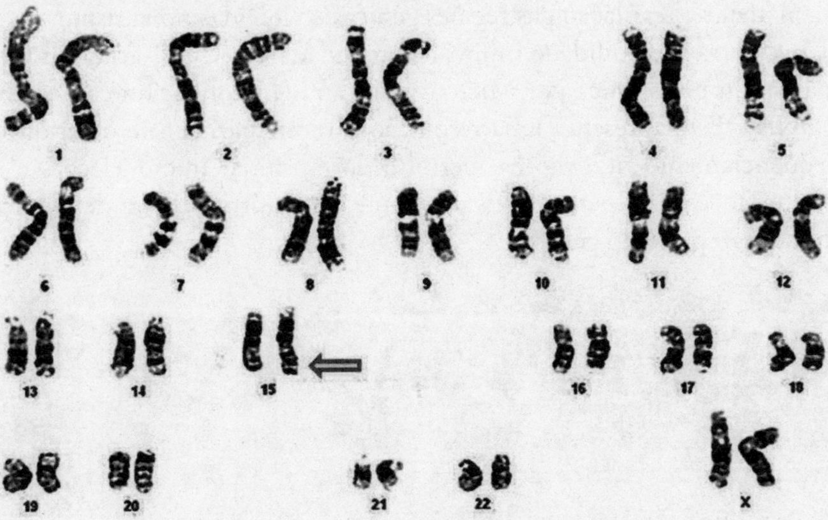

Exemplo de cariótipo com duplicação no cromossomo 15.

Quando o exame de cariótipo não apresenta alteração, torna-se necessário realizar uma avaliação dos possíveis genes alterados para teste individual através da análise do DNA. Por exemplo, quando se trata de um paciente do sexo masculino com traços autísticos, deficiência intelectual (DI, face alongada e queixo proeminente, é recomendado solicitar um exame para o gene FMR1, por se tratar possivelmente da Síndrome do X Frágil (SXF).

No entanto, quando não se tem nenhuma suspeita etiológica, os painéis de genes representam uma opção interessante por avaliarem de dezenas a centenas de genes-alvo com técnicas sensíveis e de ampla cobertura. Vários laboratórios oferecem painéis robustos, mas que nem sempre vão abranger os mesmos genes. Sendo assim, o aconselhamento genético torna-se fundamental na fase pré e pós-teste, para maiores esclarecimentos e melhor escolha do painel, considerando-se os aspectos clínicos relatados, e assim, rastrear uma alteração presente no paciente.

Uma das técnicas que apresenta alta resolutividade é o sequenciamento de exoma por NGS (Sequenciamento de Nova Geração). Este exame vai analisar todas as regiões gênicas (codificadoras) do paciente. Para comparação, enquanto um painel deve analisar de 100 a 200 genes alvos, um exoma completo analisa em torno de 22.000 genes. Apesar de ser um exame muito informativo, ainda assim, pode não apresentar alteração. Nestes casos, pode ser feito o sequenciamento completo do genoma, de maior custo e interpretação mais complexa, mas que permite avaliar também as regiões não gênicas, que podem afetar a regulação das regiões gênicas envolvidas no autismo.

Uma outra possibilidade muito recomendada é o CGH-array ou CMA (Análise Cromossômica por Microarray), também conhecido como "chips de DNA". Este apresenta uma resolução intermediária entre o cariótipo e o sequenciamento de genoma, permitindo examinar microdeleções e microduplicações (não perceptíveis no exame de cariótipo), além de mutações pontuais em parte do genoma.

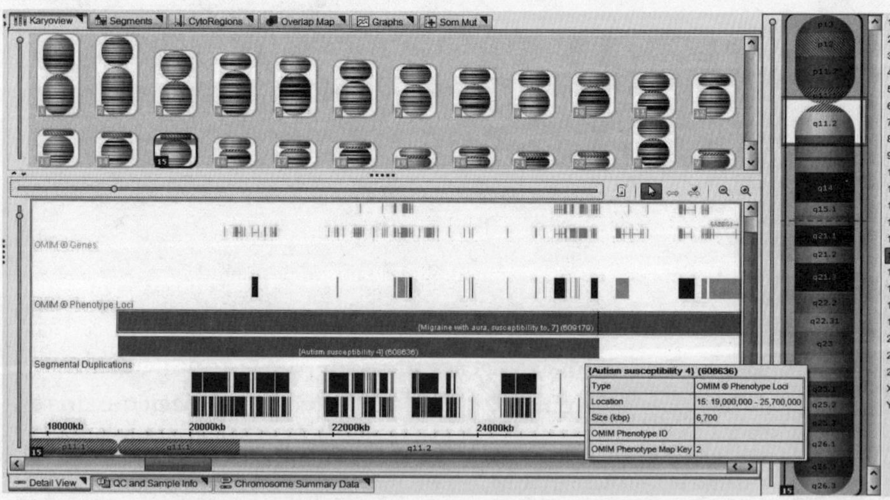

Exemplo de uma análise por CMA, com alteração no cromossomo 15 envolvendo um gene de susceptibilidade para o TEA.

Vale ressaltar que cada laboratório pode utilizar "chips" diferentes, com densidades e coberturas diferentes do material genético, sendo fundamental o aconselhamento genético para obter informações e esclarecimentos sobre resolutividade do exame genético, bem como a interpretação adequada dos resultados para o paciente e para equipe de profissionais envolvidos na assistência.

A importância do aconselhamento genético

O Aconselhamento Genético (AG) é um processo de comunicação que lida com os problemas humanos associados à ocorrência ou ao risco de ocorrência de uma condição genética em uma família, permitindo a compreensão de informações como diagnóstico, manifestações clínicas, curso da condição genética e condutas disponíveis, além de verificar o risco de recorrência familiar e as alternativas para lidar com ele. O AG deve ser sempre solicitado pelo médico assistente e ser compreendido como parte de um atendimento multiprofissional e interdisciplinar.

A sistemática do AG envolve tipicamente diferentes etapas de acordo com as necessidades da família. Em um AG convencional, o responsável pela criança é informado sobre os objetivos do aconselhamento e assina um Termo de Consentimento Livre e Esclarecido para prosseguir com o acompanhamento.

Após a formalização, o conselheiro geneticista busca obter o máximo de informações sobre o histórico familiar, montando um heredograma, e avaliando também os possíveis fatores ambientais envolvidos no TEA. Após este levantamento, inicia-se uma minuciosa avaliação clínica (fenotipagem) para verificar possíveis condições de TEA sindrômico, tais como síndrome do X Frágil ou Prader-Willi. Além disso, o AG é altamente recomendado antes e após a realização de um exame genético, com o objetivo de esclarecer a escolha do exame, bem como a interpretação adequada dos resultados obtidos com os achados clínicos relatados.

O conselheiro geneticista pode apresentar as informações sobre o atual curso da condição, o prognóstico (evolução), de acordo com o conjunto de dados existentes, e os riscos de recorrência, além das melhores alternativas quanto aos atuais tratamentos clínicos e farmacológicos. É importante destacar que, pelo fato de muitos desses exames terem informações extremamente específicas, individuais e alterações muitas vezes raras ou até mesmo de "significado incerto", o geneticista ainda realiza buscas em bancos de dados internacionais para poder fazer inferências sobre os resultados.

Vale ressaltar que o AG é um serviço que se destaca por fornecer informações genéticas complexas de forma compreensível e acessível, em um processo não diretivo, que respeita a individualidade de cada caso, de acordo com os valores pessoais, e prezando sempre pela empatia, fundamental nas relações humanas.

Referências

CHASTE, P.; LEBOYER, M. Autism risk factors: genes, environment, and gene-environment interactions. *Dialogues in clinical neuroscience*, 2022.

FERNANDEZ, B. A.; SCHERER, S. W. Syndromic autism spectrum disorders: moving from a clinically defined to a molecularly defined approach. *Dialogues in clinical neuroscience*, 2022.

FU, J. M. *et al.* Rare coding variation provides insight into the genetic architecture and phenotypic context of autism. *Nature genetics*, v. 54, n. 9, p. 1320-1331, 2022.

GIGONZAC, T. C. V.; GIGONZAC, M. A. D. *Transtorno do Espectro Autista – diagnóstico, mapeamento genético e terapias personalizadas.* Recife: Editora Even3, 2022.

GROVE, J. *et al.* Identification of common genetic risk variants for autism spectrum disorder. *Nature genetics,* v. 51, n. 3, p. 431-444, 2019.

HAVDAHL, A. *et al.* Genetic contributions to autism spectrum disorder. *Psychological medicine,* v. 51, n. 13, p. 2260-2273, 2021.

HOANG, N.; CYTRYNBAUM, C.; SCHERER, S. W. Communicating complex genomic information: A counselling approach derived from research experience with Autism Spectrum Disorder. *Patient education and counseling*, v. 101, n. 2, p. 352-361, 2018.

LIM, M. *et al.* Recent developments in autism genetic research: A scientometric review from 2018 to 2022. *Genes*, v. 13, n. 9, p. 1.646, 2022.

MASINI, E. *et al.* An overview of the main genetic, epigenetic and environmental factors involved in autism spectrum disorder focusing on synaptic activity. *International journal of molecular sciences*, v. 21, n. 21, p. 8.290, 2020.

PEAY, H. L.; AUSTIN, J. C. *How to talk with families about genetics and psychiatric illness.* Nova York: WW Norton & Company, 2011.

RUZZO, E. K. *et al.* Inherited and de novo genetic risk for autism impacts shared networks. *Cell,* v. 178, n. 4, p. 850-866. e26, 2019.

THAPAR, A.; RUTTER, M. Genetic advances in autism. *Journal of autism and developmental disorders*, v. 51, n. 12, p. 4321-4332, 2021.

XIONG, J. *et al.* Neurological diseases with autism spectrum disorder: Role of ASD risk genes. *Frontiers in neuroscience*, v. 13, p. 349, 2019.

YASUDA, Y. *et al.* Genetics of autism spectrum disorders and future direction. *Journal of Human Genetics*, p. 1-5, 2022.

ZHANG, Y. *et al.* Genetic evidence of gender difference in autism spectrum disorder supports the female-protective effect. *Translational psychiatry,* v. 10, n. 1, p. 1-10, 2020.

53

PREPARAÇÃO PRÉ-CONCEPCIONAL

REDUZINDO FATORES AMBIENTAIS ASSOCIADOS AO TEA

Neste capítulo, abordaremos os principais fatores de associação com o transtorno do espectro autista (TEA) e alguns cuidados e estratégias para reduzi-los, em uma preparação pré-concepcional, para a vinda de um novo bebê à família.

MARIANA INÁCIO VILAS BÔAS

Mariana Inácio Vilas Boas

Contatos
contato@dramarianainacio.com.br
Instagram: @dramarivilasboas

Médica formada pela Universidade Cidade de São Paulo (2017) com pós-graduação em Nutrologia pela Associação Brasileira de Nutrologia - Abran (2018). Certificada com formação em Definição Corporal, pelo dr. Victor Sorrentino, e formação em Estudos Científicos sobre Terapias Hormonais, pelo Instituto Paleo. Participante do I Seminário Médico de Autismo no Consultório, com o dr. Thiago Castro. Membro do Institute for Functional Medicine. Pós-graduanda em Abordagem Integral do Autismo e TDAH pela Universidade das Américas. Mãe de três crianças, tendo sido meu segundo filho, um lindo menino de quatro anos, diagnosticado com TEA.

Quando o TEA bate à nossa porta, a decisão de aumentar a família ganha uma nova perspectiva: quais as chances de que esse novo bebê também apresente o TEA? Para responder a esta questão, temos que levar em consideração que esta é uma condição multifatorial: envolve fatores genéticos e ambientais.

Quando analisamos tudo o que envolve essa condição, a taxa de recorrência do TEA se apresenta da seguinte forma: entre irmãos com os mesmos genitores, o percentual de chances de um novo bebê apresentar essa condição é de 9,3%; entre meios-irmãos, é de 4,8%; e entre primos de primeiro grau, é de 1,9%. Se o irmão mais velho com TEA for uma menina, o segundo filho, independente do sexo, tem 1,5 vezes mais chance de apresentar autismo. Esse padrão pode refletir o fato de que o TEA em meninas tem maior incidência de gravidade no seu fenótipo e um cunho genético mais determinante.

Os fatores ambientais de associação, não a sua totalidade, mas a sua grande maioria, são passíveis de modificação e podem ser observados, a fim de reduzir a recorrência do TEA em famílias com histórico prévio e, por que não, em famílias sem história pregressa. E quais seriam esses fatores? Abordaremos na sequência os principais fatores de associação conhecidos até o momento. É importante dizer que muitos outros fatores seguem em investigação, e com o passar dos anos, é possível que o nosso campo de conhecimento sobre esse assunto se amplie cada vez mais.

Idade parental avançada

A idade dos genitores igual ou maior do que 35 anos aumenta o risco de TEA, e isto já está bem estabelecido na literatura. O efeito combinado de idade dos pais, quando avançada, aumenta ainda mais esse risco, assim como o aumento na diferença de idade entre os pais. Isso se deve às taxas elevadas de mutações em pais mais velhos. Os mecanismos maternos em relação ao efeito da idade materna avançada não estão apenas ligados às mutações genéticas, mas também a uma maior prevalência de doenças crônicas e a um ambiente uterino menos favorável, muitas vezes resultando em complicações obstétricas, o que eleva o risco de eventos adversos no parto.

Mais recentemente, um estudo demonstrou que há uma associação entre traços autistas e mudanças no esperma do pai. Isso se deve ao ambiente epigenético ao qual o genitor se expõe ao longo da vida, como sedentarismo, alimentação, exposição a produtos químicos entre outros. Ainda não há evidências contundentes nesse sentido, porém isso abre uma perspectiva sobre a importância do controle desses fatores ao longo da vida.

Tecnologias de reprodução assistida

A estimulação hormonal, captação de óvulos, fertilização *in vitro*, injeção intracitoplasmática de espermatozoides, micromanipulação de gametas e exposição ao meio de cultura podem sujeitar os gametas e embriões precoces ao estresse ambiental e podem estar associados a um risco maior de defeitos congênitos e baixo peso ao nascer. O TEA e a concepção assistida compartilham vários fatores de risco. Em ambos, foram relatados distúrbios hormonais, especialmente na regulação de testosterona/andrógenos, junto com altas taxas parentais de idade avançada, partos prematuros e baixo peso ao nascer.

Fatores químicos e tóxicos ambientais

A exposição a poluentes atmosféricos relacionados ao tráfego e aos pesticidas, em estágios críticos do desenvolvimento embrionário, pode afetar o desenvolvimento neural e comportamental. Os mecanismos envolvem a neurotoxicidade, as vias de desregulação imune, metabolismo lipídico alterado e disfunção mitocondrial. A poluição do ar é provavelmente o fator de risco químico com a evidência mais forte de associação com o TEA, especialmente com a exposição no terceiro trimestre de gestação.

Estado nutricional materno

O estado nutricional materno e o índice de massa corporal antes da gravidez são considerados fatores que podem influenciar o desenvolvimento normal do cérebro, por meio do excesso ou déficit de micronutrientes e fatores de crescimento. Tanto a obesidade quanto a desnutrição foram associados a um risco aumentado de TEA. A obesidade materna leva a uma ativação do sistema imunológico e inflamação crônica do ambiente uterino, potencializando o crescimento neuronal anormal, com consequentes prejuízos ao neurodesenvolvimento da prole. Já a desnutrição materna pode provocar uma resposta fisiológica ao estresse, levando a danos neuronais, por meio de uma liberação desproporcional de fatores pró-inflamatórios.

Uso de ácido fólico

O ácido fólico suplementado se apresenta na forma de monoglutamato de folato e, ao contrário da forma alimentar, é metabolizado no fígado e não no intestino. A diidrofolato redutase humana (DHRF), enzima que converte em diidrofolato e tetraidrofolato ativos, tem atividade baixa no fígado. Isso pode resultar em ácido fólico não metabolizado no sangue. O problema não está no excesso de folato circulante e sim no excesso de ácido pteroilmonoglutâmico, que é a forma não metabolizada do ácido fólico. Além disso, podemos dizer que a superdosagem de ácido fólico perturba o funcionamento epigenético cerebral, especialmente de genes ligados ao TEA. Por fim, assim como muitos pacientes diagnosticados no TEA, suas mães também apresentam alta prevalência de polimorfismos no gene que regula a enzima metileno tetrahidrofolato redutase, que transforma o ácido fólico em sua forma ativa, contribuindo para o aumento da circulação de ácido fólico não metabolizado.

O folato tem uma função importante no desenvolvimento do embrião, especialmente no que tange ao fechamento do tubo neural, porém, o seu papel protetor quanto ao TEA ainda não está completamente elucidado. Diante das evidências, sabemos que, para reduzirmos a associação da suplementação de folato ao TEA, o mais importante é que essa suplementação ocorra com o uso do folato em sua forma ativa, que é o metilfolato, evitando que eventuais deficiências enzimáticas aumentem a circulação de ácido fólico não metabolizado e em uma dose de aproximadamente 600 mcg, evitando seu excesso.

Deficiência materna de ferro

A literatura científica aponta para a importância da reposição de ferro desde o período periconcepcional. O ferro participa da produção de neurotransmissores, mielinização neuronal e imunidade. A deficiência de ferro nesse período pode resultar não apenas em prejuízo ao desenvolvimento geral das habilidades cognitivas, motoras e de linguagem, mas também em déficit na orientação social e no engajamento, que podem levar ao TEA.

Uso de medicamentos

O uso de antidepressivos da classe dos Inibidores da Recaptação de Serotonina foi associado ao TEA, levantando à hipótese de uma ligação patogenética entre alterações das vias da serotonina e anormalidades neurobiológicas do TEA, especialmente quando usadas nos períodos pré-concepcional e primeiro trimestre gestacional. Outros estudos demonstraram uma forte associação entre o uso de antidepressivos de qualquer classe ao TEA. Outros, ainda, apontam para uma possível associação do TEA com os diagnósticos de depressão e transtorno de ansiedade nas mães, em vez da associação com as medicações. O fato é que não há um consenso quanto a esse assunto. O ideal é que haja uma avaliação, caso a caso, do custo-benefício do tratamento farmacológico dessas condições, durante a gestação.

Entre as drogas antiepiléticas, o valproato de sódio demonstrou associação maior com problemas no neurodesenvolvimento como deficiências cognitivas, atraso no desenvolvimento e TEA. Portanto, é contraindicado como antiepilético de primeira linha ou estabilizador de humor em mulheres grávidas ou que desejam engravidar. Além disso, outras drogas antiepiléticas foram associadas ao TEA como oxcarbazepina e lamotrigina (sozinhas ou combinadas com valproato de sódio).

Alguns estudos apontam para a possibilidade de exposição a antibióticos, no período pré-natal ou no início da vida, estarem associados ao TEA. Nesses estudos, camundongos que foram expostos a antibióticos no início da vida apresentaram comportamentos sociais prejudicados, agressividade e alterações do microbioma intestinal. Mais pesquisas são necessárias para elucidação dessa questão.

Abuso de substâncias

O consumo de grandes quantidades de álcool durante a gestação está associado ao TEA. Porém, o consumo moderado ou leve de álcool, assim como consumo de cocaína ou tabagismo, não tem relação estabelecida com esta condição.

Fatores nutricionais

Baixos níveis de vitamina D e baixo consumo de ômega 3 na gestação estão associados com o aumento do risco de TEA ou traços autísticos, especialmente durante a metade do período gestacional. Além disso, altos níveis de consumo de metanol (presente em corantes) e aspartame também estão associados ao TEA.

Uma dieta materna rica em gordura durante a gestação está fortemente associada à ativação de várias citocinas inflamatórias, que são elevadas durante a gestação de mães de crianças com TEA (ex.: IL-4 e IL-5).

Infecções pré-natais e ativação imunológica materna

Dados atuais sugerem que existe uma ligação potencial de risco entre autismo e infecção ou inflamação materna durante a gravidez. A ativação imune materna pode gerar uma desregulação imune materno-fetal, que pode interromper o desenvolvimento cerebral e a conectividade neural. Níveis aumentados de citocinas, quimiocinas e outros mediadores inflamatórios foram associados ao TEA e à deficiência intelectual.

Independente de infecções pré-natais, o sistema imunológico materno pode estar associado ao TEA. Autoanticorpos maternos (de mães com doenças autoimunes como Tireoidite de Hashimoto, por exemplo), podem reconhecer proteínas do cérebro fetal em desenvolvimento.

Diabetes mellitus gestacional

O diabetes gestacional afeta o desenvolvimento motor fino e grosso em longo prazo e leva a dificuldades de aprendizagem e transtorno de déficit de atenção e hiperatividade. Isso se deve ao aumento do estresse oxidativo fetal, bem como alterações epigenéticas na expressão de vários genes. Existe a hipótese de mudança epigenética na prole, dos genes que regulam a metilação do DNA, alteração essa observada em crianças com TEA. Além disso, a hiperglicemia leva a um aumento da inflamação sistêmica e as citocinas inflamatórias atravessam a barreira placentária e afetam o neurodesenvolvimento. Por fim, o diabetes mellitus gestacional aumenta o risco de complicações na gestação, como pré-eclâmpsia, macrossomia fetal, mortalidade perinatal, cesariana e parto prematuro, que também podem aumentar o risco de distúrbios do neurodesenvolvimento.

Níveis de melatonina materna

A melatonina é um hormônio crucial para o neurodesenvolvimento e protege contra o estresse oxidativo e agentes neurotóxicos. A deficiência de melatonina é detectada em crianças com TEA em um período precoce de vida e, portanto, baixos níveis de melatonina materna podem ser consideradas um fator que pode aumentar a suscetibilidade ao autismo.

Fatores perinatais

Os achados sobre esse assunto são conflitantes, porém há uma hipótese de que o uso de ocitocina sintética nos partos cesáreas e nas induções do trabalho de parto gera uma desregulação epigenética no sistema oxitocinérgico, gerando disfunções comportamentais do TEA. Idade gestacional menor do que 36 semanas, apresentação pélvica, pré-eclampsia, sofrimento fetal, hemorragia intraparto aguda e baixo peso ao nascer têm sido associados a triagens precoces de autismo.

Microbioma intestinal

Modelos animais sugerem que as bactérias intestinais maternas podem promover anormalidades do neurodesenvolvimento na prole, possivelmente mediadas por células T helper 17, com subsequente ativação do sistema imunológico materno.

Fatores de proteção contra o TEA

Uma vez explorados os fatores ambientais associados ao TEA, podemos também elencar os fatores de proteção contra o TEA. Como vimos, alguns elementos da dieta materna têm ação protetora, como ômega 3, vitamina D e ferro. Por isso, é importante que a mulher suplemente esses elementos, caso necessário, desde o período pré-concepcional. Em alguns estudos, a ingestão diária de metilfolato na dose de 600mcg, no período periconcepcional e durante o primeiro mês da gestação, mostrou uma redução de 40% do risco de TEA. Essa redução foi ainda mais significativa em mães que apresentam polimorfismos genéticos, relacionados à metilação do ácido fólico. Porém, outros estudos acerca deste assunto foram inconclusivos, o que nos leva a uma incerteza sobre essa afirmativa.

Outro fator que poderia desempenhar o papel de agente protetor é a melatonina. A síntese de melatonina é frequentemente prejudicada nos pacientes com TEA e em suas mães. O consumo desse hormônio na gravidez pode atuar como um fator neuroprotetor, reduzindo o risco de TEA. Mulheres com sobrepeso ou obesidade devem emagrecer no período pré-concepcional, mulheres diabéticas devem ter um controle rigoroso de sua glicemia e mulheres com doenças crônicas preexistentes devem controlar essas doenças.

Por fim, algumas meta-análises fornecem evidências de que a amamentação pode proteger contra TEA. Por conter bifidobactérias, lisozima, lipoxinas, glutationa e citocinas anti-inflamatórias, o leite materno pode ter efeito protetor.

Os períodos pré-concepcionais e pré-natais são as fases em que os fatores de risco e proteção desempenham seu papel principal. Conhecimento e boas práticas clínicas podem auxiliar as famílias a fazerem melhores escolhas nessas fases.

Referências

EMBERTI GIALLORETI, L. *et al.* Risk and Protective Environmental Factors Associated with Autism Spectrum Disorder: Evidence-Based Principles and Recommendations. *J Clin Med.*, 8 (2), 217, 2019 Feb 8. Disponível em: <https://www.mdpi.com/2077-0383/8/2/217>. Acesso em: fev. de 2023.

FEINBERG, J. I.; SCHROTT R.; LADD-ACOSTA, C.; NEWSCHAFFER, C. J.; HERTZ-PICCIOTTO, I.; CROEN, L. A.; FALLIN, D. M. FEINBERG, A. P.; VOLK, H. E. Epigenetic changes in sperm are associated with paternal and child quantitative autistic traits in an autism-enriched cohort. *Mol Psychiatry.* 2023 Apr 27. doi: 10.1038/s41380-023-02046-7. Epub ahead of print. PMID: 37100868.

HANSEN, S. N. *et al.* Recurrence Risk of Autism in Siblings and Cousins: A Multinational, Population-Based Study. *J Am Acad Child Adolesc Psychiatry.*, 58 (9), 866-875, 2019 Sep. Disponível em: <https://www.jaacap.org/article/S0890-8567(19)30172-8/fulltext>. Epub 2019 Mar 6. PMID: 30851399; PMCID: PMC6708733. Acesso em: fev. de 2023.

HOXHA, B. *et al.* Folic Acid and Autism: A Systematic Review of the Current State of Knowledge. *Cells.*,10 (8),1976, 2021 Aug 3. Disponível em: <10.3390/cells10081976. PMID: 34440744; PMCID: PMC8394938>. Acesso em: fev. de 2023.

ROWLAND, J.; WILSON, C. A. The association between gestational diabetes and ASD and ADHD: a systematic review and meta-analysis. *Sci Rep.* 11 (1), 5136, 2021 Mar 4. Disponível em: <10.1038/s41598-021-84573-3. PMID: 336643 19; PMCID: PMC7933135>. Acesso em: fev. de 2023.

WIENS, D.; DeSOTO, M. C. Is High Folic Acid Intake a Risk Factor for Autism? – A Review. *Brain Sci.*, 7 (11), 149, 2017 Nov 10. Disponível em: <https://www.mdpi.com/2076-3425/7/11/149>. Acesso em: fev. de 2023.

54

DESMISTIFICANDO A ABORDAGEM DE CRIANÇAS COM TEA NO CONSULTÓRIO

Este capítulo pretende mostrar para profissionais e pais de crianças com transtorno do espectro autista (TEA) a possibilidade de atendimento clínico, dentro do consultório, por meio de técnicas baseadas em evidência científica. A intenção é desmistificar o primeiro contato da criança com o profissional, independente da área de atuação, mostrando-lhes alternativas simples, mas eficazes para conquistar todos os pacientes com humanização, respeitando o tempo de cada indivíduo e conduzindo para uma experiência acolhedora.

LUCAS B. GAZZINELLI

Lucas B. Gazzinelli

Contatos
www.superdentista.com.br
superdentista1@gmail.com
Instagram: @superdentista
27 99232 1325

Cirurgião-dentista, especialista e mestre em Odontopediatria, com capacitação em pessoas com deficiência, habilitado em odontologia hospitalar, sedação consciente com óxido nitroso e terapia fotodinâmica. Formado há mais de 10 anos e, desde então, atuante no tratamento odontológico aos pacientes com transtorno do espectro autista; pós-graduado em Análise do Comportamento Aplicada e Modelo Denver de Intervenção Precoce. Professor e palestrante, criador do curso "Estratégias práticas no atendimento de crianças com autismo". Idealizador da SuperClinic, voltada para o atendimento odontológico de adultos e crianças com TEA, além de sócio-administrador da clínica Odontoface Metropolitano.

Desafios no primeiro contato do profissional com a criança com transtorno do espectro autista (TEA)

O atendimento a crianças com TEA não é tarefa simples na Odontologia. O profissional precisa realizar uma anamnese detalhada do paciente, o que demanda *expertise* no transtorno. Nessa empreitada, o profissional da Odontologia deve apurar se há transtornos associados, determinando técnicas de manejo comportamental a serem aplicadas e o emprego de terapias complementares; diagnosticar e estabelecer um plano de tratamento/intervenção individualizado para o paciente, servindo-se de materiais odontológicos que otimizem o tempo de execução do tratamento.

Se, por um lado, precisamos de profissionais e equipe capacitados, por outro, é preciso direcionar os pais a como preparar os filhos para a consulta, para que o processo seja conduzido da melhor maneira possível. Para isso, estratégias precisam ser adotadas para que, ao término deste primeiro contato, a tríade formada pelos pais, criança e profissionais esteja alinhada com os objetivos de todo tratamento.

TEA e odontologia

Em uma revisão sistemática realizada por Da Silva *et al.* (2018), foram relatados altos índices de doença periodontal (69,4%) e doença cárie (60,6%) em crianças e adolescentes com TEA. Além disso, esse grupo de pacientes apresenta um maior risco de lesões traumáticas. Esses dados refletem a importância das consultas com o cirurgião-dentista, embora sejam muitos os obstáculos enfrentados pelos familiares e pacientes, como a inacessibilidade a serviços especializados e despreparo profissional.

Caso o motivo da consulta seja prevenção, vale aproveitar ao máximo este momento para trabalhar as orientações com os pais e o comportamento da criança.

Ambiente clínico

Quando o assunto é levar a criança com TEA para um novo ambiente, os pais já esperam um comportamento inadequado; isso ocorre devido à adesão exagerada às rotinas, que está relacionada à inflexibilidade mental, uma característica bastante comum nos pacientes que têm dificuldade de encontrar formas variadas para lidar com situações rotineiras.

O profissional que se coloca à disposição para o atendimento de pessoas com alterações sensoriais precisa se atentar a alguns detalhes que podem atrapalhar a abordagem ao paciente e que estão diretamente ligadas ao ambiente.

Os pacientes com TEA apresentam déficit no processamento sensorial e, devido a essas dificuldades na modulação da entrada sensorial, essas crianças, muitas vezes, respondem de forma atípica ao estímulo visual, auditivo, tátil, olfativo ou gustativo.

Cermak *et al.* (2015) relataram a utilização de um ambiente odontológico adaptado sensorialmente para as crianças com TEA, com a qual obtiveram 100% de aderência. Além desse artigo, Shapiro M. *et al.* (2009) realizaram um estudo comparativo entre as crianças com e sem TEA, no qual se encontrou um maior conforto nos dois grupos durante o atendimento.

O ambiente sensorial adaptado inclui sensações visuais sem iluminação fluorescente ou refletor da cadeira odontológica.

Um outro cuidado necessário é com o aspecto olfativo, que pode ser mascarado através da aromaterapia, com utilização de uma fragrância desenvolvida com o intuito de melhorar o bem-estar físico e psicológico de uma pessoa.

A sensibilidade auditiva do paciente também merece atenção. Em um ambiente com muito barulho, podemos utilizar um abafador de som, mas vale ressaltar a importância de utilizarmos também um tom de voz mais baixo.

O brincar como forma de aprendizado e interação

O brincar participa do equilíbrio psicossomático da criança, regulando tensões e desencadeando ações diretas no sistema imunológico, gerando equilíbrio físico e psíquico.

Uma das características principais do transtorno é o déficit de interação, o que significa que a criança com TEA pode ter dificuldade de iniciar ou de manter a interação com quem a faz, por isso a abordagem inicial cuidadosa é tão importante.

Um dos maiores equívocos de quem não conhece o transtorno e quer se aproximar da criança é introduzir a brincadeira com as regras já pré-estabelecidas, isso diminui as chances da criança se interessar e pode aumentar os comportamentos de esquiva e fuga.

Uma das formas de abordagem é seguir o comando da criança, chegar perto dela aos poucos, em vez de abordá-la com demandas. Podemos oferecer uma ajuda gestual, física, verbal e tocar no que gostaríamos que a criança dedicasse a atenção.

As crianças têm preferência pelo brincar, pela situação prazerosa, e quando precisam iniciar algo que não seja tão prazeroso, podem iniciar os comportamentos inadequados ou disruptivos.

O objetivo das intervenções não podem ser sessões apenas de entretenimento e de forma aleatória, precisamos saber o que estamos fazendo, ter metas e objetivos.

Faça a combinação da imaginação criativa e conhecimento técnico. A utilização de brinquedos para estimular a coordenação motora, emparelhamento de imagens e raciocínio lógico podem ajudar o entendimento da criança com TEA sobre o que será abordado durante a consulta.

Uma atividade interessante para este momento é o jogo da memória, no qual ensinamos sobre troca de turno, atenção compartilhada e sobre os contextos que queremos ensinar para criança (Figura 1).

Figura 1: Jogos criados pelo dr. Lucas Gazzinelli em parceria com a Érica Rocha (@estimular_e_amar).

Previsibilidade

Uma das questões principais a serem trabalhadas diante dos novos desafios da criança com TEA é a previsibilidade.

A abordagem inicial será na brinquedoteca, pois é onde a criança se sente melhor e ainda não foi exposta a alguns estímulos que podem ser aversivos, como a cadeira odontológica.

Vale ressaltar que, caso a criança tenha um bom entendimento, já podemos utilizar alguns materiais didáticos, fotos ou vídeos sobre o que acontecerá adiante.

É sempre importante pensar no conceito do *cross dissolve*, ou seja, a transição de um ambiente para o outro.

Os materiais estruturados com as etapas que a criança precisará enfrentar nos ajudam a explicar o que é importante e mostram para criança, de forma lúdica e terapêutica, o que está por vir (Figura 2).

Figura 2: Materiais estruturados criados pelo dr. Lucas Gazzinelli em parceria com o @estimular_e_amar

Técnicas de modelagem de comportamento

Não existe um programa ou estratégia única que funcione para todos os pacientes com TEA. Para definir a melhor estratégia, faz-se necessária a análise aplicada e funcional do comportamento da criança, ressaltando o que há de positivo; avaliar o que será ensinado e planejar estratégias para extinguir os comportamentos que impeçam um tratamento eficaz.

A escolha da técnica de abordagem dependerá do comportamento da criança. Geralmente, quanto mais alto for o nível de não colaboração, maior a frequência de utilização de estratégias de manejo comportamental.

Existem diversas técnicas, entre elas podemos citar a dessensibilização, distração, reforço positivo, modelação e história social.

Dessensibilização: é um conjunto de técnicas que têm como objetivo colocar o paciente em um estado de relaxamento, expondo-o, gradualmente, aos procedimentos odontológicos.

Dentro do processo de dessensibilização, podemos citar a **dessensibilização sistemática**, na qual toda a etapa que envolve a consulta é dividida em fases.

Na prática, podemos iniciar a consulta com apresentação de fotos do consultório, depois, brinquedos odontológicos e assim por diante, até chegar ao ponto de o paciente se sentir confortável e confiante para ser submetido aos procedimentos odontológicos.

Dentro do processo de condicionamento, um detalhe que pode ser aplicado ao atendimento de crianças com TEA é a não utilização do jaleco branco. É comum a criança sentir medo logo no primeiro encontro do profissional que está de jaleco branco, e esse fato pode estar associado com a **generalização respondente,** ou seja, estímulos que se assemelham fisicamente ao estímulo condicionado anteriormente podem passar a eliciar a resposta condicionada em questão. Por exemplo, o paciente pode fazer uma associação, pois em algum momento, o profissional que usava o jaleco branco pode ter sido relacionado a uma experiência desagradável, como receber a aplicação de vacinas.

Distração: é um conjunto de estímulos atrativos que desviam a atenção do paciente de elementos aversivos para situações agradáveis e não relacionadas ao tratamento em si. Podemos incluir nesse processo músicas, brinquedos, desenhos e contar histórias.

Não são todos os pacientes que respondem bem ao processo de distração, inclusive pode até ser algo que dificulte o tratamento. Por isso, faz-se necessário avaliar a atenção relacionada a cada criança. No caso de atenção seletiva, o paciente tem dificuldade de prestar atenção a mais de uma coisa ao mesmo tempo. A atenção seletiva com hiperfoco pode ser um complicador na abordagem do paciente com TEA, pois dificilmente ele prestará atenção àquilo que o profissional deseja ensinar ou mostrar, a não ser que consiga ter uma atenção compartilhada.

Reforço positivo: é importante reforçar todo e qualquer comportamento adequado emitido pela criança durante o processo, além de se atentar para não reforçar comportamentos disruptivos. Comportamentos inadequados, quando recompensados, tornam-se repetitivos, por isso a criança precisa entender o que está sendo reforçado. O reforço positivo pode ser de acordo com o reforçador positivo do paciente.

É imprescindível identificar o reforçador positivo da criança para usá-lo da maneira correta. Pode ser algo de que a criança mais gosta, algum personagem, desenho ou até mesmo algo inusitado, mas se o paciente gosta, saiba utilizar isso ao seu favor. É preciso se atentar à questão se de fato o reforço escolhido é realmente potente para desencadear a resposta desejada naquela criança.

Outra técnica que podemos adicionar, e que fará com que o comportamento do paciente seja mais provável, mais forte ou que continue a acontecer no futuro, pode ser o reforçamento positivo, através do sistema de economia de fichas (*Token Economy System*). À medida que a criança alcança um objetivo pré-determinado, ela é reforçada e, ao final, podemos recompensá-la com um prêmio ou algo que faça parte do reforço positivo dela. (Figura 3).

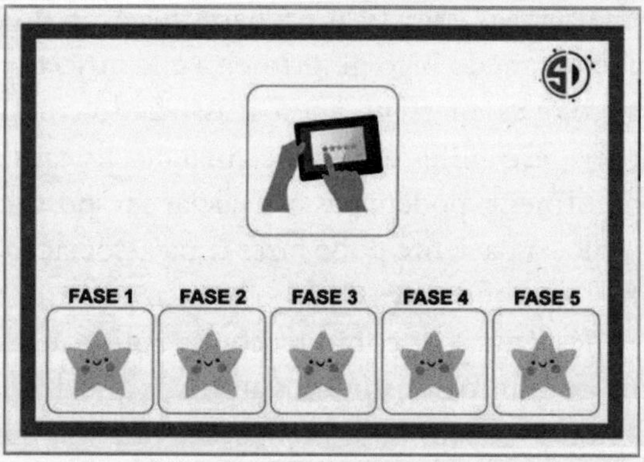

Figura 3: Sistema de reforçamento positivo.

Modelação: a técnica consiste em ensinar novas habilidades, que podem ser através da imitação, isto é, quando utilizamos os pais durante a consulta ou alguma história prévia ao procedimento, quando é mostrado para o paciente como deverá ser o seu comportamento. Uma história social é entregue aos pais para que eles também possam ajudar o condicionamento antes do procedimento que será realizado.

A imitação é uma das principais vias de aprendizagem e é muito importante para os pacientes com TEA. Podemos utilizar a imitação com um suporte visual para a criança aprender sobre o passo a passo de como escovar os dentes (Figura 4).

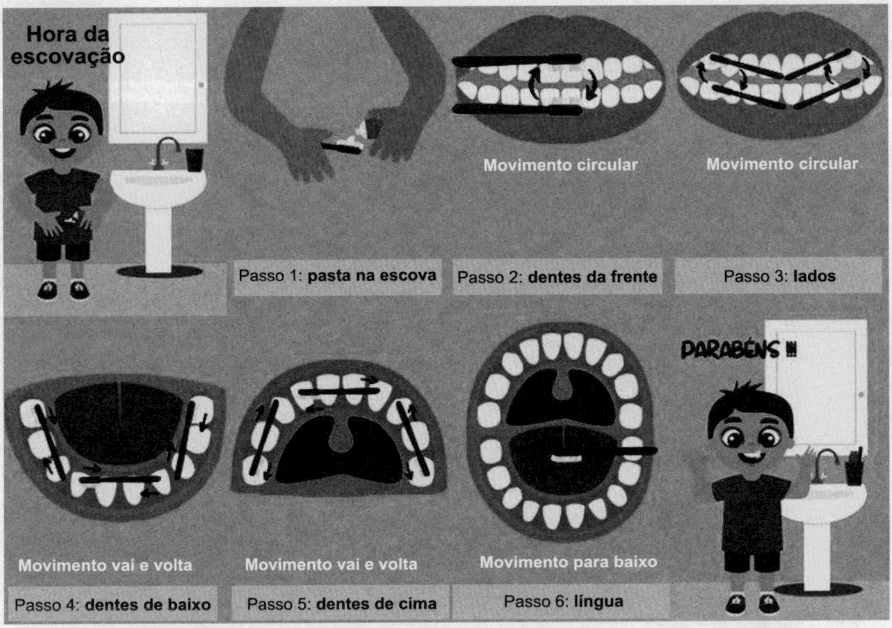

Figura 4: Sequência do modelo de escovação criado pelo dr. Lucas Gazzinelli e dra. Bruna Fonseca.

Por fim, o entendimento a respeito das técnicas de manejo comportamental é de suma importância para a condução de uma abordagem eficiente, com a qual o paciente e os familiares se sintam acolhidos e satisfeitos com o tratamento proposto. Os profissionais precisam se capacitar cada vez mais sobre o Transtorno do Espectro Autista, para que possam auxiliar de forma transdisciplinar seu paciente.

Referências

AMERICAN Psychiatric Association. *Diagnostic and statistical manual of mental disorders.* 5. ed. Arlington, VA: American Psychiatric Association. 2013.

CERMAK, S. A. *et al.* Sensory Adapted Dental Environments to Enhance Oral Care for Children with Autism Spectrum Disorders: A Randomized Controlled Pilot Study. *J Autism Dev Disord.* 45 (9):2876-88. Sep. 2015. Disponível em: <10.1007/s10803-015-2450-5>. Acesso em: fev. de 2023.

Da SILVA, S. N. *et al.* Oral health status of children and young adults with autism spectrum disorders: systematic review and meta-analysis. *Int J Pediatr Dent.* 2017. Disponível em: <https://doi.org/10.1111/ipd.12274>. Acesso em: fev. de 2023.

GAIATO, M. *S.O.S. Autismo: guia completo para entender o transtorno do espectro autista*. São Paulo: nVersos Editora, 2018.

MOREIRA, M. B.; MEDEIROS, C. A. *Princípios básicos de análise do comportamento.* Porto Alegre: Artmed, 2018.

SHAPIRO, M. *et al.* Influence of adapted environment on the anxiety of medically treated children with developmental disability. *J Pediatr*. 2009 Apr.,154 (4), p. 546-50. Disponível em: <10.1016/j.jpeds.2008.10.017>. Epub 2009 Feb 20. PMID: 19232638. Acesso em: fev. de 2023.

55

MUSICOTERAPIA

NO RITMO DO AUTISMO

A Musicoterapia tem mostrado resultados surpreendentes no desenvolvimento de crianças com transtorno do espectro autista. Utilizando a música e elementos sonoro-musicais como ritmo, harmonia e melodia, e sons distintos como recurso terapêutico e como reforçador. Afinal, a música faz parte da nossa história e vivenciá-la é uma experiência incrível!

ELISA LAUREANO KOHLER DE SOUZA

Elisa Laureano Kohler de Souza

Contatos
elisa.musicoterapia@gmail.com
Instagram: @noritmodoautismo
45 93300 8475

Musicoterapeuta comportamental, educadora musical, acompanhante terapêutica, especialista em autismo, autora do curso A Música Como Recurso Terapêutico (Somare Educa) e colunista convidada do blog *Adventist Educators*. Atualmente, mora em Foz do Iguaçu-PR, onde atua como musicoterapeuta clínica na Somare Clínica; é supervisora e mentora de musicoterapeutas pela Blua Pediatria e Família Integradas, educadora musical bilíngue no Colégio Semeador e palestrante pelo Brasil. Casada com Renan, mãe do Hullen e da Rebeca.

A música está presente no dia a dia do ser humano desde sempre e, atualmente, com a tecnologia, o seu uso tem sido potencializado. Bilhões de pessoas no mundo escutam música diariamente com o objetivo de se entreter, e a música está presente desde o momento em que acordam até dormirem, tudo isso devido à grande quantidade de estilos musicais e suas formas de apresentação através de aplicativos. Tem-se acesso, a todo momento, a músicas nacionais e internacionais na palma das mãos.

A música vai além de entretenimento, "fazendo parte das grandes ciências da humanidade", segundo o professor Flo Menezes, do Instituto de Artes da Unesp. Desde a Segunda Guerra Mundial, a música tem atuado em um novo campo científico, a Musicoterapia, e agora vamos conhecer um pouco mais sobre o cérebro atípico e a música, o uso da música como recurso terapêutico, a diferença entre Musicoterapia e Musicalização, e dicas práticas para que você usufrua dos benefícios da música aí na sua casa.

O cérebro atípico e a música

Pela neurociência, a música é um conjunto de informações acústicas que o nosso cérebro organiza em categorias, que são: intensidade, altura, duração, andamento, timbre, contorno, localização espacial e reverberação. Segundo Muszkat (2012, p. 67), "o processamento musical relaciona-se à percepção de alturas, timbres, ritmos, à decodificação métrica, melódico-harmônica, à gestualidade implícita e modulação do sistema de prazer e recompensa que acompanham nossas reações psíquicas e corporais à música".

A música envolve extensas áreas dos dois hemisférios do cérebro e está ligada diretamente a circuitos neurais *frontotemporoparietais* do hemisfério direito do cérebro, envolvido na percepção de sensações como a propriocepção (termo utilizado para nomear a capacidade em reconhecer a localização espacial do corpo, sua posição e orientação, e a força exercida pelos músculos) e informações auditivas e visuais. A música, em qualquer uma de suas dimensões, enquanto entretenimento ou terapia, envolve as funções cerebrais perceptivomotoras e executivas. Córtex pré-frontal, auditivo, visual, sensorial, motor, núcleo accumbens, hipocampo, área de Wernicke e cerebelo são algumas das áreas do nosso cérebro que a música estimula.

As pessoas que se enquadram no espectro autista, muitas vezes, mostram mais interesse musical e podem apresentar grande desenvolvimento de áreas do lobo frontal e temporal, apresentando um processamento auditivo musical focal. Sendo assim, a percepção de direção melódica, ascendente e/ou descendente, é mais desenvolvida do que em crianças típicas. Organizar, enfileirar e emparelhar objetos é uma ação frequente no autismo e na audição encontramos essa mesma habilidade ao se organizarem melodias, harmonias, ritmos e sequências musicais.

Alterações no cerebelo podem ser encontradas no espectro autista, influenciando a função socioemocional como também prejudicando a percepção rítmica, fazendo com que os autistas demonstrem dificuldades de expressar sentimentos ao serem expostos à música e a uma sequência de comandos. Encontramos alterações neurológicas, como no funcionamento sensorial, podendo-se apresentar uma hipersensibilidade auditiva, que é o incômodo ao ouvir sons distintos (como liquidificador, aspirador de pó etc.) e ao ouvir algumas músicas; por isso encontramos em igrejas e festas, por exemplo, crianças com as mãos no ouvido, apresentando uma irritabilidade, podendo ou não levar a uma crise.

A intervenção musical, além de estimular o sistema de recompensa e respostas emocionais, pode ser uma importante ferramenta para a avaliação destes aspectos, bem como na promoção da conectividade cerebral, facilitando o processo de engajamento dos pacientes na terapia. A indução rítmica aumenta a conectividade cerebral e potencializa a plasticidade, ativando áreas importantes da linguagem e interação, áreas motoras, controle motor e comportamentos repetitivos e qualidade de vida. A estimulação musical diminui os níveis de cortisol salivar e aumentam a secreção do IGA, reduzindo o estresse e, consequentemente, aumentando a capacidade imunológica. Esse mecanismo também está relacionado às habilidades de comunicação e interação social (FIOREZI *et al.*, 2017).

Através da música e de elementos sonoromusicais como ritmo, melodia, harmonia e sons do ambiente, o musicoterapeuta, junto com outros especialistas como terapeuta ocupacional e psicólogo, pode guiar o paciente a diminuir a hipersensibilidade auditiva, melhorar a musicalidade e auxiliar a organização de tarefas a serem realizadas, entre muitos outros benefícios, trazendo melhor qualidade de vida para o indivíduo.

Musicoterapia ou musicalização?

Cláudia recebeu o laudo médico de seu filho Josué, três anos, com diagnóstico do Transtorno do Espectro Autista (TEA), apresentando rigidez comportamental, sensibilidade sonora, atraso na fala, prejuízo na interação social e algumas estereotipias. Ao longo da leitura do laudo, encontrou a seguinte descrição: "solicito Musicoterapia – duas vezes na semana". Ficou feliz, pois seu filho gostava muito de música e perto da sua casa havia uma escola de música. No mesmo dia, procurou a secretaria da instituição e fez a matrícula na aula de Musicalização Infantil, duas vezes na semana, seguindo a orientação médica. Ao longo das aulas, percebeu maior desregulação e irritabilidade da criança, evoluindo a uma crise em um dos encontros.

Esse é um caso real, que recebi em meu consultório e que tem se repetido mensalmente ao longo dos anos. Se a música é o recurso utilizado em ambas as atividades, quais são as diferenças entre Musicoterapia e Musicalização?

A Musicalização Infantil está classificada na área da educação, promovendo a aprendizagem musical de forma lúdica, através de professores licenciados em Música, Educação Artística, Pedagogia e, em alguns locais, profissionais sem formação específica, mas que entendem de música e gostam de crianças. Na formação do profissional, o objetivo é pedagógico, como "fundamentos da educação", "práticas de ensino", entre outros; e musical, como "teoria da música", "história da música" e afins; o estágio ocorre normalmente em escolas de música e colégios particulares e públicos. A aula de musicalização infantil tem o plano de aula, com o passo a passo das músicas e atividades que serão realizadas com o grupo. O objetivo é a compreensão da linguagem musical, sendo o fazer e entender música o resultado esperado.

Em contrapartida, a Musicoterapia está classificada na área da saúde, promovendo uma melhora na qualidade de vida, através de profissionais bacharéis em Musicoterapia ou especialistas na área. Na formação do musicoterapeuta, matérias como Anatomia, Fisiologia, Primeiros Socorros e Ciclos da Vida fazem parte da grade curricular, tanto quanto matérias de âmbito musical, como Teoria Musical, Técnica de Improvisação Musical, entre outras, e o estágio pode ser realizado em clínicas de reabilitação, asilos, ONGs, hospitais e também escolas.

O processo terapêutico é composto de uma anamnese, havendo um encontro com os responsáveis para conhecer a criança e sua família, seguido da aplicação de uma escala avaliativa musicoterapêutica com a criança, desenvolvimento do Plano Terapêutico Individualizado (PTI), sessões de intervenção, reaplicação da escala avaliativa musicoterapêutica para mensurar sua evolução e entrega do relatório de evolução da criança aos pais, demais terapeutas que atendem a criança e médico responsável. As sessões podem ser em grupo ou de forma individual, que é mais frequente, com duração média de 30 a 45 minutos. O objetivo da Musicoterapia é que o paciente alcance novas habilidades, diminua comportamentos inadequados e estereotipados através da música, sem a necessidade de que o indivíduo apresente conhecimento musical como tocar, cantar e dançar.

Ao se formar, o profissional poderá escolher em qual modelo se baseará, sendo os principais: Musicoterapia Comportamental, Benenzon, Musicoterapia Analítica, Musicoterapia Criativa e o modelo de Imagens Guiadas e Música (GIM). Para a intervenção no Transtorno do Espectro Autista, os modelos mais indicados têm sido a Musicoterapia Comportamental e a Musicoterapia Analítica, através da abordagem improvisacional.

Após compreender a diferença entre as duas atividades, Cláudia entendeu o motivo de comportamentos inadequados nas aulas de musicalização. Seu filho estava em uma aula em grupo com objetivos musicais fixos, enquanto necessitava de intervenção individualizada, baseada no resultado da sua Escala Avaliativa, seu repertório, habilidades adquiridas, sua Identidade Sonora (elementos e arquétipos sonoros e/ou musicais que vão se estabelecendo em um ser humano desde momento intrauterino até idade avançada) e hiperfoco. A mãe substituiu a atividade por sessões de Musicoterapia e Josué continua a intervenção musicoterapêutica em conjunto com as demais especialidades solicitadas pelo médico (psicólogo, fonoaudiólogo, terapeuta ocupacional, psicomotricista e psicopedagogo), apresentando ganhos na sua independência, novas habilidades adquiridas e diminuição nos comportamentos inadequados.

Ressalto a importância de se ter um profissional qualificado, tanto na área da Musicoterapia quanto na Análise do Comportamento, que fará o processo completo de forma individualizada para cada paciente, participando de uma análise em conjunto com os demais profissionais que atendem o indivíduo, potencializando, desta forma, os resultados a serem alcançados.

Dicas práticas

A música é capaz de potencializar a comunicação verbal, auxiliar a criança na compreensão e expressão de sentimentos e emoções, melhorar a coordenação motora fina e grossa, aumentar as atenções concentrada, sustentada, compartilhada e alternada, elevar o tempo e qualidade do rastreio e contato visual, criar vínculo familiar e terapêutico, desenvolver o apontar, facilitar a troca de turno, realizar com maior facilidade atividades de vida diária e seguimentos de comando, imitar com maior precisão, reconhecer o espaço ao seu redor e diminuir a rigidez comportamental de forma divertida.

A Musicoterapia tem crescido no Brasil, no entanto, alguns locais ainda não se beneficiam dessa especialidade. Por isso, trago algumas dicas para que você possa utilizar a música na sua casa como recurso terapêutico, potencializando o desenvolvimento da criança.

- Conheça a Identidade Sonora da sua criança. O que ela gosta de ouvir? O que ela gosta de cantar e dançar? Quais músicas fazem parte da rotina familiar? Há crianças que gostam de música gospel, rock, sertanejo e precisamos incluir seu gosto musical nas atividades.
- Evite assistir desenhos musicais em telas (televisões, tablets e celulares). Prefira utilizar somente o som, através de caixinhas de som, desta forma, poderá aumentar a participação da criança e diminuir os comportamentos inadequados e estereotipados.
- Tenha em casa instrumentos musicais percussivos, como tambor, chocalhos, pau de chuva etc. Na falta de um instrumento, proporcione a experiência musical através da percussão em objetos da casa (panelas, mesa, colheres de pau, entre outros).
- Materiais de apoio ao longo das atividades musicais potencializam os resultados, por isso utilize imagens impressas e plastificadas, se possível, brinquedos, fantoches, bichos de pelúcia. Deixe a criatividade comandar.
- Experiências sensoriais dentro das atividades musicais enriquecem a aprendizagem, por isso inclua bolinhas de sabão, massinha e texturas diferentes que tiver em sua casa.
- Escolha ou crie pequenas melodias para as atividades do dia a dia (acordar, escovar os dentes, tomar banho) e cante-as minutos antes de realizar as atividades, para preparar a criança para a próxima demanda.
- Observe se algum instrumento ou música incomoda a criança. Alguns não gostam do som de instrumentos metálicos e músicas agitadas, por exemplo.
- Para aumentar o contato visual através da música, modifique a estrutura musical, como:
  - cante mais grave ou mais agudo;
  - segure uma nota/palavra por mais tempo;
  - insira o nome da criança ou dos pais na canção;
  - coloque os materiais de apoio na altura dos olhos.

Ao realizar uma atividade musical, certifique-se de que múltiplas áreas cerebrais serão estimuladas, como o córtex visual (materiais de apoio e exemplos visuais), córtex auditivo (músicas, timbres, sons diferentes), córtex motor (ação física da criança, tocar, dançar), córtex sensorial (o toque, novas experiências sensoriais), cerebelo (trabalhando o equilíbrio e pulso musical), hipocampo (armazenamento musical e criação musical) e núcleo accumbens (reação emocional). Outro ponto importante é avaliar se a criança tem gostado das atividades propostas, pois a música é divertida, mas pode causar a iatrogenia (efeitos adversos, podendo resultar em desregulação e crise).

Por exemplo, ao cantar a música "O sapo não lava o pé", iremos cantar sem o uso de música gravada, estimulando o córtex auditivo, modificando para o nome da criança: "João não lava o pé", e adicionaremos uma bucha para lavar o pé da criança, estimulando o córtex visual e sensorial, marchar e cantar para estimular o córtex motor e o hipocampo.

Enfim, a música vai além do entretenimento, estimulando o cérebro (seja ele típico ou atípico) a desenvolver novas habilidades, ressignificar a mente e diminuir comportamentos inadequados e estereotipados de forma lúdica, pois o estímulo musical aumenta a flexibilidade mental e a coesão social, através de atividades musicais.

Referências

BHARATHI G. *et al.* The potential role of rhythmic entrainment and music therapy intervention for individuals with autism spectrum disorders. *J Exerc Rehabil*, 2019.

FIOREZI J. N. *et al.* Os efeitos da música em biomarcadores de estresse, imunológicos e comportamentais em portadores do espectro autista. *Cinergis,* 18 (18), 2017. Disponível em: <https://www.researchgate.net/publication/324464064_Os_efeitos_da_musica_em_biomarcadores_de_estresse_imunologicos_e_comportamentais_em_portadores_do_espectro_autista>. Acesso em: fev. de 2023.

GATTINO, G. *Musicoterapia e autismo: teoria e prática*. Campinas: Memnon Edições Científicas, 2015.

MUSZKAT, M. *Música e neurodesenvolvimento: em busca de uma poética musical inclusiva.* São Paulo: Literartes, 2019.

QUINTIN E. M. Music-Evoked Reward and Emotion: Relative Strengths and Response to Intervention of People With ASD. *Front Neural Circ*, 2019.

56

A SOBERANIA DO LAUDO MÉDICO NA GARANTIA DE DIREITOS À PESSOA AUTISTA

Este capítulo tem como objetivo apresentar a importância do laudo médico para a garantia dos direitos de pessoas autistas. O profissional da saúde que elabora um laudo rico em detalhes, com fundamentação clínica e evidências científicas, diferente do convencional, proporciona a seus pacientes a chance de terem seus direitos assegurados.

VANESSA FIOREZE FONTES

Vanessa Fioreze Fontes

Contatos
fiorezeadvocacia.com
fiorezeadvocacia@gmail.com
Instagram: @vanessafioreze.adv
45 99932 7206

Advogada, especialista em Direito da Saúde, e Direito da Pessoa Autista e da Pessoa com Deficiência. Ex-secretária adjunta de educação. Mamãe do Ian e da Antonela. O amor à medicina e à pediatria aproximou-a, como operadora do direito, das pessoas autistas.

A soberania do laudo médico na garantia dos direitos da pessoa autista

O meu filho é autista. E agora? Ao receber o diagnóstico de autismo, famílias de crianças ou adultos autistas se deparam com uma avalanche de questionamentos, sem saber qual caminho percorrer.

Diante desse cenário, você sabia que o laudo médico é o coração do tratamento multidisciplinar indicado às pessoas autistas e também a base para a garantia dos direitos destinados a elas?

Sim, o laudo médico tem o poder de impulsionar e assegurar a fruição de direitos.

Agora, você sabia que o inverso também é verdadeiro?

Diuturnamente, no Brasil, muitas pessoas autistas deixam de fazer uso de seus direitos em razão da escassez de informações dos laudos médicos e da ausência de detalhes relevantes.

Pensando nessa dificuldade, com o intuito de contribuir significativamente para a vida de pessoas autistas, e garantir os direitos a elas destinados, traço de modo simples e objetivo os pontos relevantes para a elaboração de laudos médicos.

Viso, de maneira singela e humilde, orientar os mais diversos profissionais da saúde, pais, professores, familiares e demais cidadãos sobre quais informações são de suma importância, quais termos contribuem para uma interpretação clara do laudo médico por parte daqueles que desconhecem o autismo ou que estão distantes da pessoa com TEA em pedidos administrativos e judiciais.

Tanto no Brasil quanto em outros países, existem vários direitos para a proteção de pessoas com deficiência, pessoas autistas e pessoas com transtornos do neurodesenvolvimento; são legislações que asseguram, direta ou indiretamente, a garantia de direitos humanos a pessoas autistas.

Para que estes direitos sejam de fato usufruídos, é imprescindível que o laudo médico seja rico em detalhes técnicos e clínicos do paciente.

Os laudos médicos escassos de conteúdo, com poucas informações clínicas, sem evidências científicas e sem referências, ou que não apresentem a realidade da pessoa autista, tendem a prejudicar o beneficiário do direito, podendo levá-lo à negativa de pedidos, seja na esfera pública ou privada.

A seguir, apresento um laudo médico, com dados fictícios e com a supressão da identificação, cujo documento em caso concreto culminou na negativa de pedido liminar, para a concessão de tratamento de saúde a criança autista de um ano:

Paciente: Guilhermo Silva[1]

Avaliei o paciente GUILHERMO SILVA. Paciente apresenta atraso na fala, tem mania de tampar os ouvidos. Apresenta marcha equina e estereotipia com a boca. Não realiza contato visual. Ignora quando chamado pelo nome. Indico terapia ocupacional, psicologia cognitivo comportamental e fonoaudiologia.

Cid f84.0 – Dr. Erasmo (10/01/2022)

Laudos médicos com poucas informações trazem insegurança aos operadores do direito e não fornecem subsídios para que pessoas autistas recebam seus direitos e realizem de modo adequado o tratamento multidisciplinar, o que atravanca o seu desenvolvimento e leva à perda de oportunidades fundamentais, sem a possibilidade de retorno.

Entretanto, bons laudos, ricos em detalhes, contribuem para a garantia de direitos de pessoas autistas.

Vale lembrar que os requerimentos para a concessão dos direitos de autistas são realizados, em sua grande maioria, em ambientes não clínicos, por isso o laudo médico precisa ser claro, específico, sempre de acordo com a anamnese, prognóstico e tratamento destinado ao paciente, com letras em tamanho e fonte legíveis. Faz-se necessária a abordagem dos seguintes pontos:

- Histórico clínico completo e CID.
- Tratamentos já utilizados; sem o resultado esperado (se for o caso); terapias convencionais.
- Tratamento de urgência ou emergência (se for o caso).
- A informação de que o tratamento para pessoas autistas é dinâmico, podendo ser modificado conforme as necessidades do paciente.

---

1 Nomes e data fictícios.

• Riscos causados pela falta do tratamento (atraso no desenvolvimento, perda da janela neural, dentre outros).
• A irreversibilidade da ausência do tratamento.
• Benefícios que serão atingidos com o uso da medicação e tratamento prescritos (desenvolvimento global, independência, dentre outros).
• Frequência das terapias indicadas, semanais ou mensais.
• Duração de cada sessão terapêutica (exemplo: 60 minutos).
• Especificação de métodos/modelos de terapias que serão realizadas pelo paciente (ABA/DENVER/PROMPT/PECS/TEACCH etc.).
• Especificação de quais profissionais deverão ser envolvidos para supervisionar as terapias indicadas e suas respectivas certificações/qualificações.
• Manutenção do vínculo terapêutico e impedimento de interrupção do tratamento.
• Descrever a necessidade de tratamento próximo a residência e a impossibilidade de deslocamento por longas horas (quando necessário).
• Descrever quando da necessidade de tutor em sala de aula e a qualificação do referido profissional e especialização.
• Citar artigos e comprovações científicas.
• Nome completo do médico, carimbo, registro no CRM, em papel timbrado e com data.

A seguir, duas decisões judiciais que respeitaram o princípio da soberania do laudo médico e que deferiram os pedidos de urgência:

Ocorre que, como se tem decidido de forma reiterada, não cabe ao Plano de Saúde descredenciar o tratamento indicado por médico de confiança do paciente. Cumpre ao médico especialista eleger o tratamento mais conveniente para a cura do paciente. Como já decidido, a exclusão de cobertura de determinado procedimento médico/hospitalar, quando essencial para garantir a saúde e, em algumas vezes, a vida do segurado, vulnera a finalidade básica do contrato (STJ - 4ª Turma - REsp nº 183719/ SP. Rel. Min. LUIS FELIPE SALOMÃO DJe 13.10.08). Diante do exposto, presentes os requisitos legais, DEFIRO a TUTELA DE URGÊNCIA, para determinar que a ré custeie as despesas do tratamento do autor, consistente em [...][2]

[...] em conformidade com o que foi prescrito pelo médico assistente. [...] Os requisitos para concessão de tutela de urgência foram devidamente demonstrados em laudo médico, o qual demonstra a necessidade e urgência quanto ao início do tratamento. [...][3]

2 TJ-SP Processo 1002662-32.2023.8.26.0577. Data da publicação 22/02/2023. Acesso em 23/02/2023.

3 TJ-PE – AC: 00165950420158170001, Data de Publicação: 22/07/2022. Acesso em 22/12/2022.

As duas decisões demonstram a soberania e força que possuem os laudos médicos elaborados com zelo, técnica e próximos à realidade do autista. Em ambos os casos, pode-se notar que as decisões judiciais pela concessão do tratamento integral se deram com base no laudo médico. É por esta razão que o laudo é considerado soberano na garantia dos direitos da pessoa autista.

Em consonância com tal argumento, a nota técnica nº 01/2022, da ANS, assegura a soberania da prescrição médica, devendo a operadora de saúde disponibilizar a abordagem e o tratamento estabelecidos pelo médico.

Assim, instituições públicas e privadas devem se ajustar aos avanços da medicina, cabendo exclusivamente ao profissional da saúde especializado (neuropediatra, psiquiatra, pediatra, neurologista e terapeuta) a indicação do tratamento e método mais adequados para o autista, sendo proibido às unidades de saúde, planos de saúde, instituições públicas e privadas interferirem na sua escolha, sob pena de violação de direitos fundamentais.

Proteção legal da pessoa com autismo

Pessoas autistas possuem os mesmos direitos de todos os cidadãos brasileiros assegurados pela Constituição Federal de 1988 e legislações nacionais e estrangeiras, como: direito à vida, à liberdade, à igualdade, à segurança, à educação, à saúde, à alimentação, ao trabalho, à moradia, ao transporte, ao lazer, à segurança, à previdência social e à infância.

Como marco da comunidade autista, a Lei Federal nº 12.764/12, conhecida como Lei Berenice Piana, instituiu a Política Nacional de Proteção dos Direitos da Pessoa com Transtorno do Espectro Autista, permitindo que pessoas autistas fizessem uso de leis específicas de pessoas com deficiência, como o Estatuto da Pessoa com Deficiência (Lei Federal nº 13.146/15), denominada Lei Brasileira de Inclusão, bem como de normas internacionais recepcionadas pelo Brasil, como a Convenção das Nações Unidas sobre os Direitos das Pessoas com Deficiência (Lei nº 6.949/2000).

Previdência e assistência social

Autistas possuem o direito ao Benefício da Prestação Continuada (BPC) no valor de um salário-mínimo por mês, quando a renda mensal *per capita* da família for inferior a ¼ (um quarto) do salário-mínimo, benefício garantido pela Lei Federal nº 8.742/1993 – Lei Orgânica de Assistência Social (LOAS). A legislação previdenciária também assegura a pensão por morte em favor do autista, quando dependente financeiramente de segurado, sendo necessária a comprovação da condição de autismo para o recebimento de 100% da remuneração, respeitado o teto previdenciário.

Educação

A Lei Brasileira de Inclusão garante o direito ao ingresso e permanência do aluno autista no ensino regular. A Lei Berenice Piana garante um sistema educacional inclusivo, com material pedagógico, avaliação e atividades adaptadas às necessidades da pessoa autista, desde o ensino fundamental e séries iniciais até os cursos de especialização, mestrado e doutorado.

Ainda, com base no laudo médico, de acordo com o art. 3º , parágrafo único, da Lei nº 12.764/12, a escola deve oferecer um acompanhante especializado quando o aluno apresentar necessidade de apoio.

A nota técnica nº 24/2013 do Ministério da Educação apresenta as diretrizes para a inclusão do aluno autista na educação regular e impede que os custos com o tutor em sala de aula sejam repassados à família.

Saúde e medicamentos

A Lei Berenice Piana prevê a atenção especial à saúde do autista em seu art. 2º, inciso III. O diagnóstico precoce e tratamento multidisciplinar são direitos do autista, em todas as especialidades necessárias ao seu desenvolvimento, tanto em atendimento privados como junto ao SUS.

A Lei de Inclusão estabelece que os mesmos serviços ofertados a todos os clientes deverão ser ofertados à pessoa deficiente, incluindo pessoas autistas. São vedadas "todas as formas de discriminação contra a pessoa com deficiência, inclusive por meio de cobrança de valores diferenciados por planos e seguros privados de saúde, em razão de sua condição". Além disso, tanto a Lei Berenice Piana quanto o Estatuto da Pessoa com Deficiência asseguram o direito a medicamentos para pessoas autistas, podendo ser solicitada ao Estado medicação não prevista na lista do SUS, desde que comprovada sua necessidade via laudo médico fundamentado, confirmando a necessidade do medicamento, a incapacidade financeira do paciente e a existência de registro do medicamento junto à Anvisa.

Trabalho

A pessoa autista participará de programa de aprendizagem, equiparando-se à pessoa com deficiência em virtude da legislação, a partir dos 14 anos, não sendo necessário preencher requisito relativo ao grau de escolaridade. Será contratada como jovem aprendiz, fazendo jus ao recebimento de salário e outros benefícios decorrentes da atividade, de modo similar a todos os demais menores aprendizes.

A Lei nº 8.112/1990 prevê que "às pessoas portadoras de deficiência é assegurado o direito de se inscrever em concurso público para provimento de cargo cujas atribuições sejam compatíveis com a deficiência de que são portadoras; para tais pessoas serão reservadas até 20% (vinte por cento) das vagas oferecidas no concurso". Pessoas autistas poderão também concorrer a tais vagas.

Redução de carga horária para servidores públicos

Ademais, os servidores públicos com filhos autistas têm o direito a redução de até 50% da jornada de trabalho, sem a necessidade de compensação ou redução de vencimentos, direito conferido pela Lei Federal nº 13.370/2016.

Em 29 de dezembro de 2022, o Supremo Tribunal Federal (STF) decidiu, por unanimidade, pelo direito à redução da jornada de trabalho também do servidor público estadual e municipal que tenha filho ou dependente com deficiência.

Além dos direitos esboçados, a pessoa autista faz jus ao atendimento prioritário e ao lazer, com meia-entrada para ela e seu acompanhante (caso necessite de acompanhante) em eventos culturais, esportivos e artísticos. Também faz jus à isenção de impostos (IPVA/IPI/ICMS). É plenamente capaz para os atos da vida civil, a contar de 18 anos, com direito a votar e ser votada, alistamento militar e obtenção de Carteira Nacional de Habilitação (CNH), desde que adequadamente aprovada em todas as avaliações, e seu acompanhante possui a redução de 80% ou mais em passagens aéreas.

Por fim, para que tais direitos sejam garantidos, o coração dos pedidos apresentados pelos autistas será sempre o laudo médico. Ele é a fonte primária dos profissionais que decidem a favor dos autistas, sendo imprescindível a elaboração de laudo completo, rico em detalhes e que garanta a proteção legal ao autista.

Referências

ANS – Agência Nacional de Saúde Suplementar. *Nota Técnica no 1/2022/ GGRAS/DIRAD-DIPRO/DIPRO*. Disponível em: <https://www.gov.br/ans/pt-br/arquivos/assuntos/noticias/pdfs-para-noticias/NotaTcnica1.pdf>. Acesso em: 30 jan. de 2023.

BRASIL. [Constituição (1988)]. *Constituição da República Federativa do Brasil de 1988*. Disponível em: <https://www.planalto.gov.br/ccivil_03/constituicao/constituicao.htm>. Acesso em: 01 jan. de 2023

BRASIL, Lei nº 12.764, de 27 de dezembro de 2012.Institui a Política Nacional de Proteção dos Direitos da Pessoa com Transtorno do Espectro Autista; e altera o § 3º do art. 98 da Lei nº 8.112, de 11 de dezembro de 1990. Disponível em: <http://www.planalto.gov.br/ccivil_03/_ato2011-014/2012/lei/l12764.htm>. Acesso em: 10 dez. de 2022.

BRASIL. Lei nº 13.146, de 06 de julho de 2015. Institui a Lei Brasileira de Inclusão da Pessoa com Deficiência (Estatuto da Pessoa com Deficiência). Disponível em: <http://www.planalto.gov.br/ccivil_03/_ato2015-2018/2015/lei/l13146.htm>. Acesso em: 05 dez. de 2022.

BRASIL. Lei nº 13.370, de 12 de dezembro de 2016. Altera o § 3º do art. 98 da Lei nº 8.112, de 11 de dezembro de 1990, para estender o direito a horário especial ao servidor público federal que tenha cônjuge, filho ou dependente com deficiência de qualquer natureza e para revogar a exigência de compensação de horário. Disponível em: <http://www.planalto.gov.br/ccivil_03/_Ato2015-2018/2016/Lei/L13370.htm>. Acesso em: 03 dez. de 2022.

BRASIL. Lei nº 8213, de 24 de julho de 1991. Dispõe sobre os Planos de Benefícios da Previdência Social e dá outras providências. Disponível em: <http://www.planalto.gov.br/ccivil_03/leis/l8213cons.htm>. Acesso em: 11 jan. de 2023.

BRASIL. Ministério da Educação. Nota Técnica no 04/2014/MEC/SECADI/DPEE. Disponível em: <http://portal.mec.gov.br/index.php?option=com_docman&view=download&alias=15898-nott04-secadi-dpee-23012014&Itemid=30192>. Acesso em: 30 jan. de 2023.

TJ-PE. Agravo de Instrumento: AI XXXXX-84.2021.8.17.9000. Disponível em: <https://www.jusbrasil.com.br/jurisprudencia/tj-pe/1730031557>. Acesso em: 22 dez. de 2022.

TJ-SP. Processo 1002662-32.2023.8.26.0577. Disponível em: <https://www2.tjal.jus.br/cpopg/show.do?processo.codigo=01001AD8U0000&processo.foro=1&processo.numero=073441213.2022.8.02.0001>. Acesso em: 23 fev. de 2023.